세상에서 제일 재밌는 종이접기

색종이 한 장이면 장난감 뚝딱!

세상에서 제일 재밌는 종이접기

네모아저씨 이원표 지음

슬로래빗

서문
종이만 있으면 이 세상 모든 장난감을 가질 수 있습니다

종이접기는 세상 모든 장난감을, 아니 세상에 없던 것까지도 만들어 낼 수 있습니다. 2차원의 종이가 수학과 기하학을 바탕으로 3차원의 결과물로 나타나고, 첨단 과학과 만나면 부피의 한계를 극복한 의료 로봇이 되어 사람을 치료하고, 우주 과학에서는 태양광 패널을 우주로 쏘아 올리는 데 쓰이기도 합니다.

이런 거창해 보이는 활동도 종이접기의 기본을 이해하고, 쉬운 작품을 접는 것부터 시작됩니다. 이 책은 영유아도 서너 번 만에 뚝딱 접을 수 있는 기초 수준부터 종이접기를 꽤 잘하는 어린이도 흥미가 있을 고급 수준까지 한 권에 다양하게 담았습니다. 도안만으로 이해가 어려운 과정은 사진과 QR코드 동영상을 수록하여, 끈기만 있다면 누구나 작품을 완성할 수 있습니다. 특별한 종이가 필요하지도 않아요. 시중에서 가장 쉽게 구할 수 있는 15cm 색종이로도 상상의 동물 드래곤을 접을 수 있고, 가위로 오리지 않아도 멋지게 완성되는 작품들로 구성되었답니다.

종이접기가 두뇌 발달뿐만 아니라 눈과 손의 협응력, 집중력, 인내력, 창의력, 상상력 발달에 좋은 것은 널리 알려진 사실입니다. 특히, 같은 작품을 접더라도 직관적으로 보여 주는 영상보다는 평면 도안으로 표현된 책이 두뇌 발달에 더 도움이 됩니다. 2차원의 책을 보며 머릿속으로는 3차원 작품을 그리기 때문이지요.
하지만 다른 무엇보다 아이들에게 중요한 것은 바로 이것들입니다.

정사각형을 정확한 직각 삼각형으로 접었을 때의 만족감,
내가 접은 개구리로 장애물을 뛰어넘을 때 느끼는 희열,
종이비행기가 멀리 날아갔을 때의 기쁨,
예쁜 꽃이나 상자를 접어 선물할 때의 설렘,
수십 번을 접어야 하는 작품을 완성한 후의 성취감.

종이접기가 선사하는 이런 다양한 행복을 이 책에서 누리길 진심으로 바랍니다.

이 책의 활용법

★ 먼저 종이접기의 기호와 방법을 익혀 주세요

종이접기에는 약속이 있어요. 선의 모양과 화살표 방향에 따라 접는 방법과 접고 난 결과가 달라지거든요. 다음에서 설명하는 기호와 방법을 잘 살펴본 다음, 9쪽에 제시된 연습 작품을 여러 번 접어 보도록 합니다.

★ 작품 등급을 확인하세요

작품을 어떤 방법으로 접는지, 단계가 얼마나 많고 복잡한지에 따라 등급을 구분했어요. 쉬운 등급에서부터 시작하여 높은 등급 작품까지 차근차근 도전해 보세요.

기초(☆) 산 접기, 계곡 접기, 접었다 펴기, 안으로 접어 넣기를 알아야 해요.
초급(★) 기초보다 단계가 많거나 밖으로 뒤집어 접기, 계단 접기까지 알아야 해요.
중급(★★) 초급보다 단계가 많거나 토끼 귀 접기, 입체 계단 접기까지 알아야 해요.
고급(★★★) 모든 방법을 알아야 하고, 접는 단계가 많고 복잡하니 집중력이 필요해요.

★ 순서를 잘 따라야 해요

종이접기는 순서를 빠짐없이, 그대로 따라야 원하는 작품을 만들 수 있어요. 다음 순서를 쉽게 찾을 수 있도록 도안 아래에 기찻길처럼 선을 깔았으니 참고합니다. 만약 이번 단계에서 어떻게 접어야 할지 모르겠다면, 다음 단계의 도안에서 힌트를 얻을 수 있어요.

★ 사진과 동영상의 도움을 받아요

도안만으로 접기 어려운 작품은 실제 접는 과정의 사진이나 QR 코드로 조회할 수 있는 동영상을 수록했어요.

종이접기의 기본 방법과 기호

종이접기를 더욱 쉽고 즐겁게 하려면 종이접기의 기본 방법과 기호를 먼저 익혀야 해요.
다림질을 하듯 꼼꼼하게 눌러 주면서 차근차근 따라 하면 누구라도 멋진 작품을 만들 수 있답니다!

✦ 계곡 접기 ✦

점선이 계곡처럼 안으로 숨도록
화살표 방향으로 접어요.

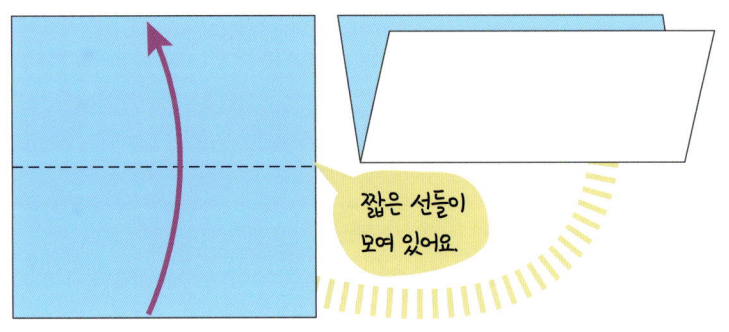

짧은 선들이 모여 있어요.

✦ 산 접기 ✦

점선이 산처럼 밖으로 나오도록
화살표 방향으로 접어요.

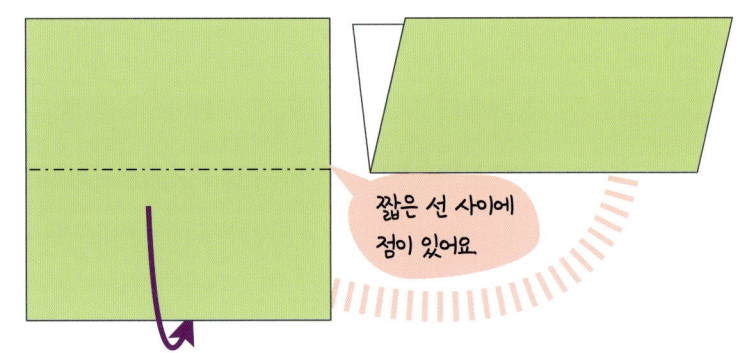

짧은 선 사이에 점이 있어요.

✦ 접었다 펴기 ✦

점선으로 표시한 부분에 선이 남도록
화살표 방향으로 접었다 펴요.

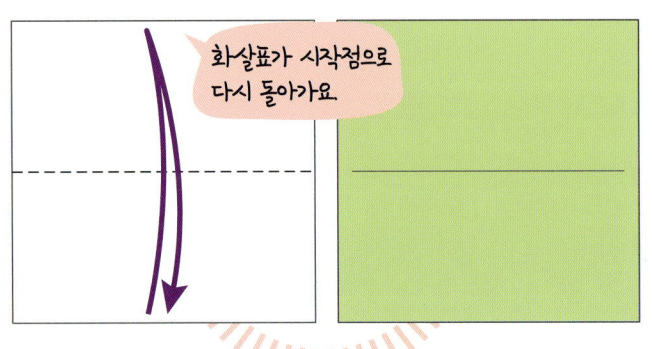

화살표가 시작점으로 다시 돌아가요.

✦ 계단 접기 ✦

계곡 접기를 한 다음 산 접기를 해서
계단 모양으로 접어요.

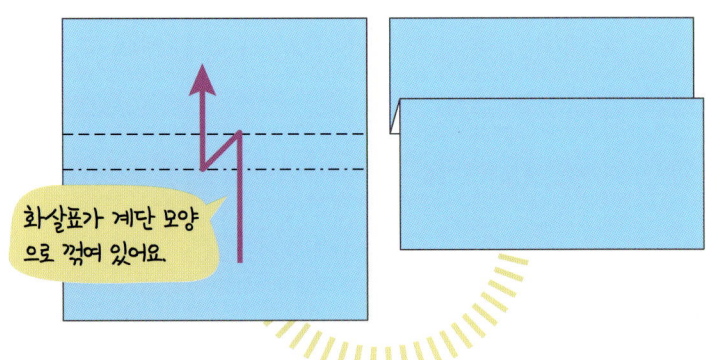

화살표가 계단 모양으로 꺾여 있어요.

✦ 안으로 접어 넣기 ✦

선을 따라 접었다 펴서 보조선을 만든 다음, 점선이 보이도록 안으로 접어서 넣어요.

화살표가 종이 안으로 들어가요.

✦ 밖으로 뒤집어 접기 ✦

선을 따라 접었다 펴서 보조선을 만든 다음, 점선이 보이지 않도록 밖으로 뒤집어 접어요.

화살표가 안에서 밖으로 나와요.

✦ 입체 계단 접기 ✦

선을 따라 접었다 펴서 보조선을 만들어요. 밖으로 뒤집어 접기를 한 다음, 안으로 접어 넣기를 해요.

앞뒷면 동시에 계단 접기를 해요.

★ 토끼 귀 접기 ★

선을 따라 양쪽을 모아 접을 때 가운데로 모이는 부분을 한쪽으로 넘겨 접어요.

화살표가 모여요.

★ 삼각 주머니와 사각 주머니 접기 ★

삼각 주머니와 사각 주머니에서 시작하는 작품이 많으니 익혀 두면 좋아요!

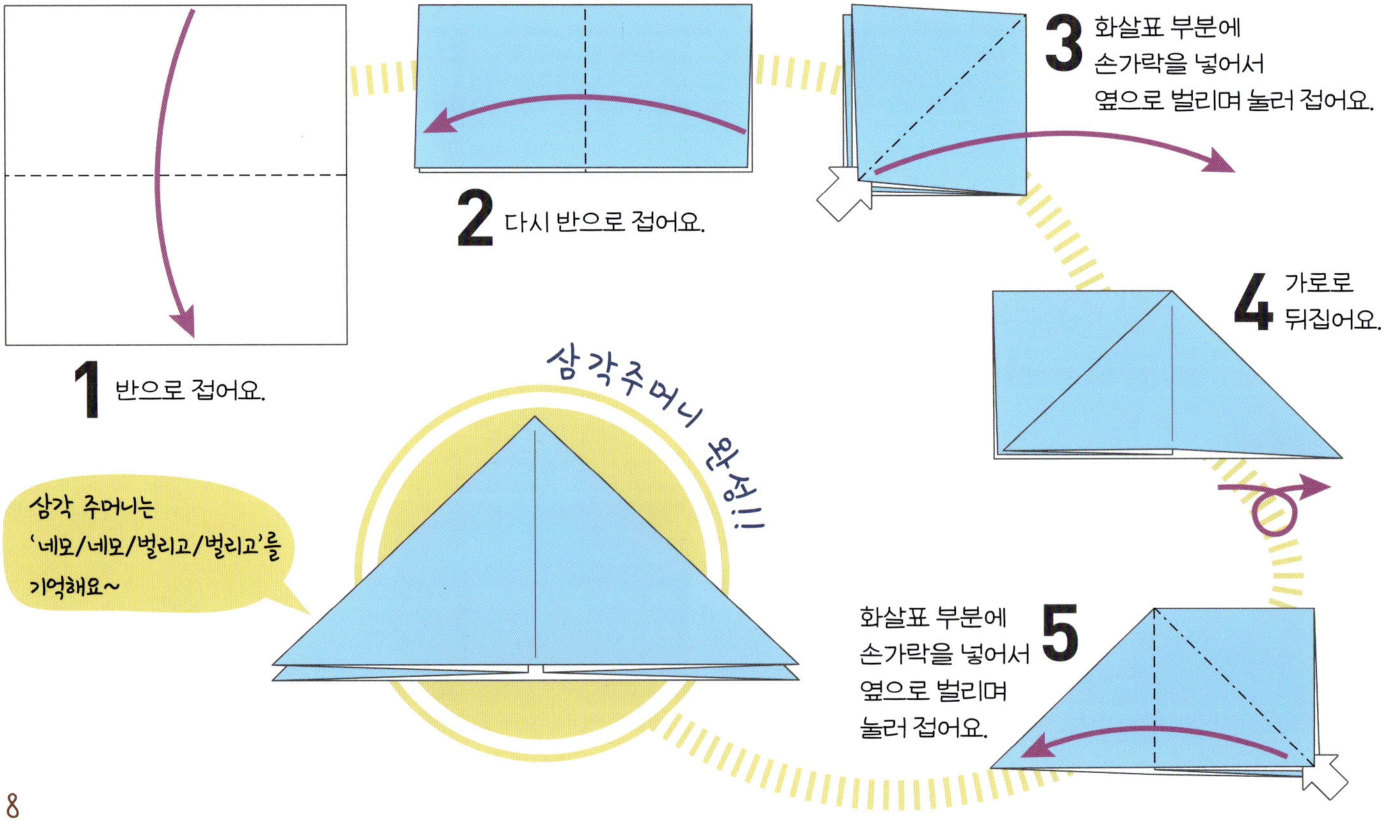

1 반으로 접어요.

2 다시 반으로 접어요.

3 화살표 부분에 손가락을 넣어서 옆으로 벌리며 눌러 접어요.

4 가로로 뒤집어요.

5 화살표 부분에 손가락을 넣어서 옆으로 벌리며 눌러 접어요.

삼각주머니 완성!!

삼각 주머니는 '네모/네모/벌리고/벌리고'를 기억해요~

8

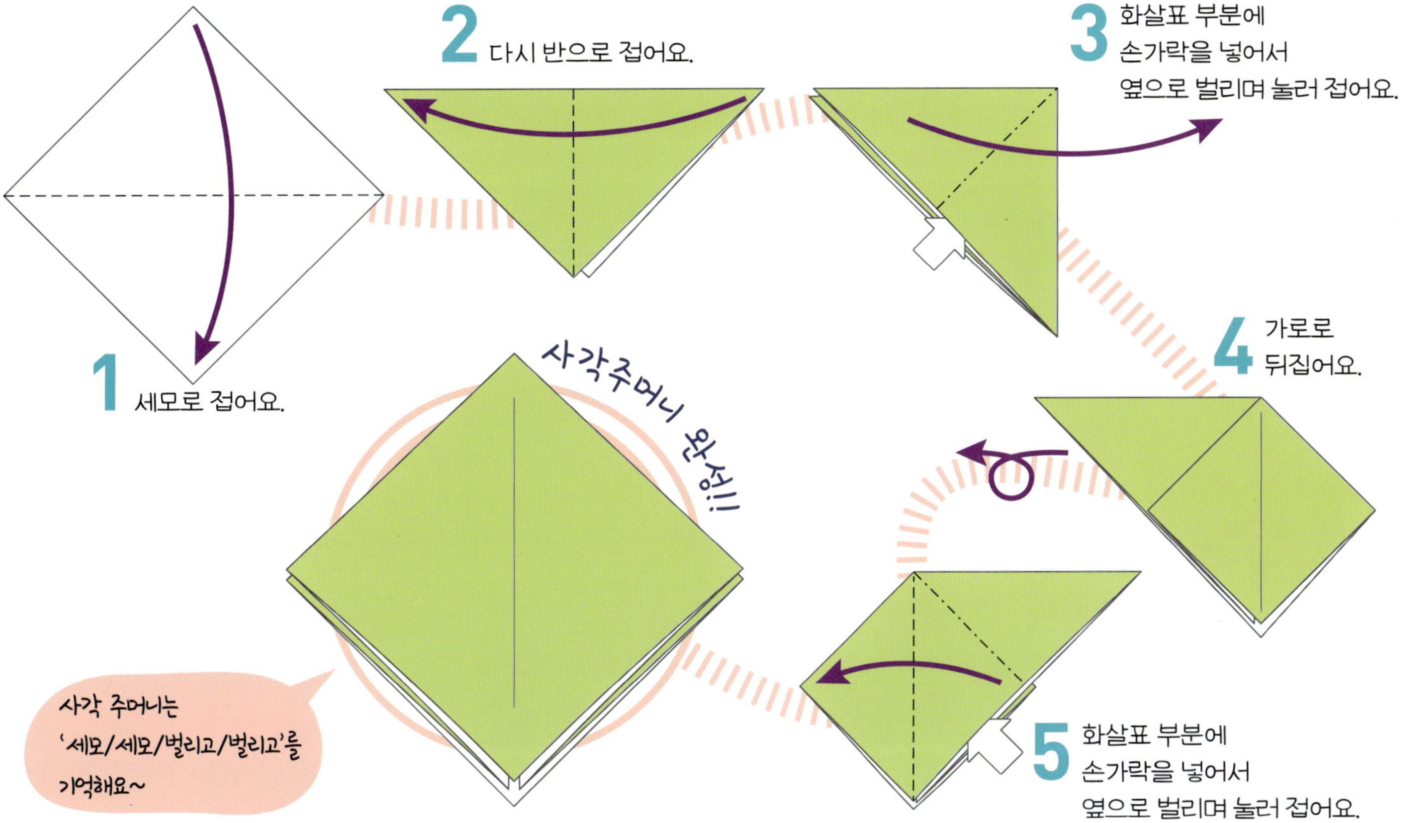

1 세모로 접어요.

2 다시 반으로 접어요.

3 화살표 부분에 손가락을 넣어서 옆으로 벌리며 눌러 접어요.

4 가로로 뒤집어요.

5 화살표 부분에 손가락을 넣어서 옆으로 벌리며 눌러 접어요.

사각주머니 완성!!

사각 주머니는 '세모/세모/벌리고/벌리고'를 기억해요~

연습해 보세요

★ 안으로 접어 넣기 ★   ★ 밖으로 뒤집어 접기 ★   ★ 삼각 주머니 ★   ★ 사각 주머니 ★

새 20p   펭귄 37p   바나나 136p   감 139p

 차례

서문	4p
이 책의 활용법	5p
종이접기의 기본 방법과 기호	6p
색인	247p

1 두 다리와 두 날개 새

 새 · 20p

 참새 · 21p
 수탉과 암탉 · 22p
 병아리 · 24p
 벌새 · 26p

집비둘기 · 27p

 산비둘기 · 28p
 앵무새 · 30p
 오리 · 32p
 고니 · 34p
 공작 · 36p
 펭귄 · 37p

 학 · 38p
 오동통한 학 · 39p
 까치 · 40p
 까마귀 · 42p
 올빼미 · 43p

2 물살을 가르며 **물속 생물**

| 엔젤피시 친구들 46p | 개복치 47p | 가오리 48p | 거북이 49p | 입체 거북 50p | 금붕어 52p |
| 상어 53p | 고래 54p | 하프물범 56p | 해마 57p | 가리비 58p | |

3 네 다리로 후다닥 **육지 동물**

강아지 얼굴 60p   고양이 얼굴 62p   토끼 얼굴 63p   여우 얼굴 64p

황소 얼굴 65p   코끼리 얼굴 66p   원숭이 얼굴 67p   호랑이 얼굴 68p   꼬리 있는 몸통 70p   생쥐 71p

| 여우 72p | 고양이 73p | 강아지 74p | 양 75p | 토끼 76p | 말 78p |

| 유니콘 80p | 돼지 81p | 슈나우저 82p |

4 등골이 오싹 파충류와 공룡

| 악어 86p | 도마뱀 88p | 뱀 90p | 플레시오사우루스 91p | 티라노사우루스 92p | 브라키오사우루스 94p |

| 스피노사우루스 96p | 트리케라톱스 98p | 파라사우롤로푸스 100p | 벨로키랍토르 101p | 프테라노돈 102p | 드래곤 103p |

5 몸은 작지만 수는 많아 **벌레**

| 메뚜기 108p | 애벌레 109p | 나비 110p | 매미 111p | 풍뎅이 112p |
| 반딧불이 112p | 사슴벌레 113p | 장수풍뎅이 114p | 잠자리 115p | 달팽이 116p | 무당벌레 117p |

6 지구의 산소 탱크 **식물**

| 나무 120p | 입체 나무 121p | 나뭇잎 122p | 튤립 123p | 수국 124p | 나팔꽃 124p |
| 개나리 125p | 붓꽃 126p | 연꽃 128p | 카네이션 130p | 동백 132p | 장미 133p |

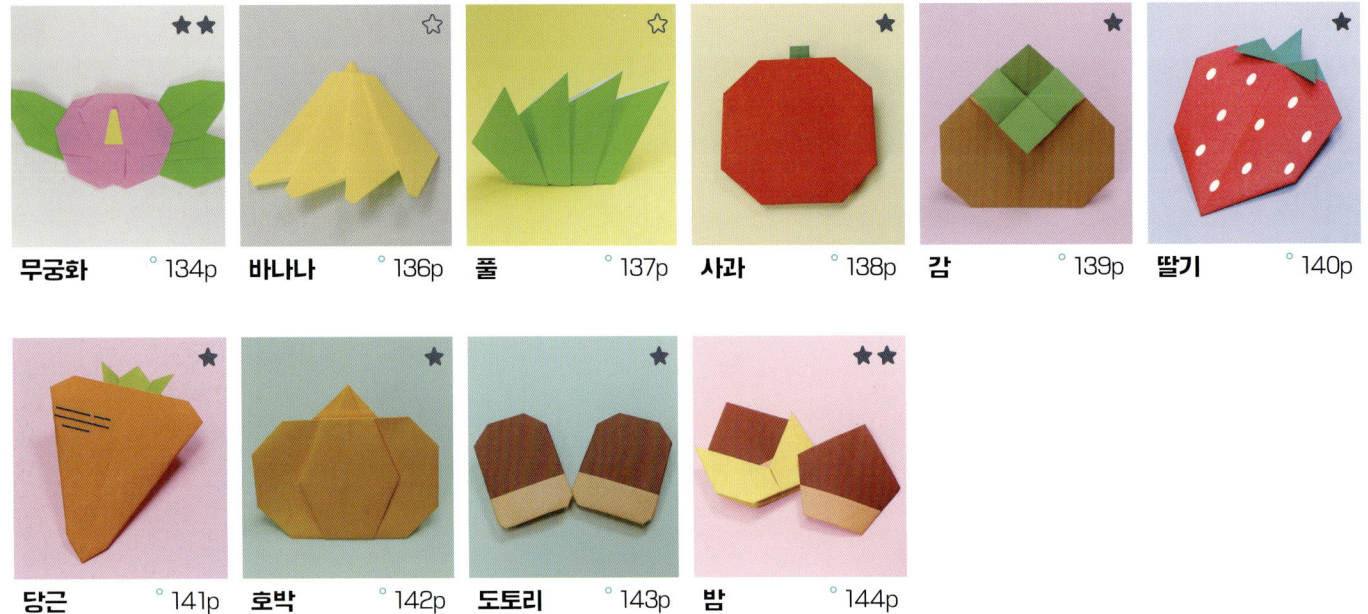

| 무궁화 134p | 바나나 136p | 풀 137p | 사과 138p | 감 139p | 딸기 140p |

| 당근 141p | 호박 142p | 도토리 143p | 밤 144p |

7 생활을 편리하게 도구와 탈것

| 초가집 146p | 집 147p | 피아노 147p | 입체 집 148p | 식탁 150p | 책상 151p |

| 의자 152p | 도끼 153p | 침대 154p | 컵 155p | 곡괭이 156p | 삽 158p |

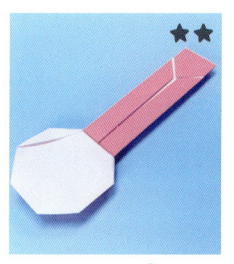 숟가락 159p
 포크 160p
 부엌칼 162p
 유람선 163p
 쌍둥이배 164p
 돛단배 165p

 로켓 166p
 자동차 167p
 미니카 168p

 커트 머리 172p
 양갈래 머리 172p

8 나는 패셔니스타 의복과 패션

 챙모자 173p
 칼라 티셔츠 174p
 블라우스 175p
 바지 176p
 주름 스커트 177p
 리본 178p

 하트 반지 179p
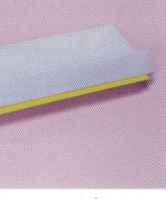 지갑 180p
 핸드백 181p
 치마저고리 182p
 바지저고리 183p
 실내화 184p

9 신난다 재미난다 장난감

대검 186p	방패 188p	표창 189p	딱지 190p	공 191p	투석기 192p
말하는 새 194p	날갯짓하는 새 195p	점프하는 개구리 196p	파워업~ 개구리 198p	세 가지 표정 199p	점프하는 몸통 201p
팽이 202p	왕관 비행기 204p	가오리 비행기 205p	배꼽 비행기 206p	뭉툭 배꼽 비행기 207p	네오 에이스 비행기 208p
제비 비행기 209p	스퀘어 비행기 210p	델타 비행기 211p	슈퍼 글라이더 212p	매미 비행기 213p	스피어 제트기 214p

10 더욱 특별하게 날씨와 행사

| 해 218p | 구름 219p | 달 220p | 별 221p | 아이스크림 222p | 복조리 224p |

| 복주머니 226p | 종 227p | 산타 모자 228p | 산타 부츠 229p | 산타 카드 230p | 산타 232p |

| 편지 봉투 234p | 편지지 236p | 뚜껑 달린 상자 237p | 뚜껑 따로 상자 238p |

| 피라미드 상자 240p | 별 모양 상자 242p | 하트 243p |

스페셜 페이지

사람 244p

1

두 다리와 두 날개
새

왕~~~쉬운
새
다섯 번 만에 접을 수 있는 가장 쉬운 새 접기입니다.

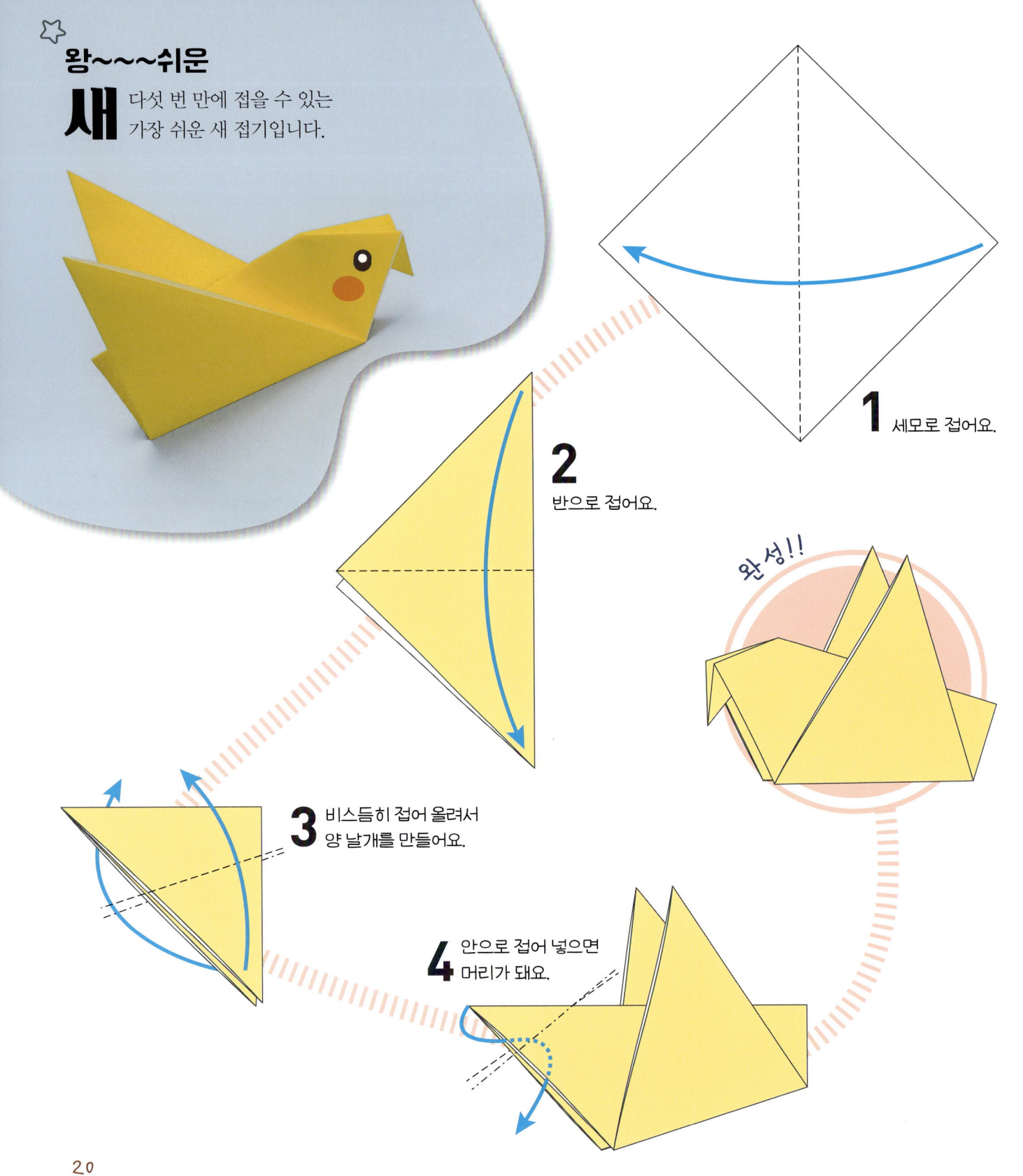

1 세모로 접어요.
2 반으로 접어요.
3 비스듬히 접어 올려서 양 날개를 만들어요.
4 안으로 접어 넣으면 머리가 돼요.

완성!!

짹짹 참새

두 날개를 내리고 꽁지를 귀엽게 바르르 떠는 참새입니다.

1 세모로 접어요.

2 반으로 접었다 펴요.

3 중심선에 맞춰 접어요.

4 뒤로 반을 접은 다음, 방향을 돌려요.

5 밖으로 뒤집어 접어서 꽁지를 만들어요.

네모난 부분이 이쪽에 와야 해요!

6 왼쪽 모서리를 안으로 접어 넣어서 동그란 몸통을 만들어요.

7 가운데 한 겹만 남기고 선을 따라 접어 내리면 두 날개가 완성돼요.

8 남은 한 겹을 안으로 접어 넣어서 머리를 표현해요.

완성!!

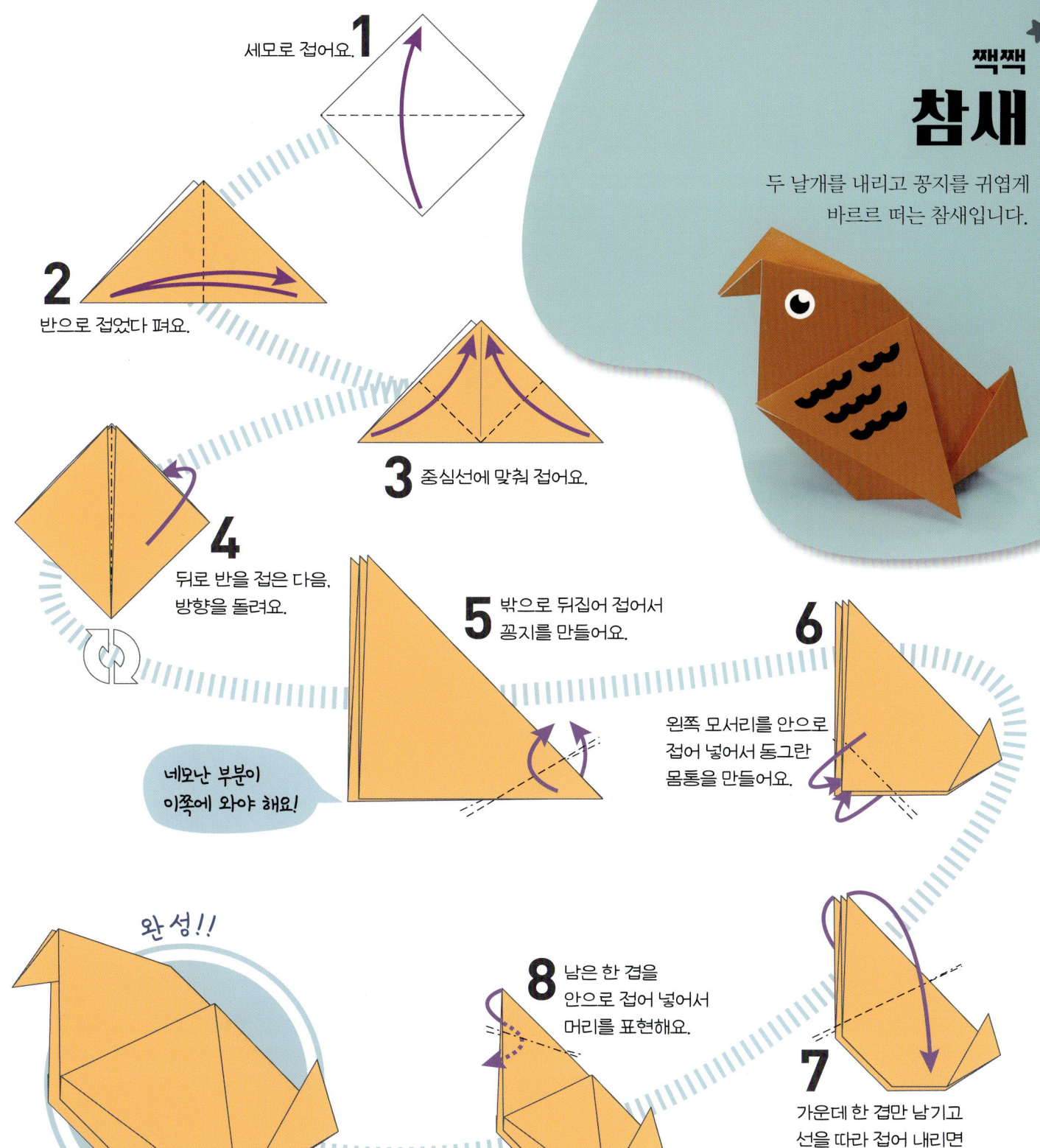

21

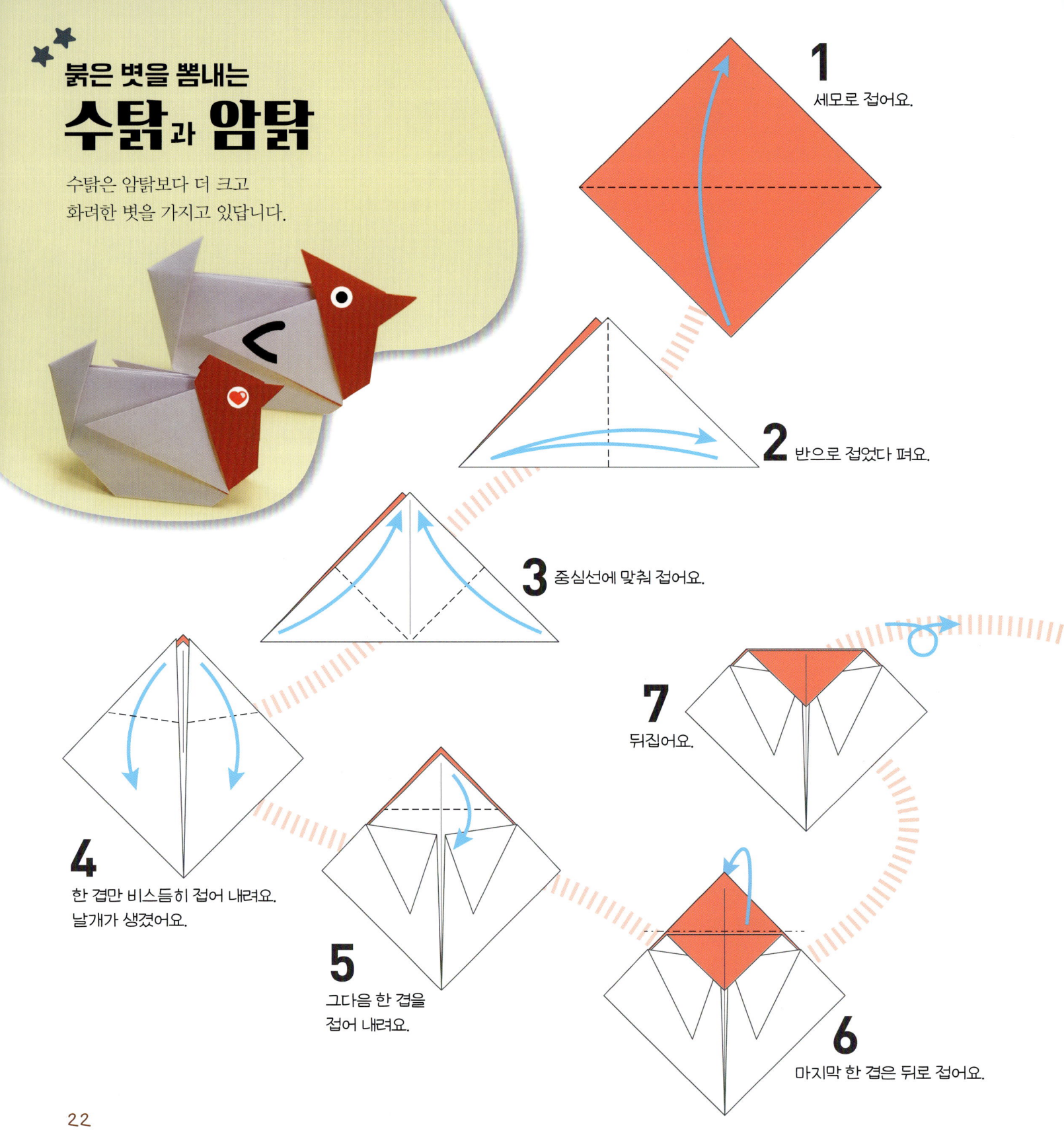

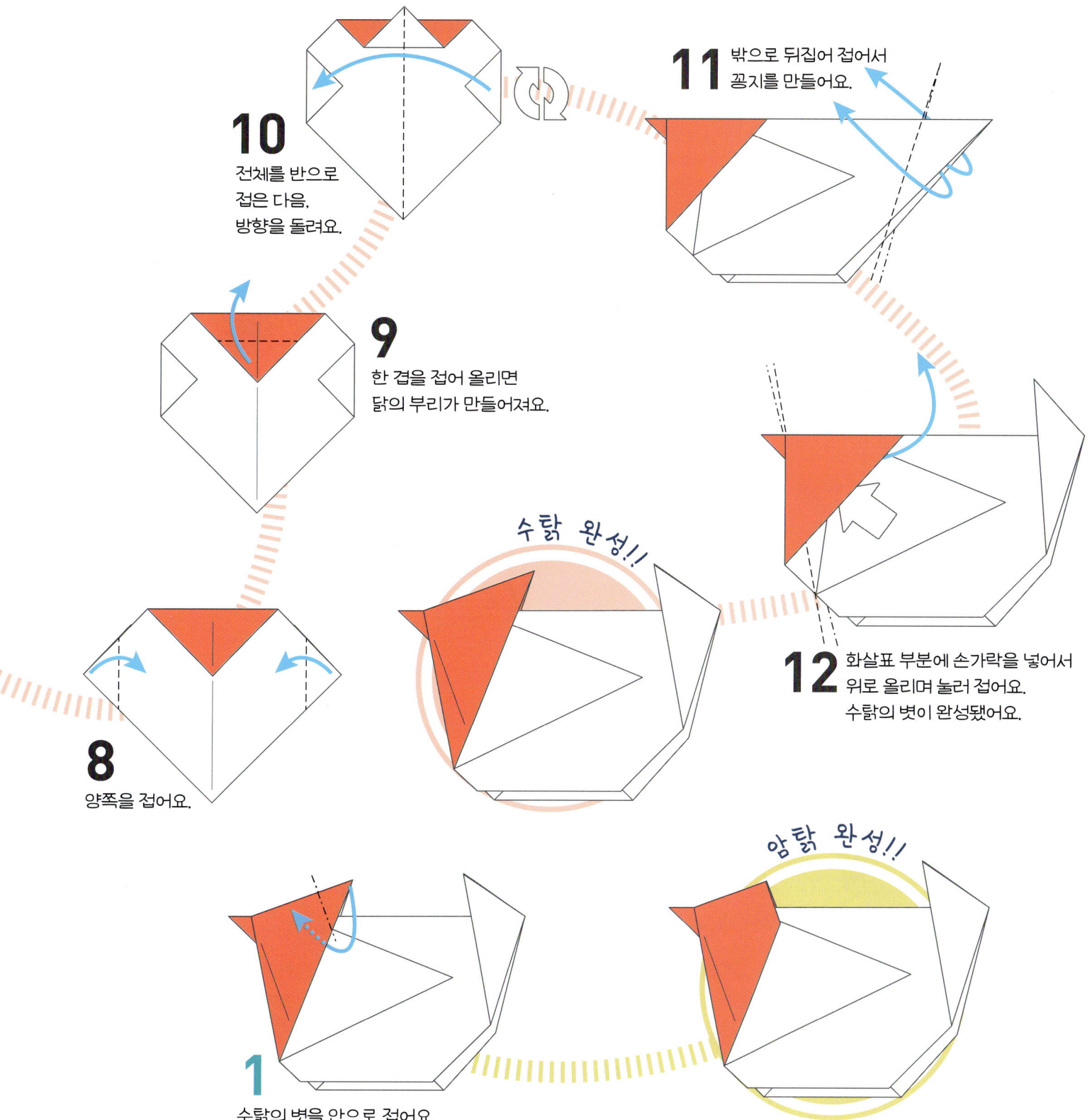

갓 태어난 **병아리**

삐악삐악~ 머리에 달걀껍데기를 쓰고 있는 병아리가 첫 인사를 해요!

1 사각 주머니(9p)를 접은 다음, 모두 펼쳐요.

2 모서리를 접어 올려요.

3 한 번 더 접어 올려요.

4 화살표 부분에 손가락을 넣어서 양 끝을 안으로 접어 넣어요.

5 비스듬히 접어 내려요.

6 안으로 숨기듯이 접어서 발만 밖으로 삐죽 나온 것처럼 해요.

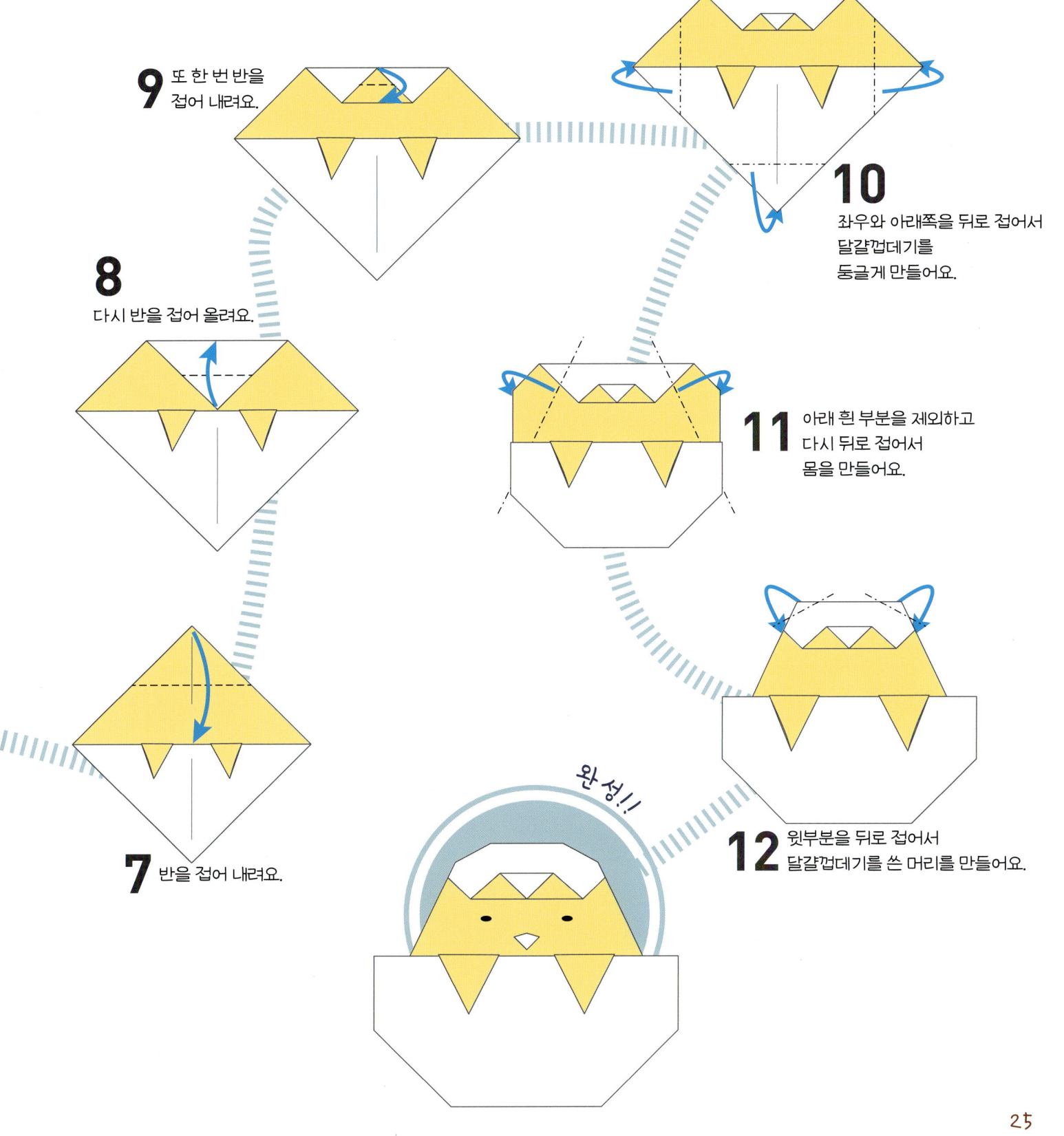

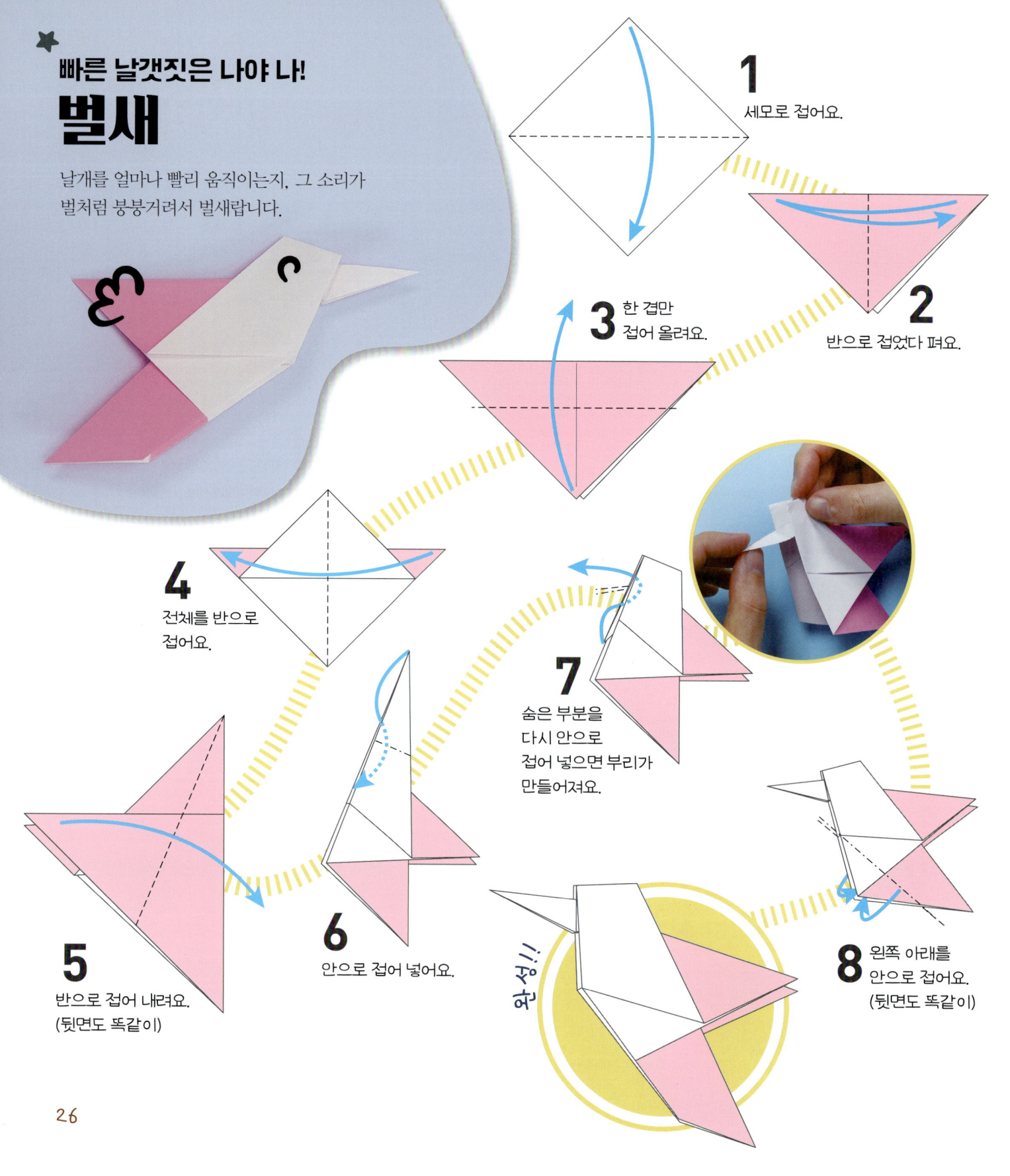

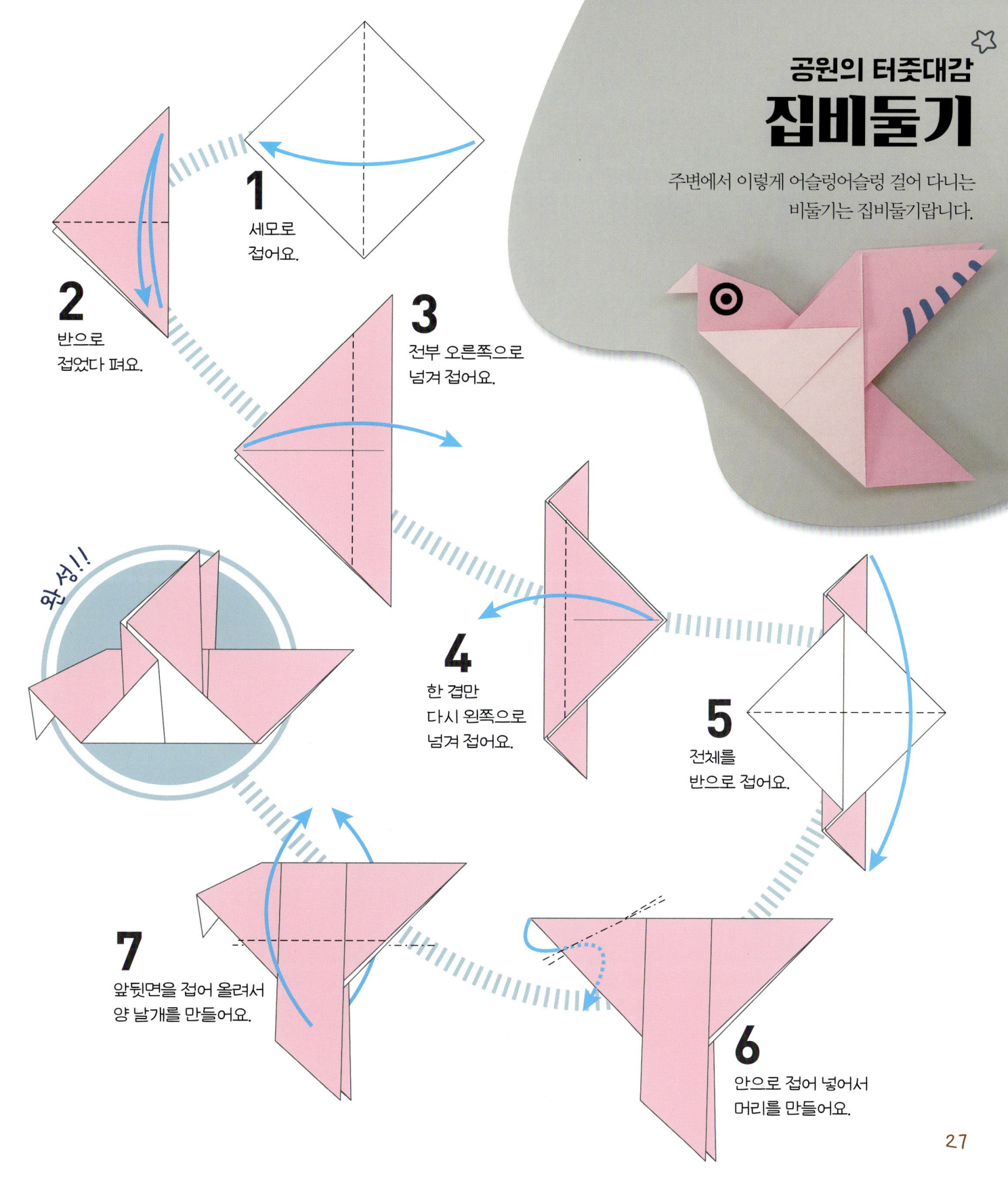

산에 사는
산비둘기

산비둘기는 집비둘기보다 몸이 날렵하고 깃털도 아름답대요.

1 세모로 접어요.

2 반으로 접었다 펴요.

3 중심선에 맞춰 접어요.

4 아래쪽 한 겹을 반으로 접었다가 펴요.

5 중심선에 맞춰 접었다가 펴요.

6 안으로 접어 넣어요.

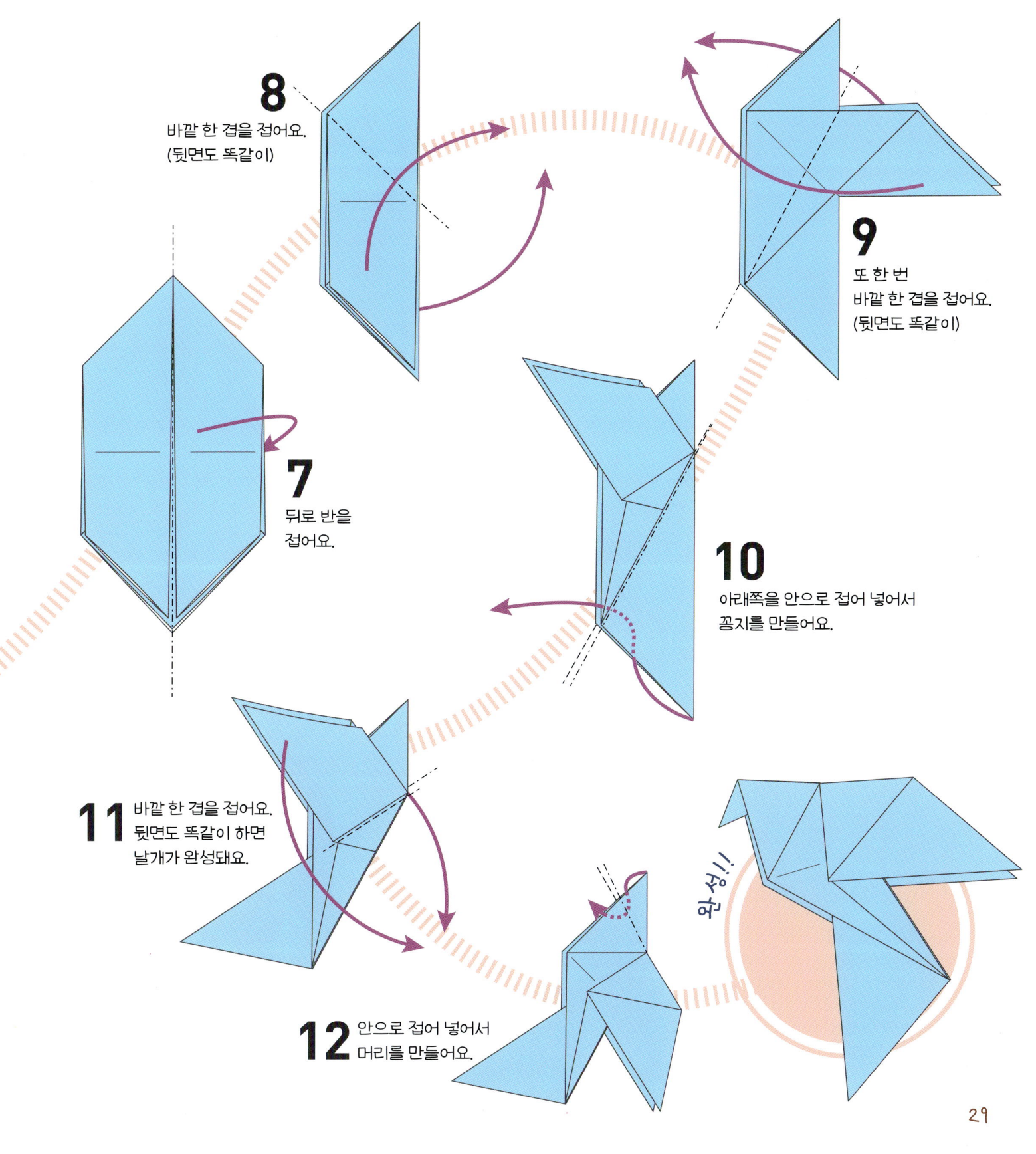

따라쟁이 앵무새

사람의 말을 잘 따라 하는 앵무새는 두세 살 어린아이의 지능을 가지고 있답니다.

1 세모로 접었다 펴요.

2 중심선에 맞춰 접어요.

3 윗부분을 뒤로 넘겨 접어요.

4 중심선에 맞춰 접었다 펴요.

5 화살표 부분에 손가락을 넣어서 양옆으로 벌리며 눌러 접어요.

6 비스듬히 위로 접어요.

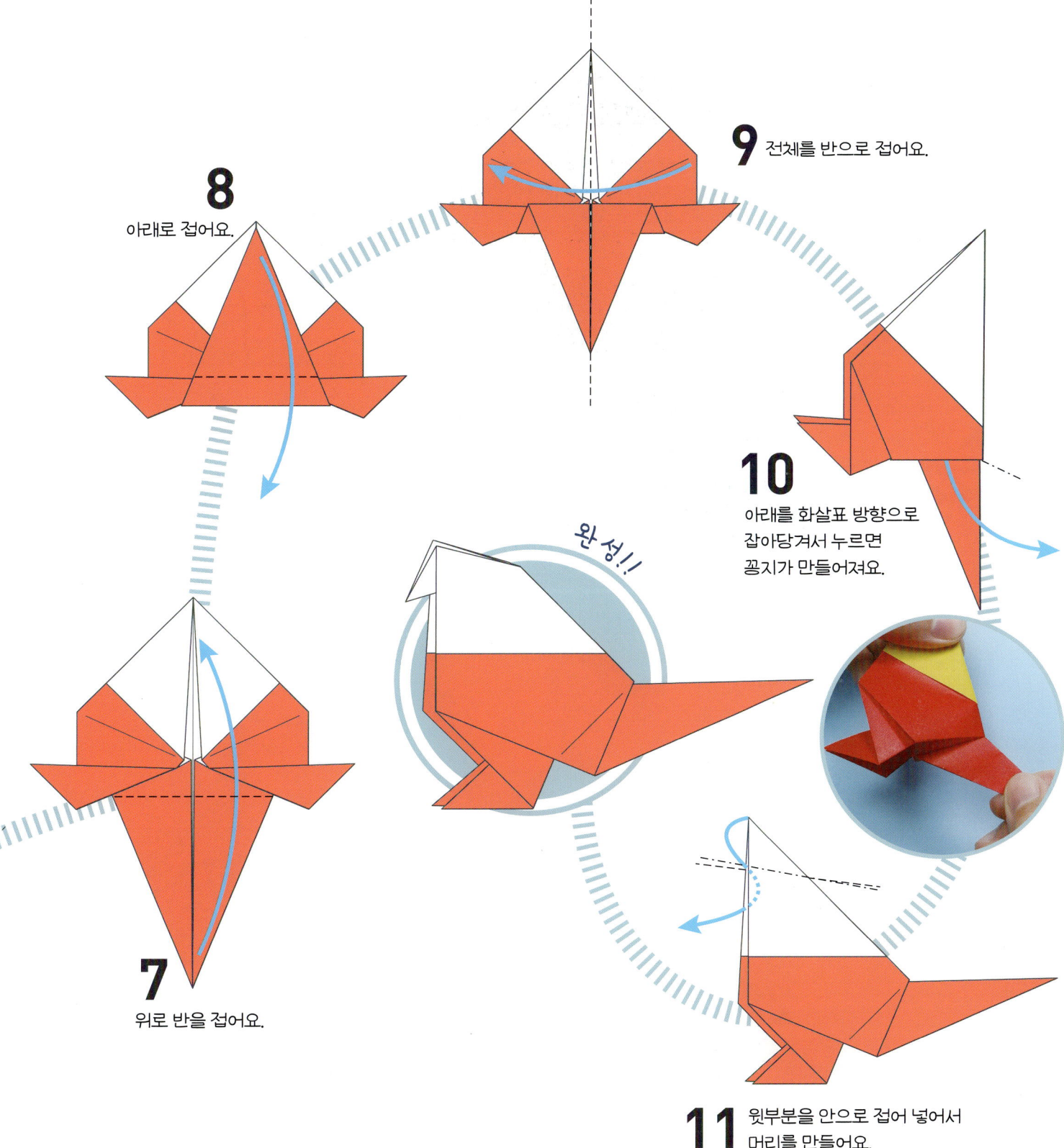

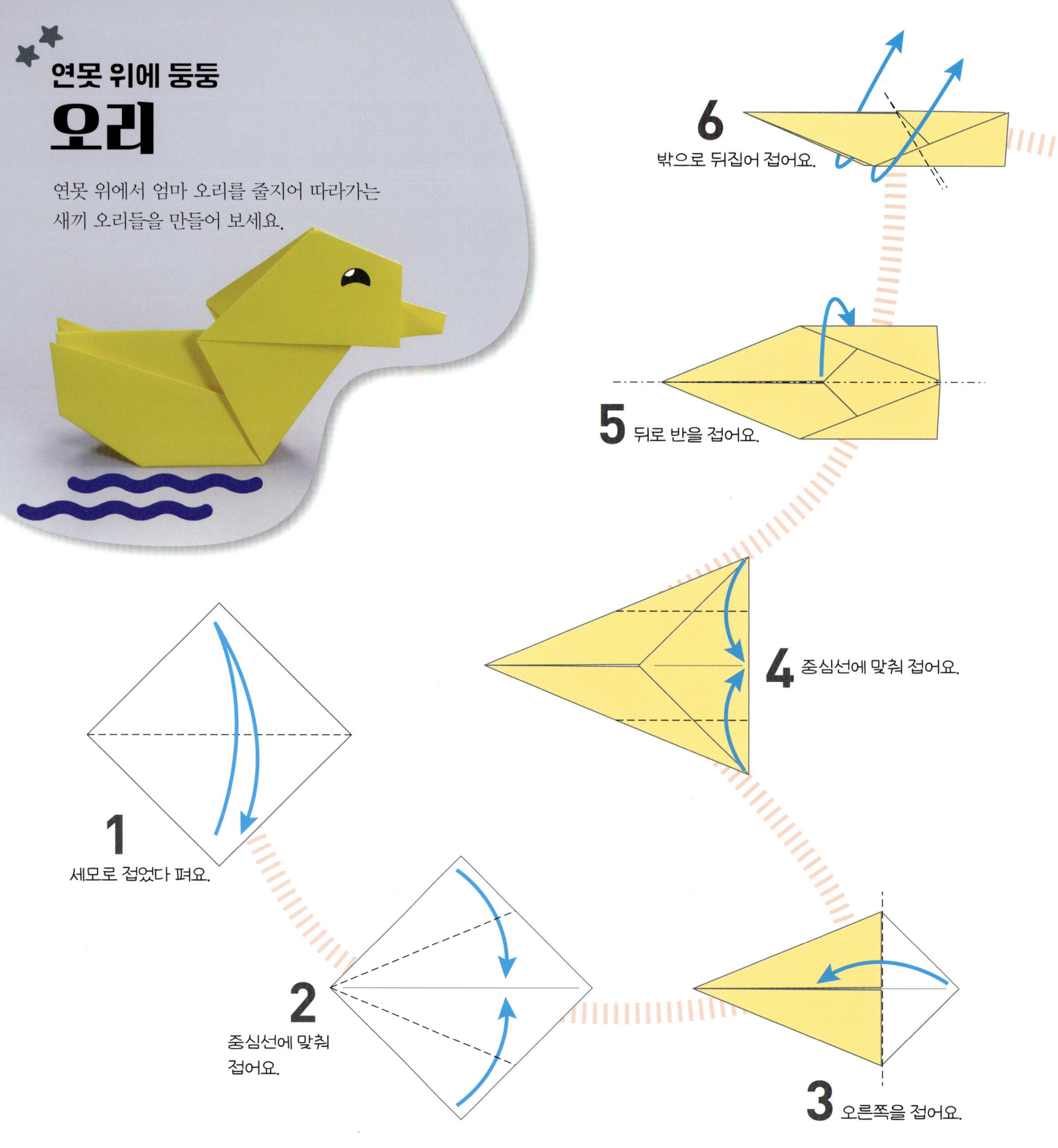

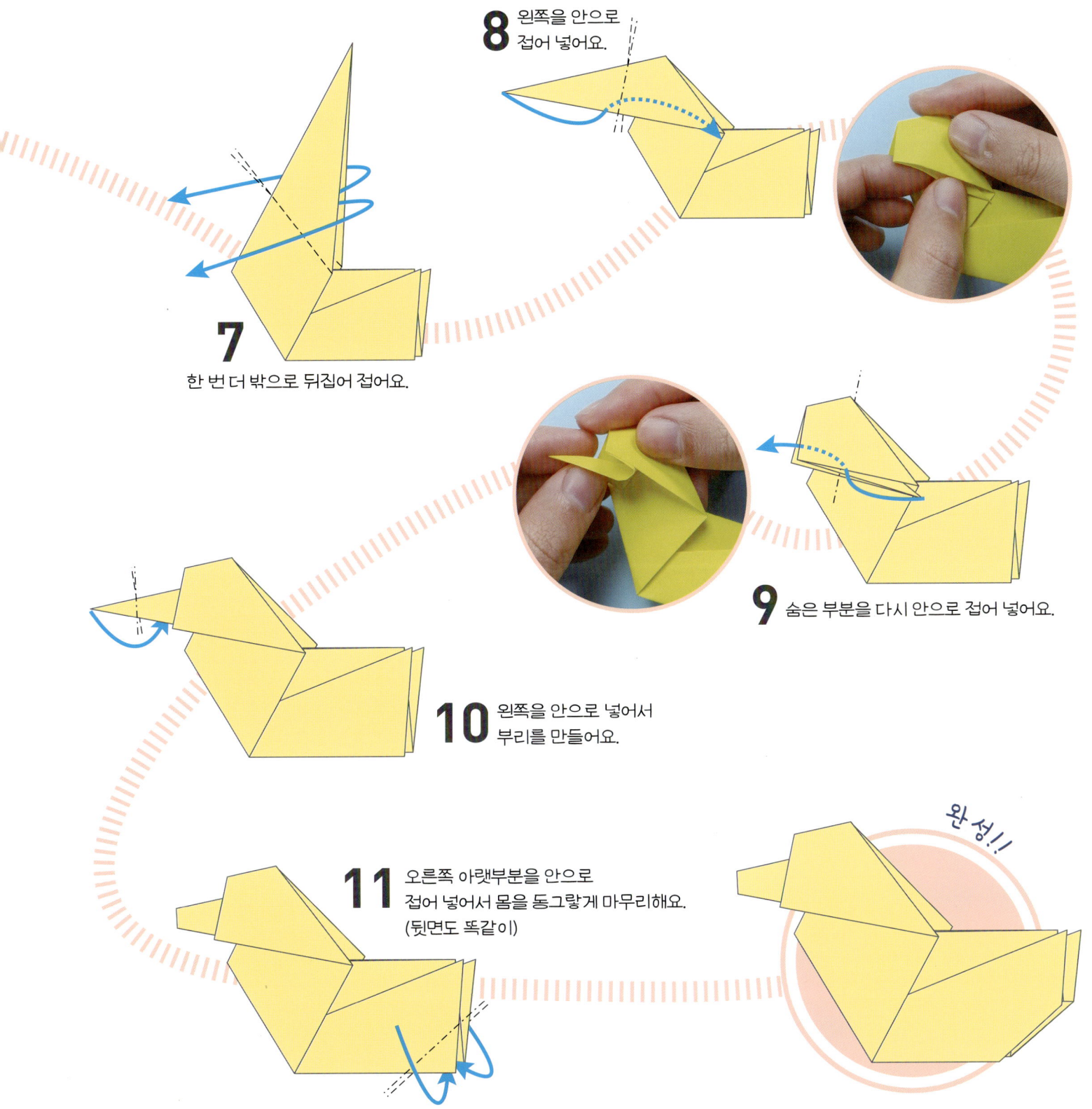

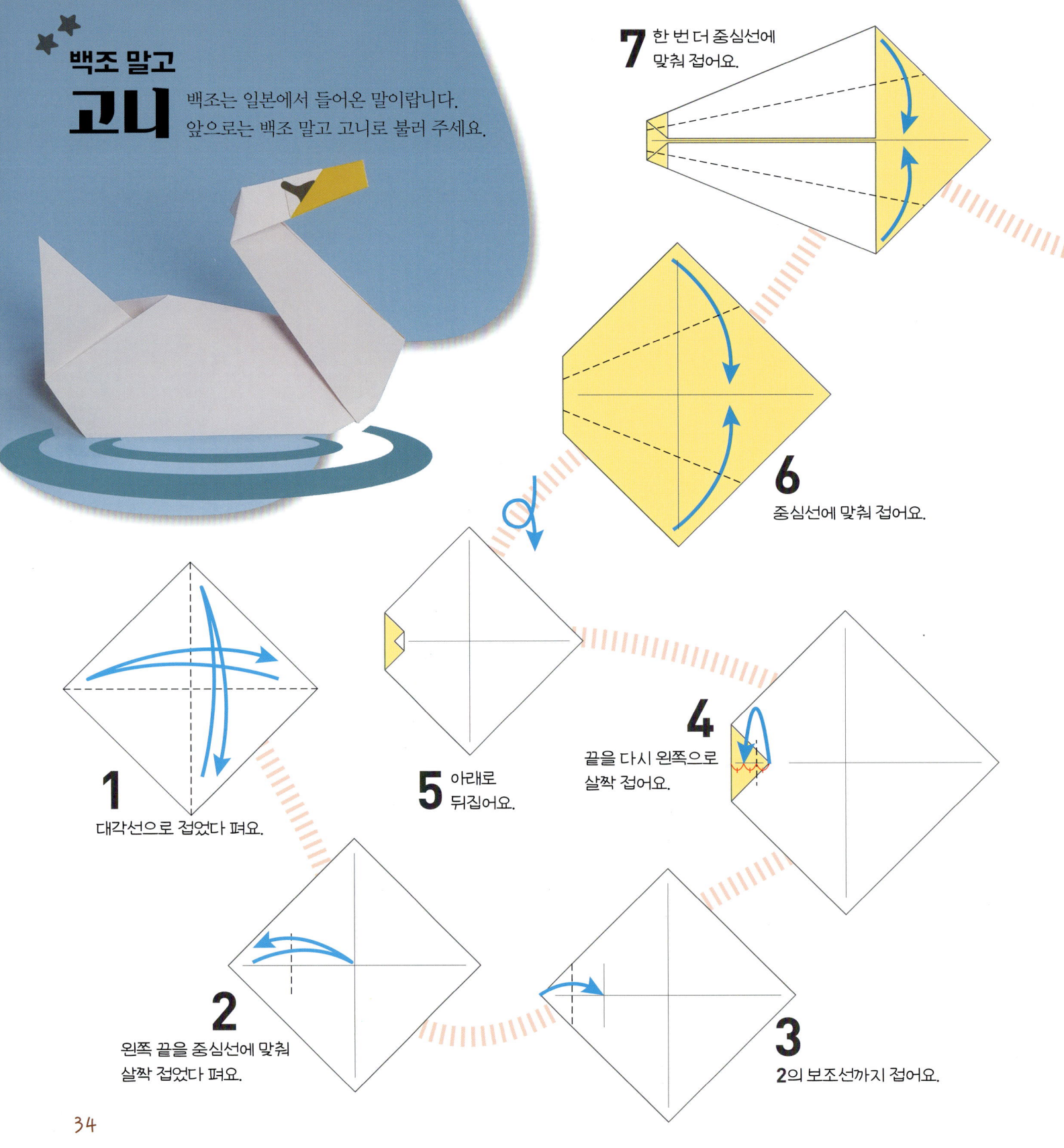

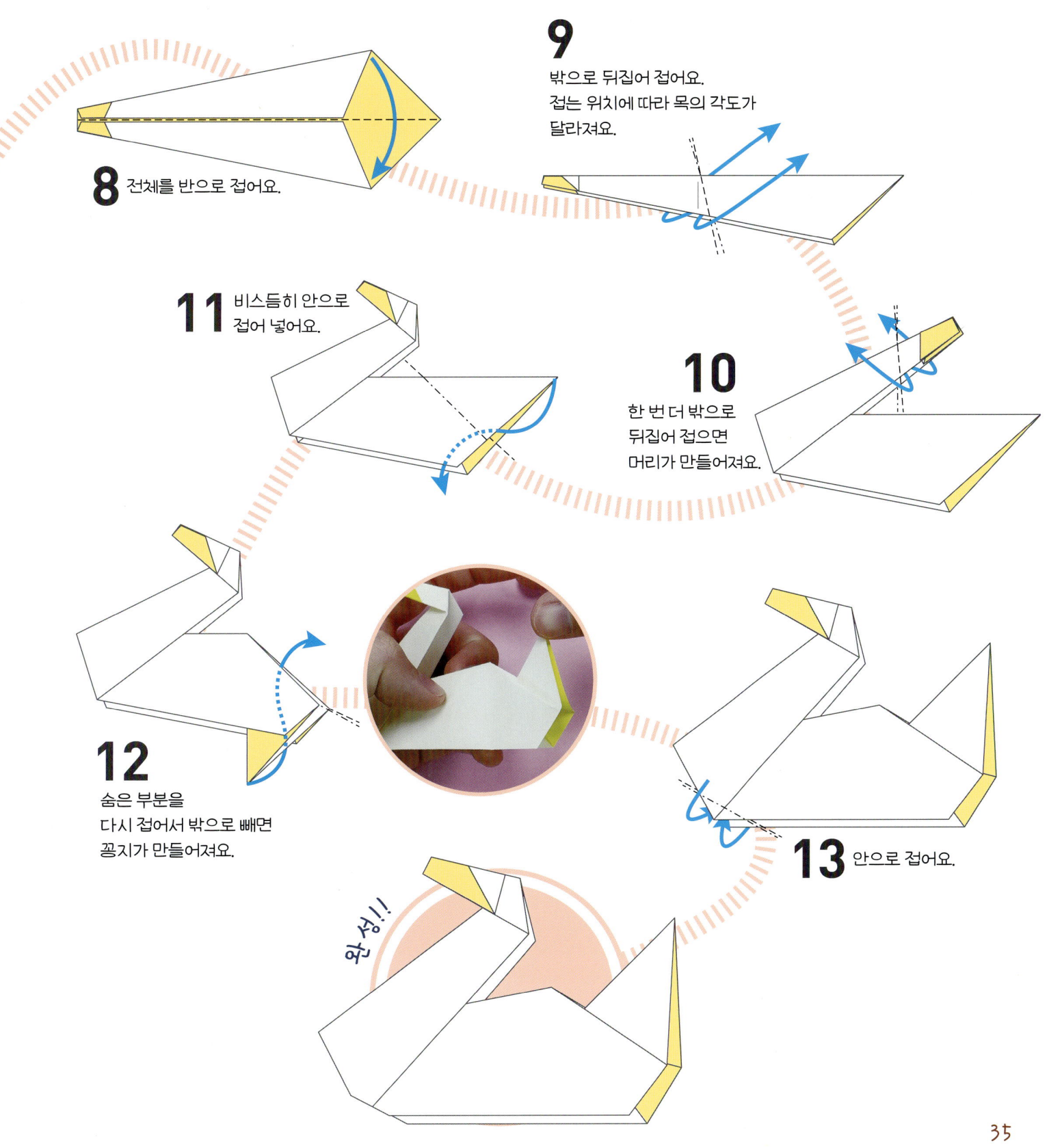

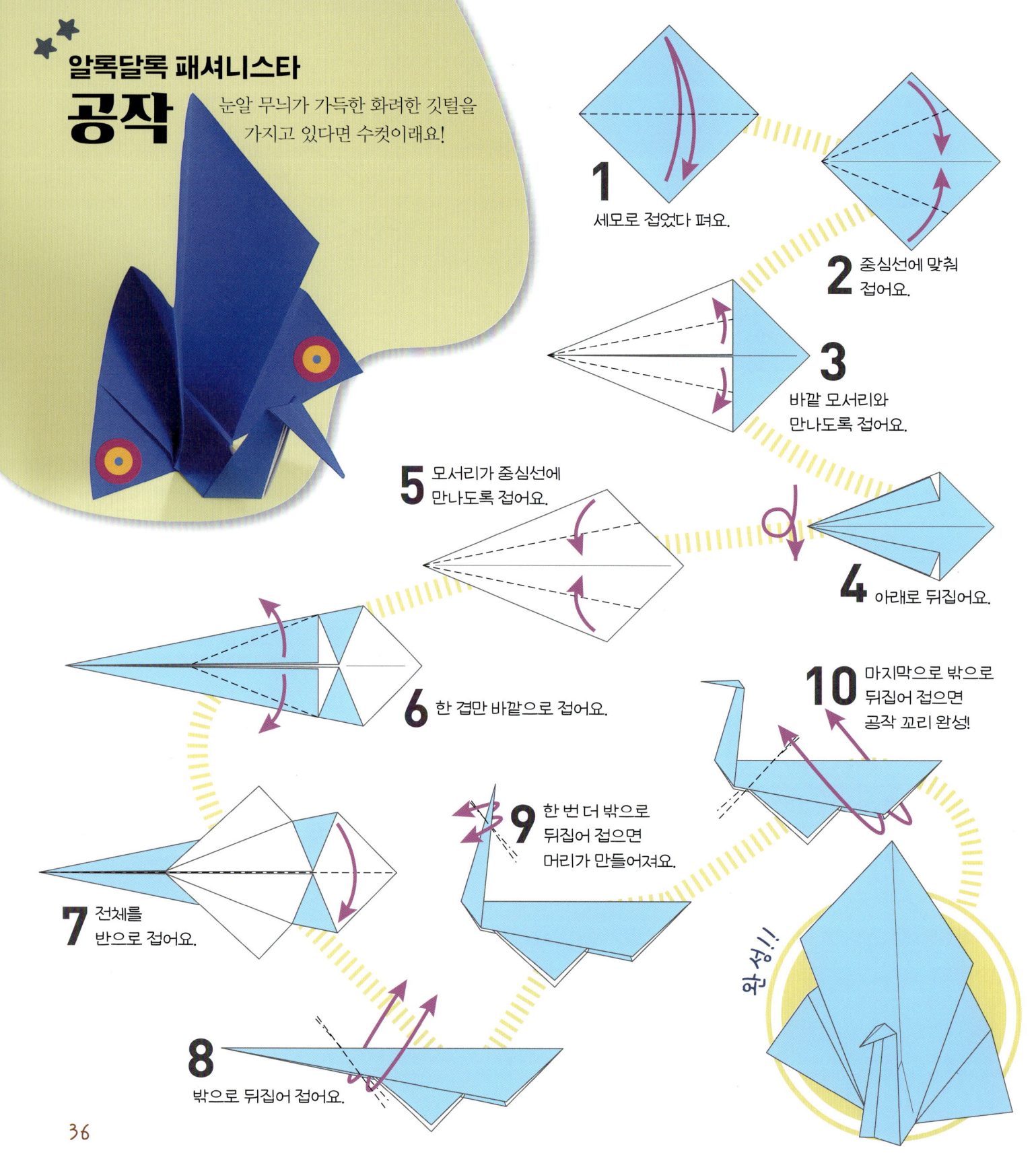

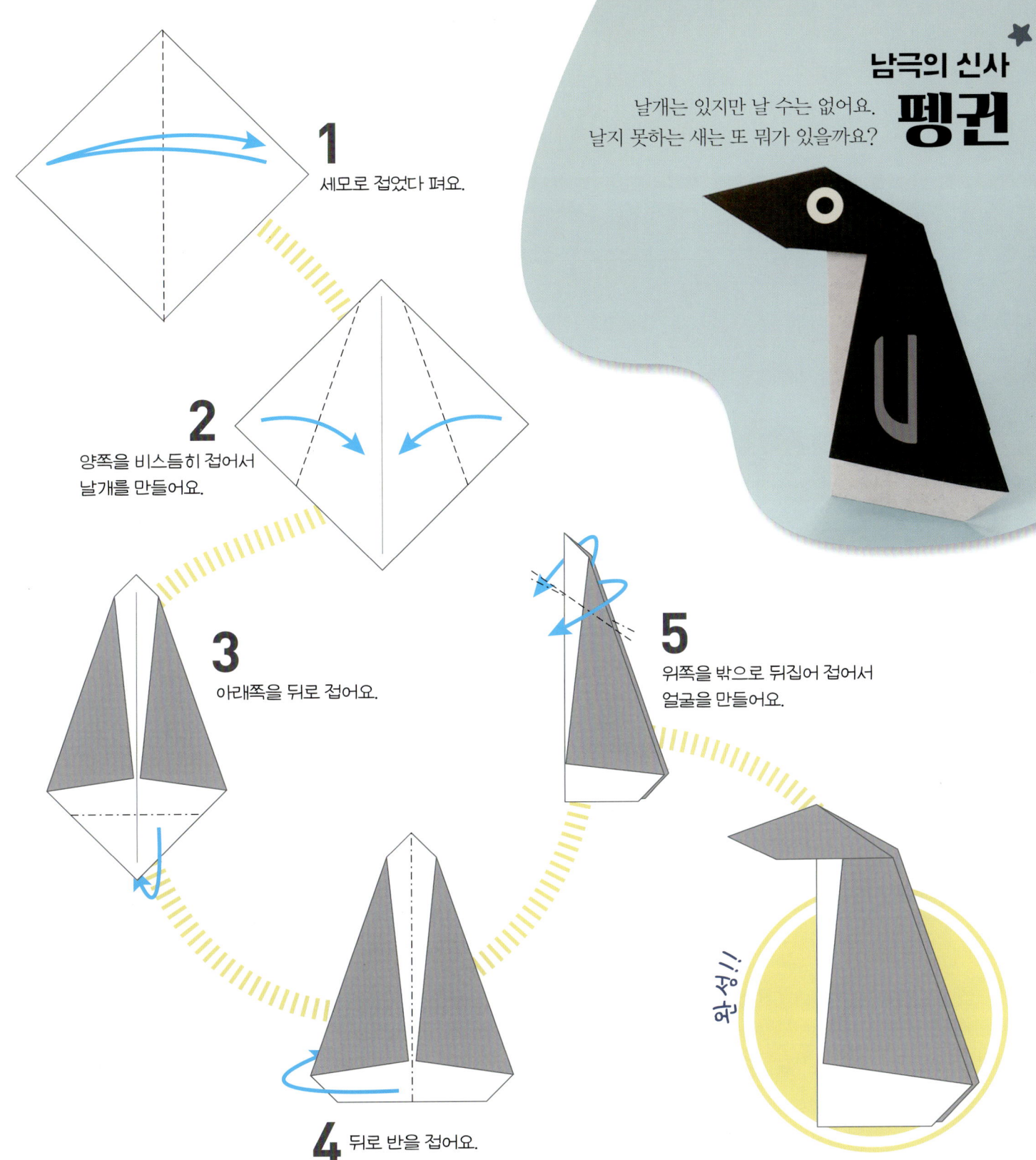

남극의 신사 펭귄

날개는 있지만 날 수는 없어요.
날지 못하는 새는 또 뭐가 있을까요?

1 세모로 접었다 펴요.

2 양쪽을 비스듬히 접어서 날개를 만들어요.

3 아래쪽을 뒤로 접어요.

4 뒤로 반을 접어요.

5 위쪽을 밖으로 뒤집어 접어서 얼굴을 만들어요.

완성!

37

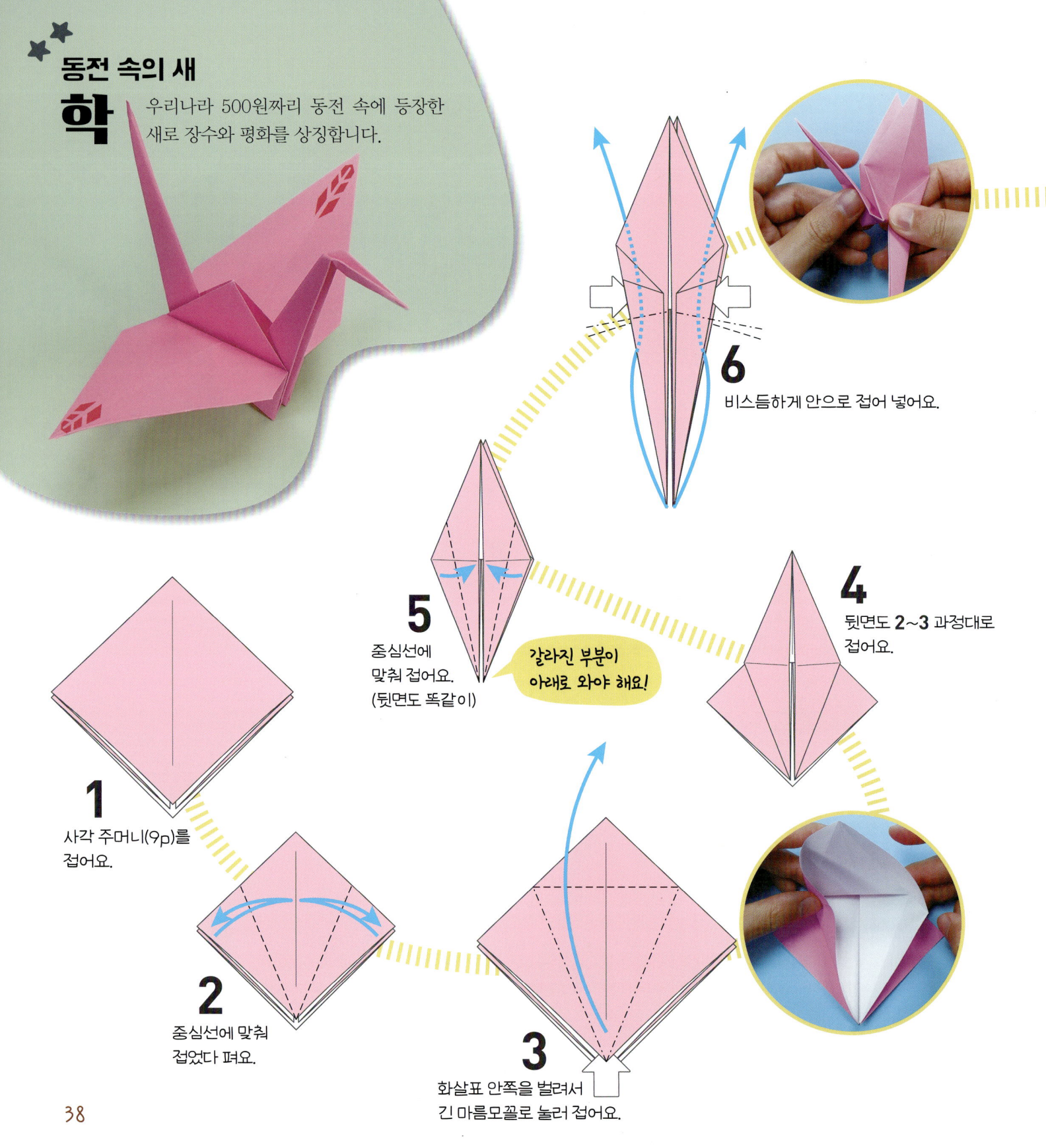

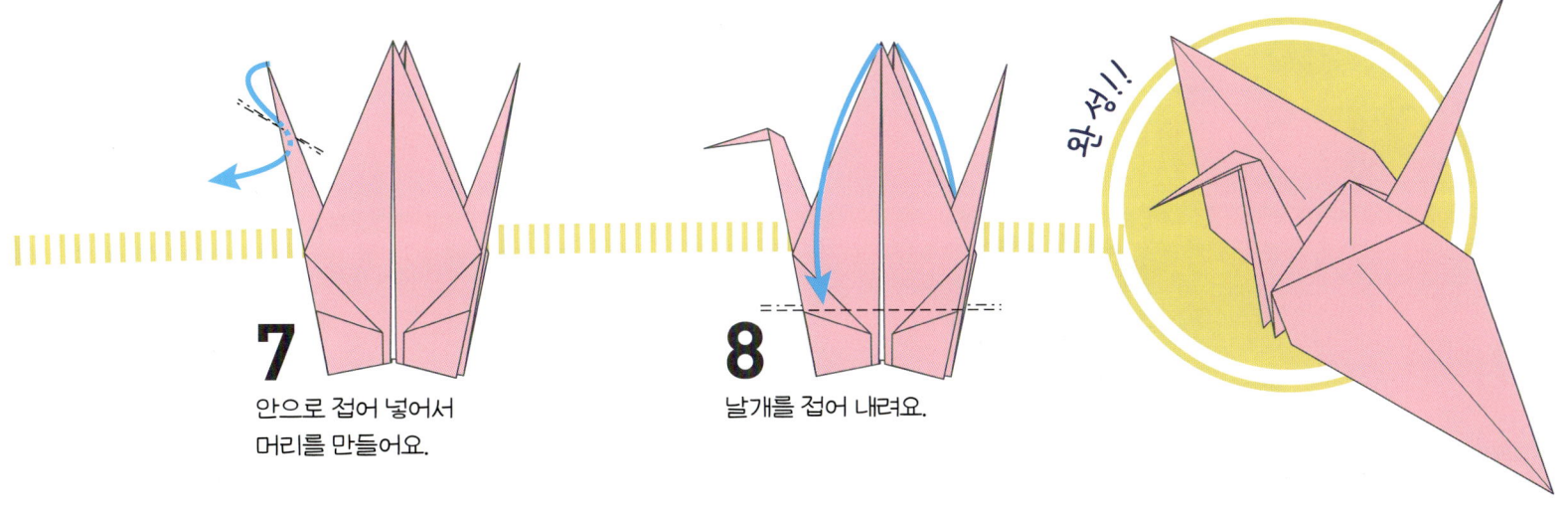

7 안으로 접어 넣어서 머리를 만들어요.

8 날개를 접어 내려요.

완성!!

★★ 오동통한 학

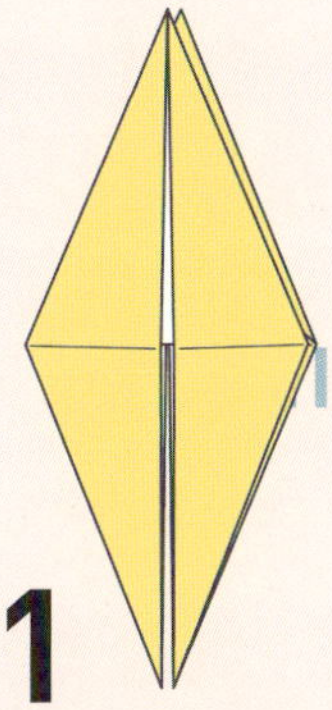

1 학 4번(38p)까지 접어요.

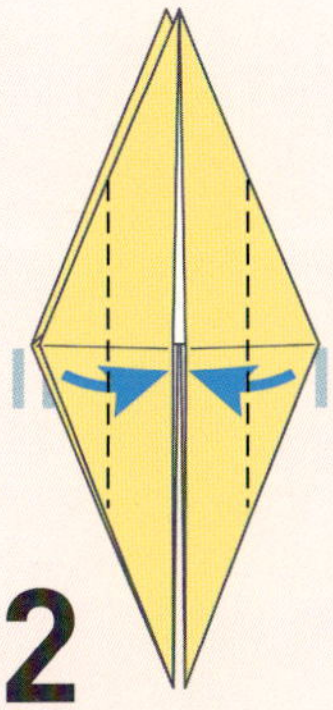

2 중심선에 맞춰 접어요. (뒷면도 똑같이)

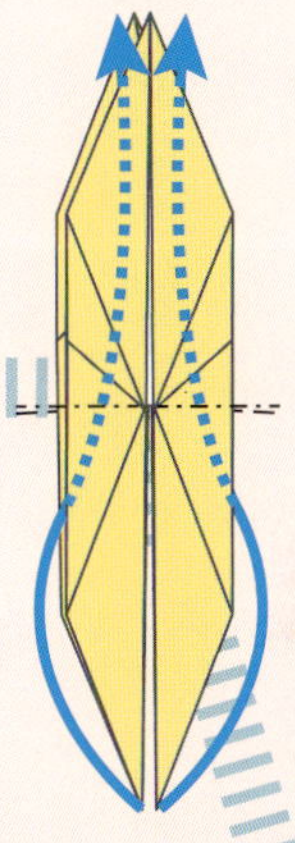

3 안으로 접어 넣어요.

4 안으로 접어 넣어서 머리를 만들어요.

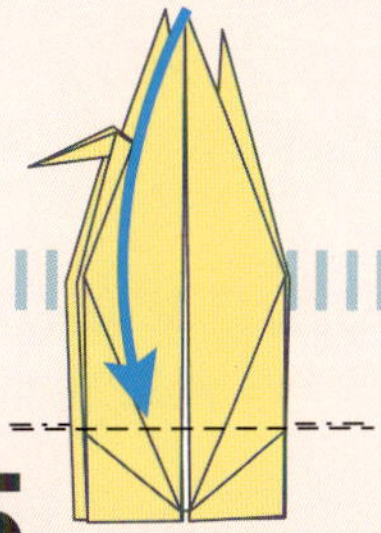

5 날개를 접어 내려요. (뒷면도 똑같이)

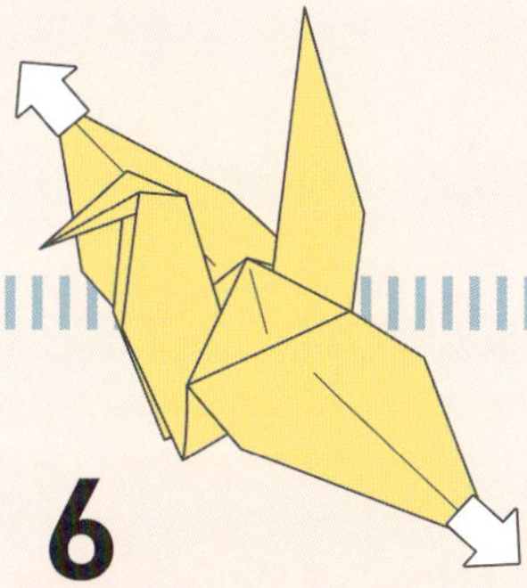

6 날개를 양쪽으로 잡아당겨서 가운데 부분이 펼쳐지게 해요.

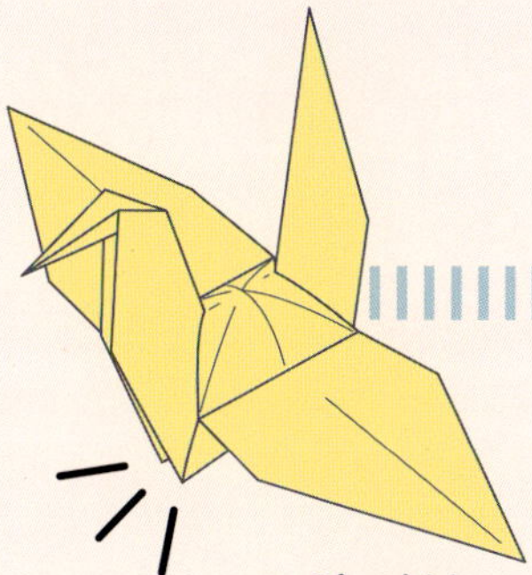

완성!!

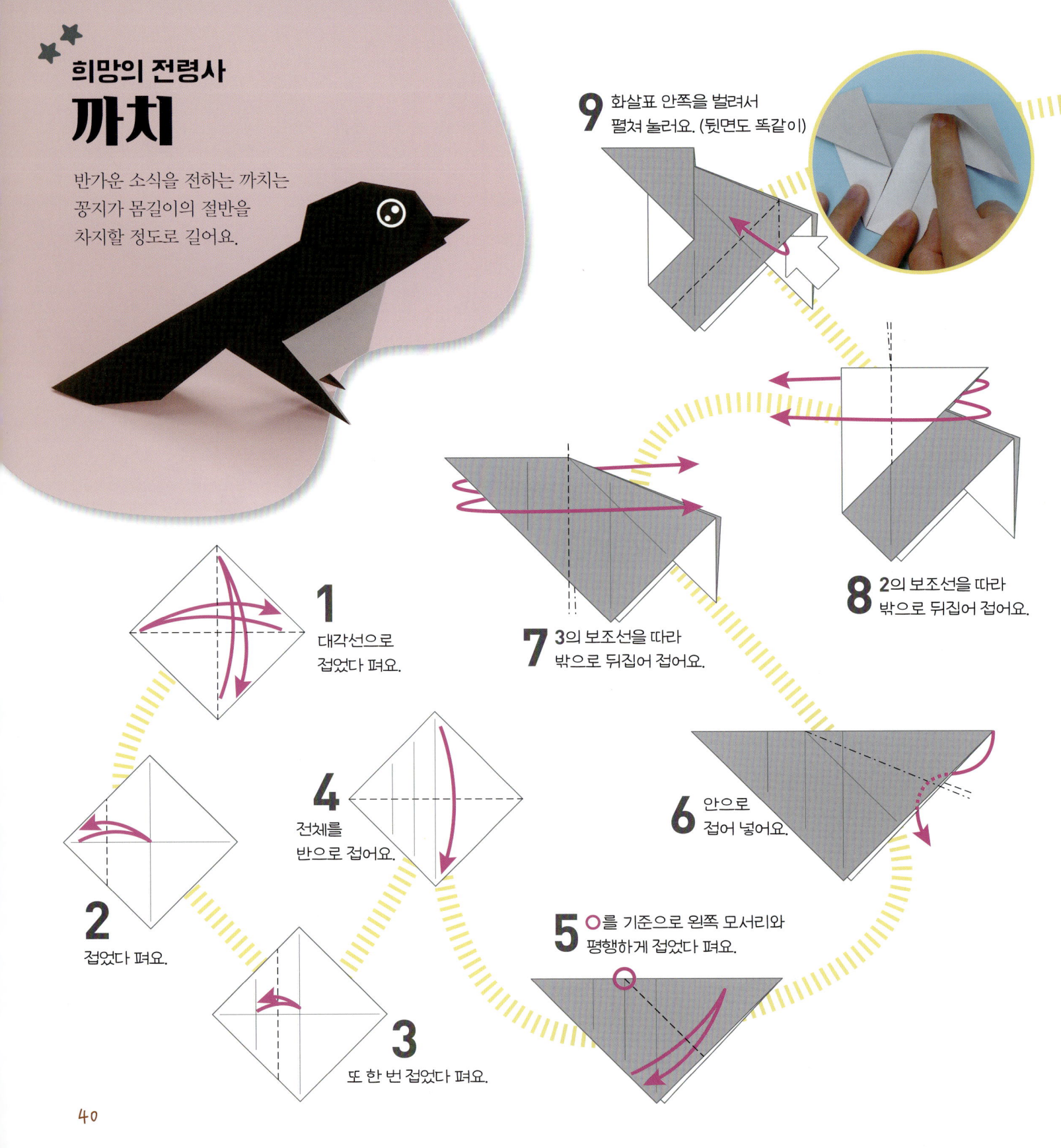

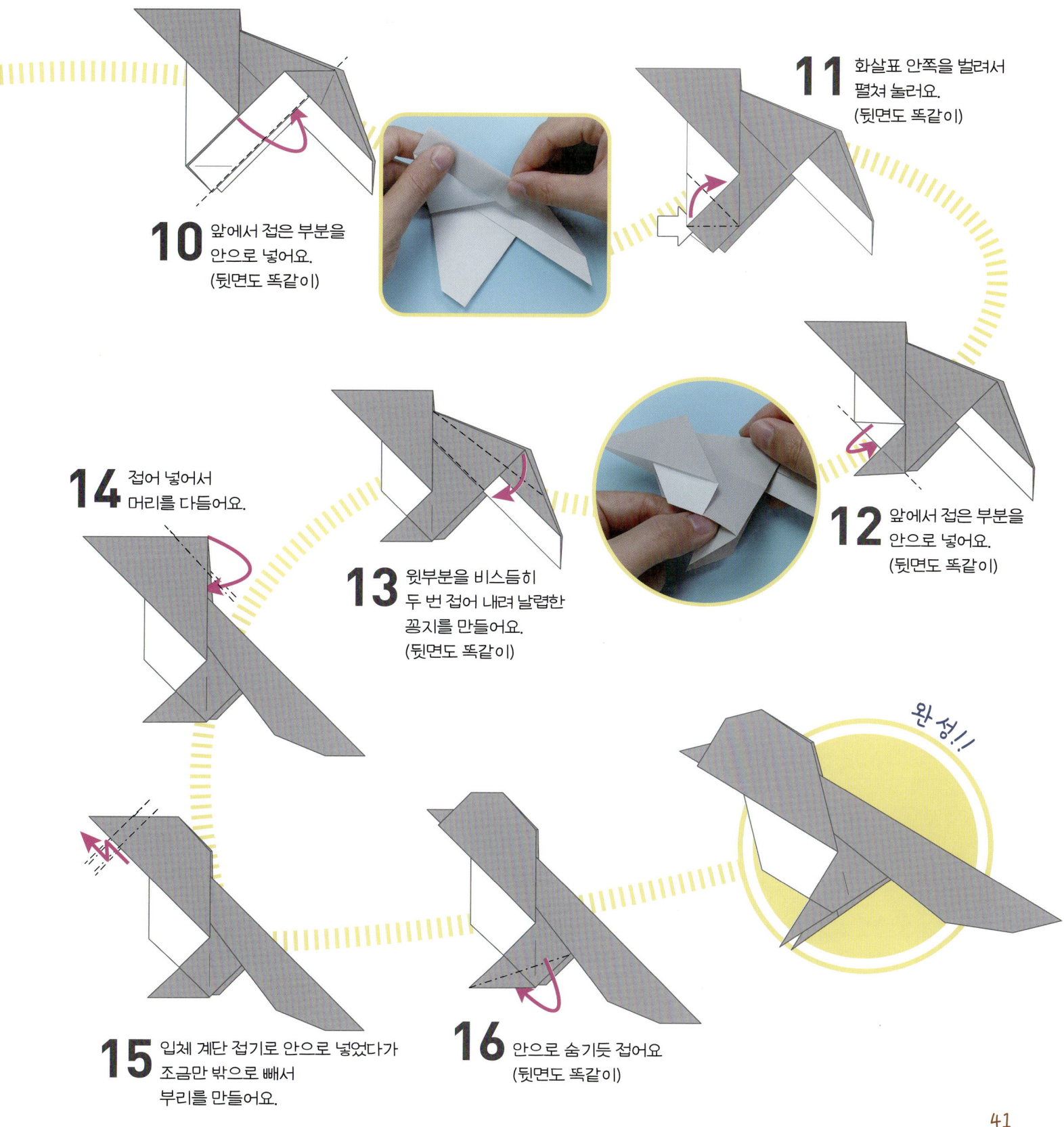

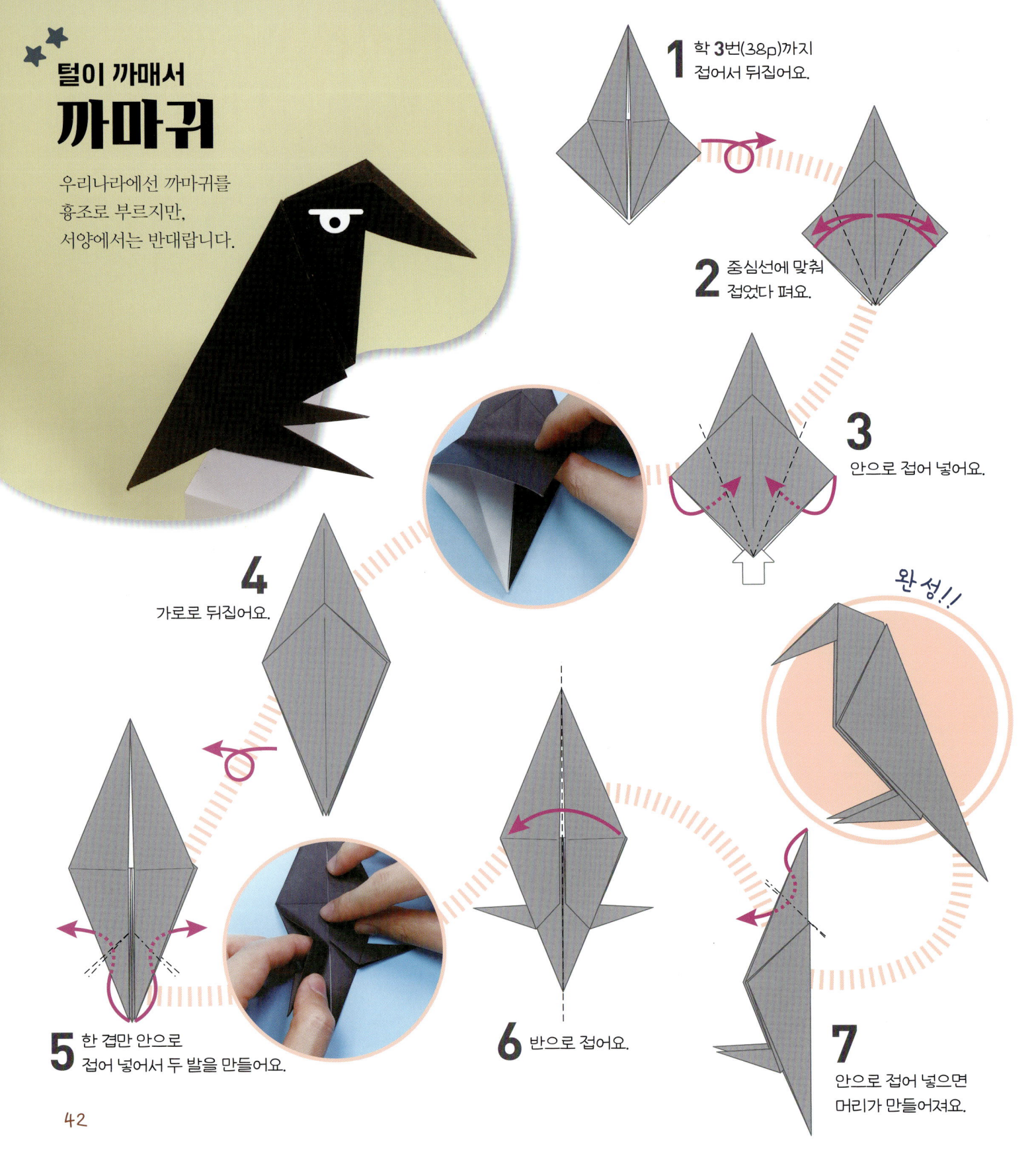

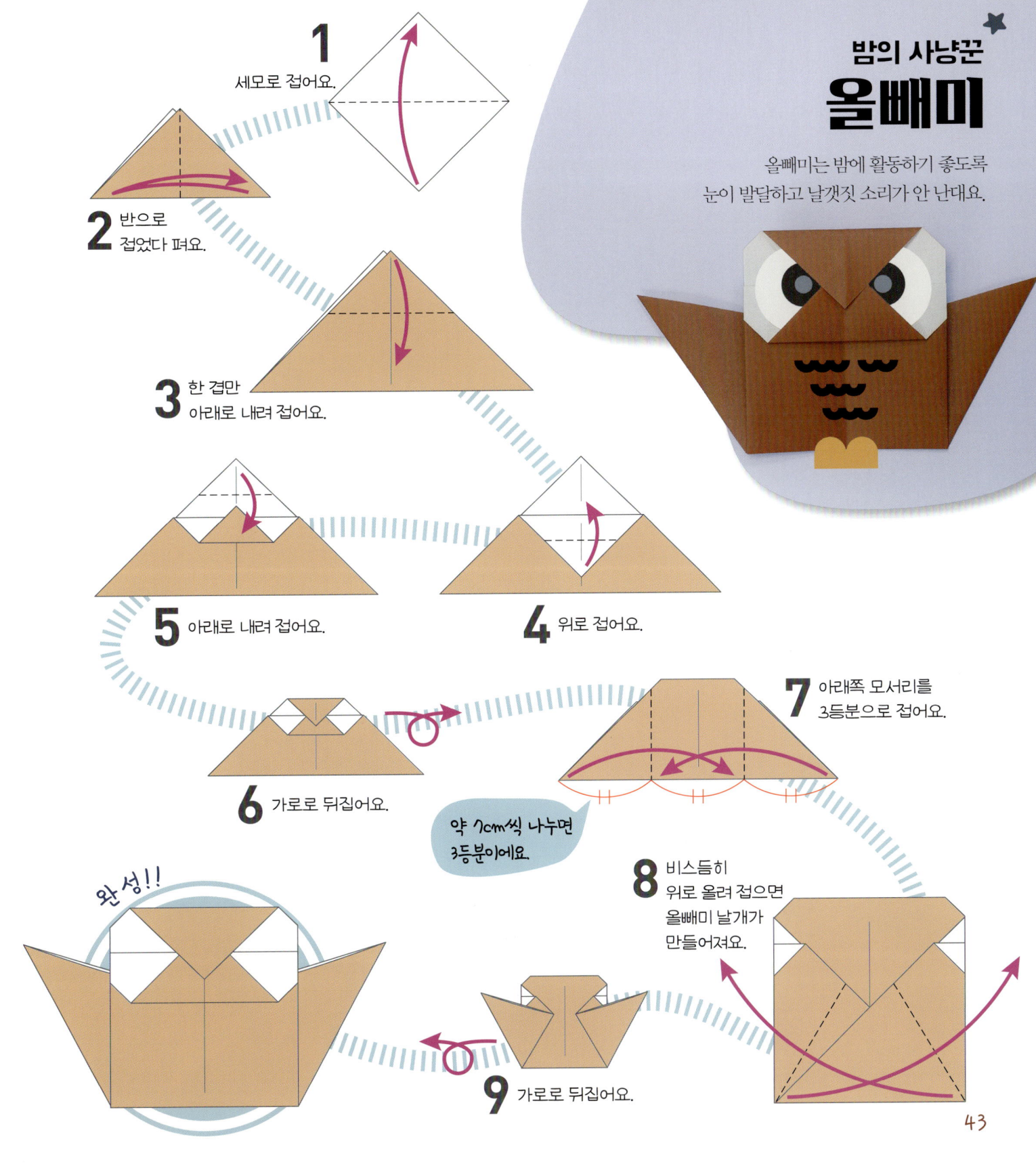

수탉과 암탉(22p), 병아리(24p)
벌새(26p), 토끼(76p)

엔젤피시(46p), 거북(49p)
고래(54p), 가리비(58p)

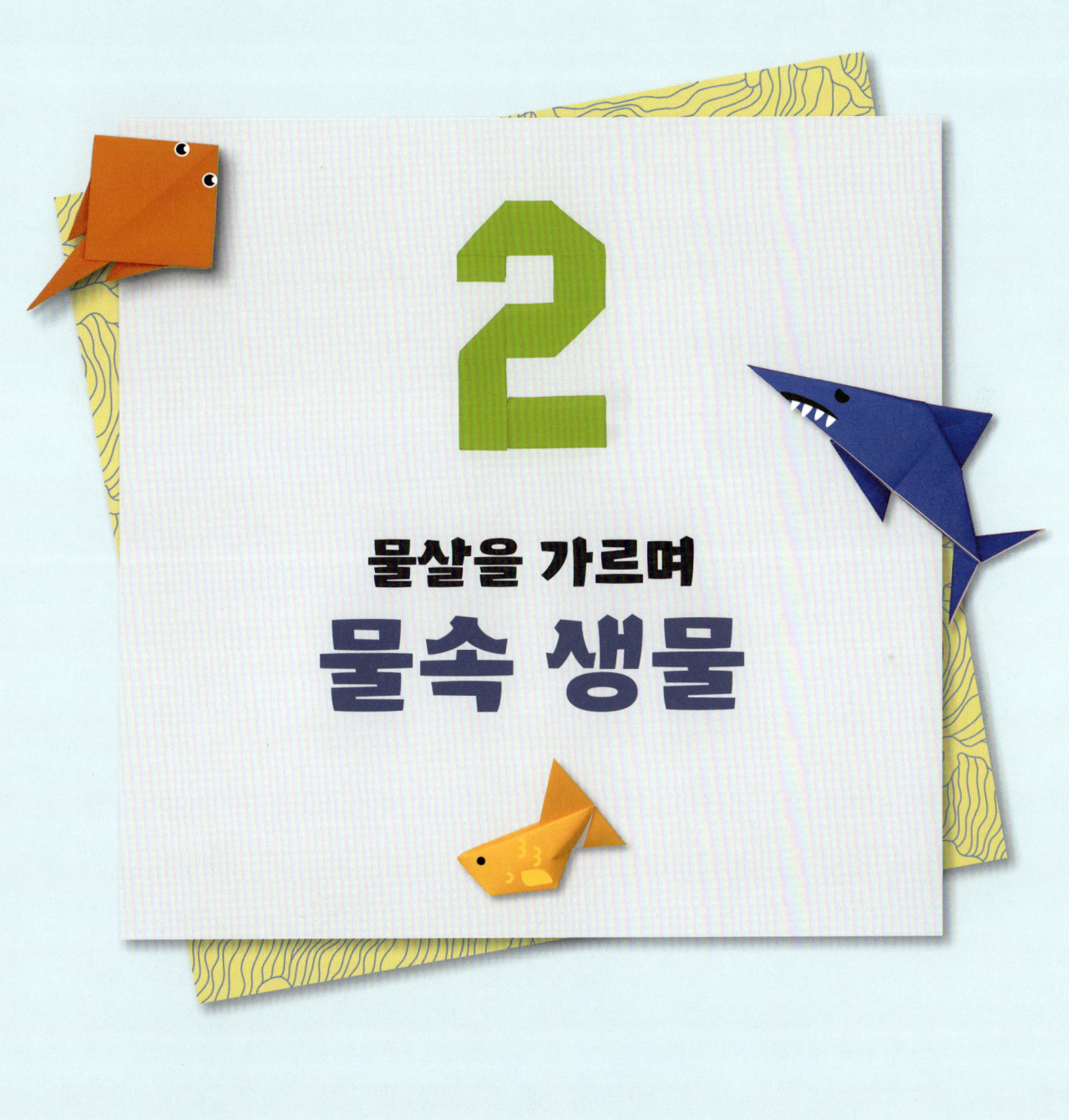

2

물살을 가르며
물속 생물

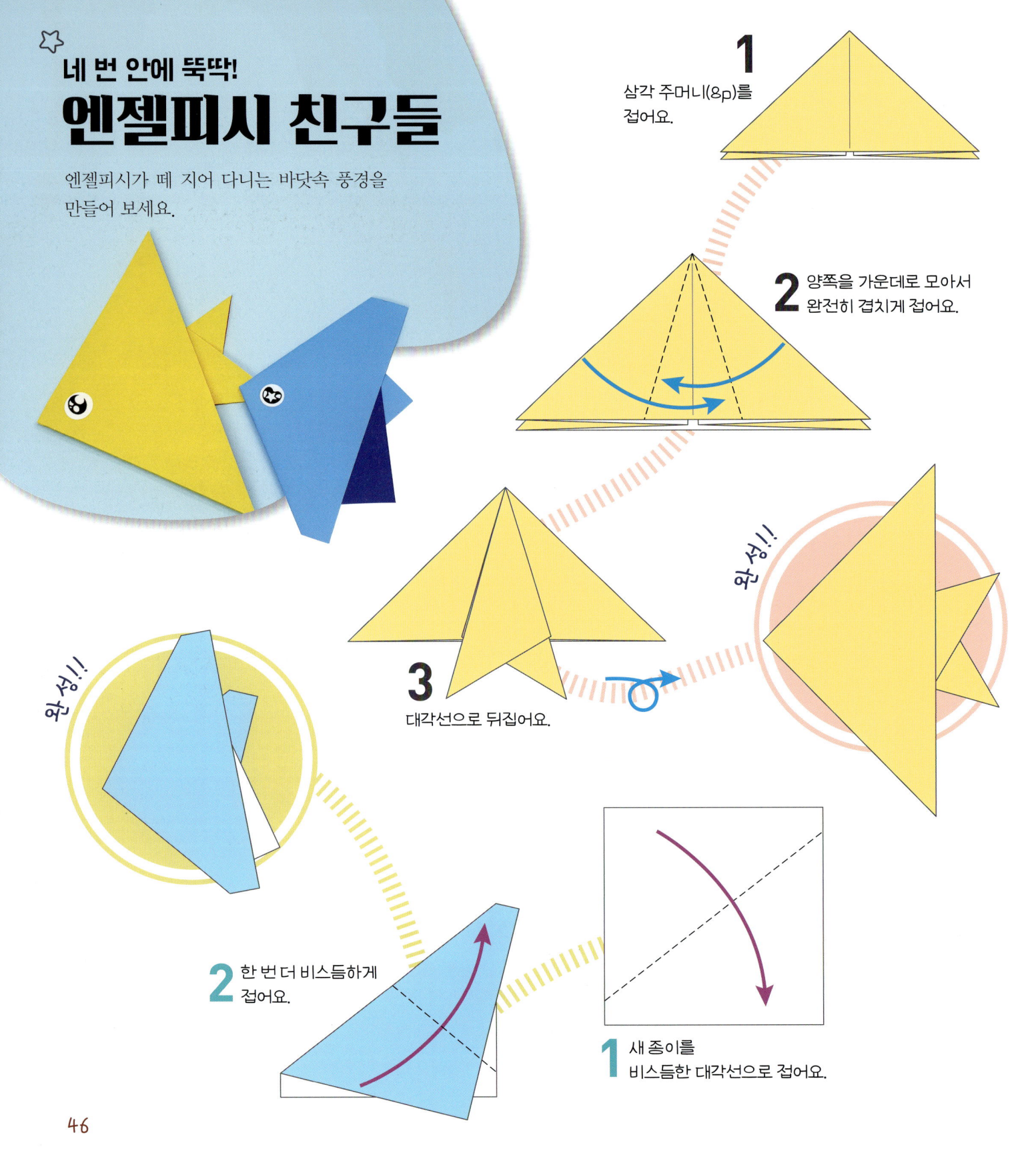

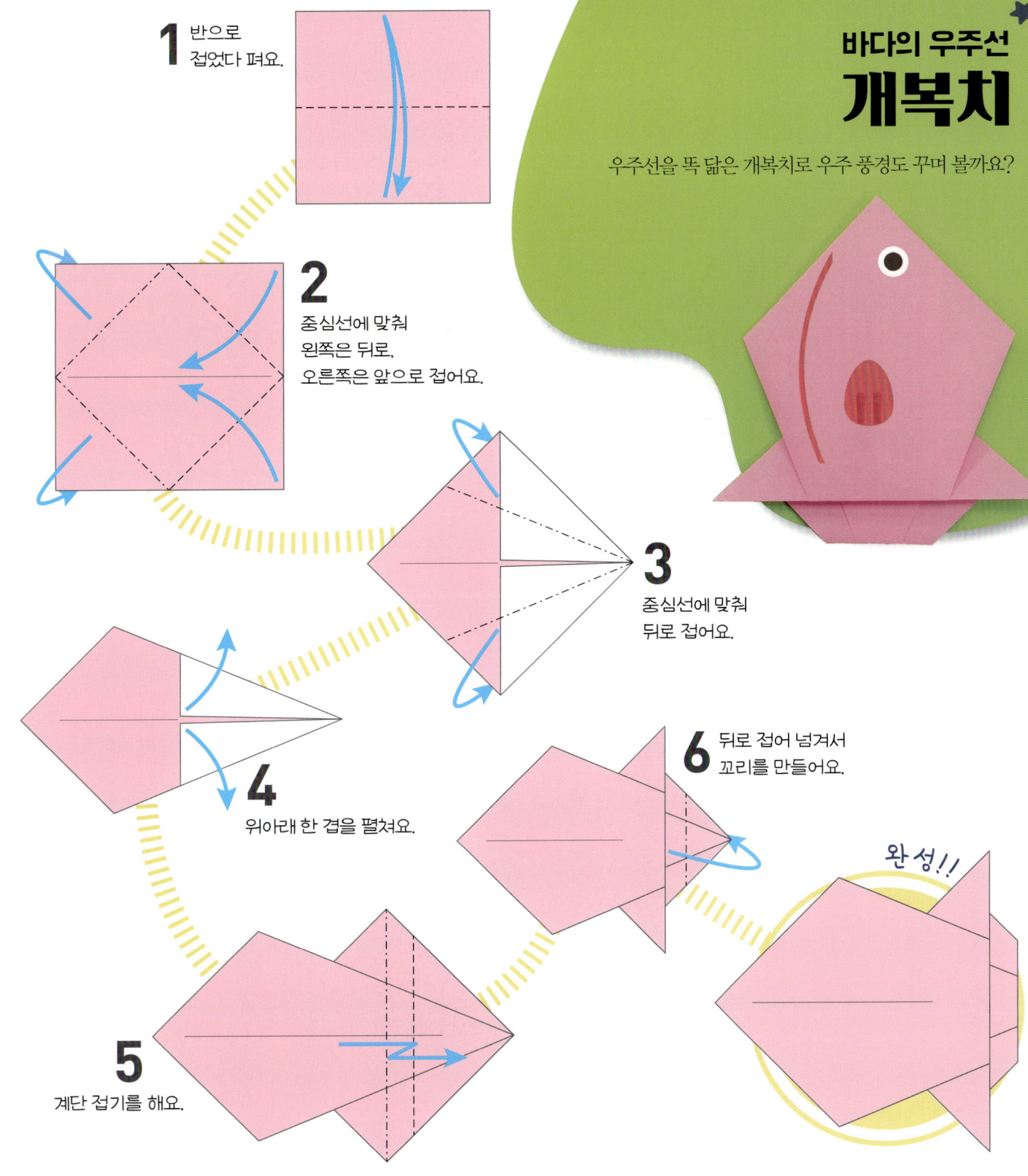

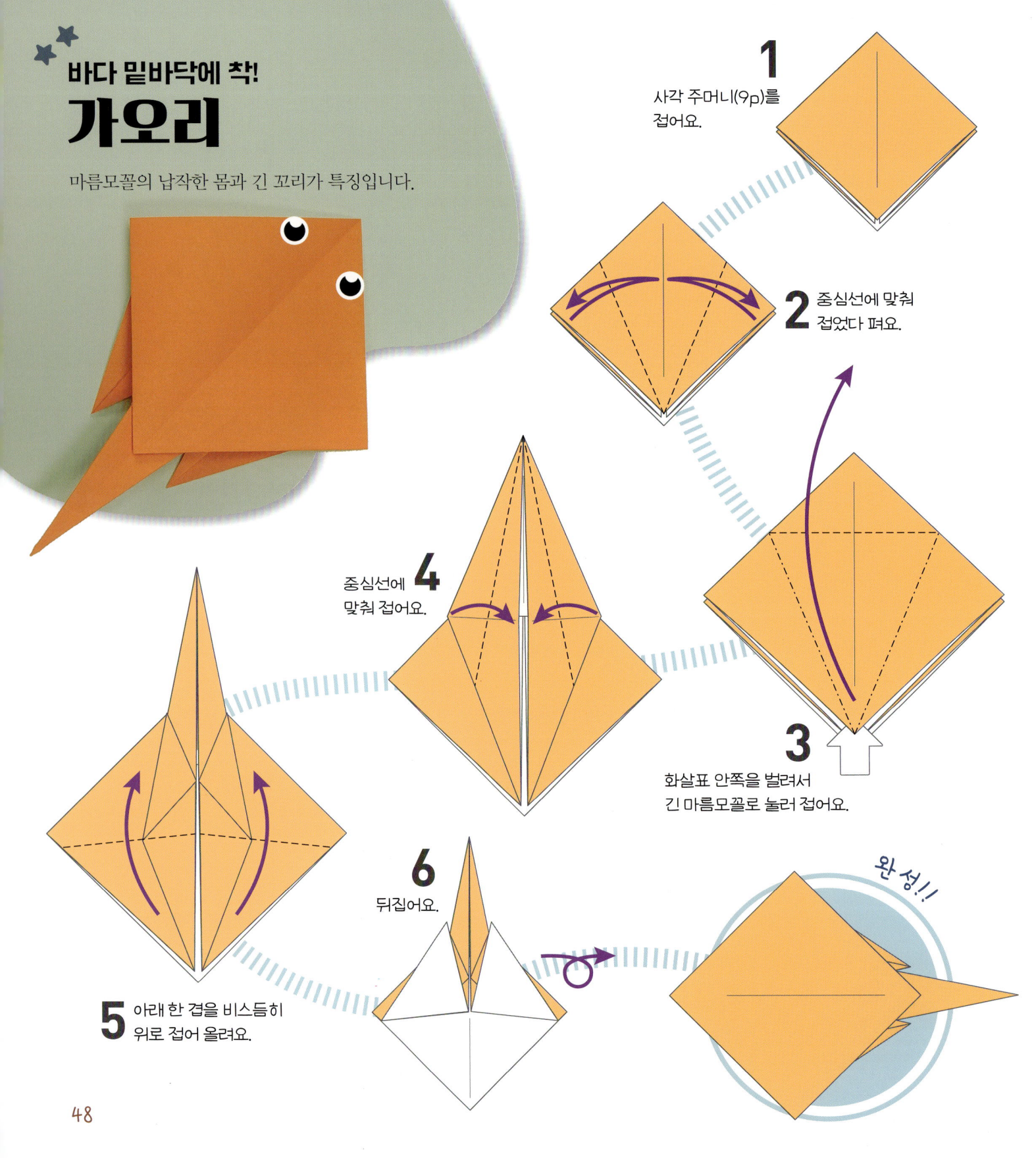

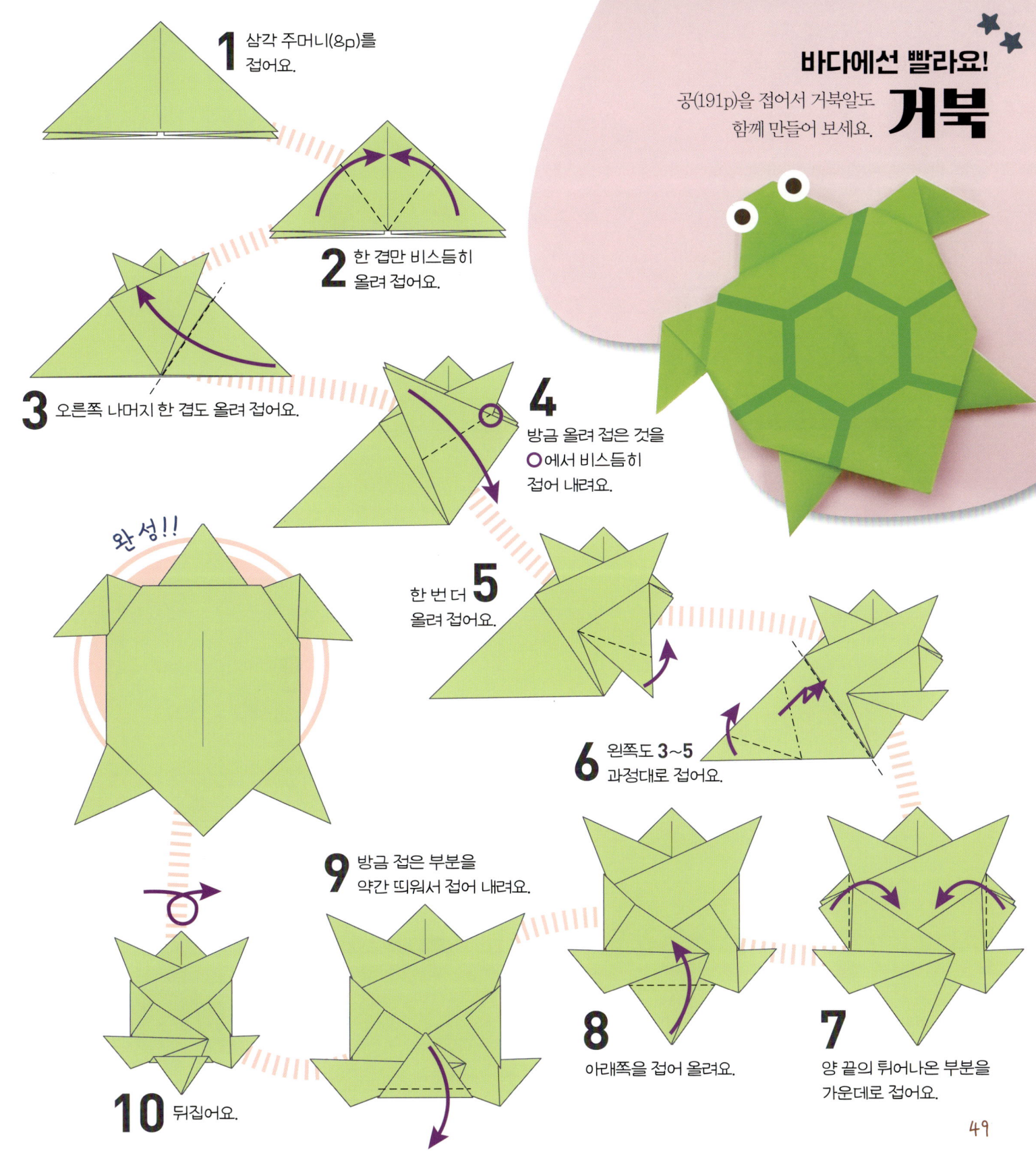

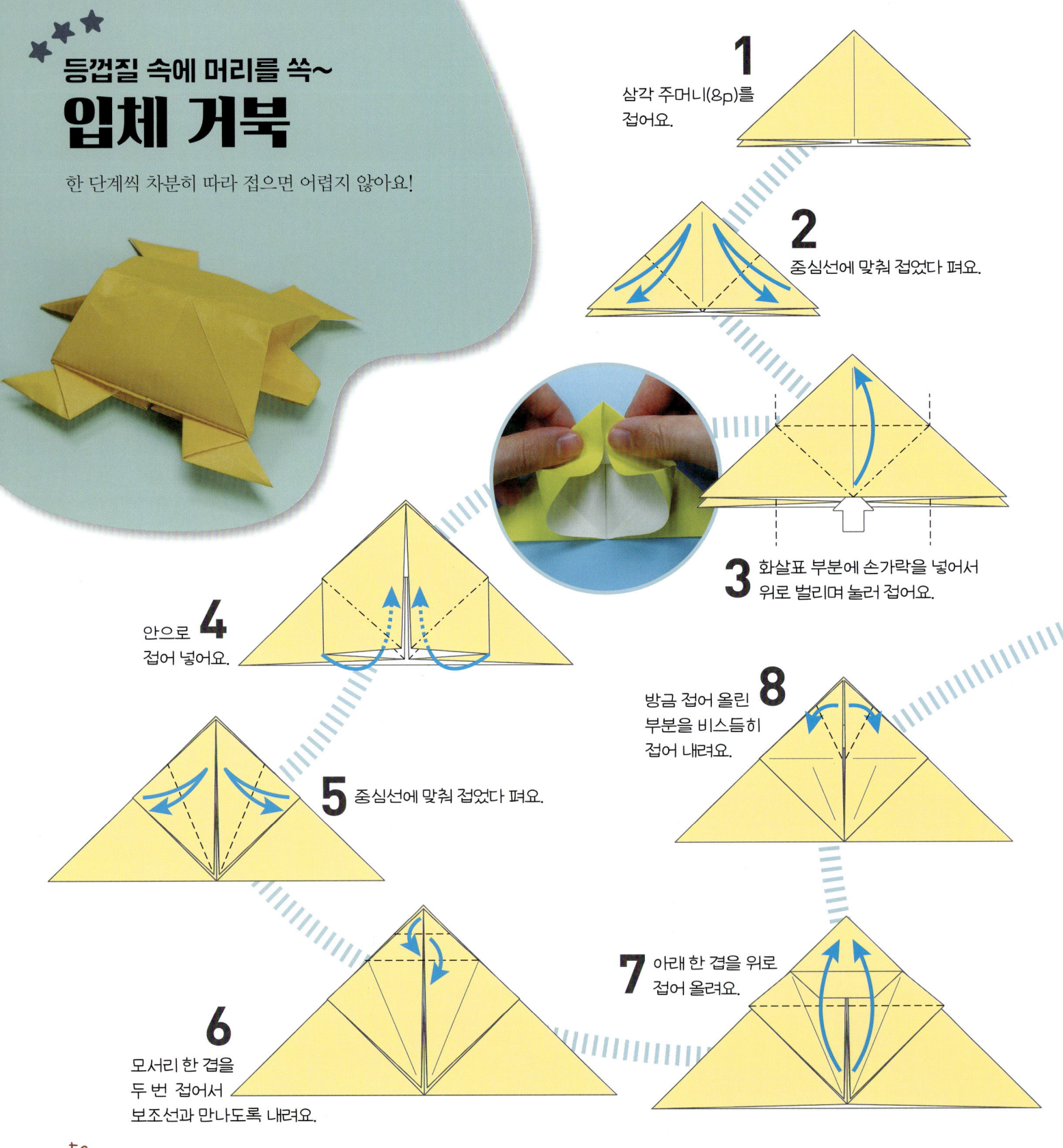

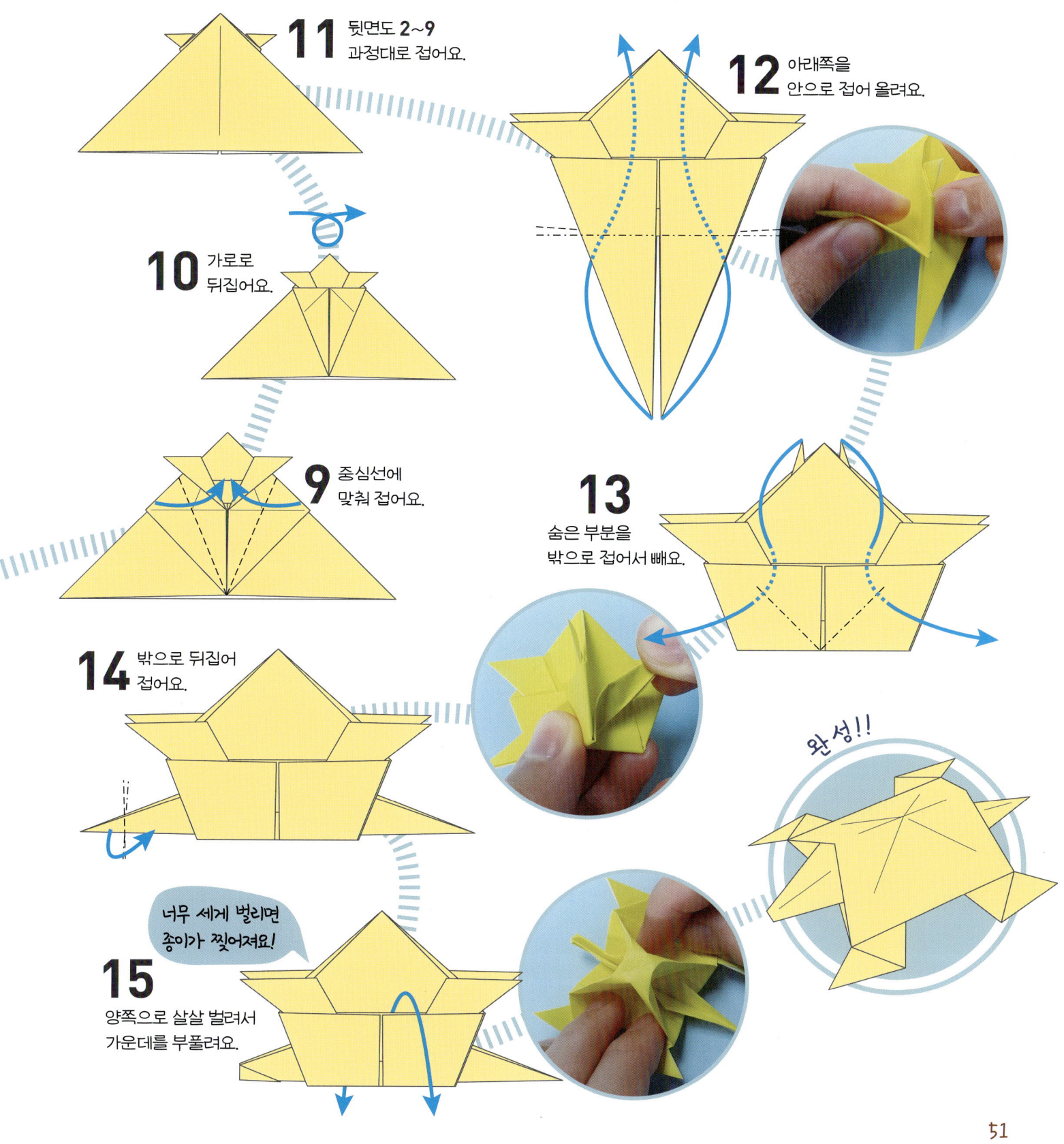

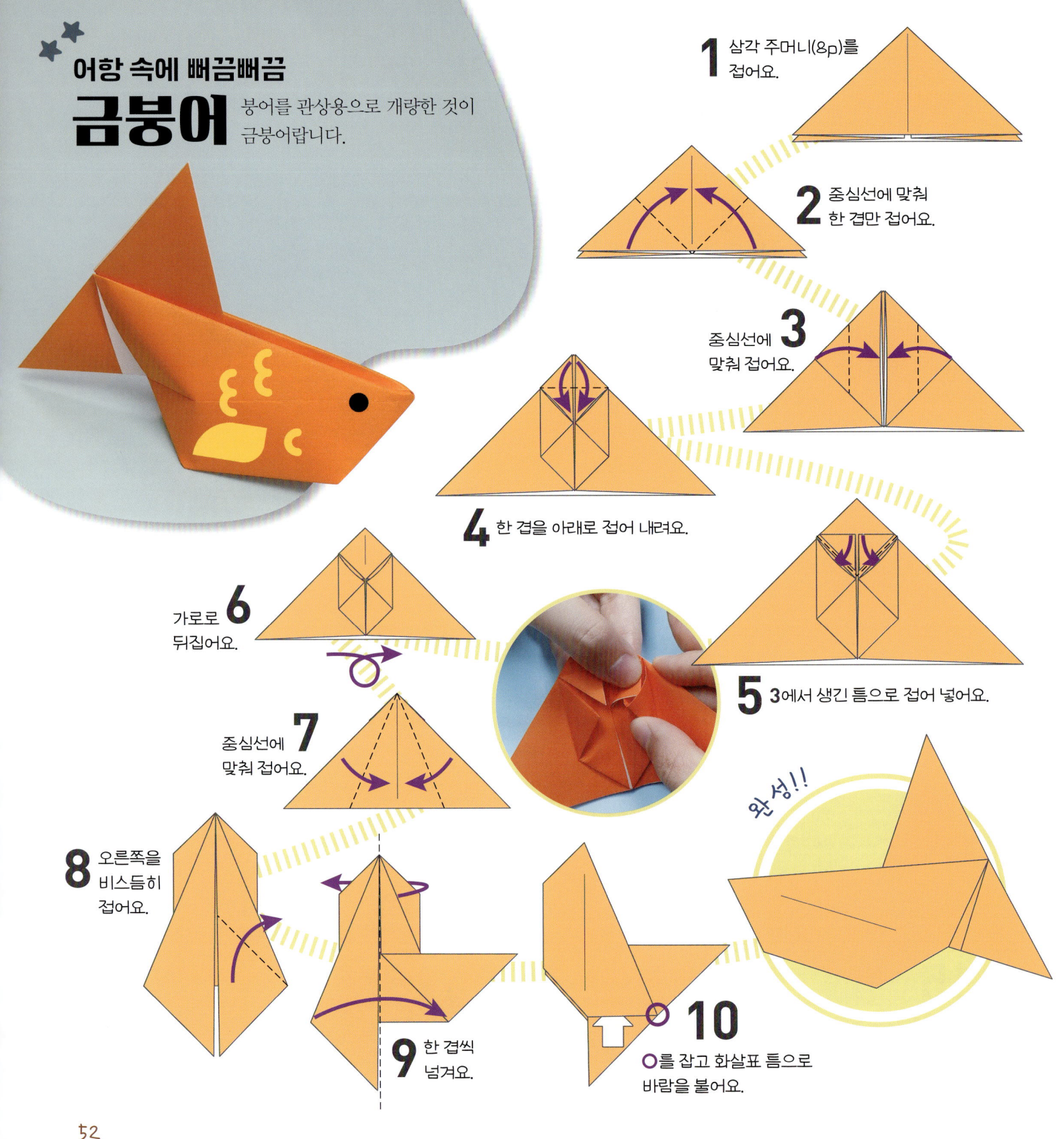

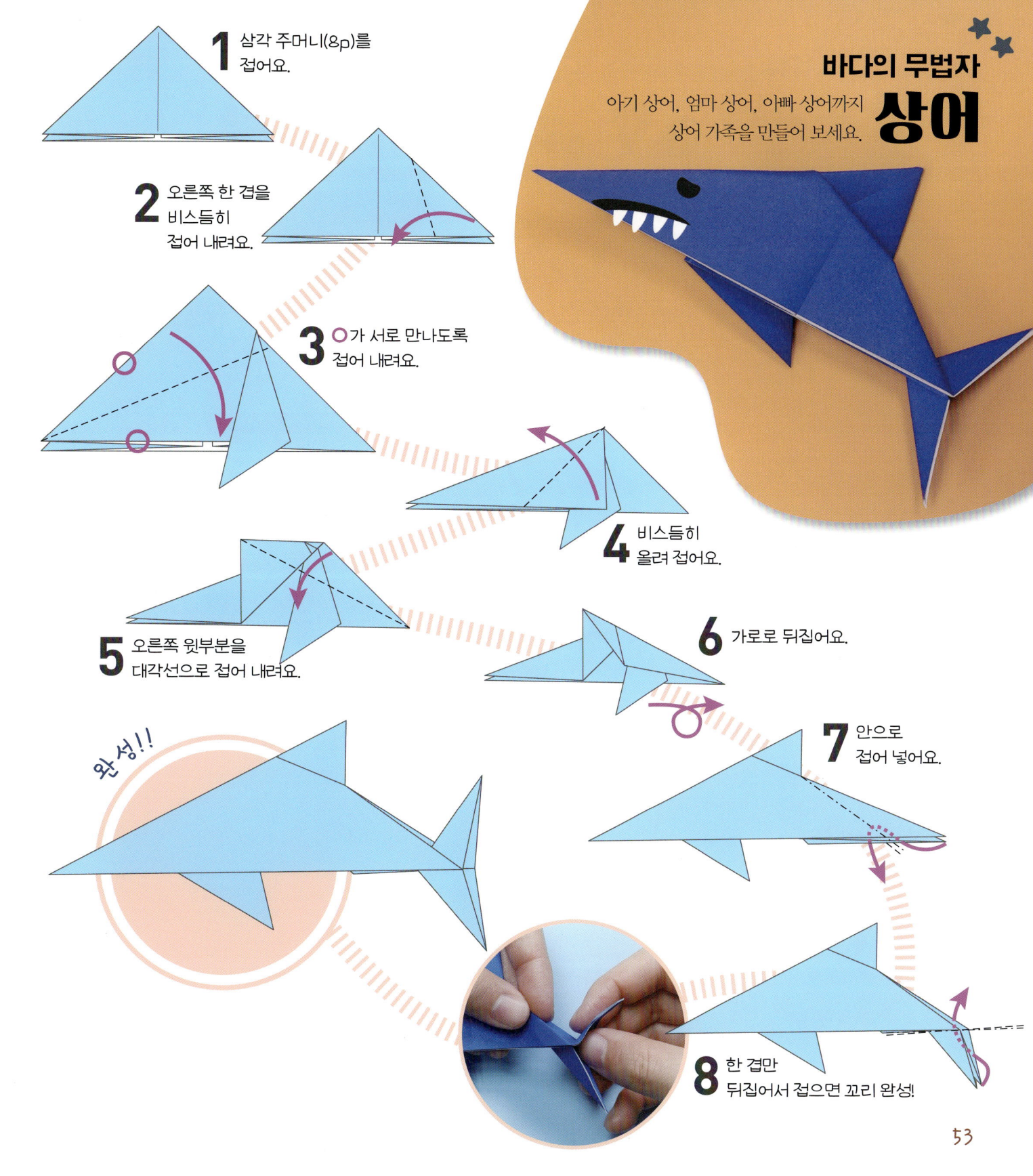

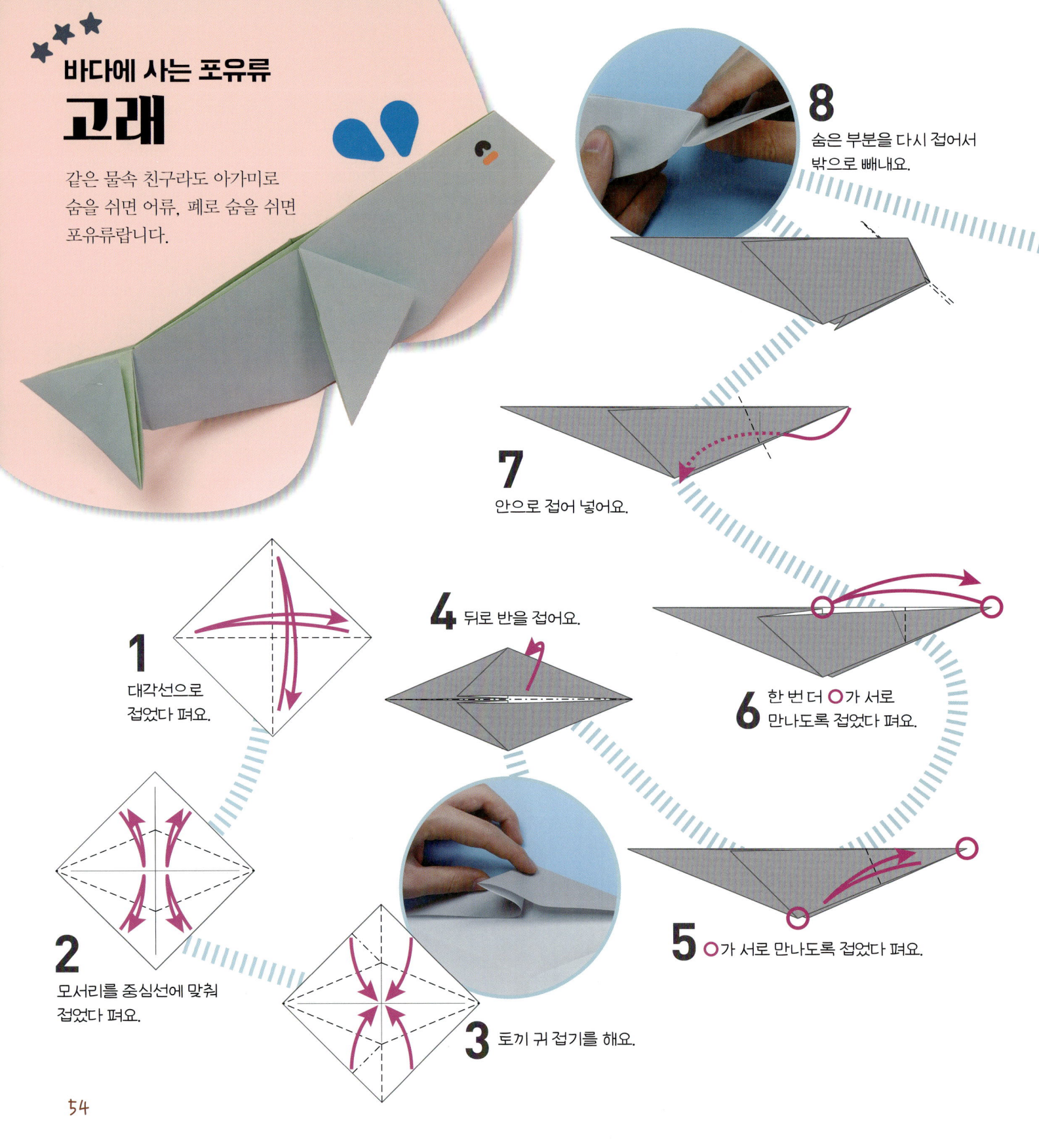

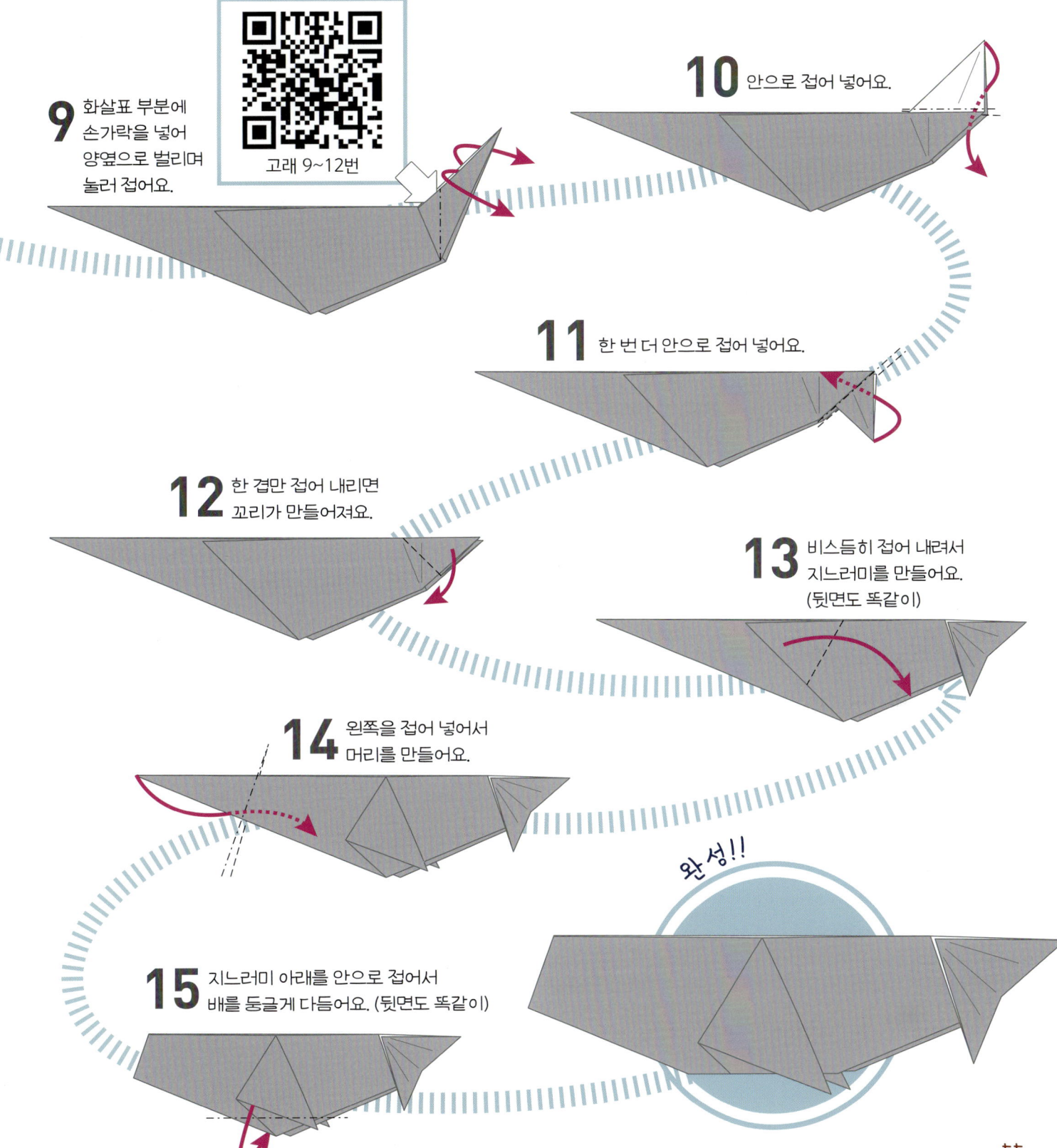

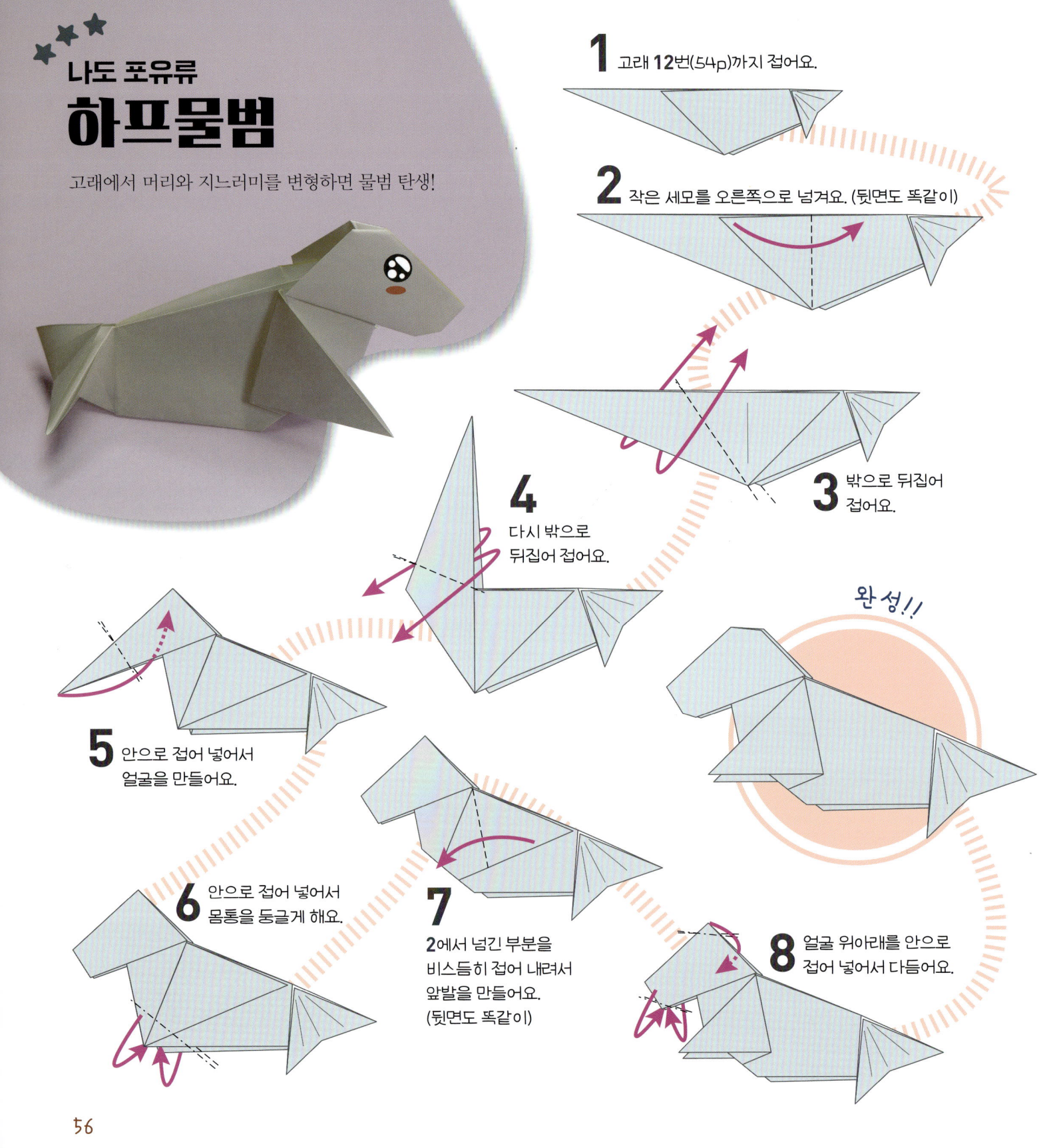

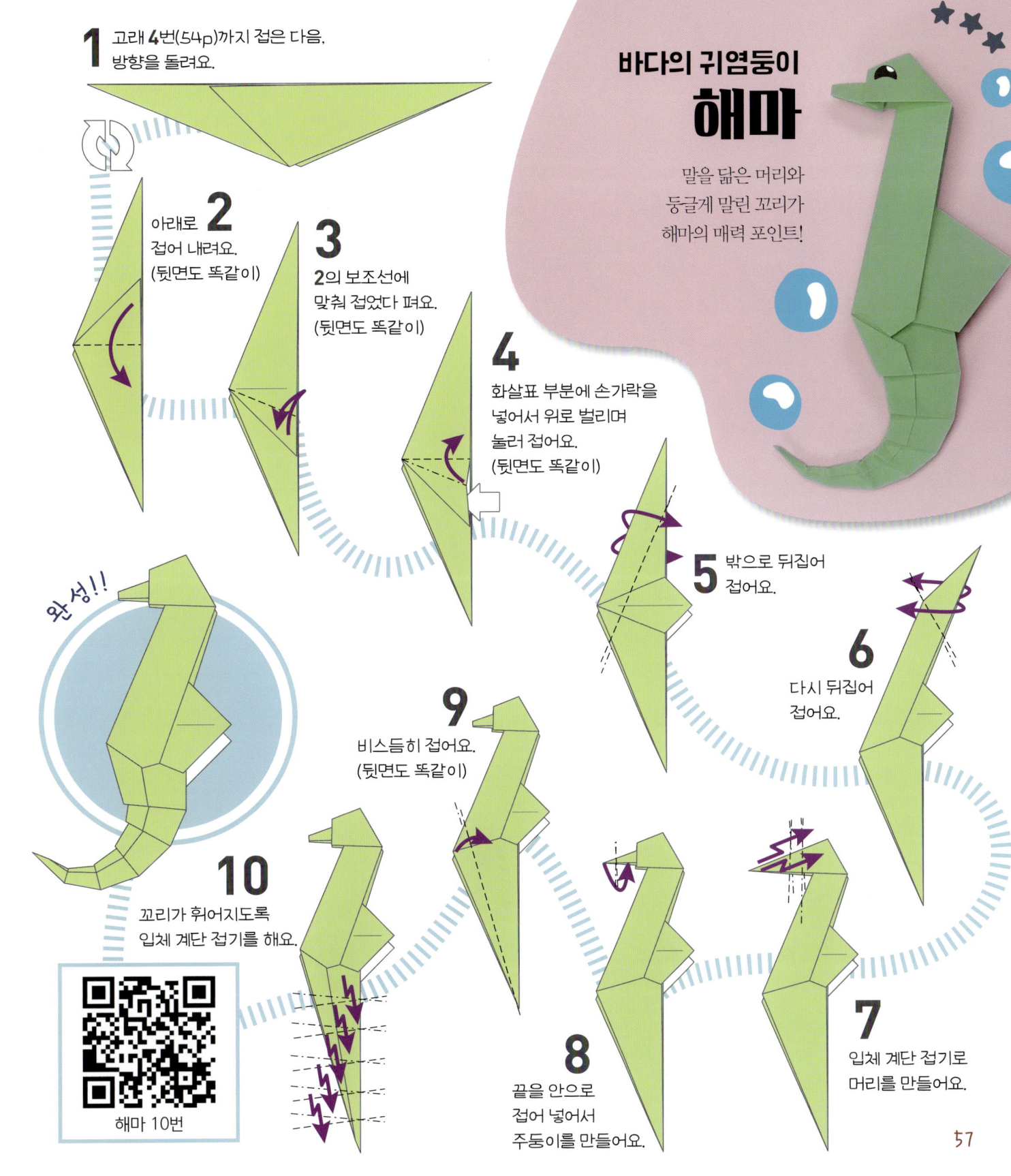

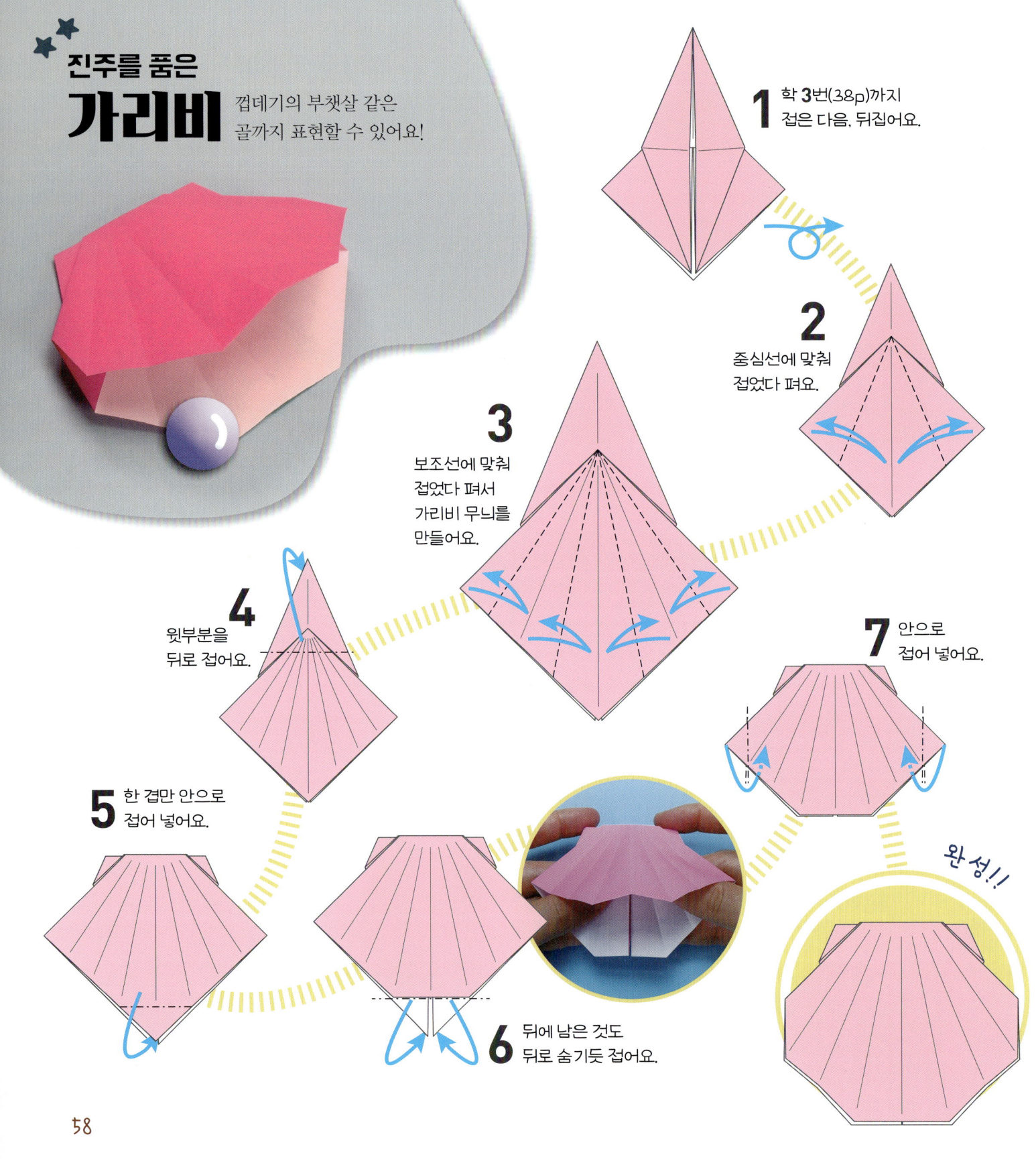

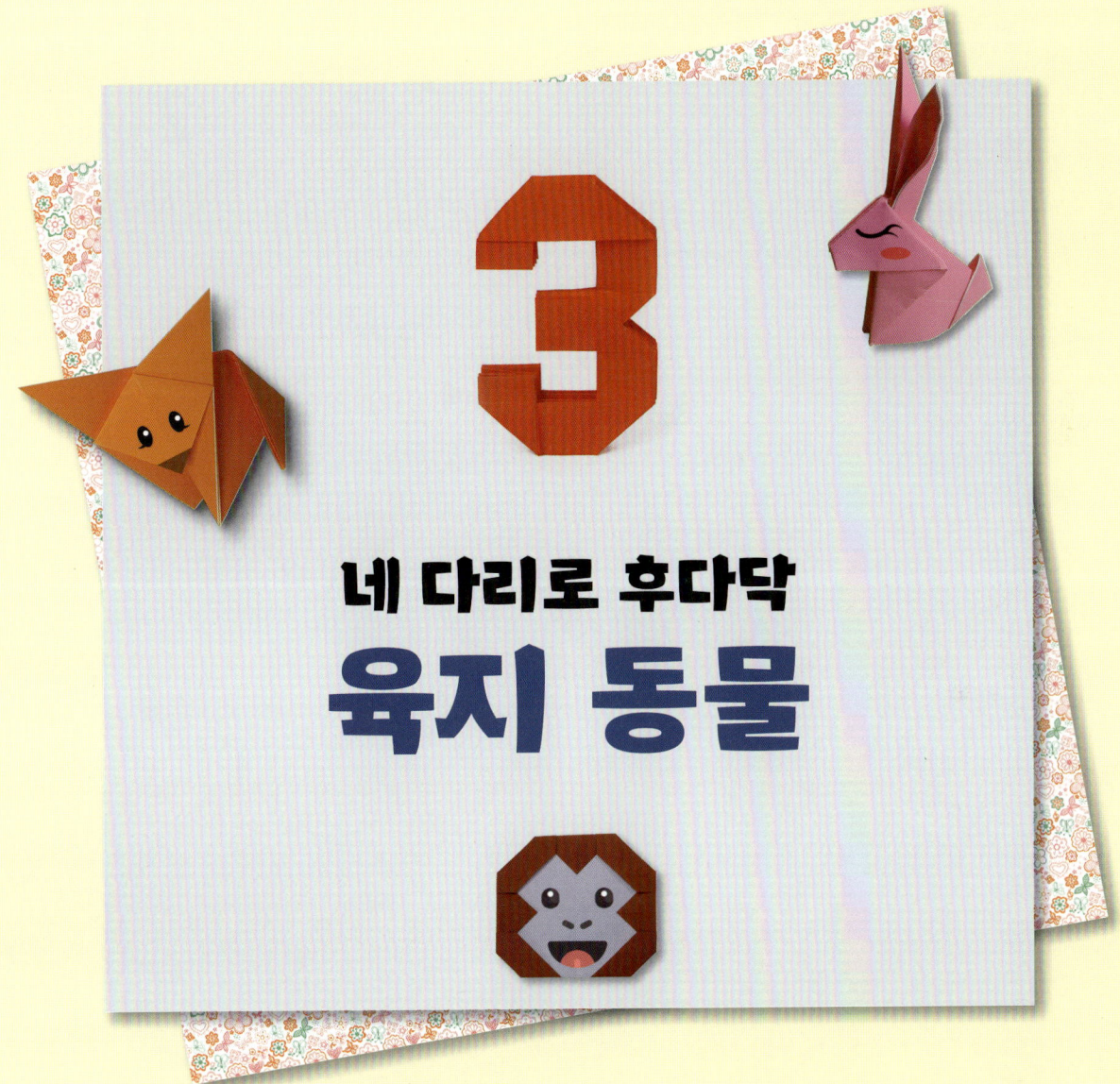

인간의 오랜 친구
강아지 얼굴

사람에게 가장 친숙한 반려동물 중 하나인 강아지를 접어 볼까요?

1 세모로 접어요.

2 반으로 접었다 펴요.

3 한 겹만 적당량 올려 접어요. (반이 조금 안 되게)

4 뒤로 접어 넘겨요.

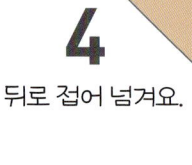

5 남은 한 겹을 틈 안으로 접어요.

6 뒤집어요.

7 ○가 중심선과 평행하도록 올려 접어요.

60

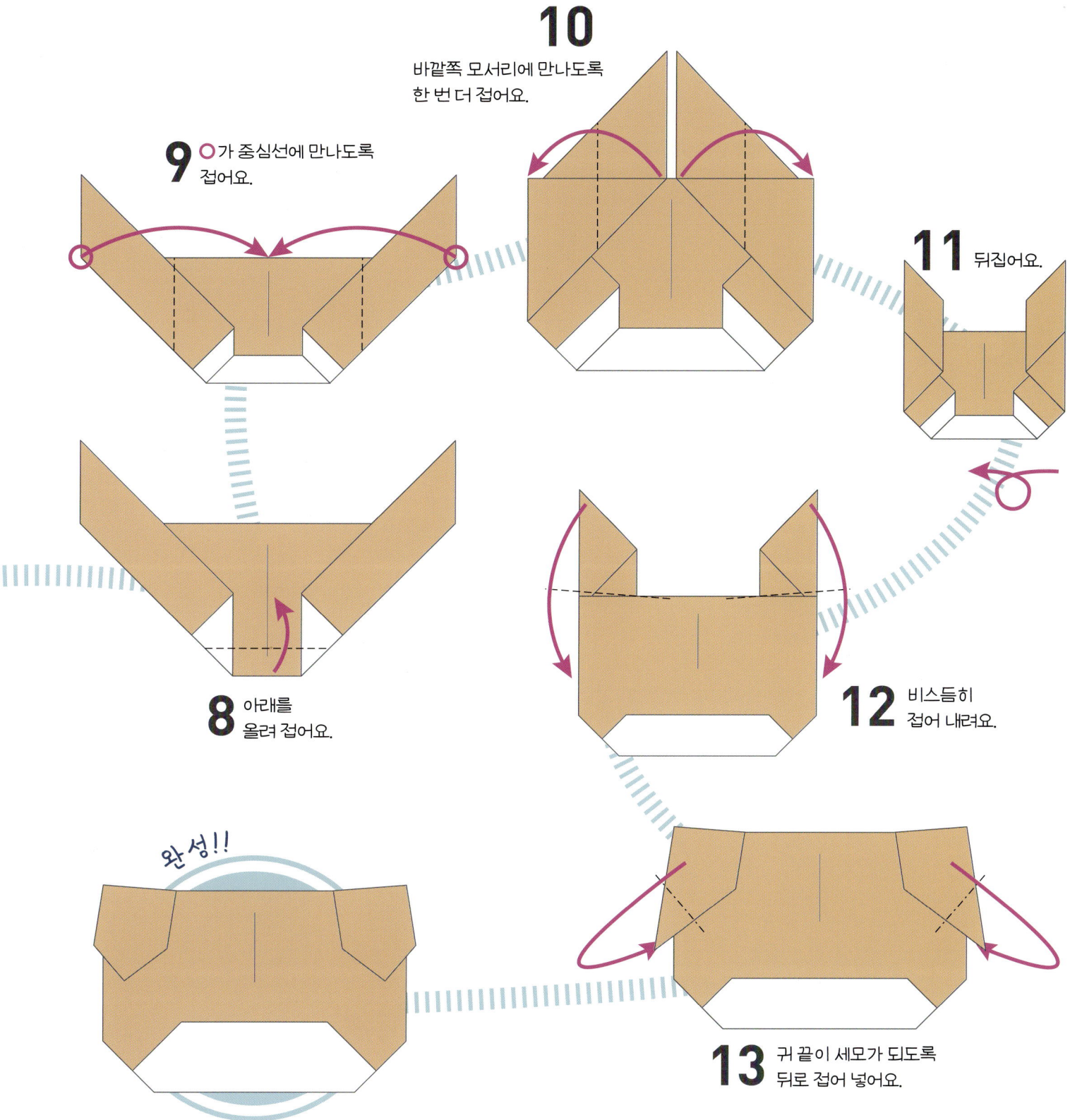

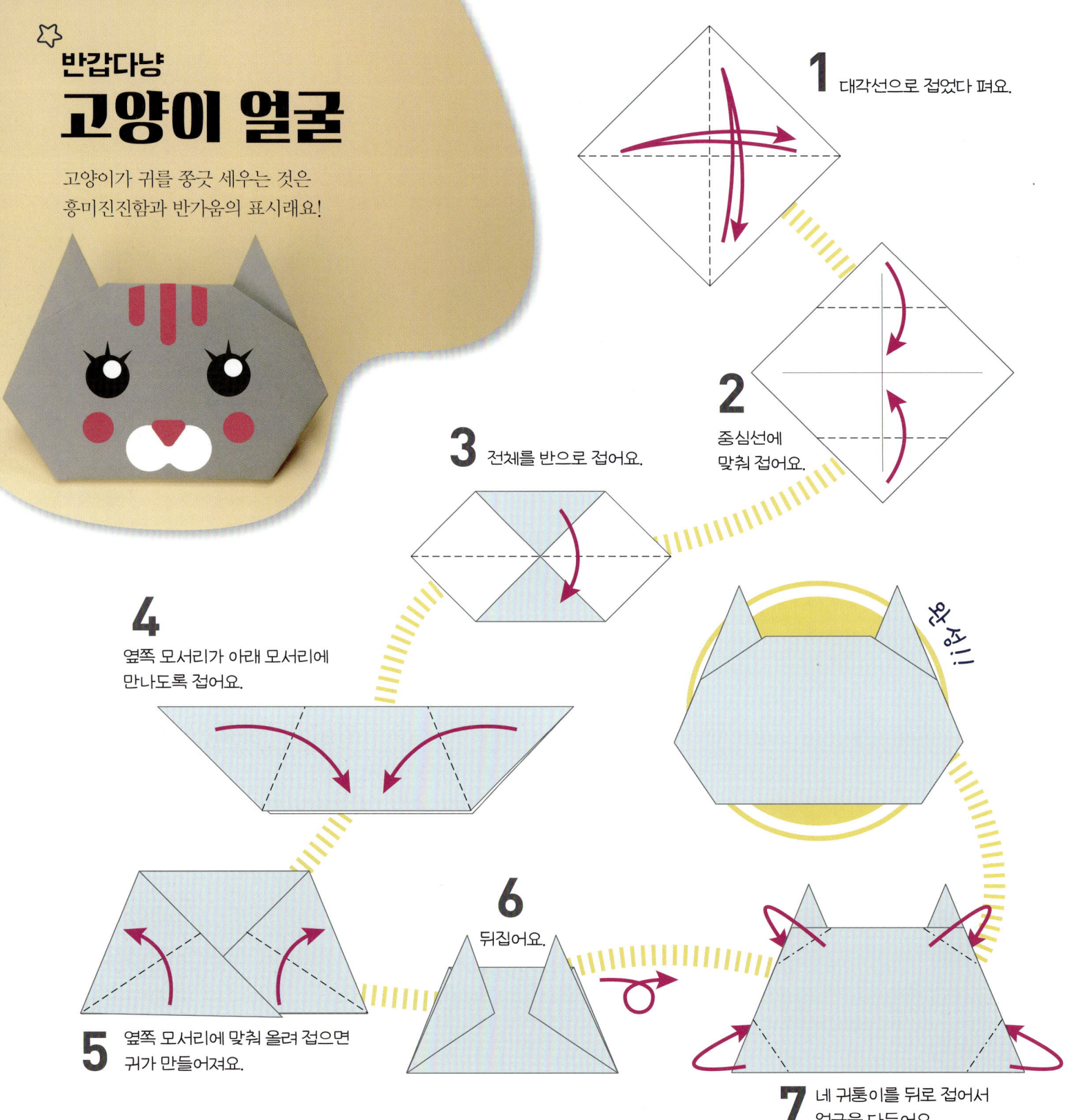

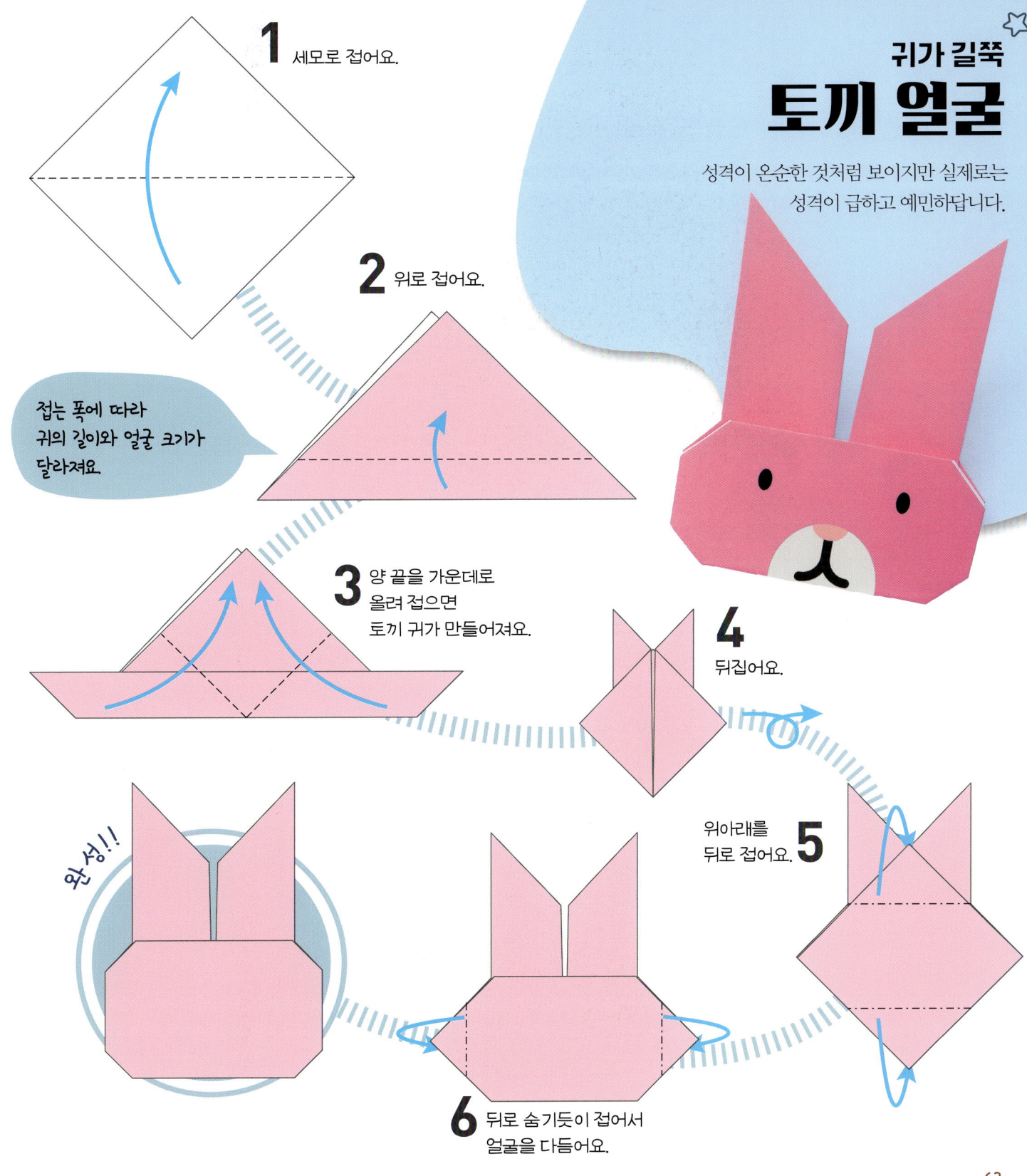

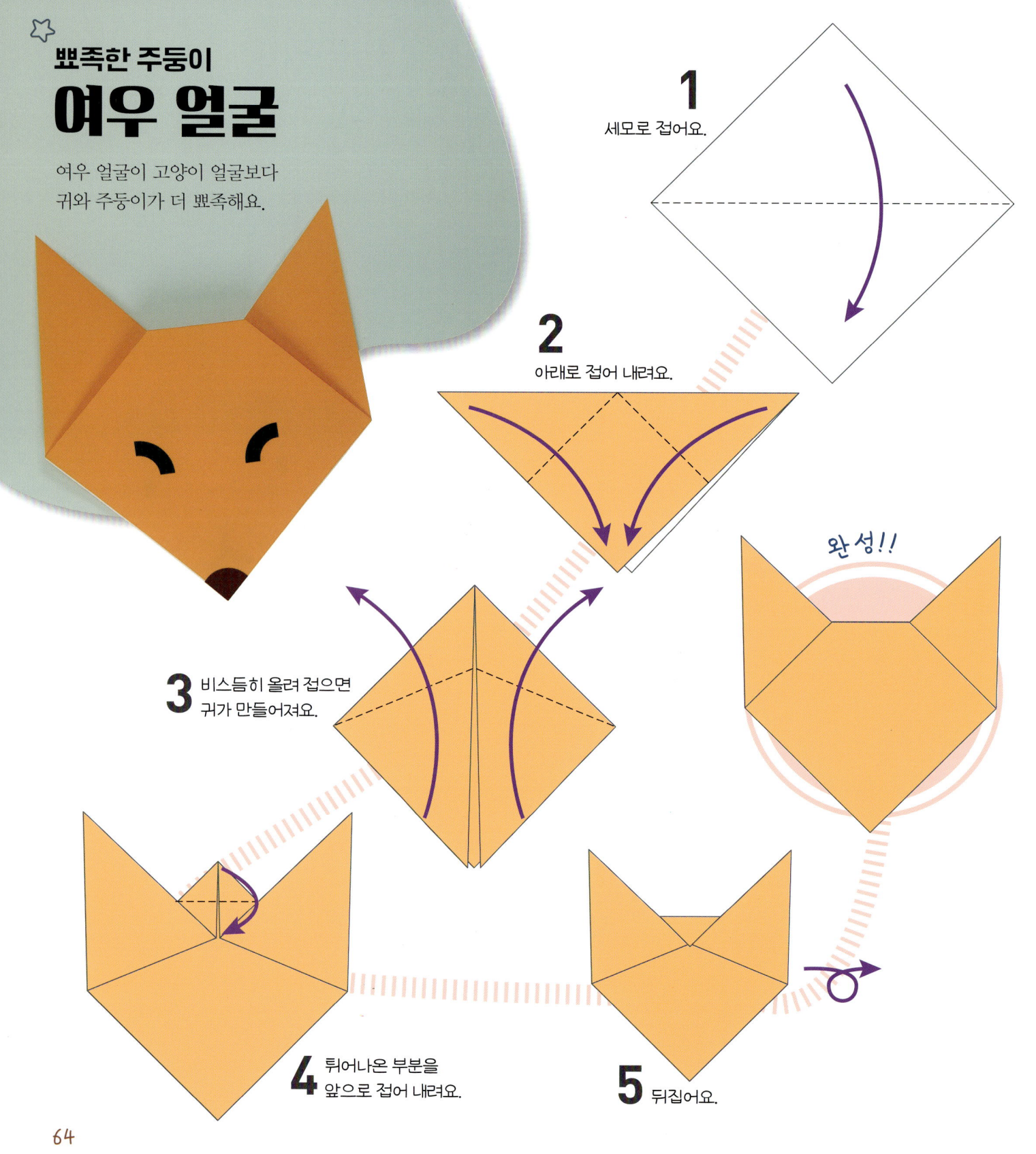

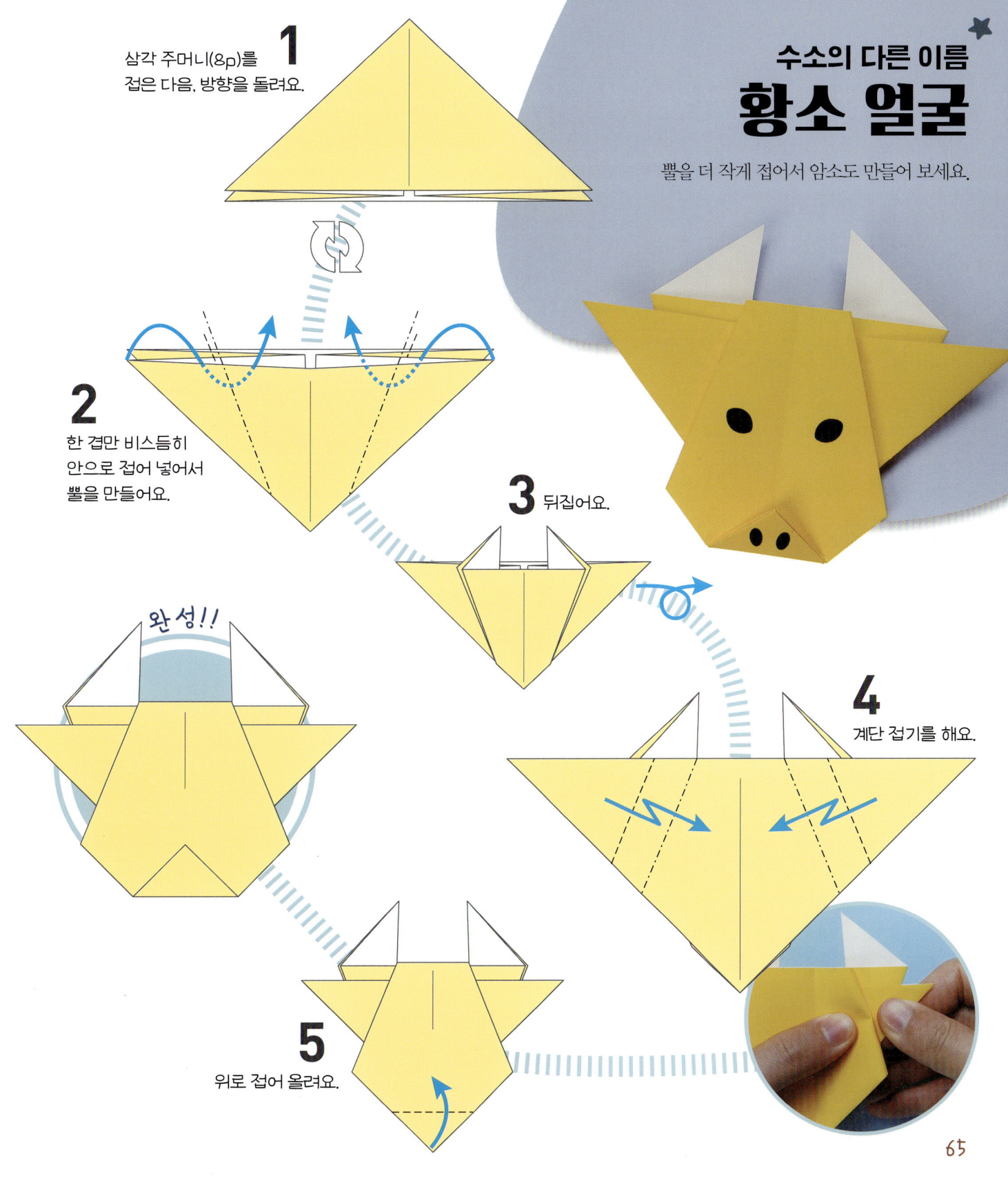

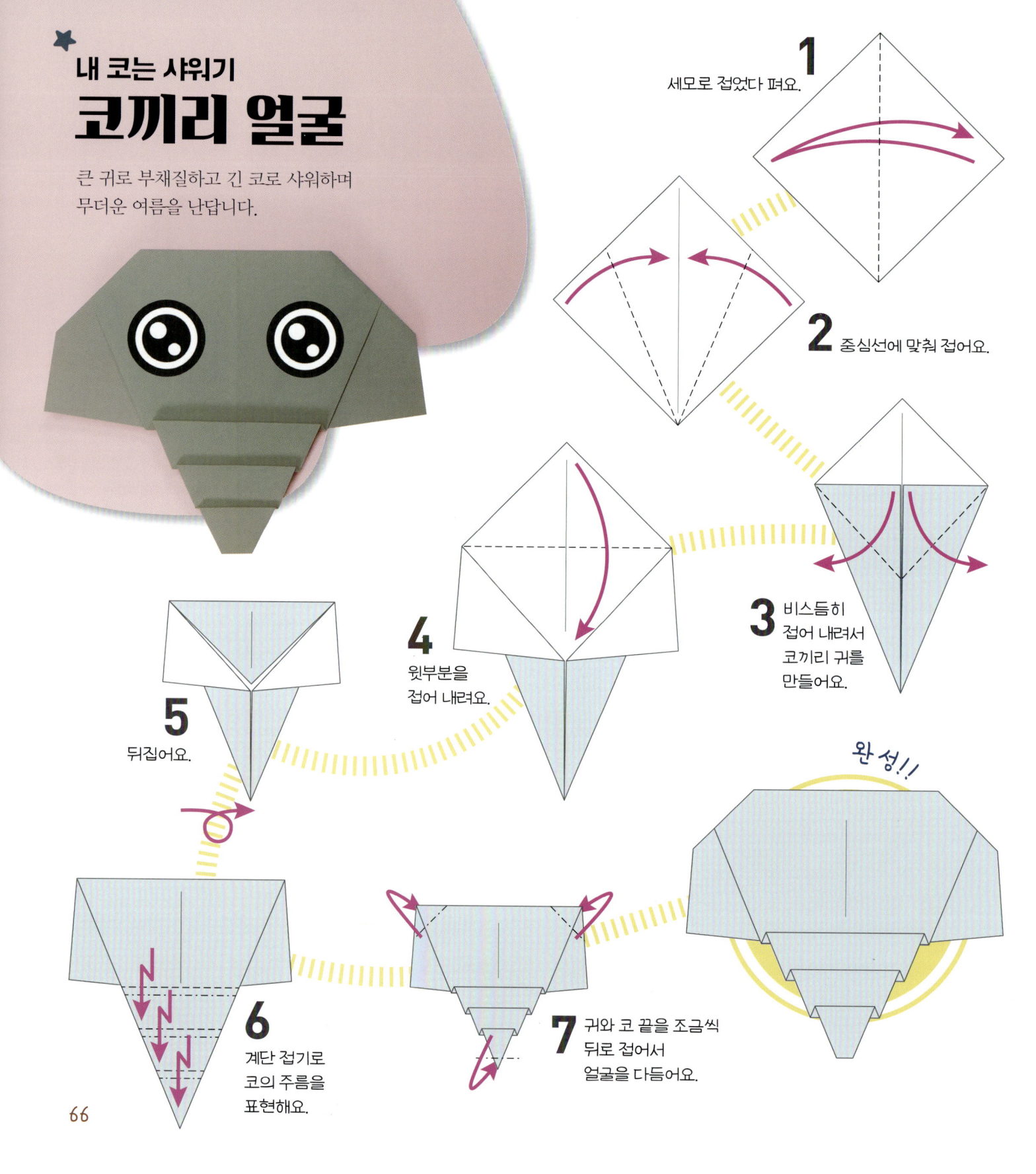

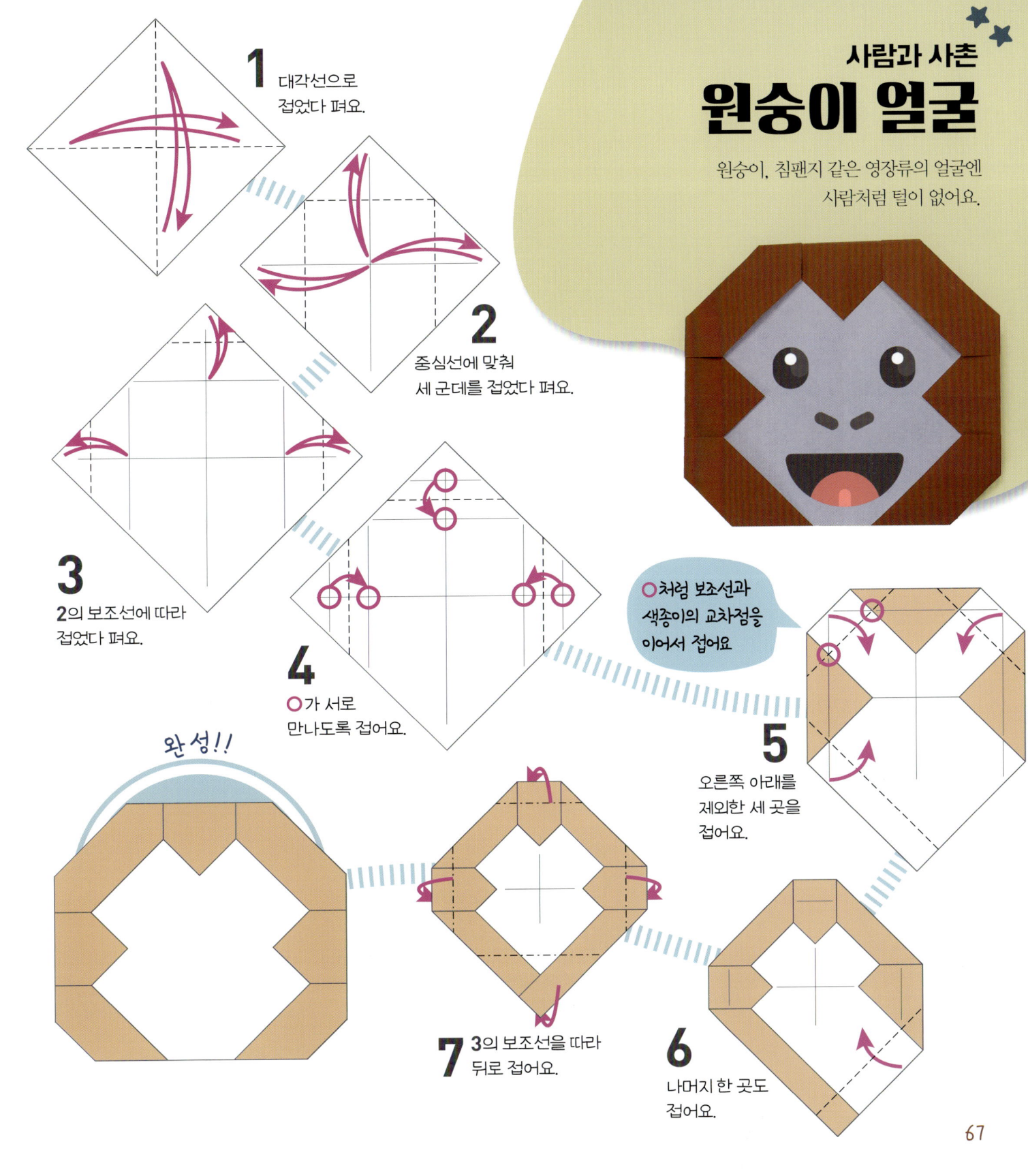

곶감이 무서워
호랑이 얼굴

동물의 왕 호랑이도 곶감 앞에서는 벌벌 떨어요~

1 세모로 접어요.

2 반으로 접었다 펴요.

3 한 겹만 접었다 펴요.

4 3의 보조선까지 한 겹만 접었다 펴요.

5 한 겹만 ○가 서로 만나도록 접어요.

6 4의 보조선까지 접어 올려요.

7 한 번 더 접어 올려요.

8 적당량을 내려 접어요.

9 뒤집어요.

68

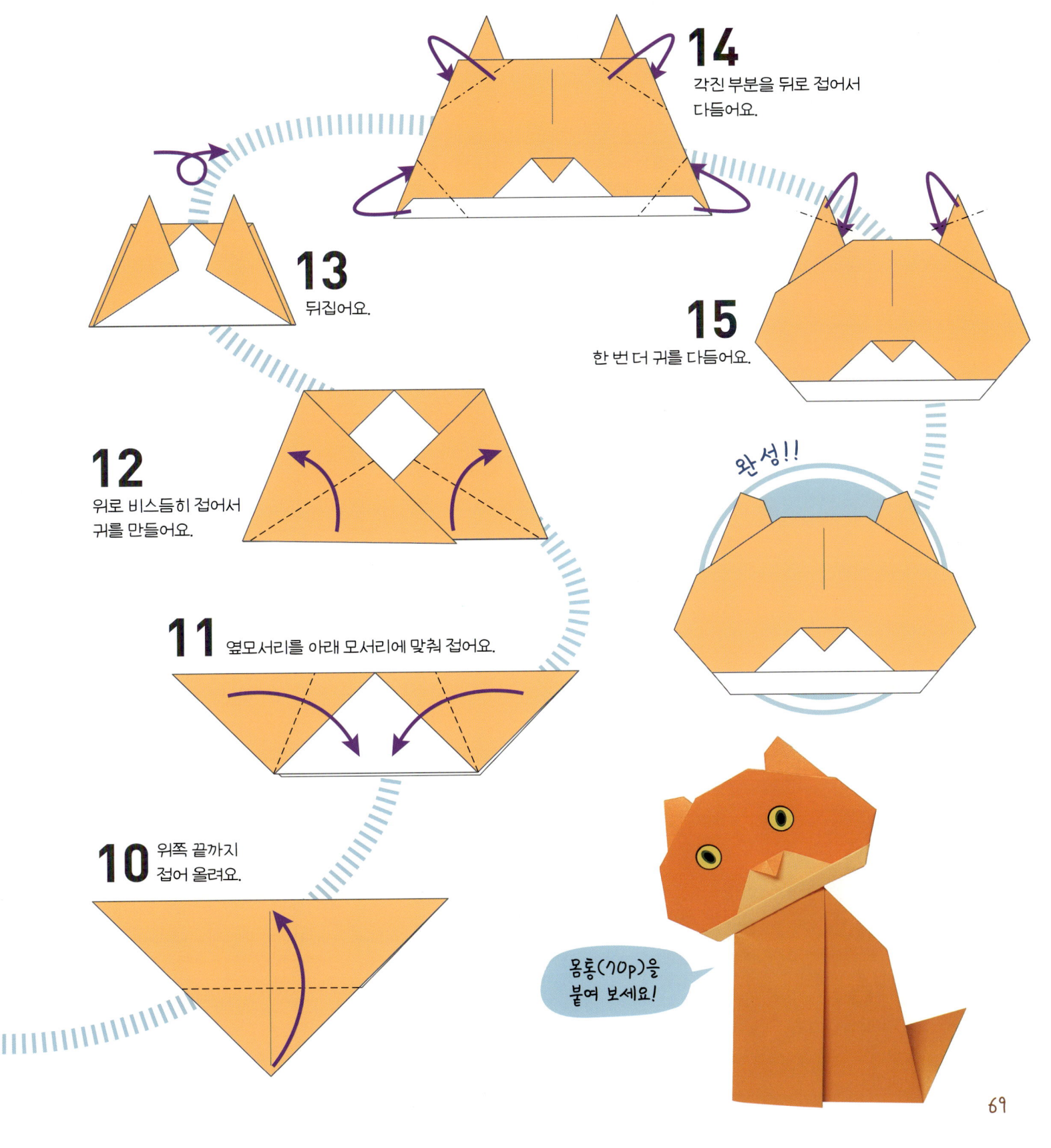

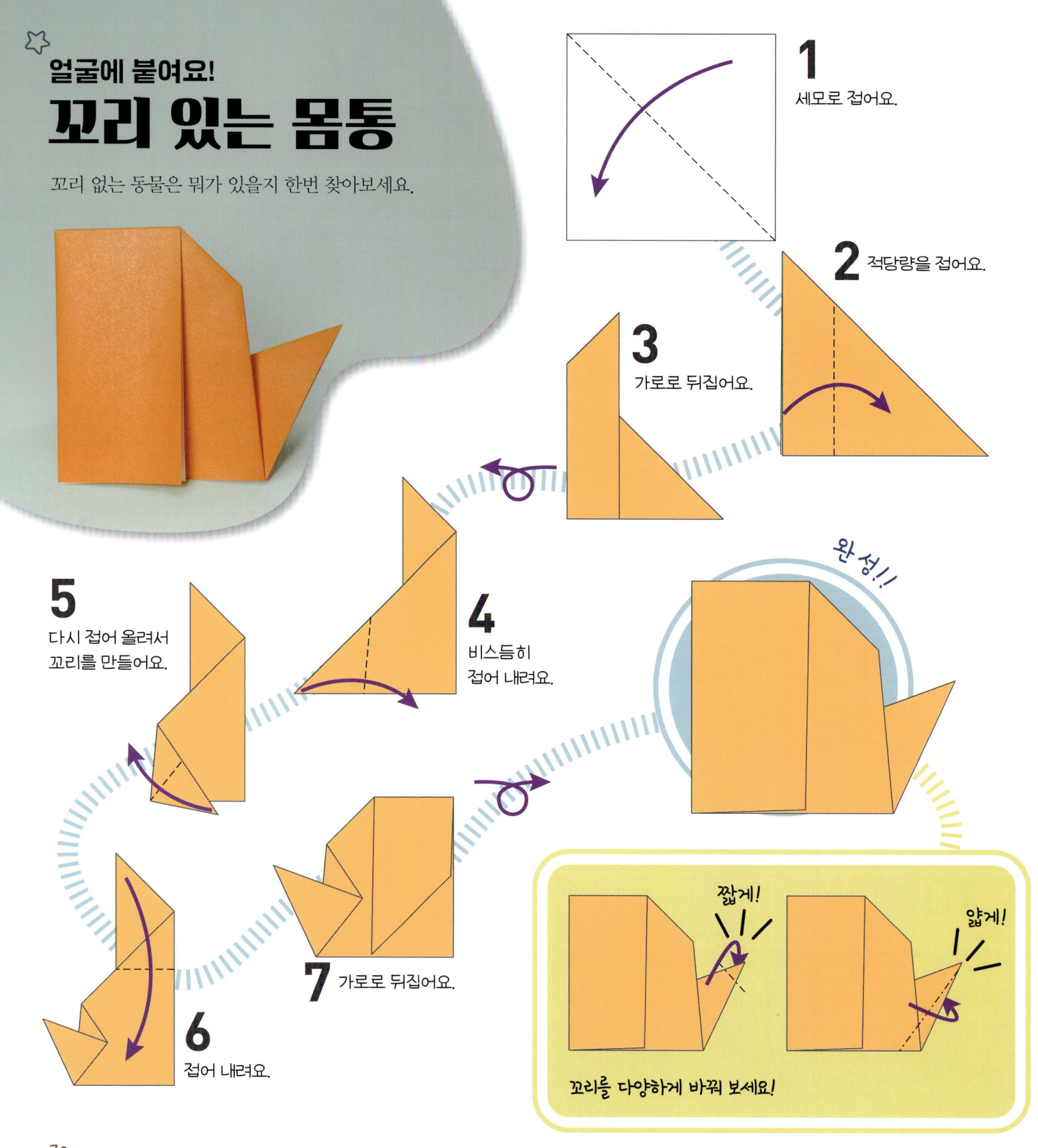

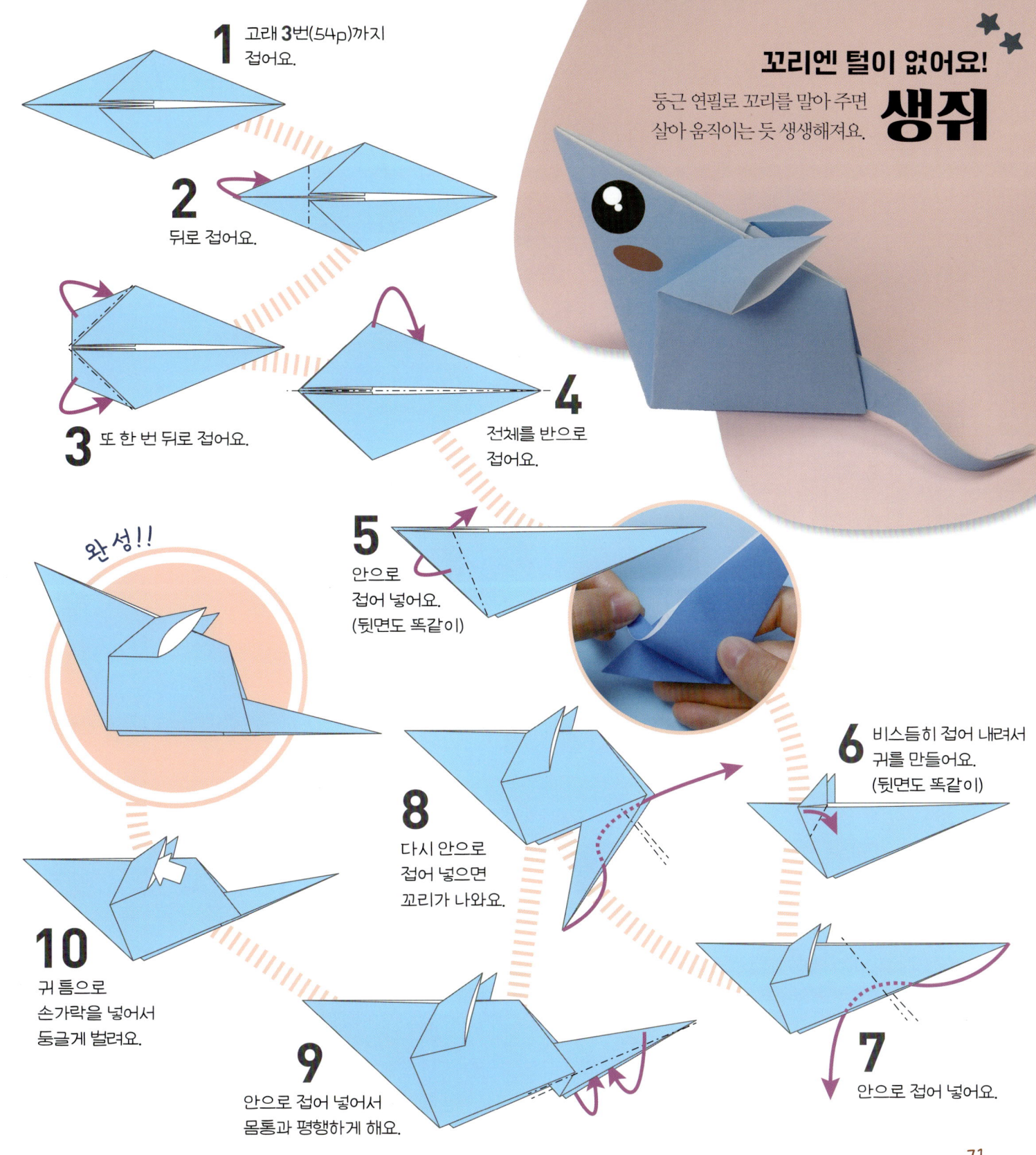

세상에 단 하나 여우

<어린 왕자> 속 이야기처럼 세상에 하나뿐인 여우를 만들어 보세요.

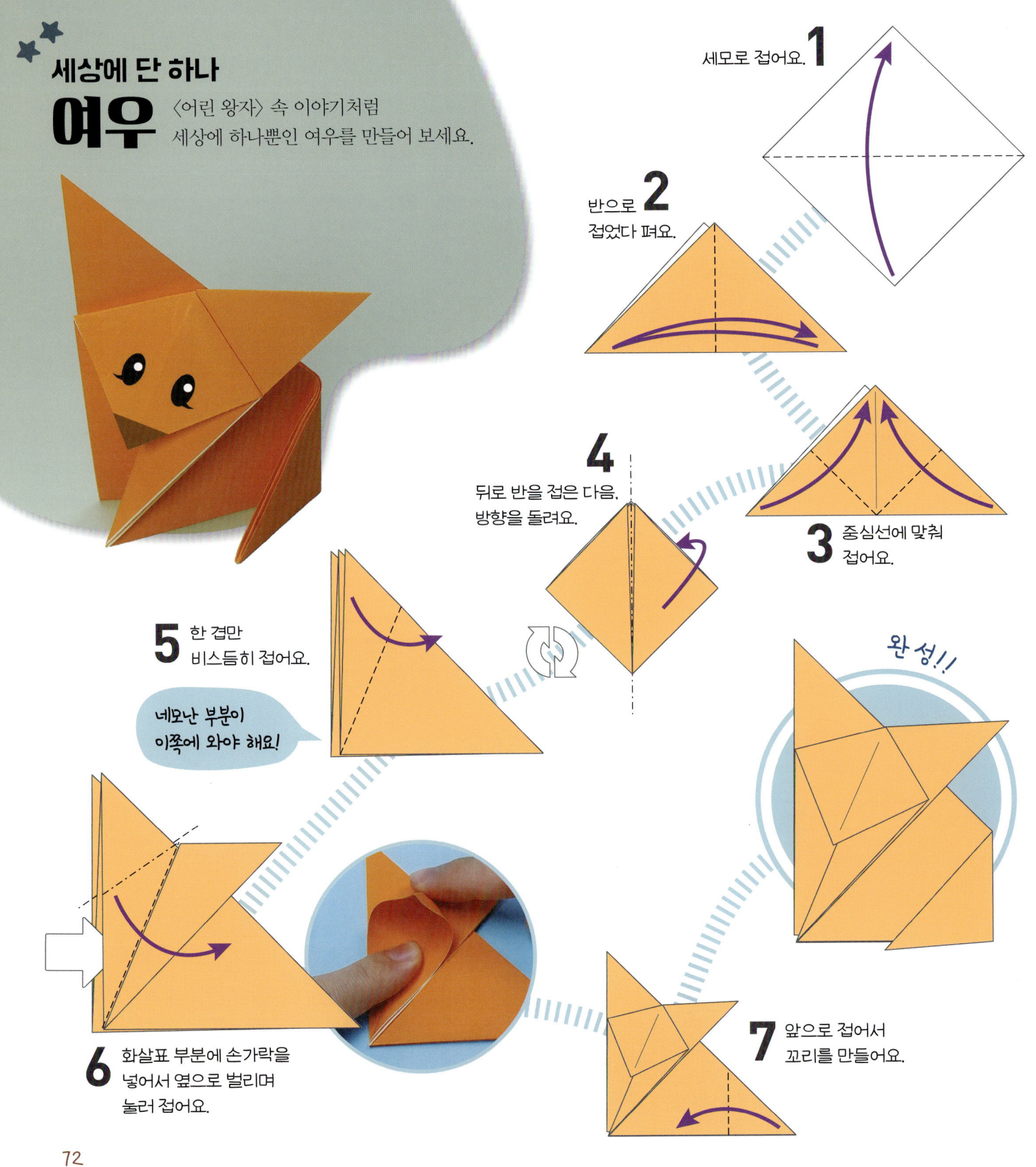

1 세모로 접어요.
2 반으로 접었다 펴요.
3 중심선에 맞춰 접어요.
4 뒤로 반을 접은 다음, 방향을 돌려요.
5 한 겹만 비스듬히 접어요.
   네모난 부분이 이쪽에 와야 해요!
6 화살표 부분에 손가락을 넣어서 옆으로 벌리며 눌러 접어요.
7 앞으로 접어서 꼬리를 만들어요.

완성!!

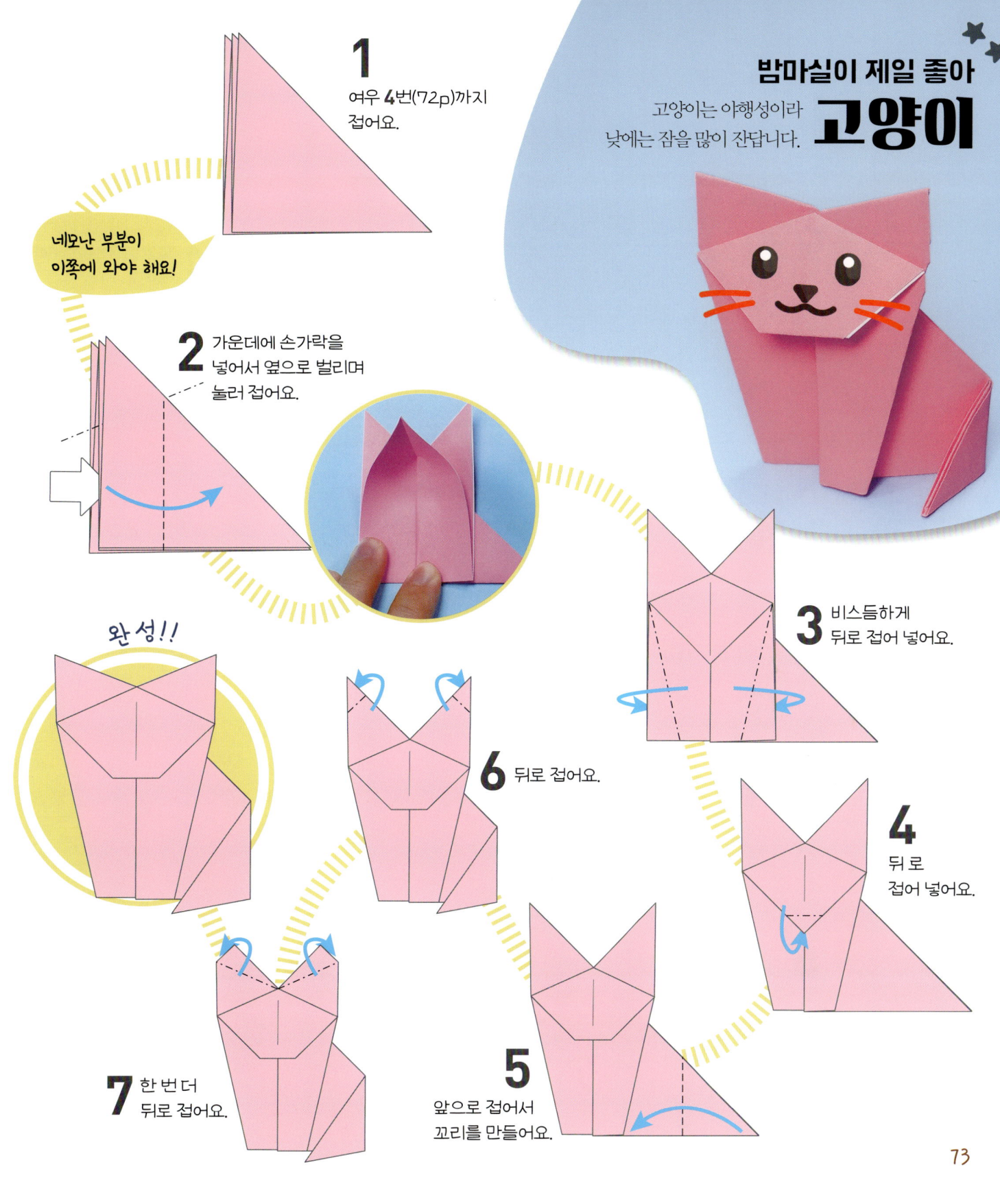

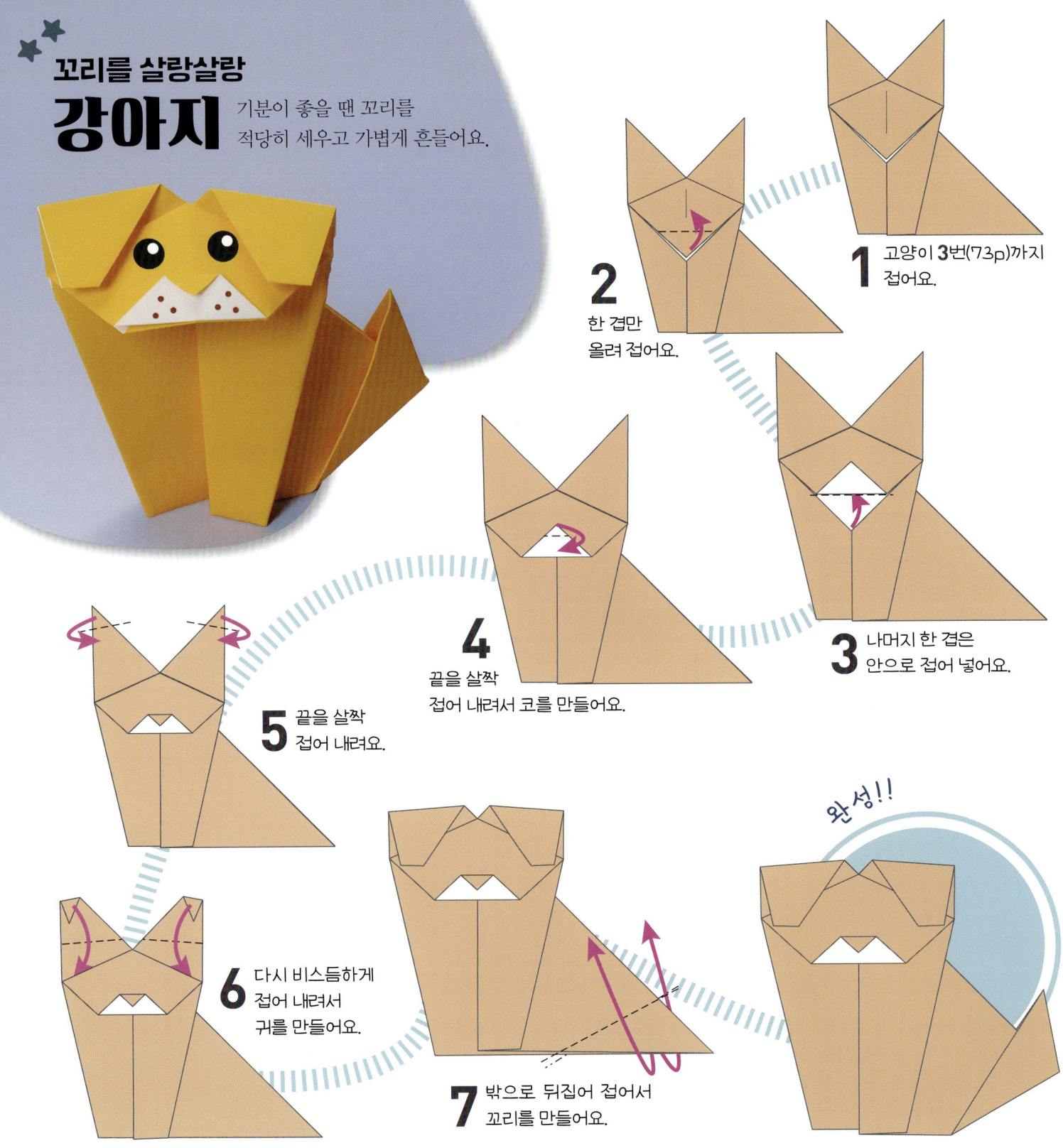

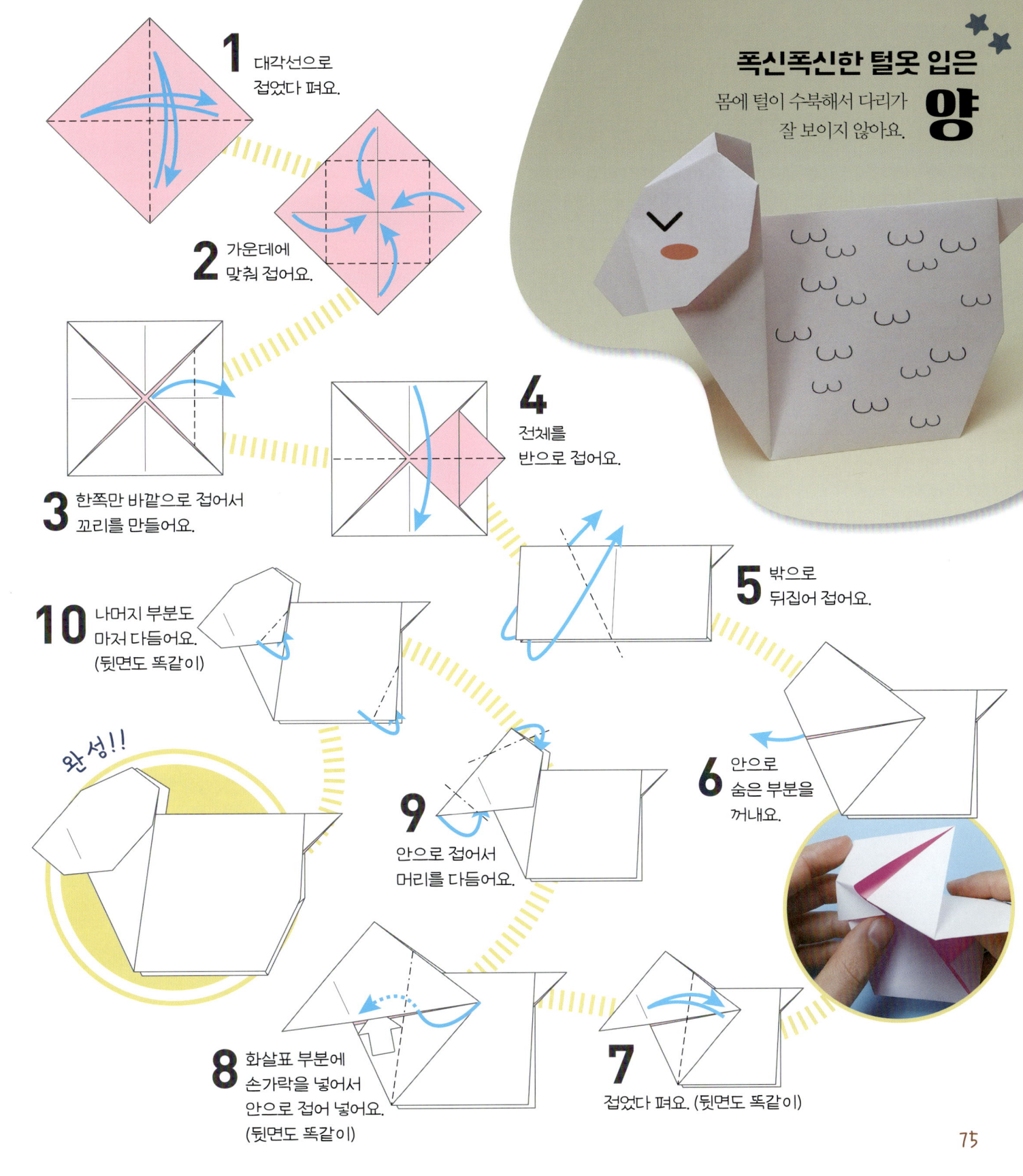

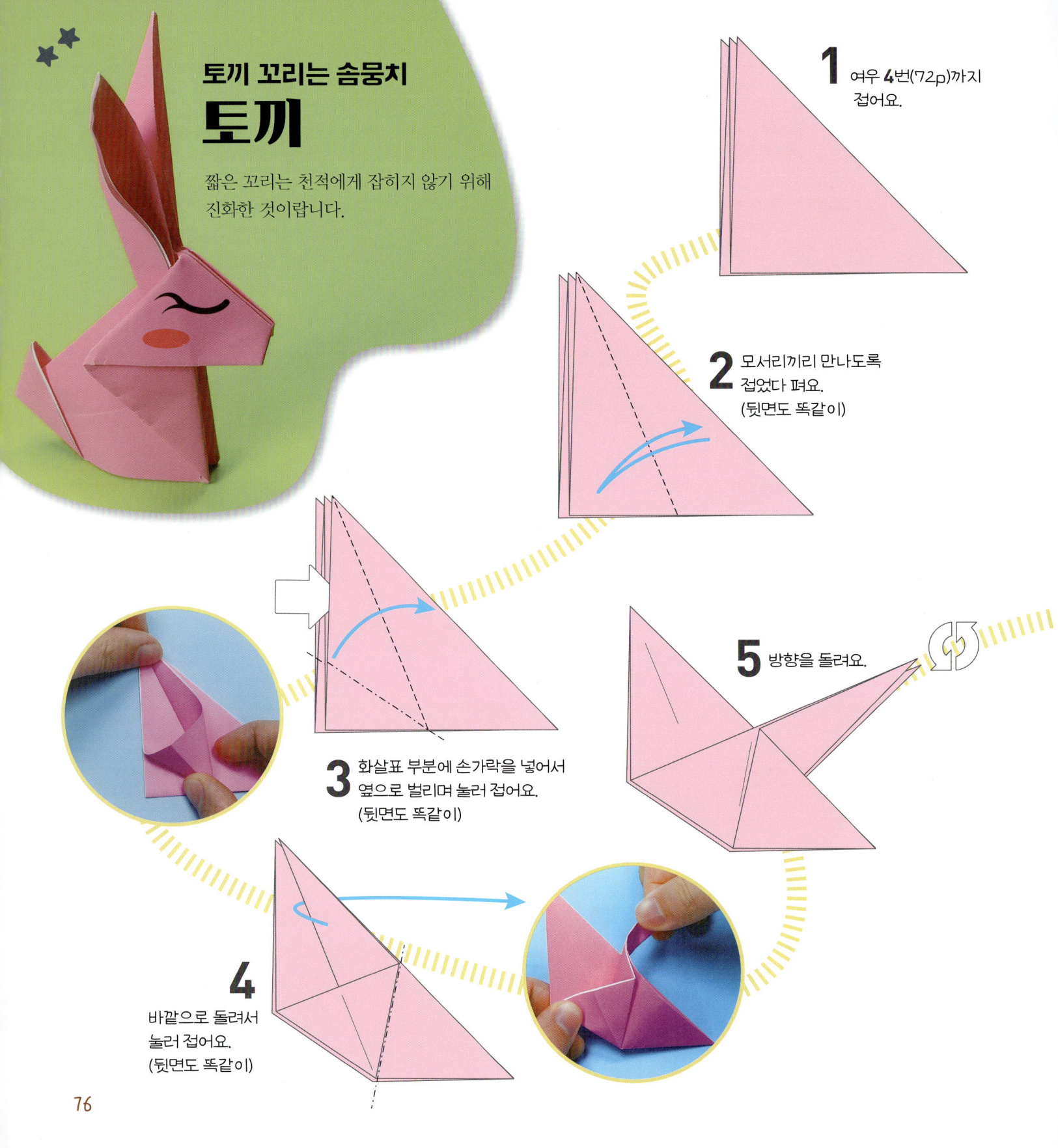

토끼 꼬리는 솜뭉치
토끼

짧은 꼬리는 천적에게 잡히지 않기 위해 진화한 것이랍니다.

1 여우 4번(72p)까지 접어요.

2 모서리끼리 만나도록 접었다 펴요. (뒷면도 똑같이)

3 화살표 부분에 손가락을 넣어서 옆으로 벌리며 눌러 접어요. (뒷면도 똑같이)

4 바깥으로 돌려서 눌러 접어요. (뒷면도 똑같이)

5 방향을 돌려요.

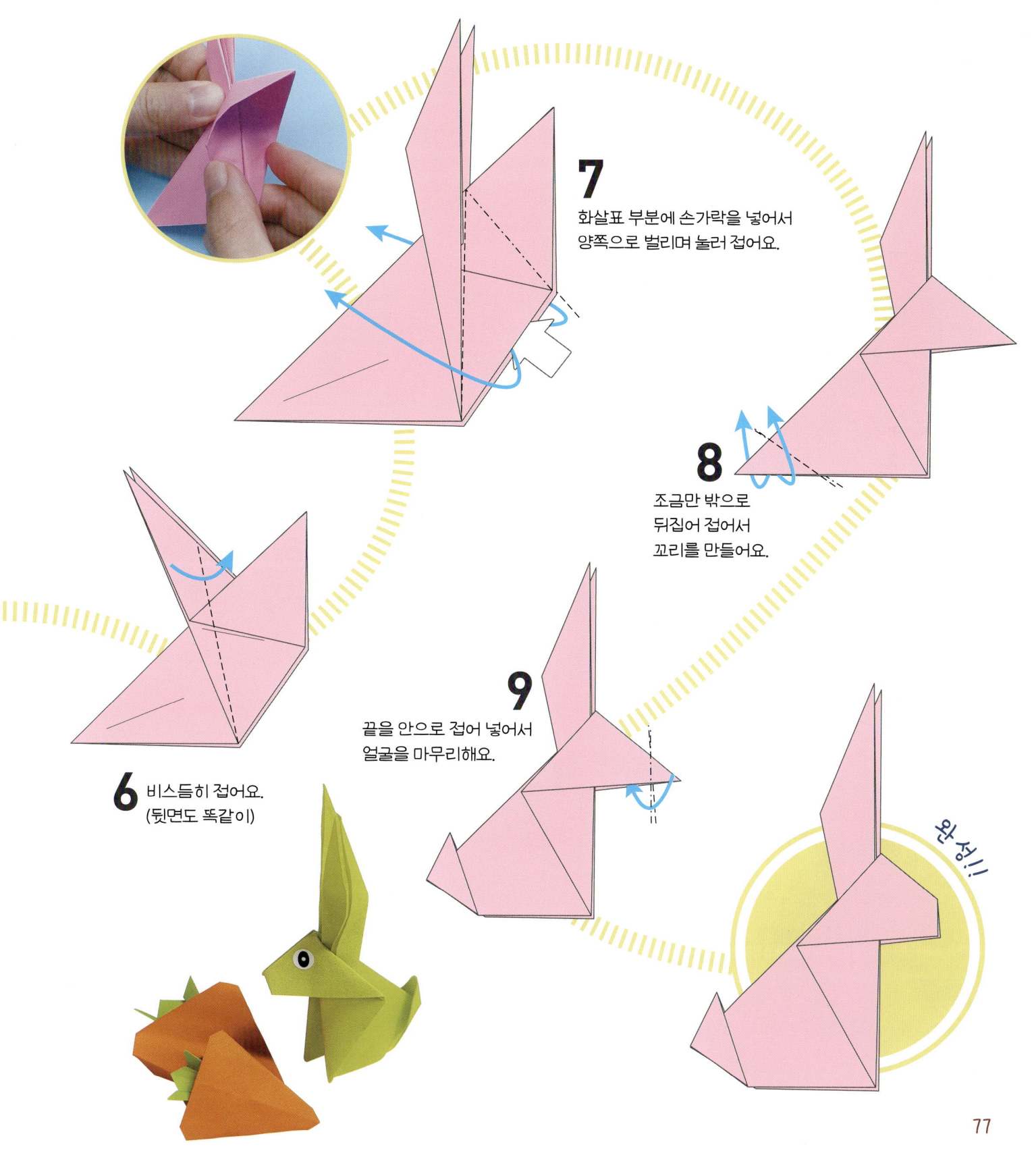

7 화살표 부분에 손가락을 넣어서 양쪽으로 벌리며 눌러 접어요.

8 조금만 밖으로 뒤집어 접어서 꼬리를 만들어요.

6 비스듬히 접어요. (뒷면도 똑같이)

9 끝을 안으로 접어 넣어서 얼굴을 마무리해요.

완성!!

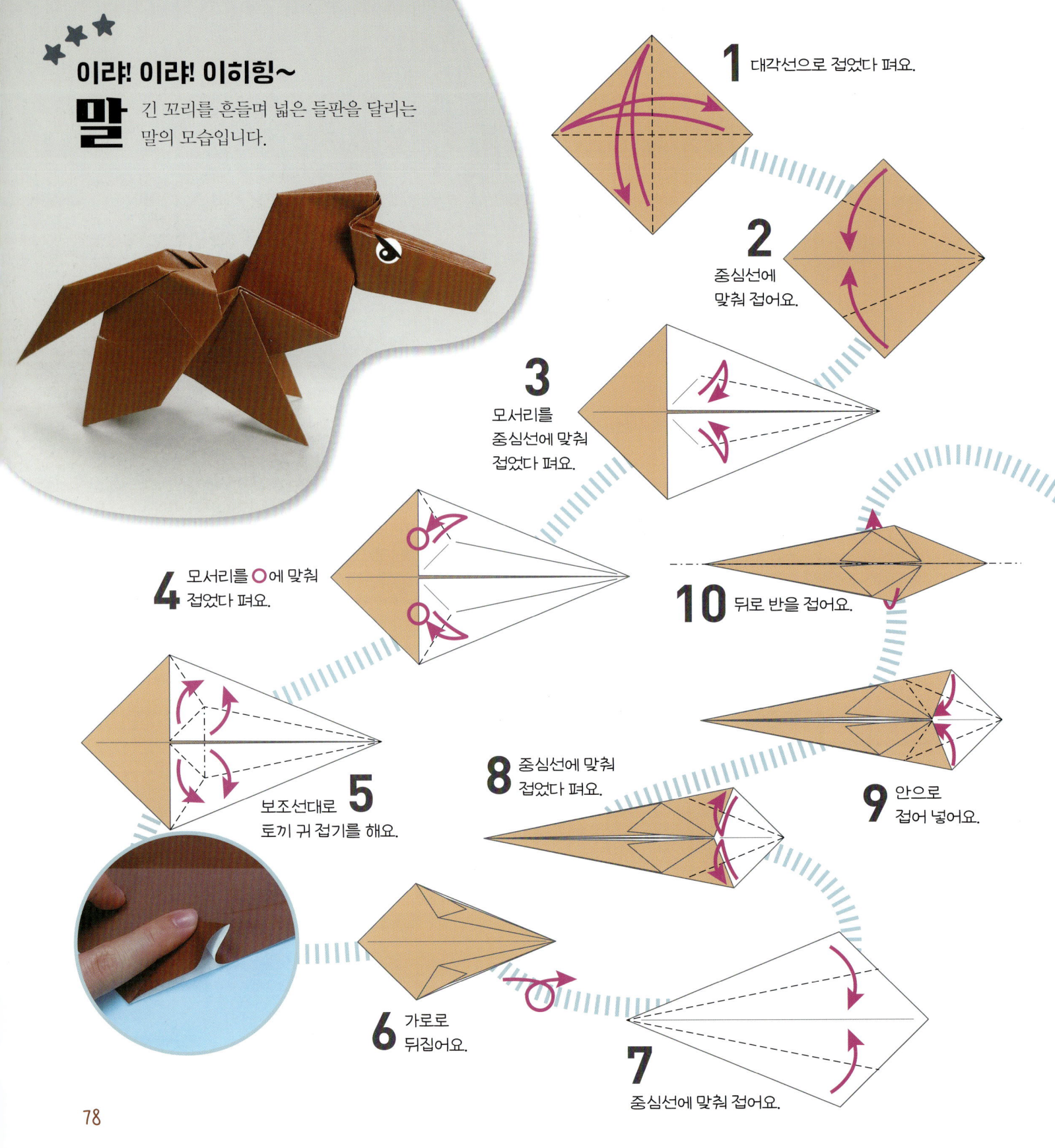

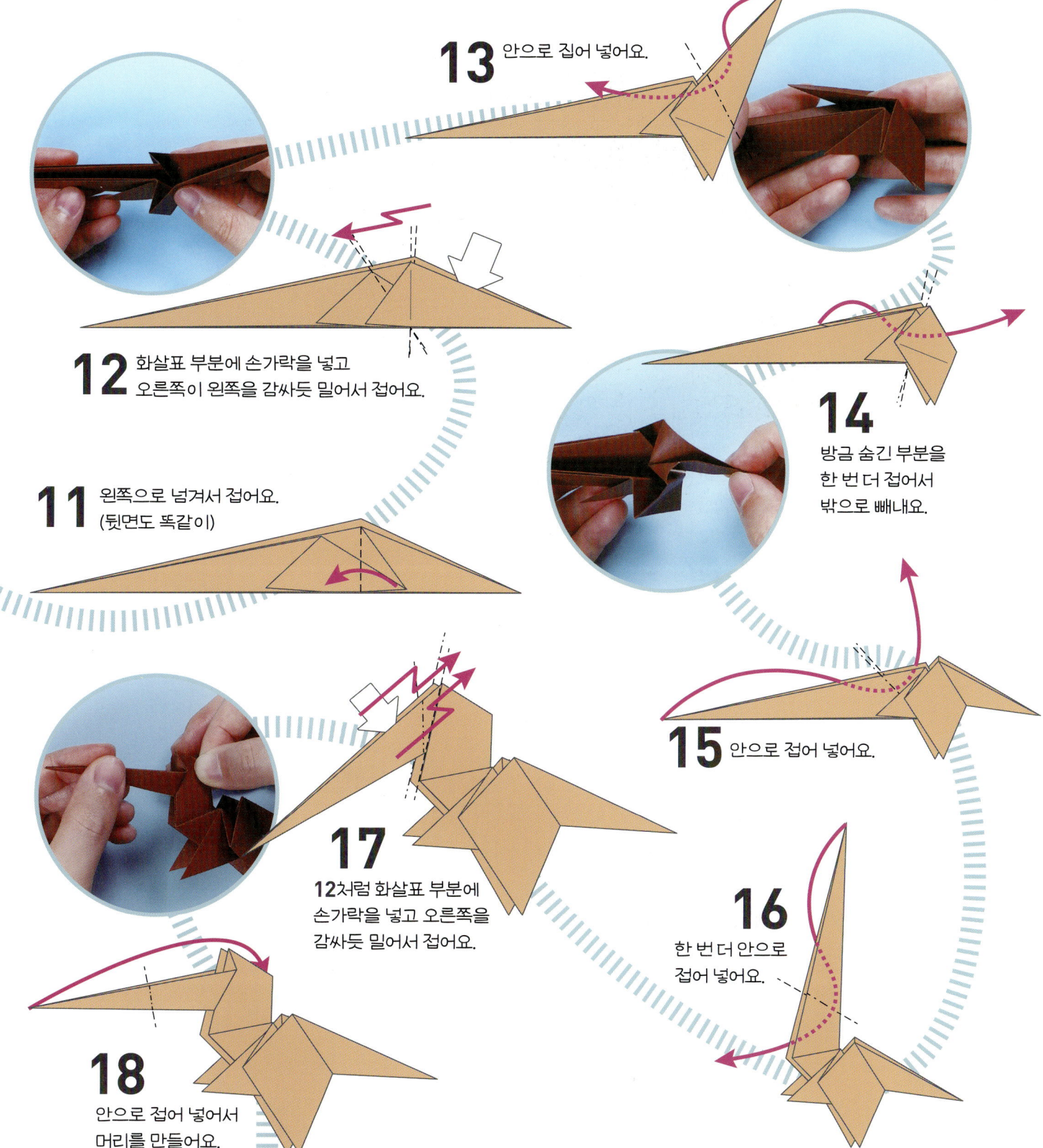

19
안으로 접어 넣어요.

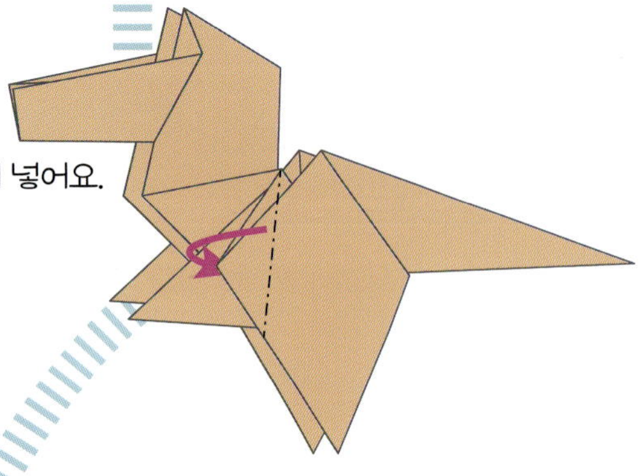

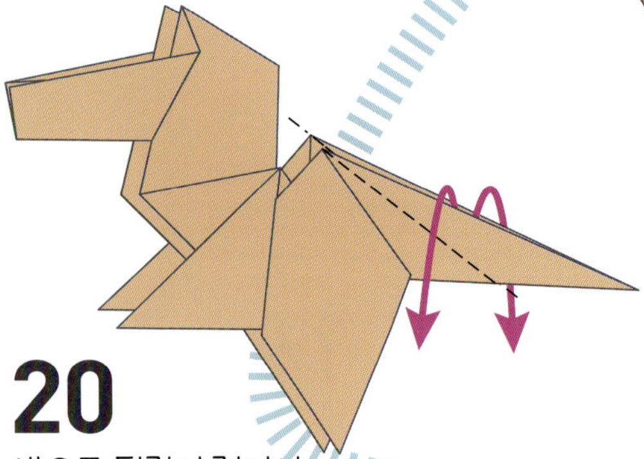

20
밖으로 뒤집어 접어서 꼬리를 만들어요.

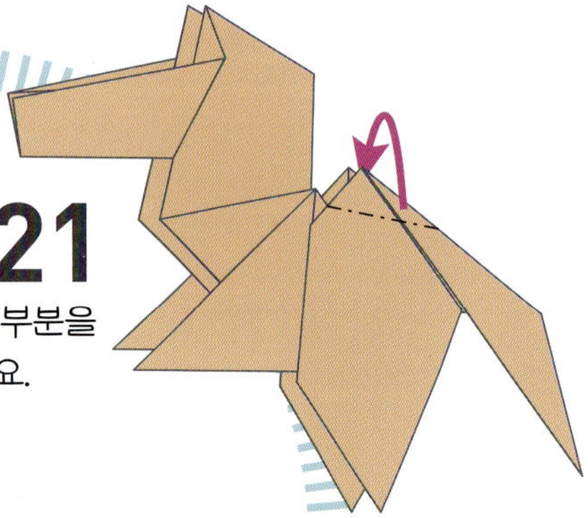

21
등 부분의 뾰족한 부분을 안으로 접어 넣어요.

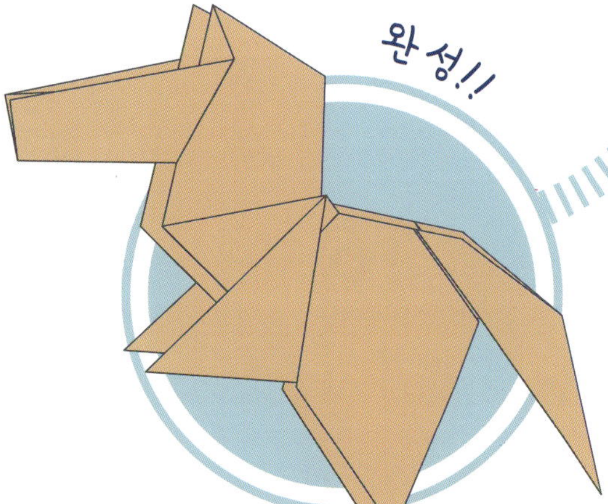

완성!!

★★★ 유니콘

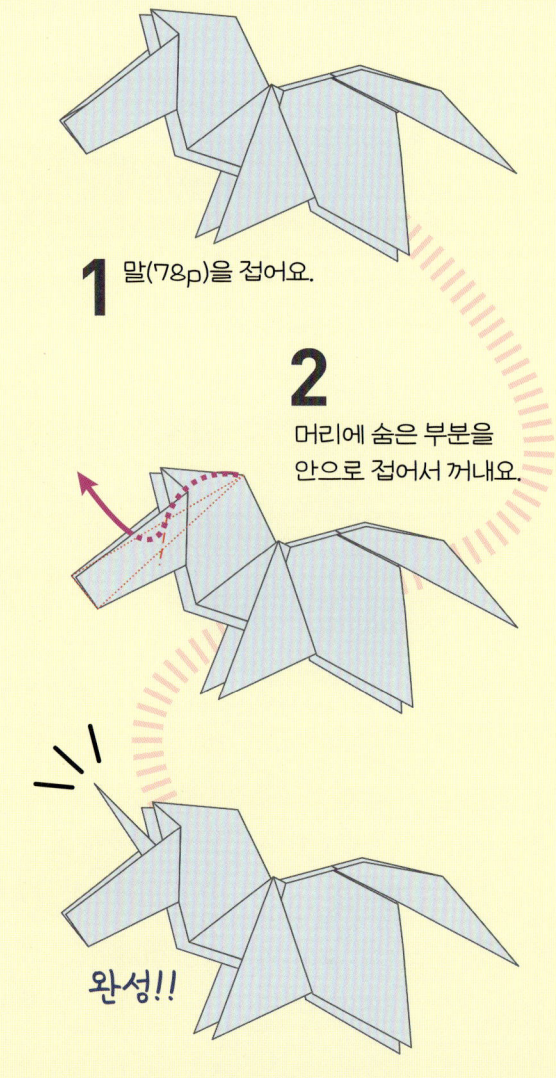

1
말(78p)을 접어요.

2
머리에 숨은 부분을 안으로 접어서 꺼내요.

완성!!

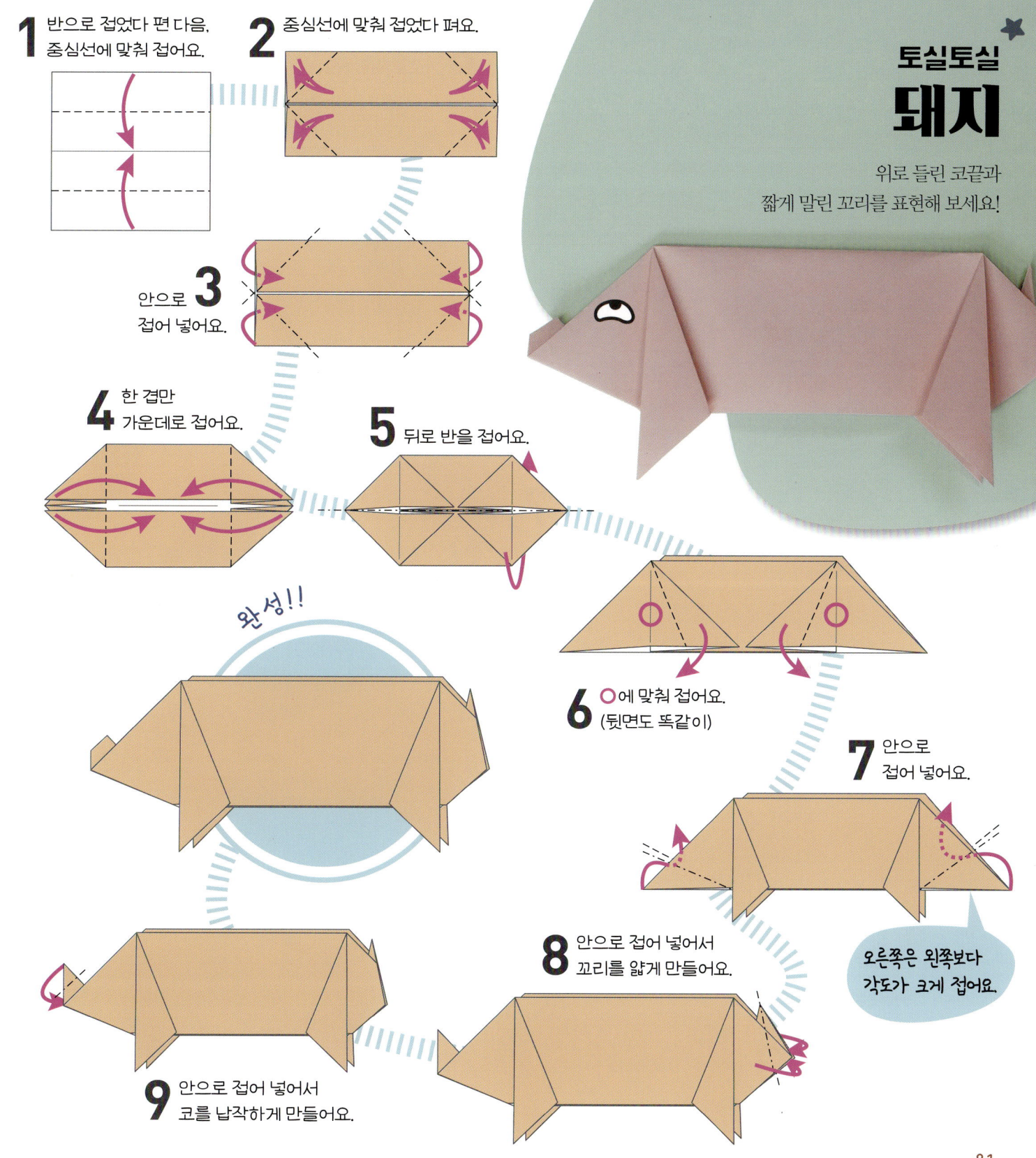

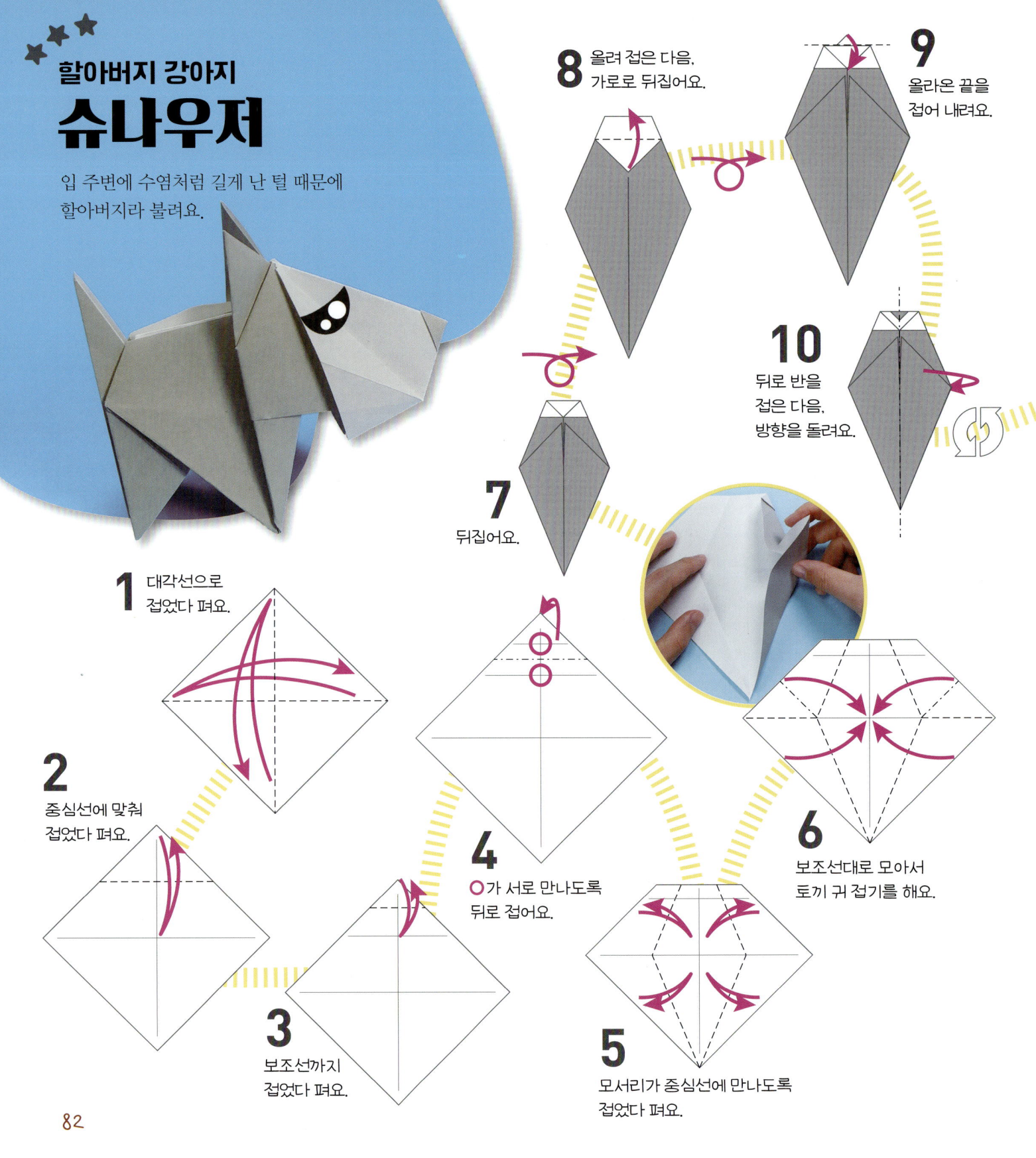

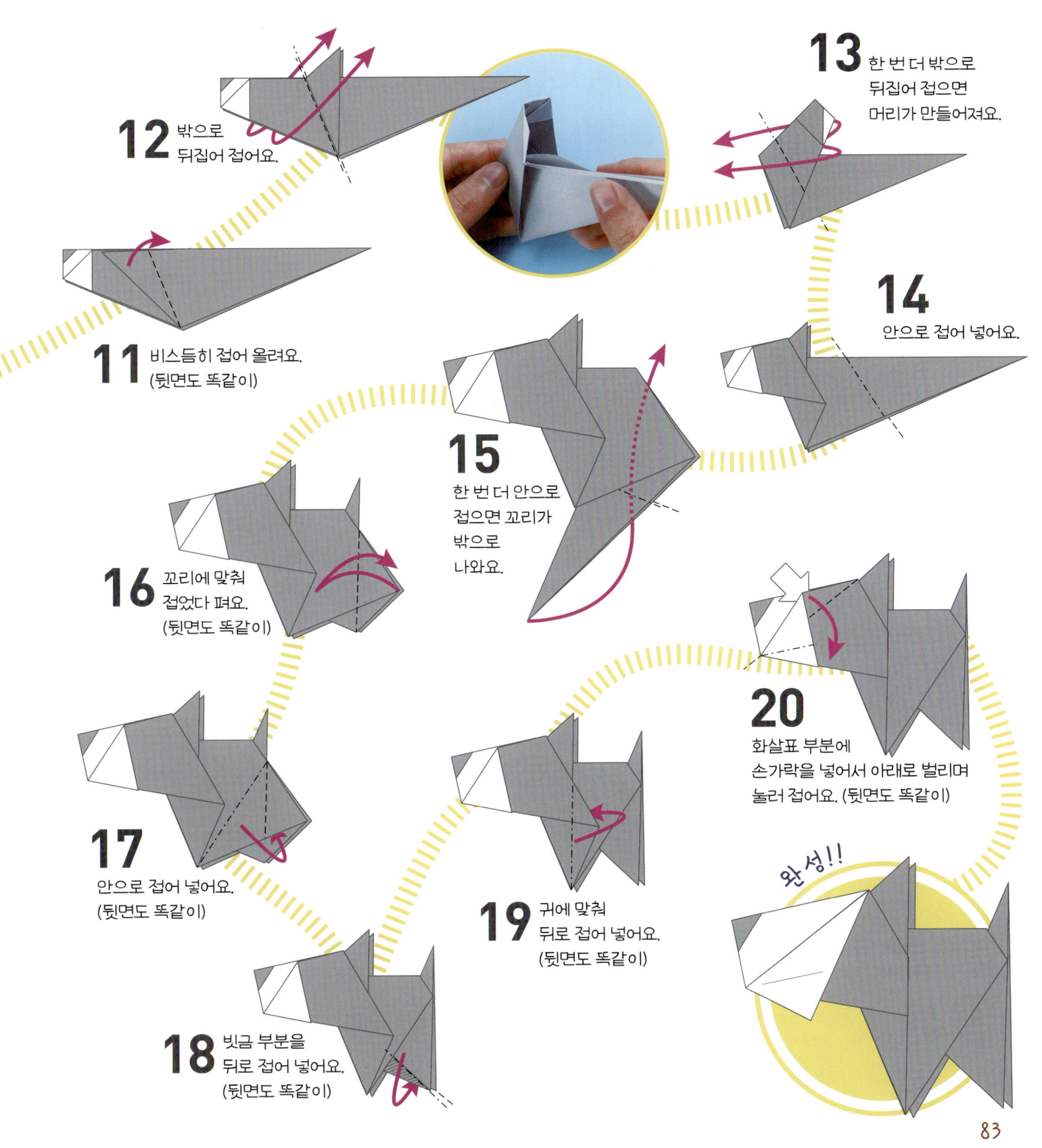

4

등골이 오싹
파충류와 공룡

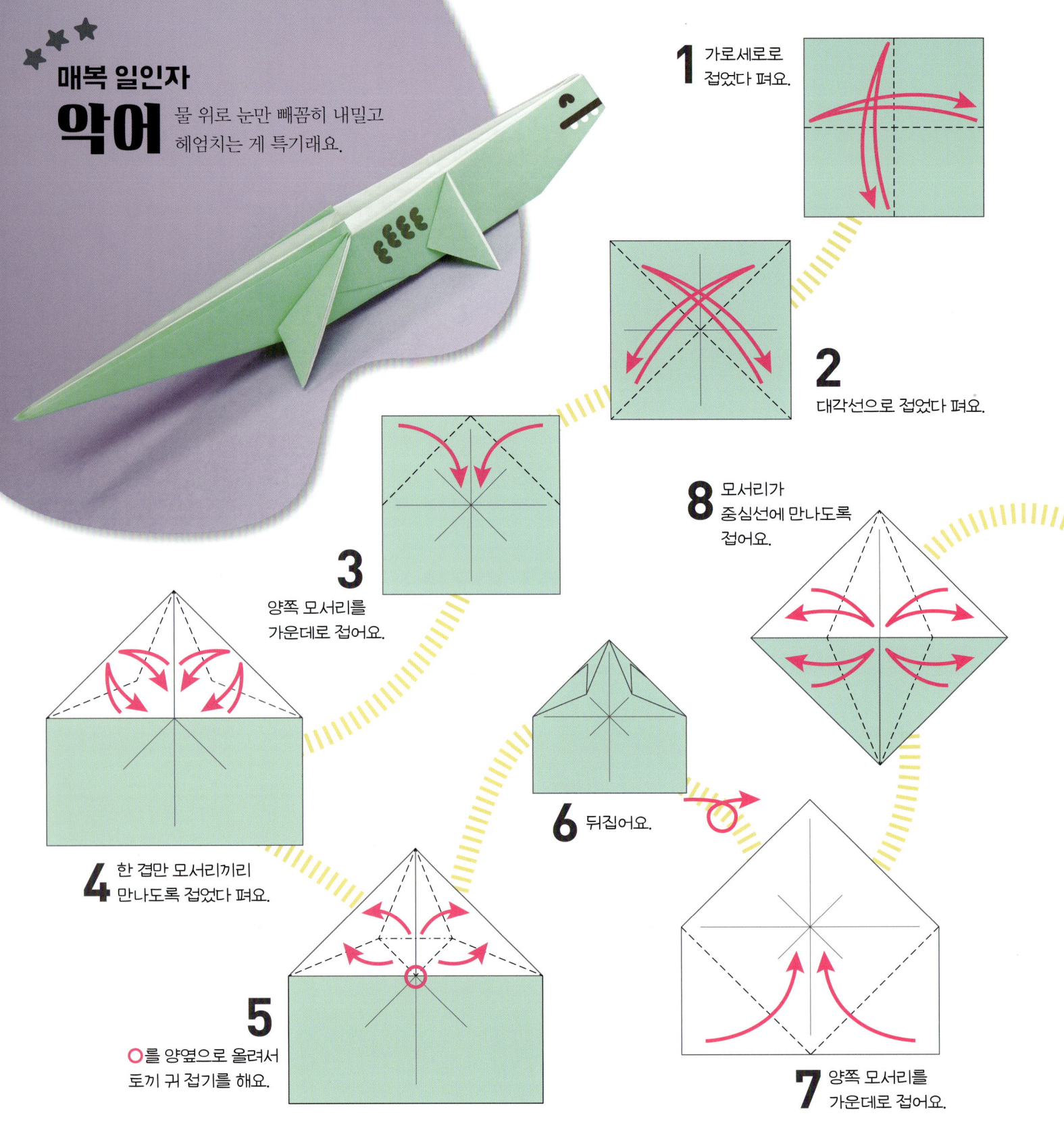

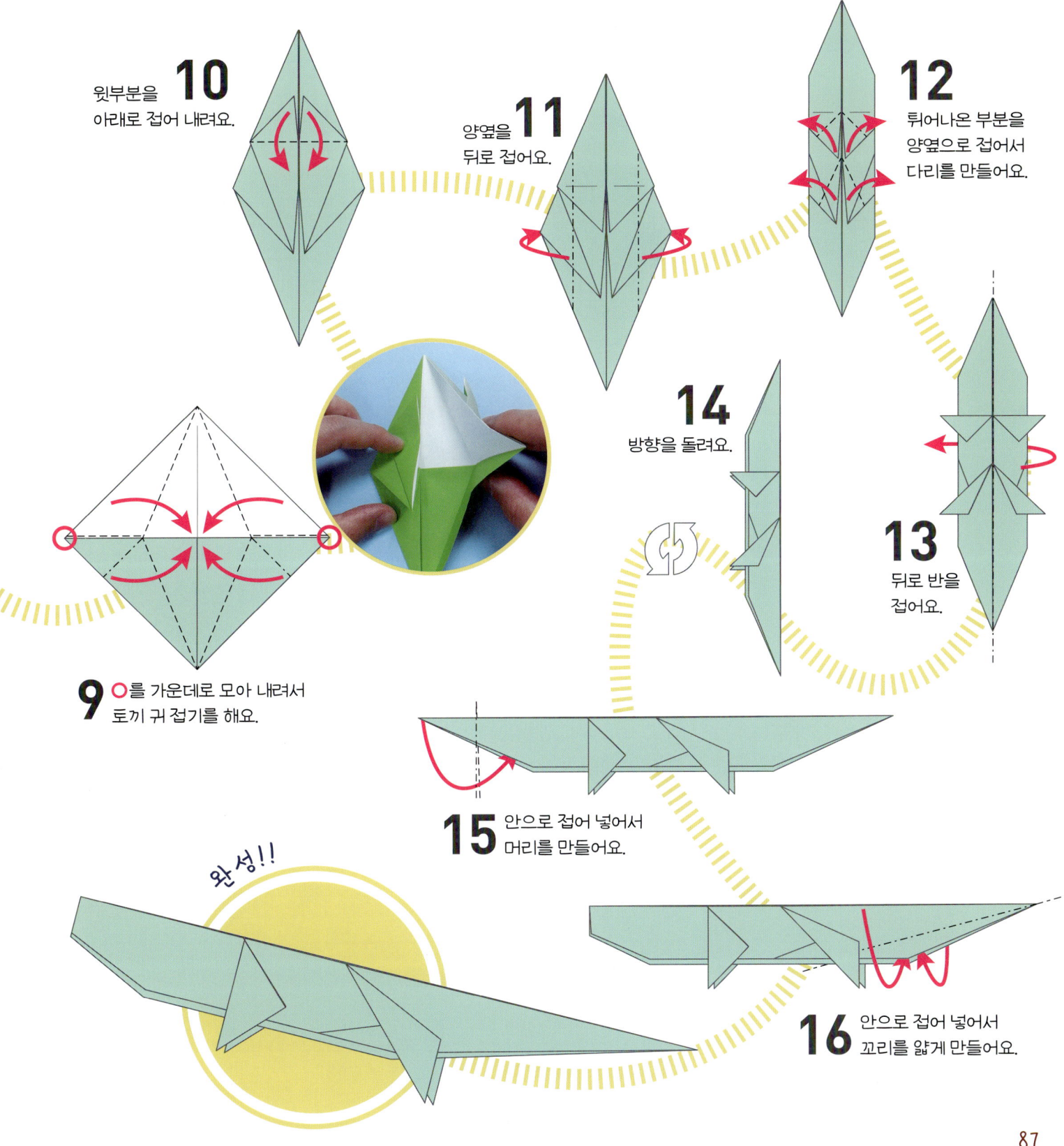

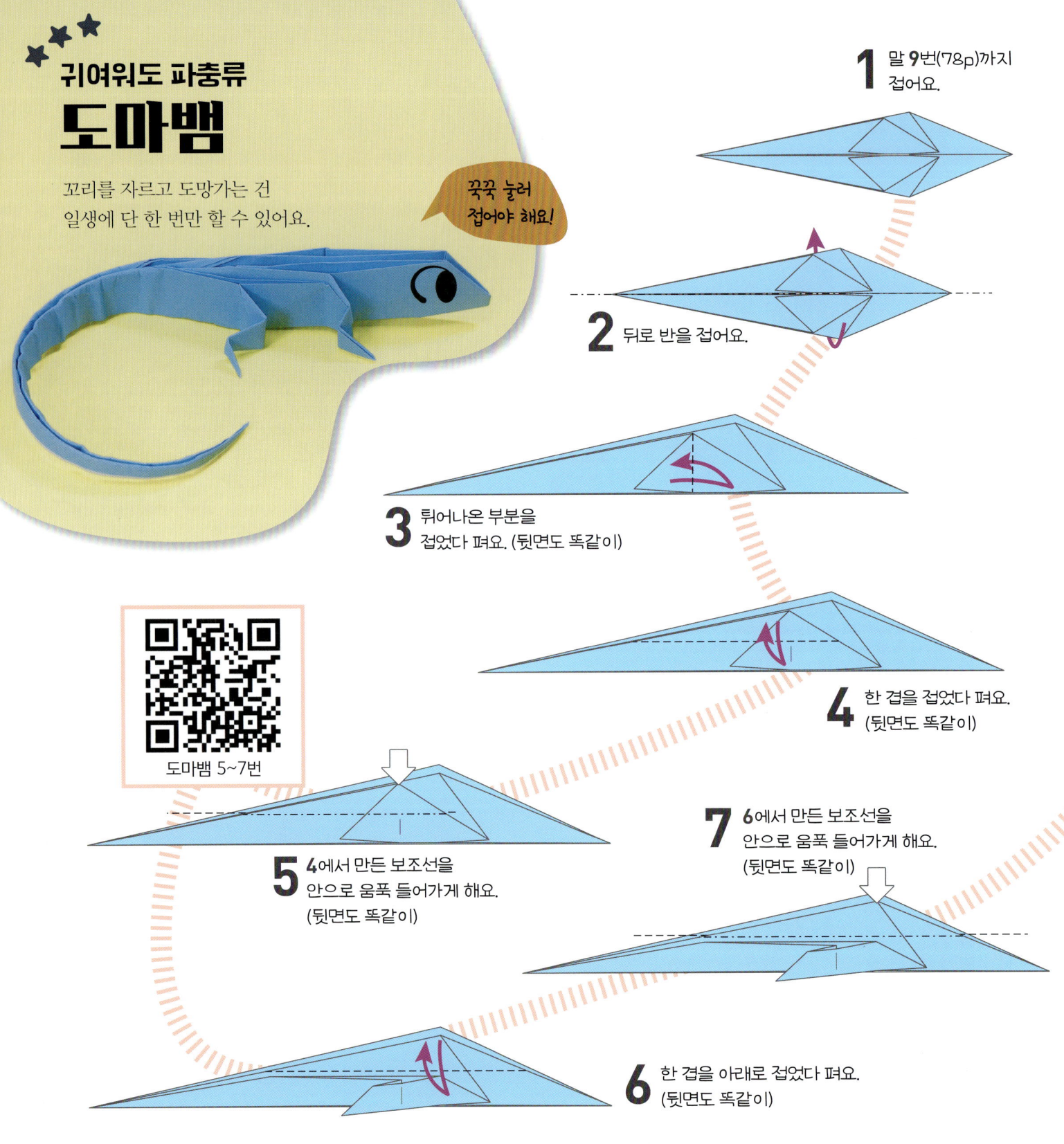

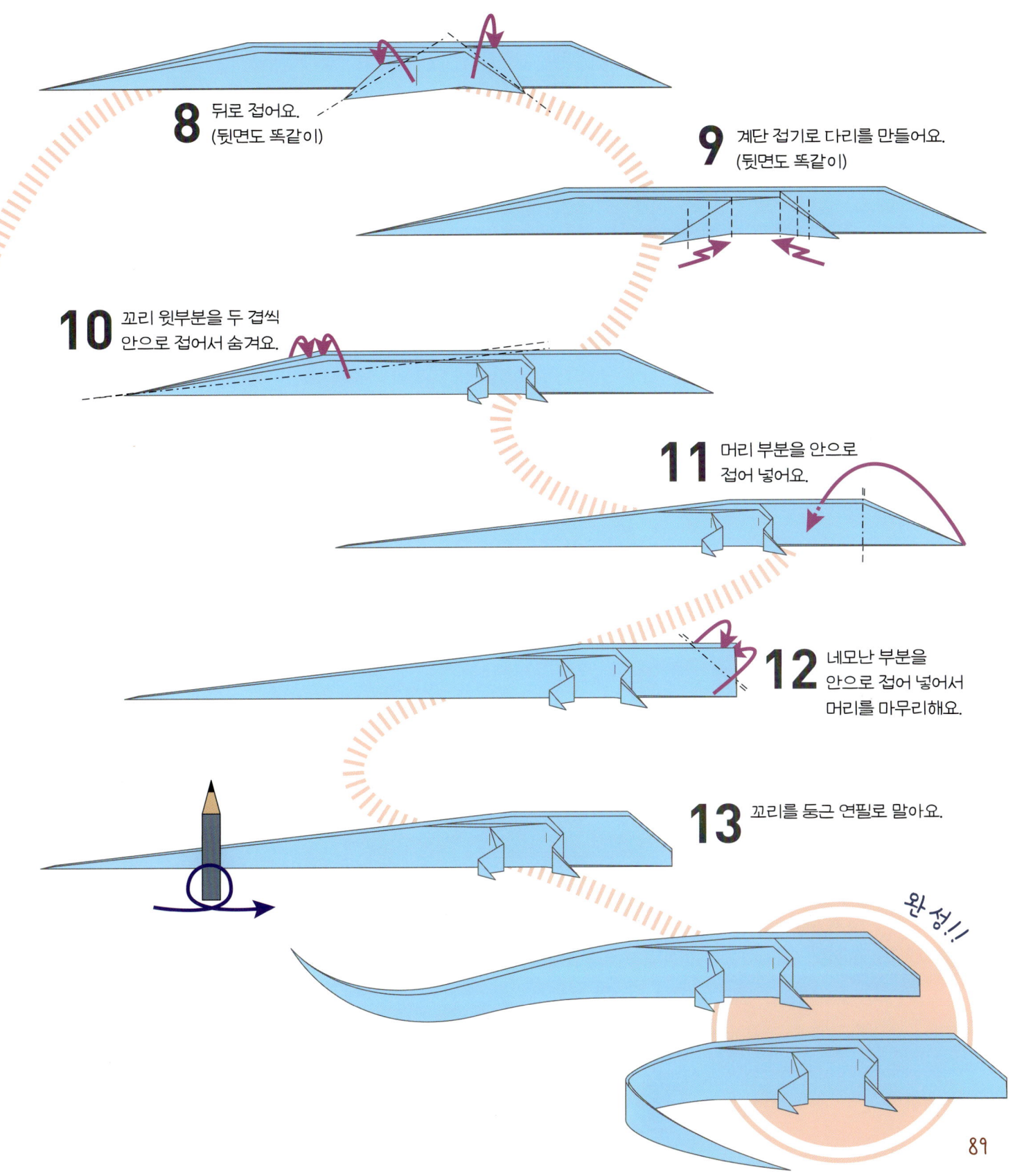

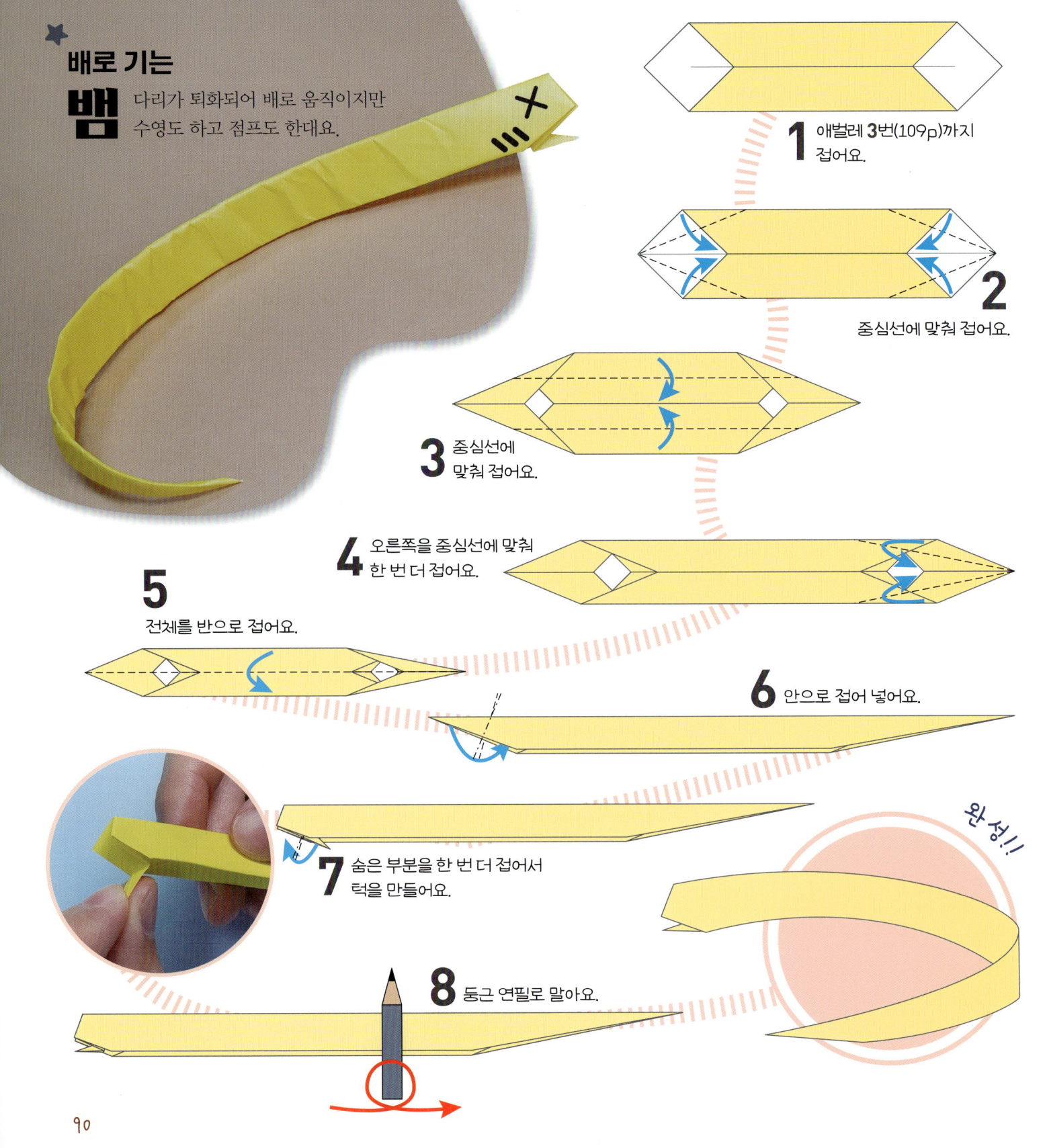

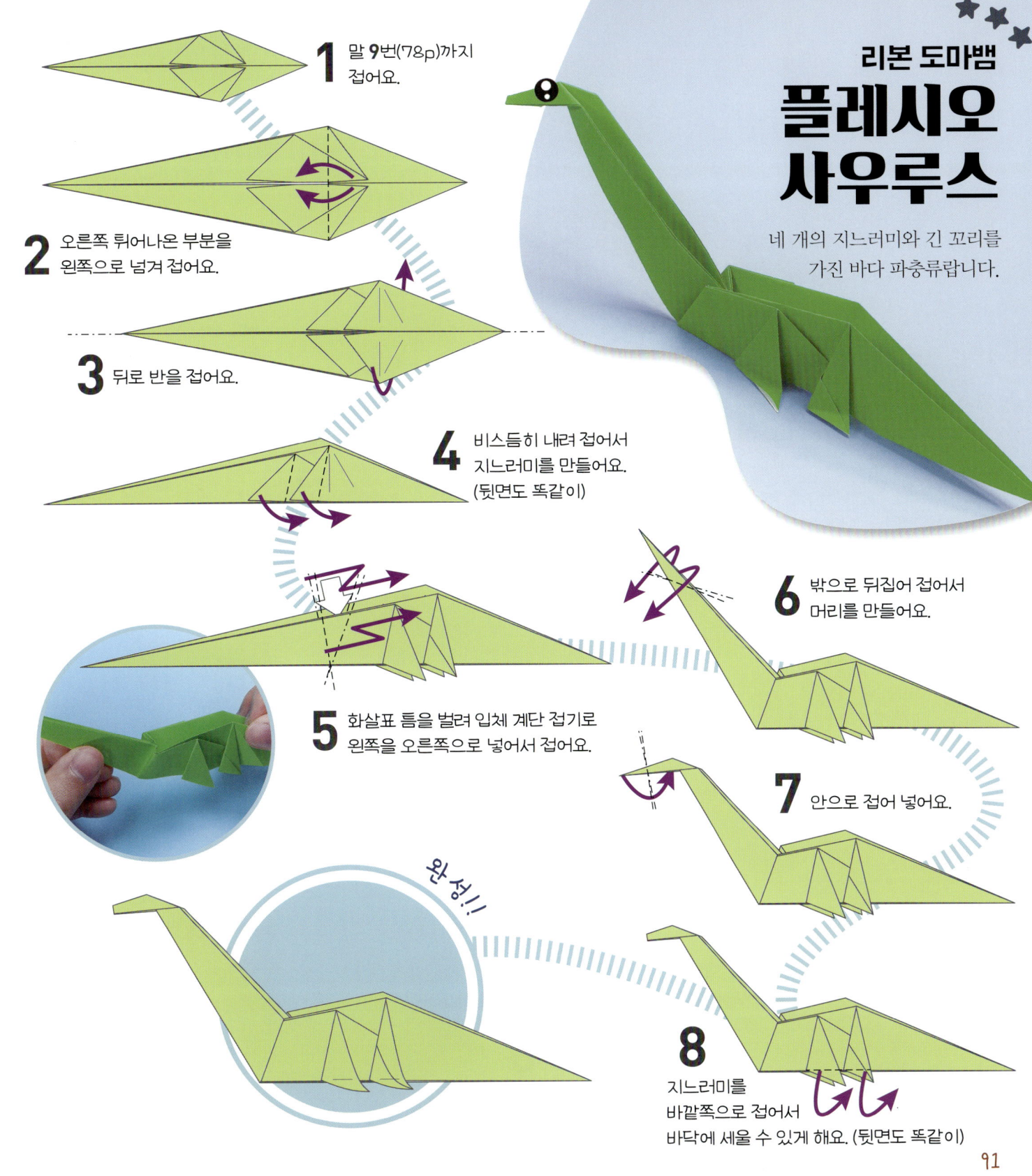

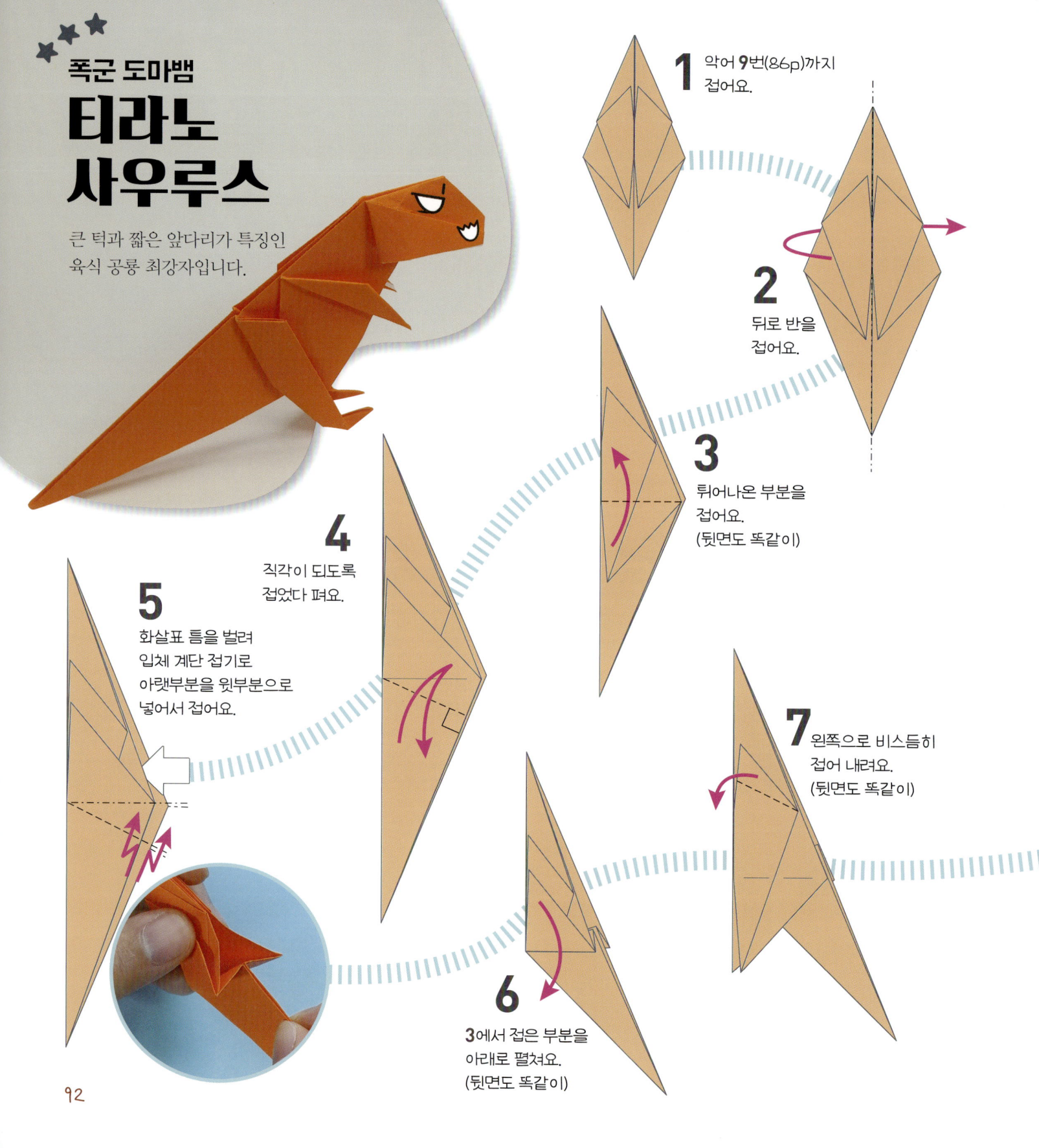

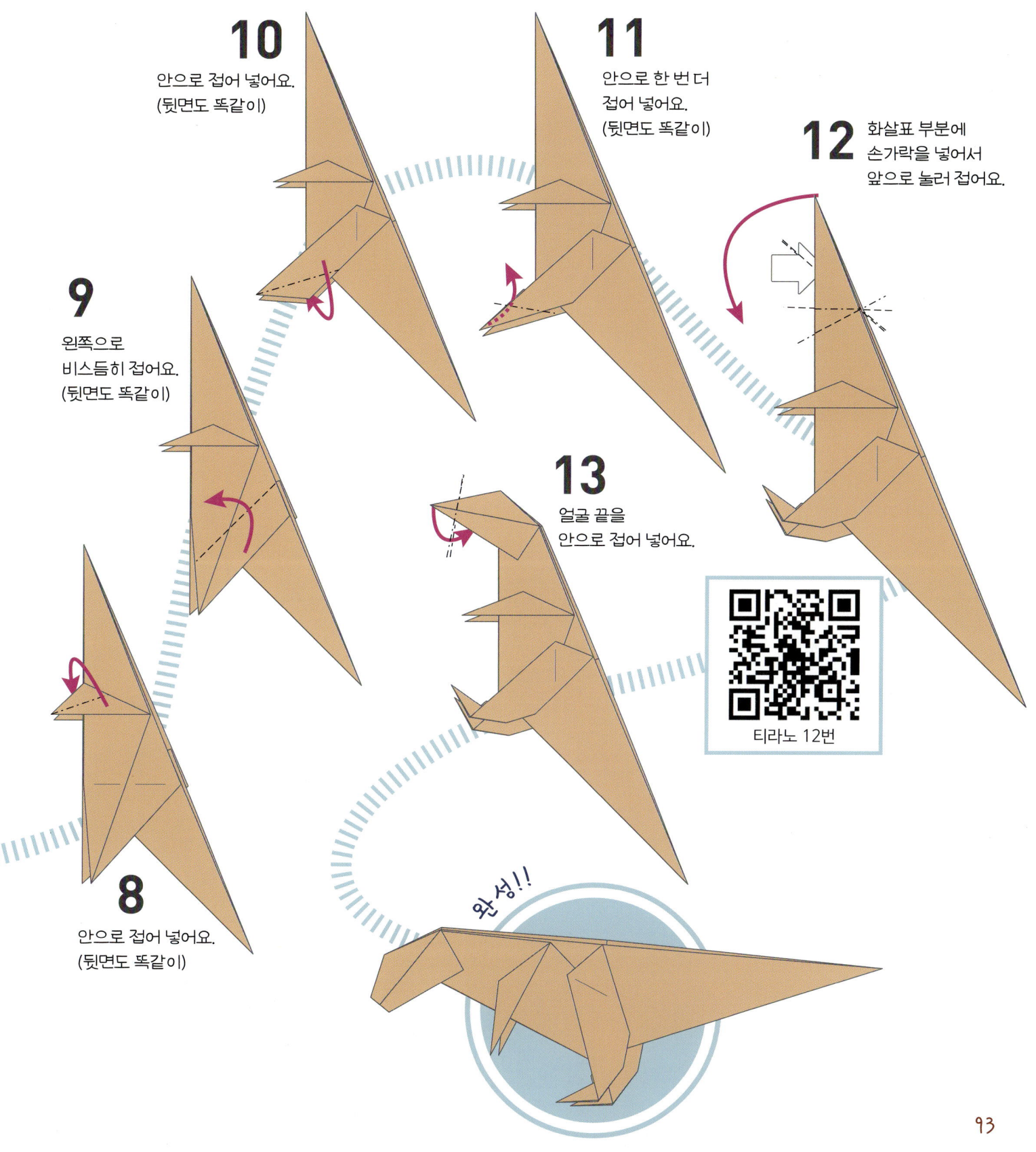

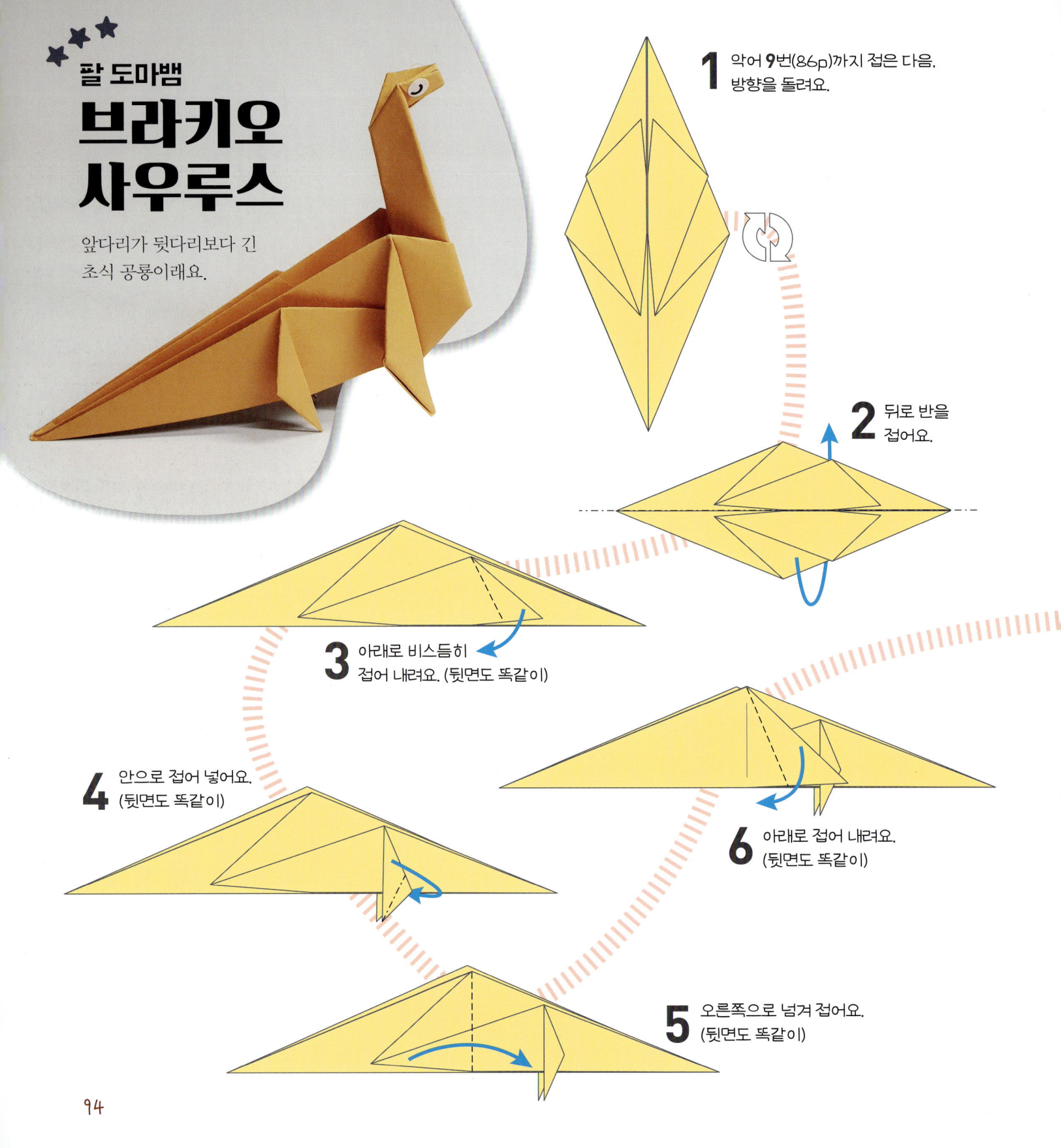

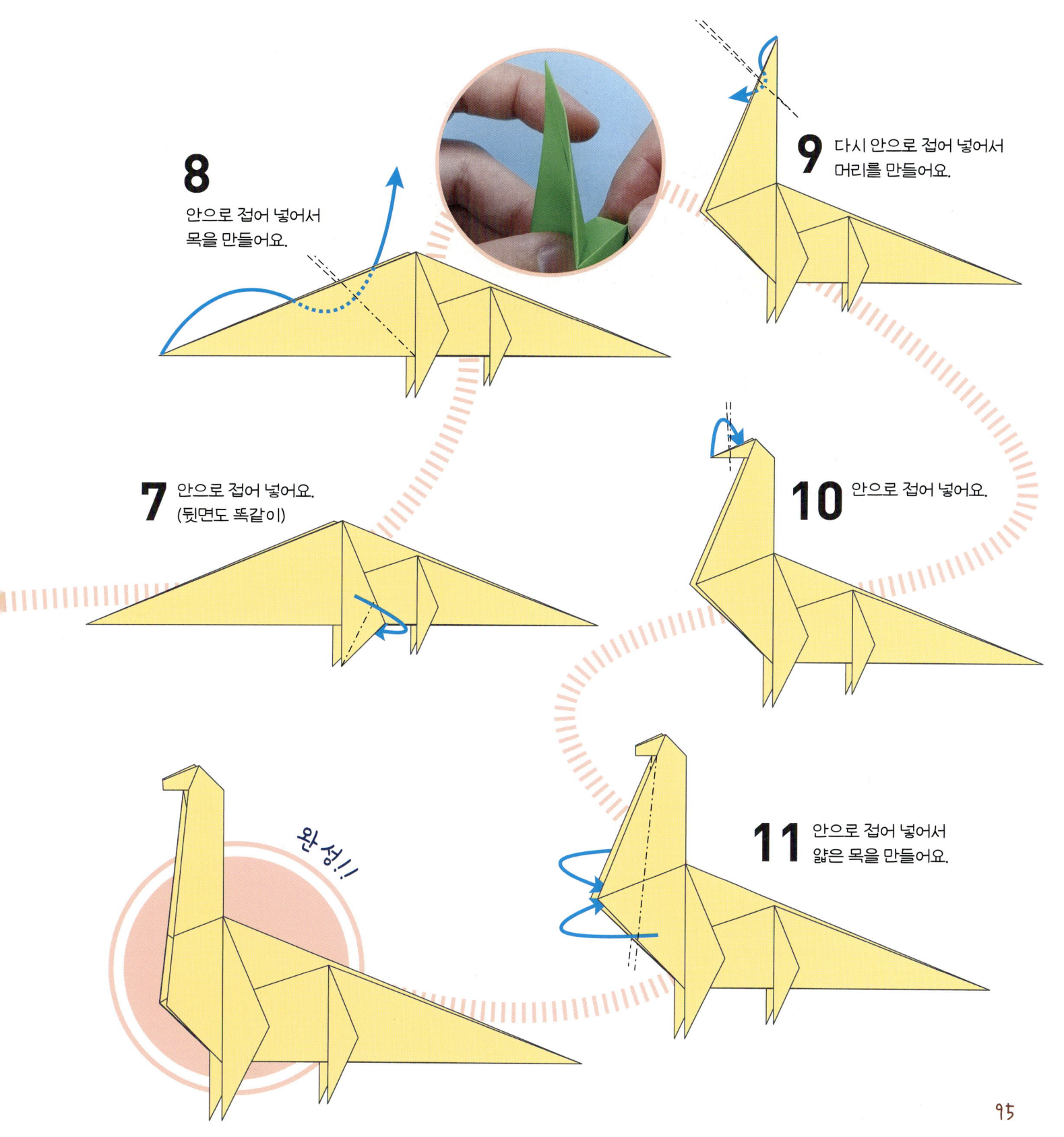

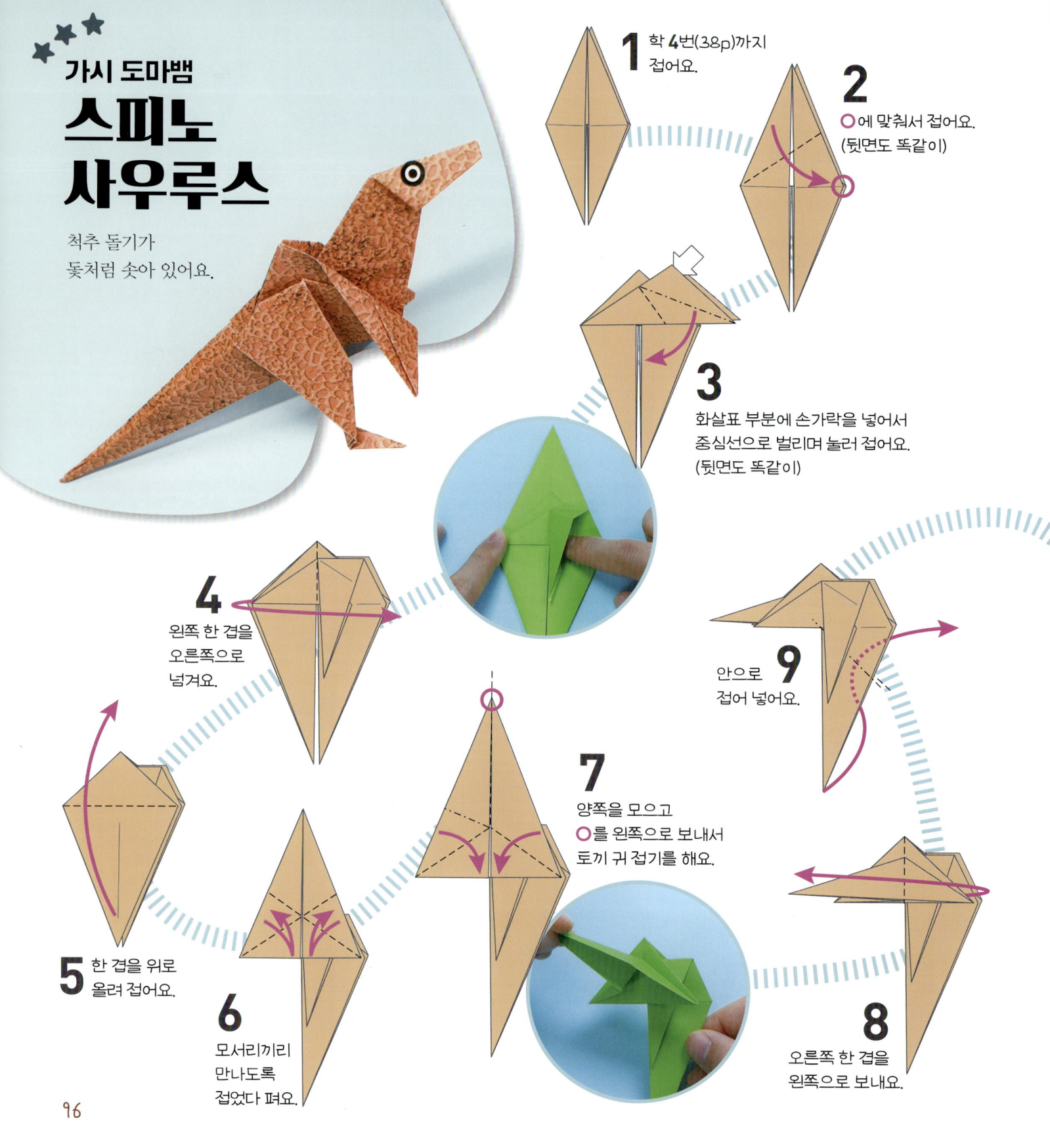

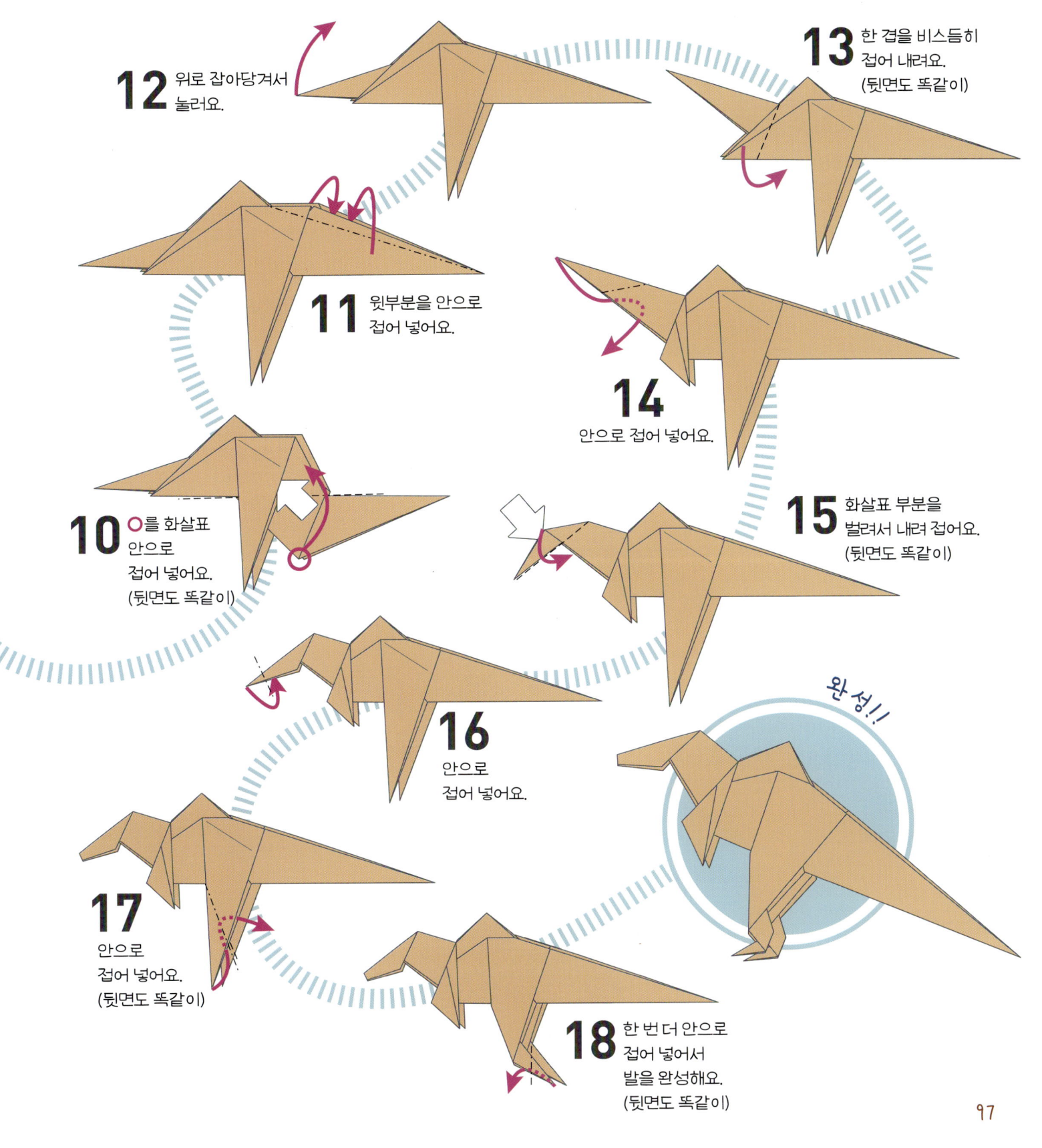

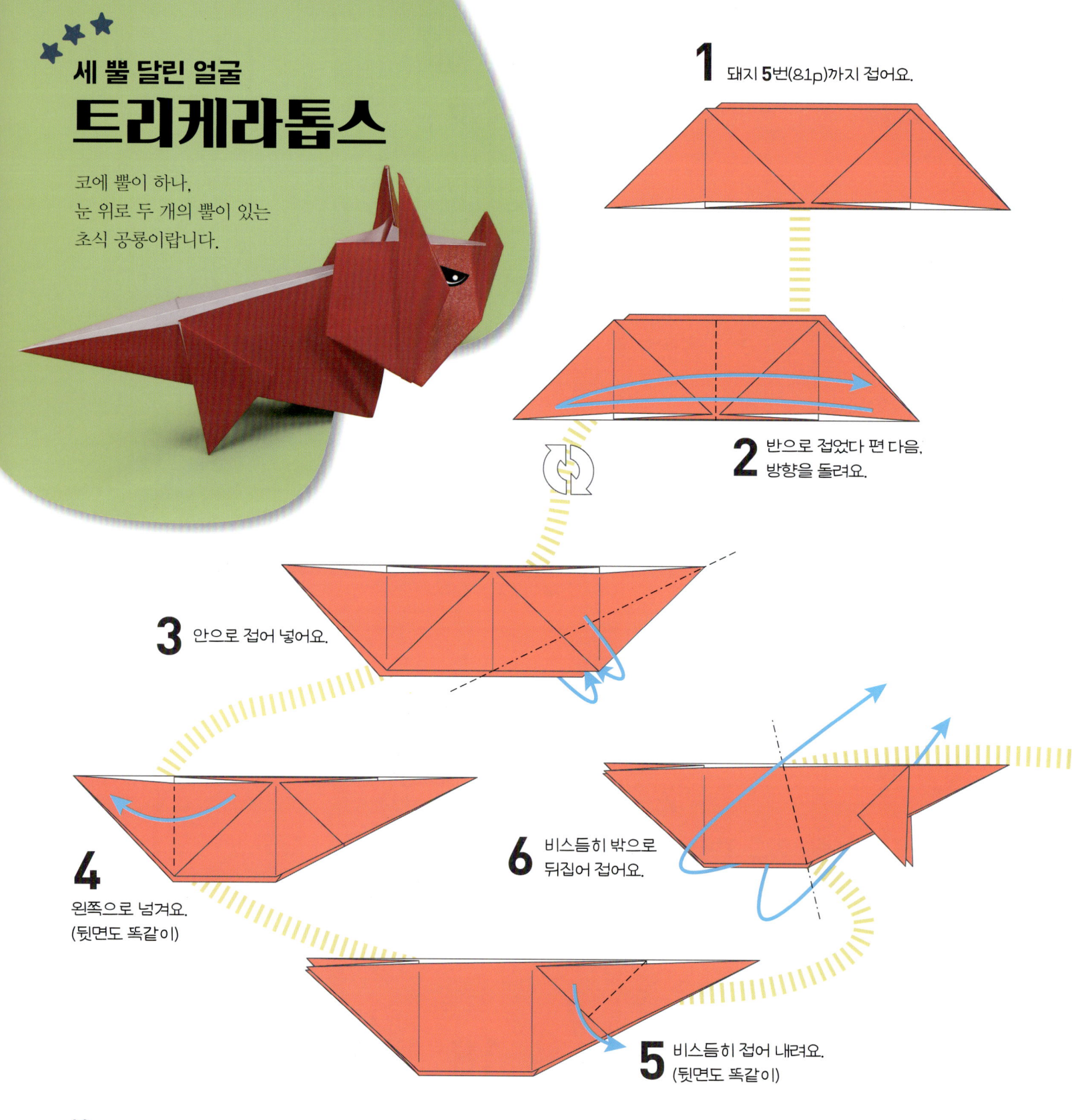

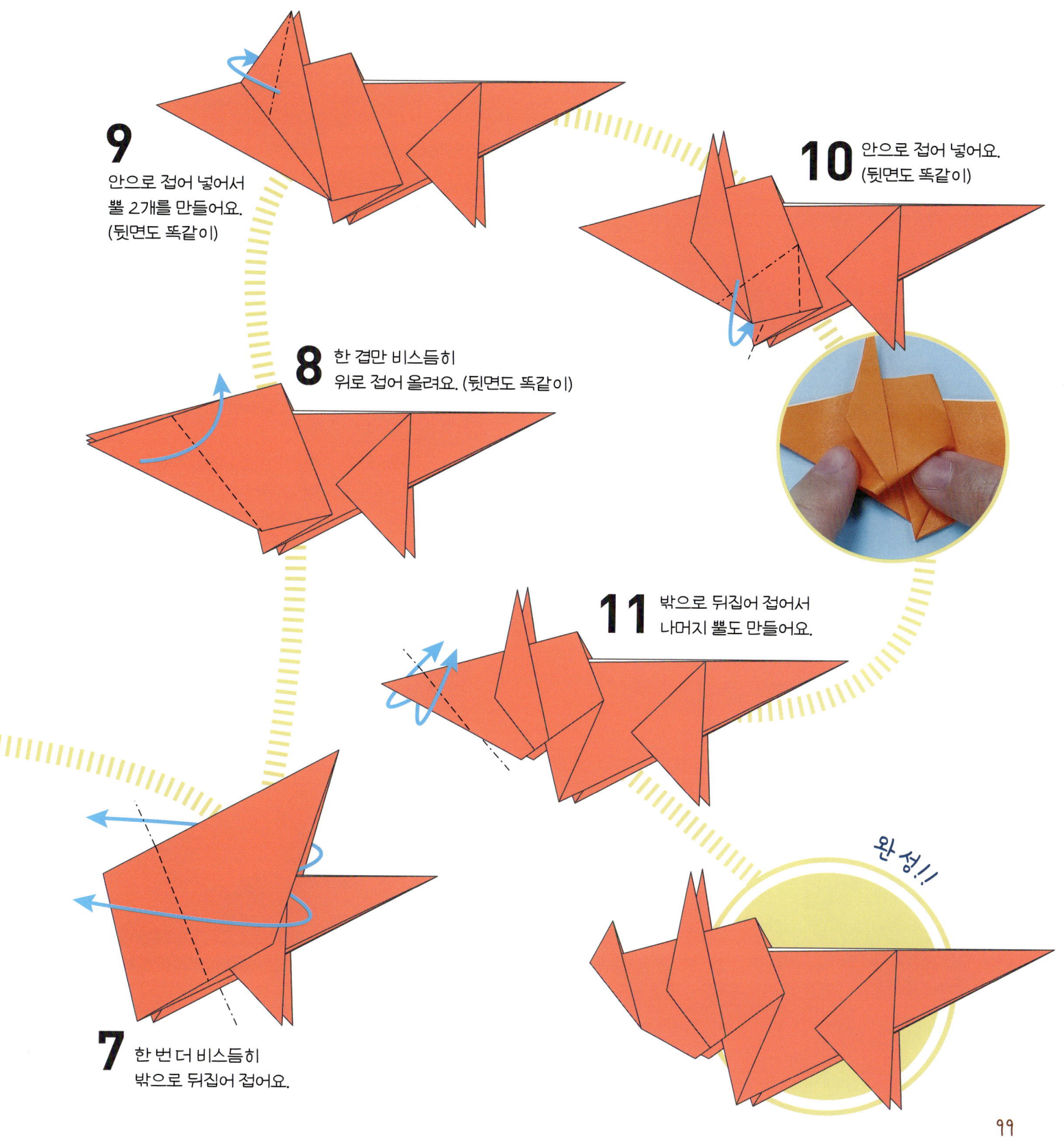

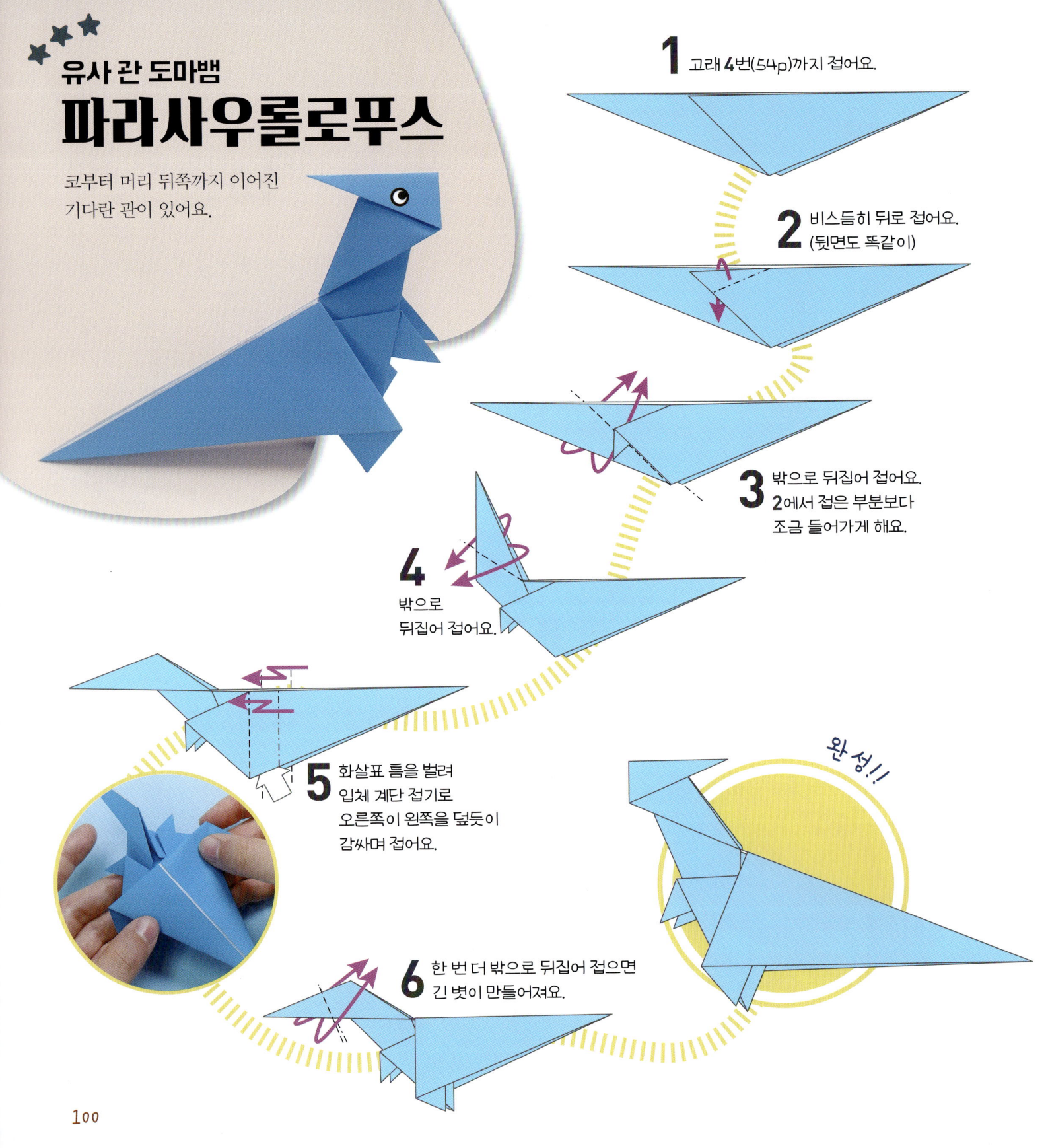

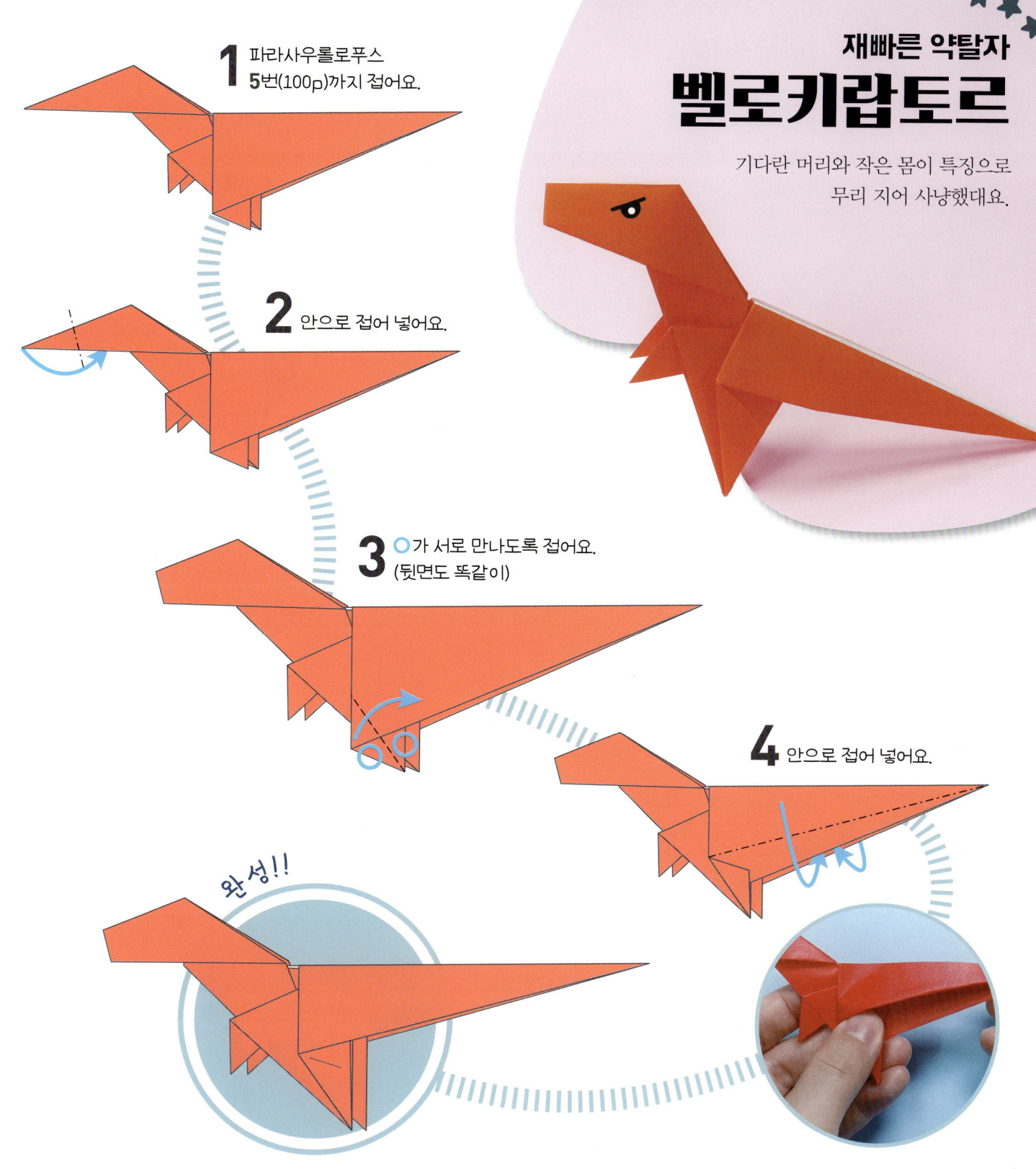

재빠른 약탈자
벨로키랍토르

기다란 머리와 작은 몸이 특징으로 무리 지어 사냥했대요.

1 파라사우롤로푸스 **5번(100p)**까지 접어요.

2 안으로 접어 넣어요.

3 ○가 서로 만나도록 접어요. (뒷면도 똑같이)

4 안으로 접어 넣어요.

완성!!

101

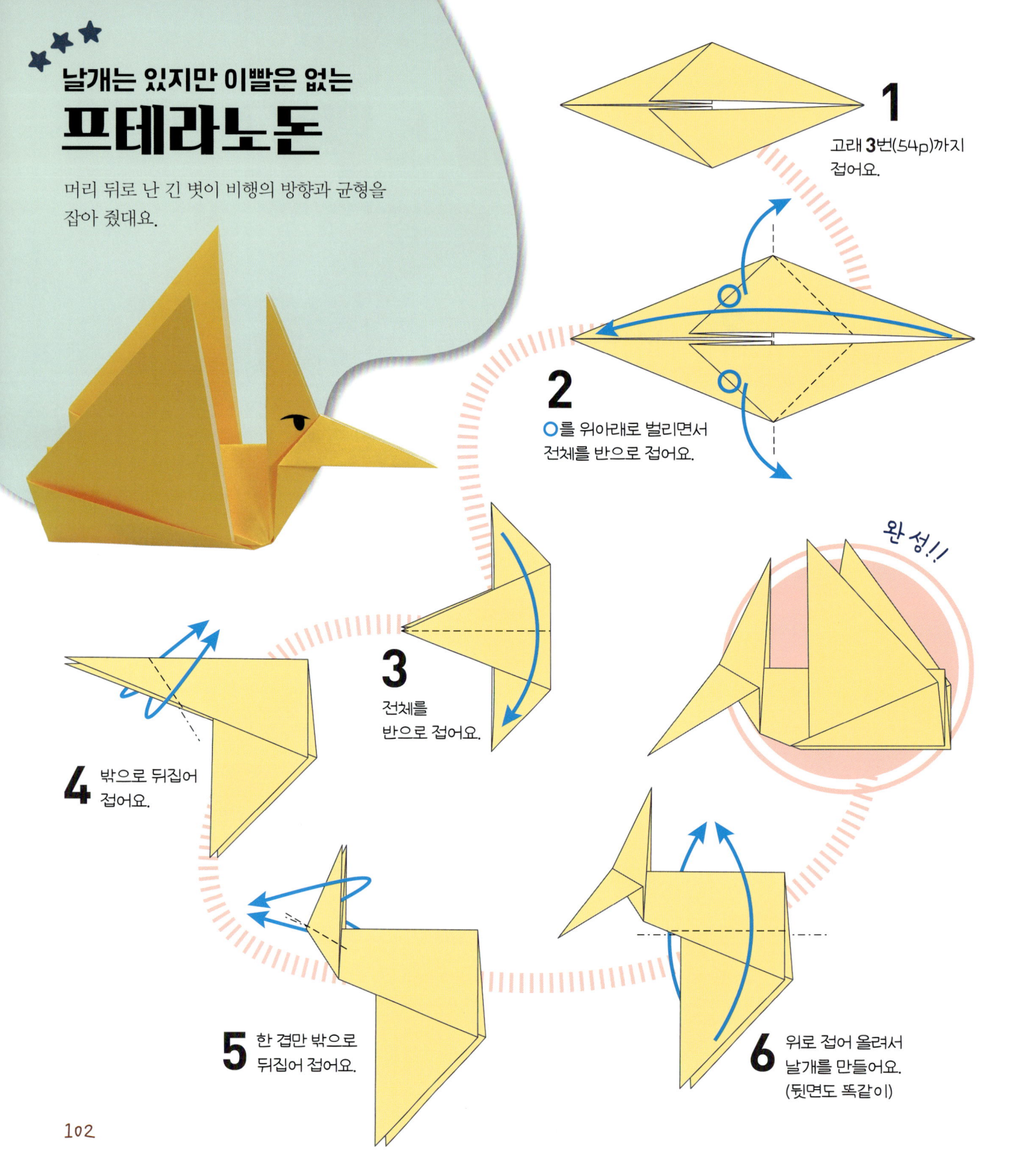

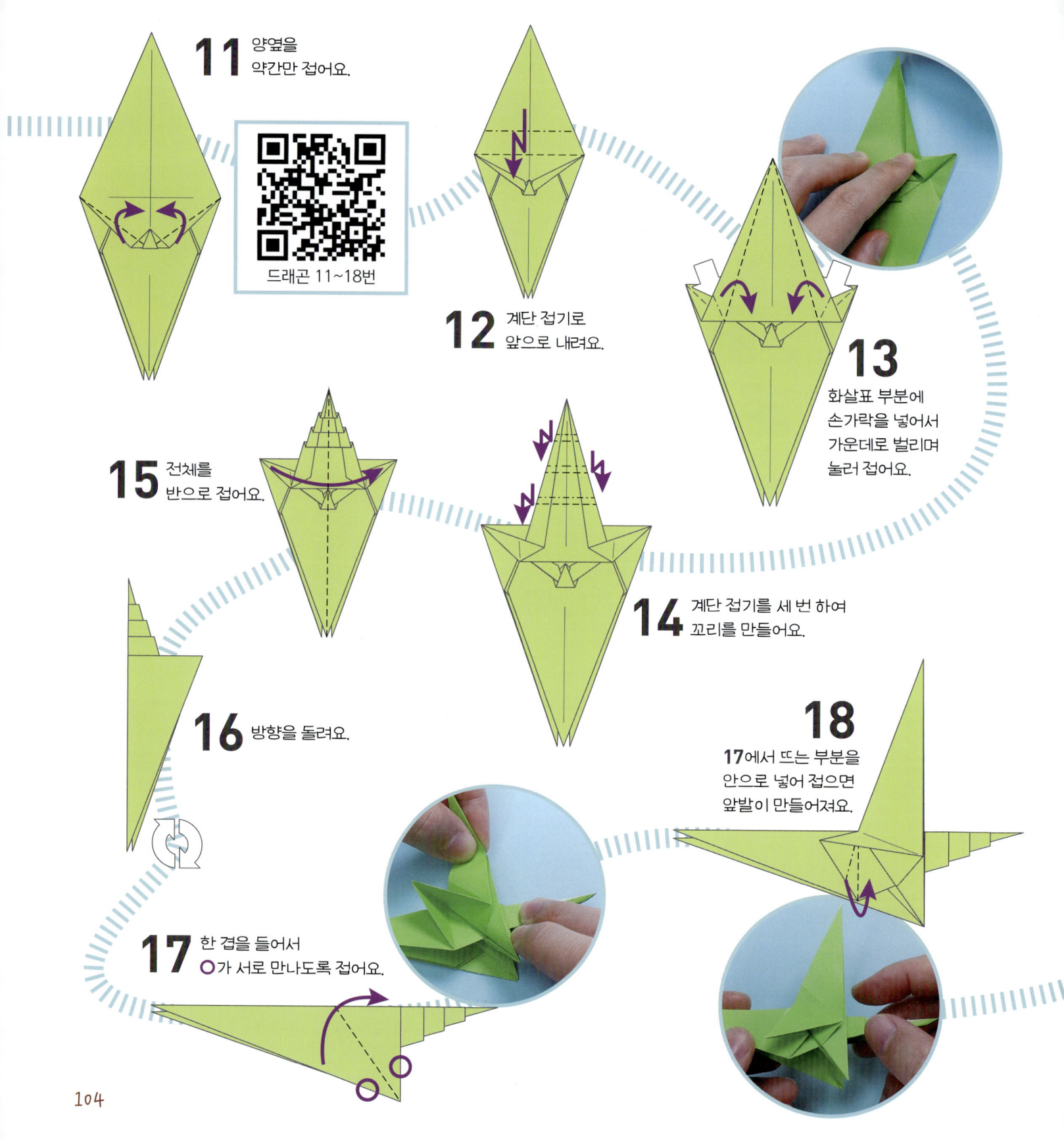

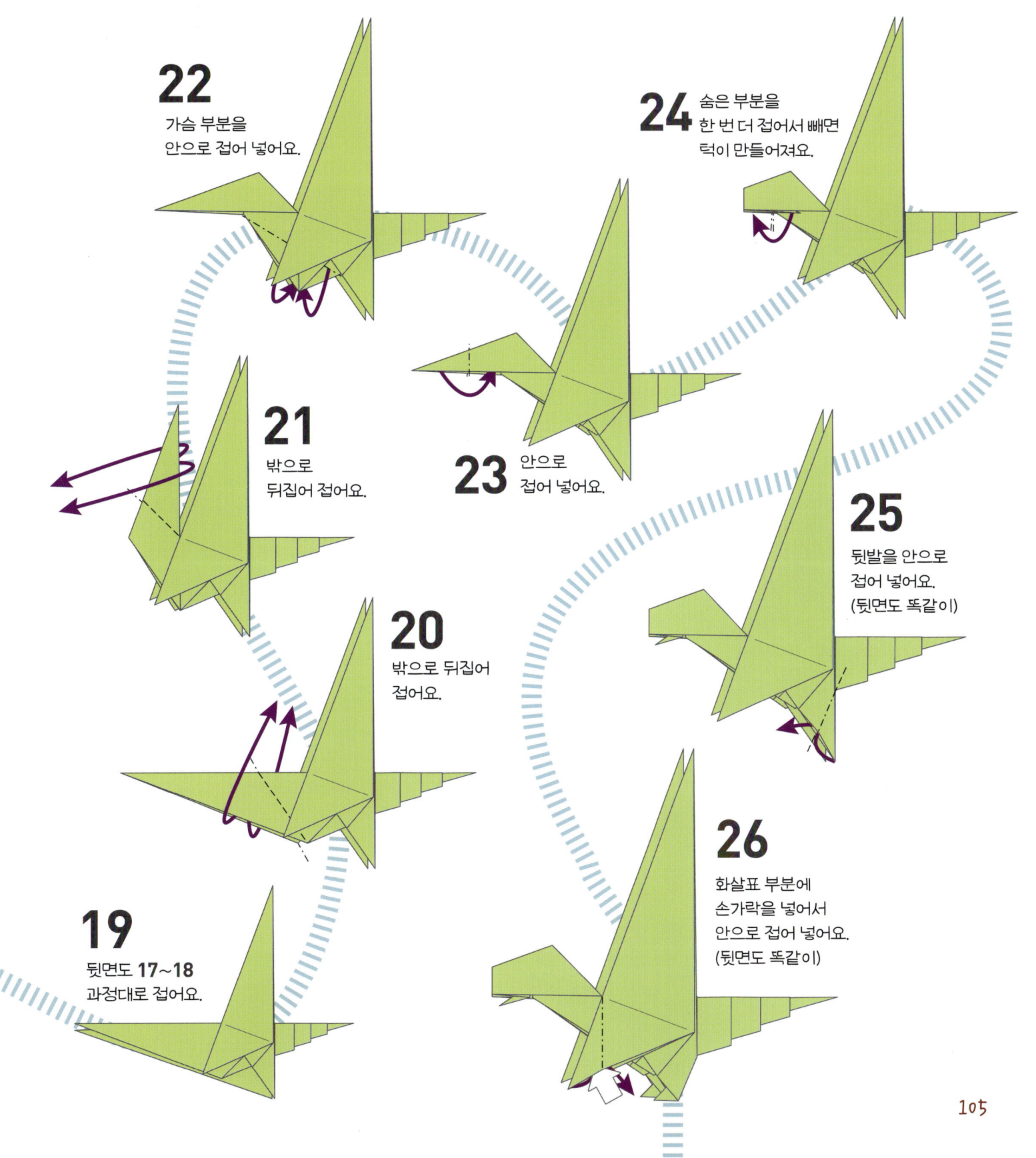

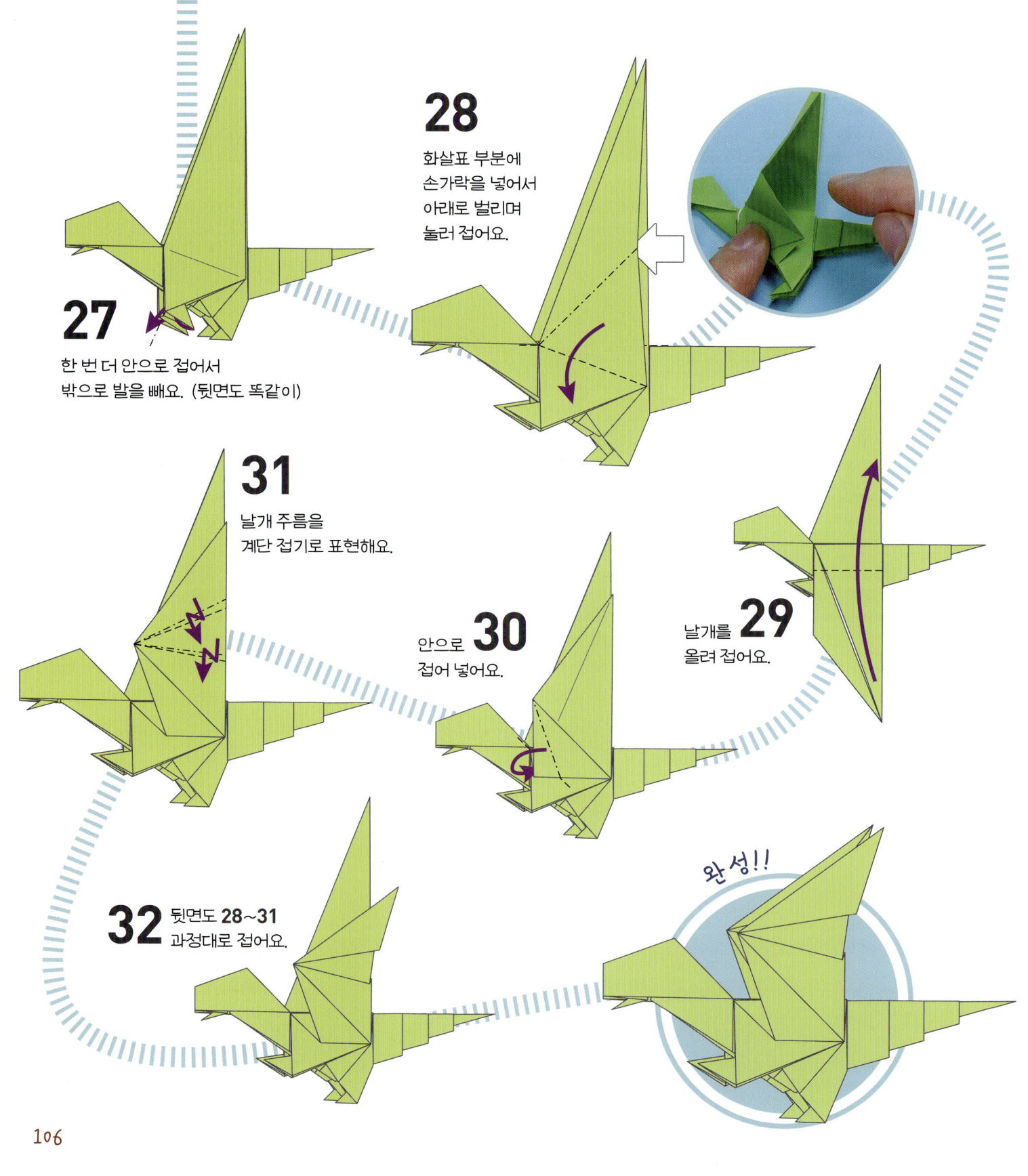

5

몸은 작지만 수는 많아
벌레

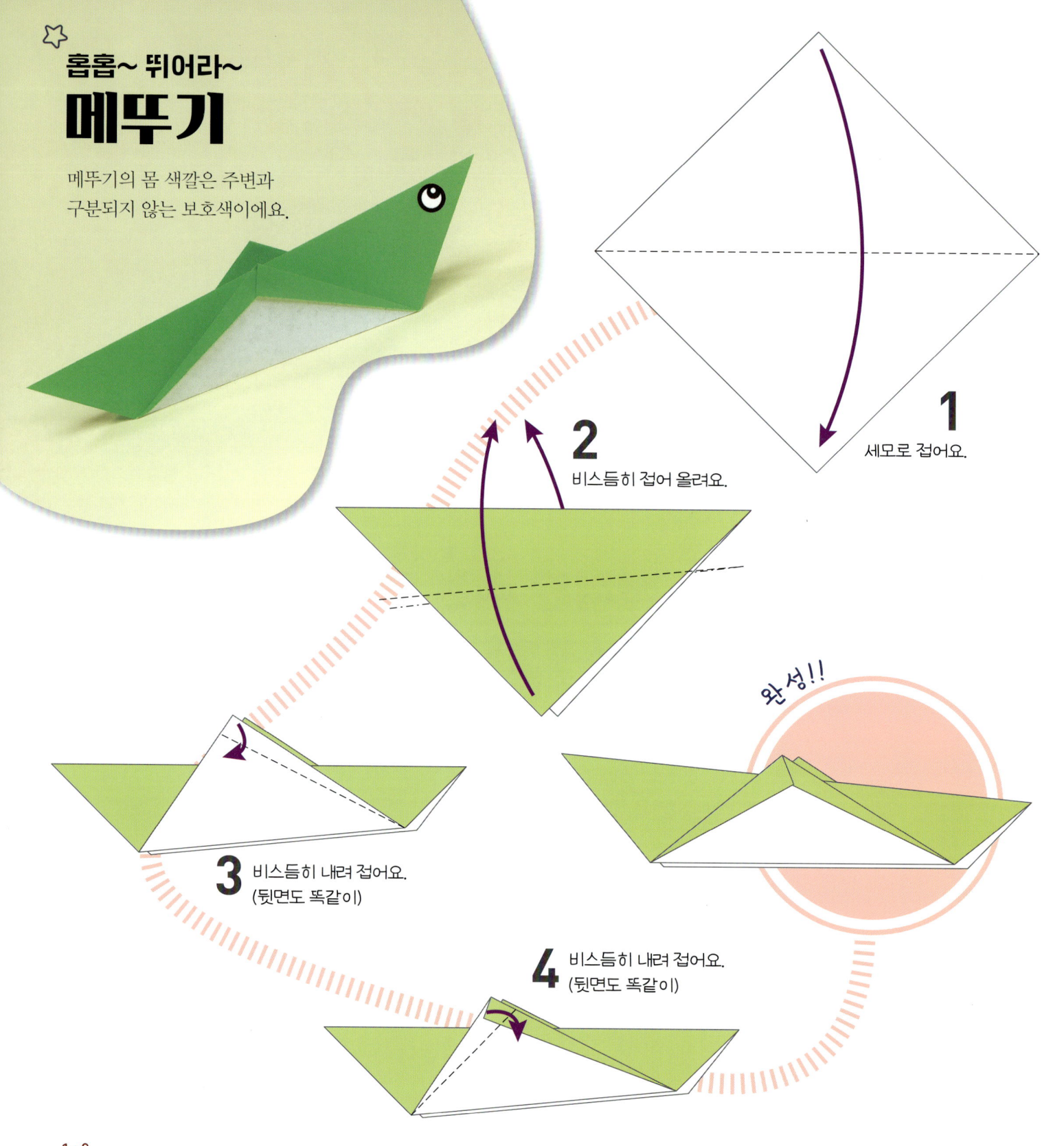

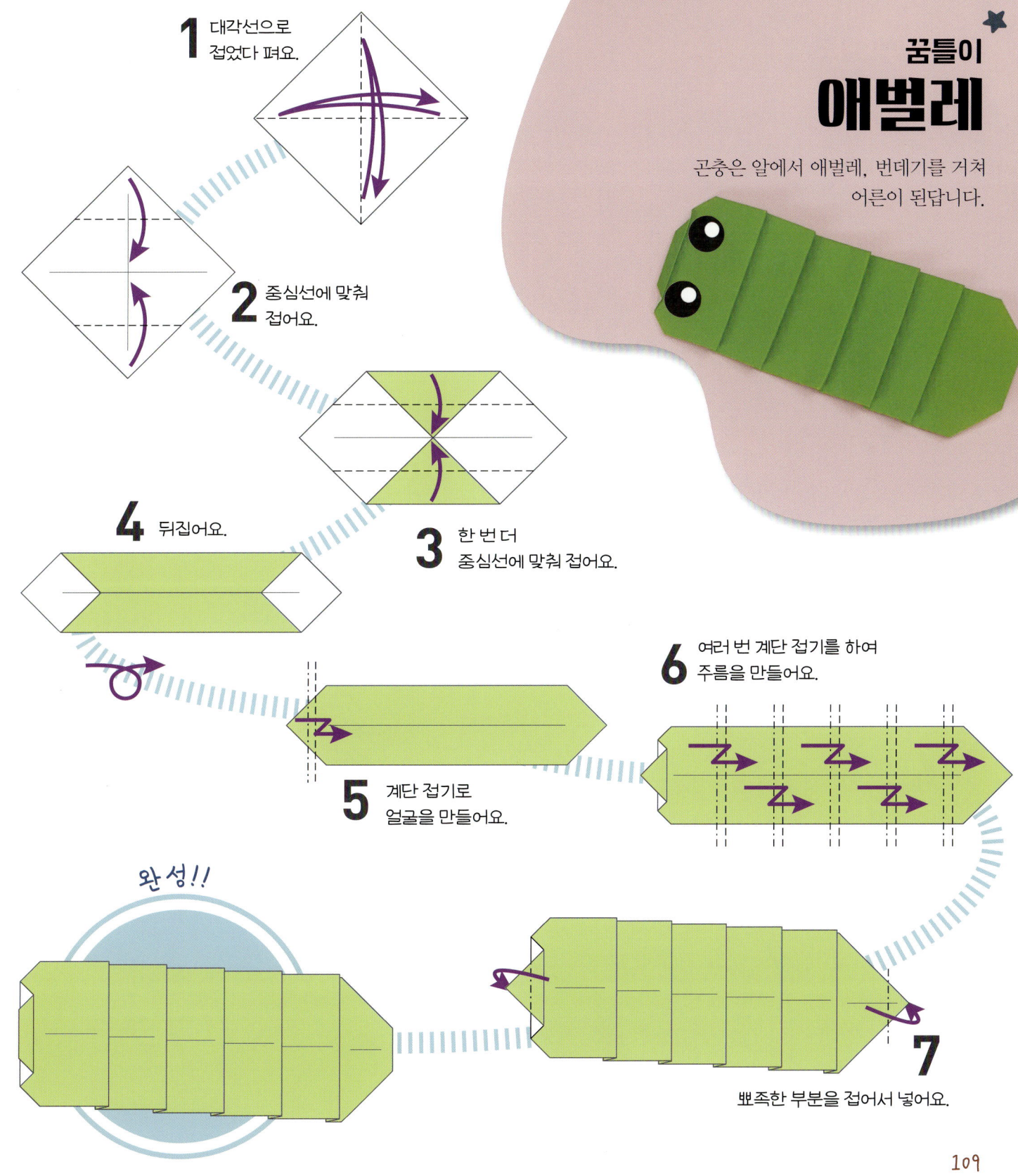

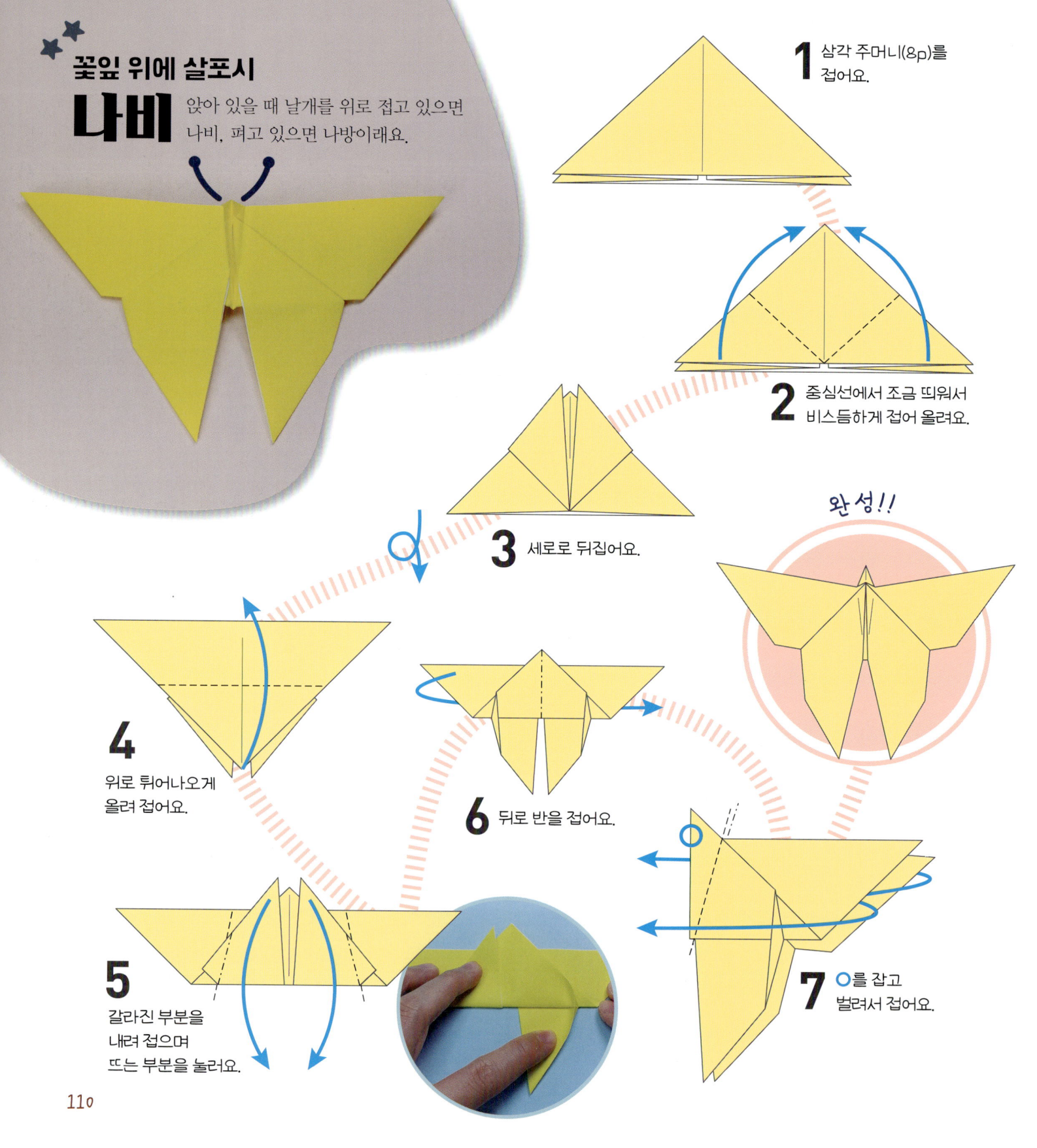

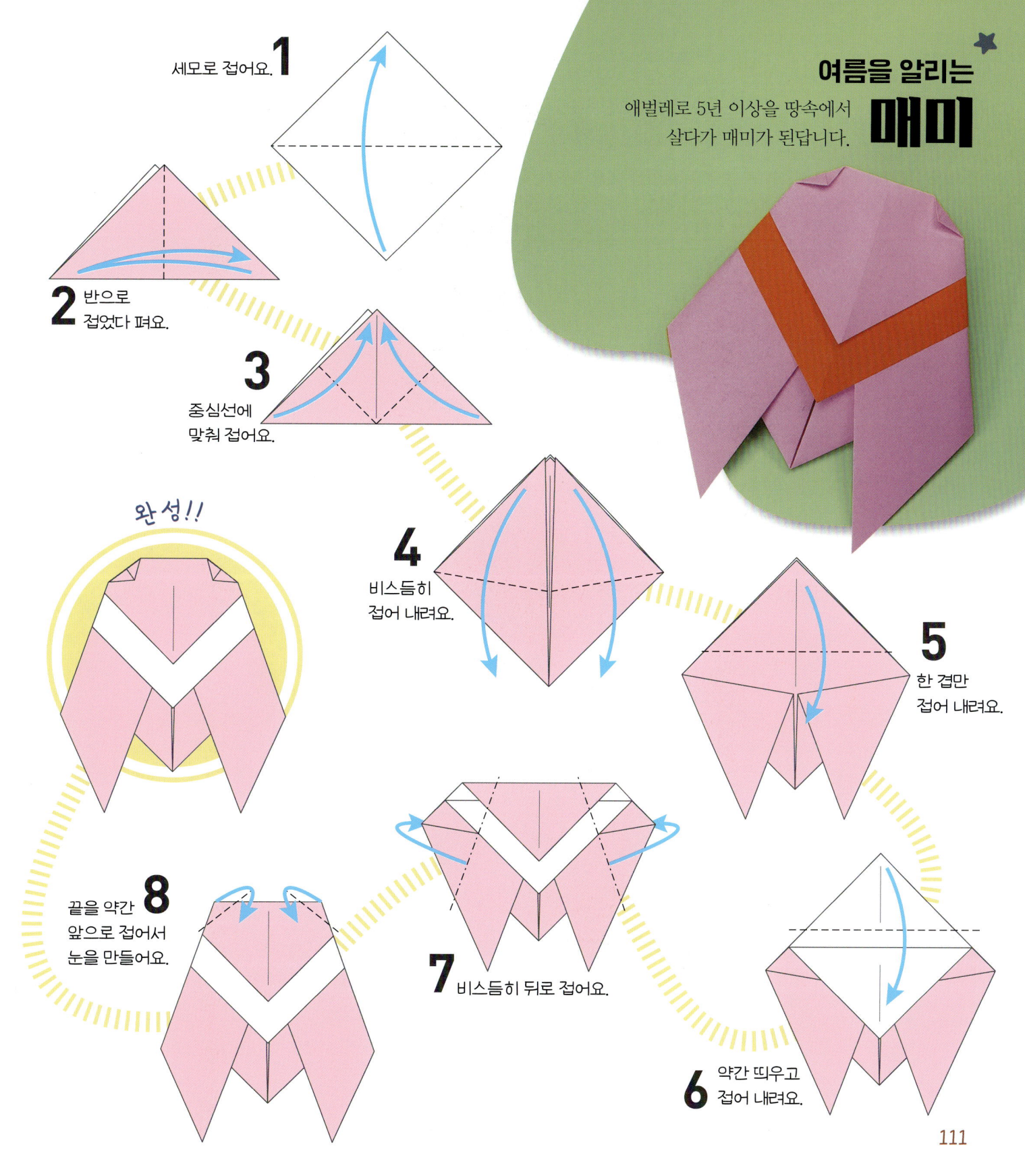

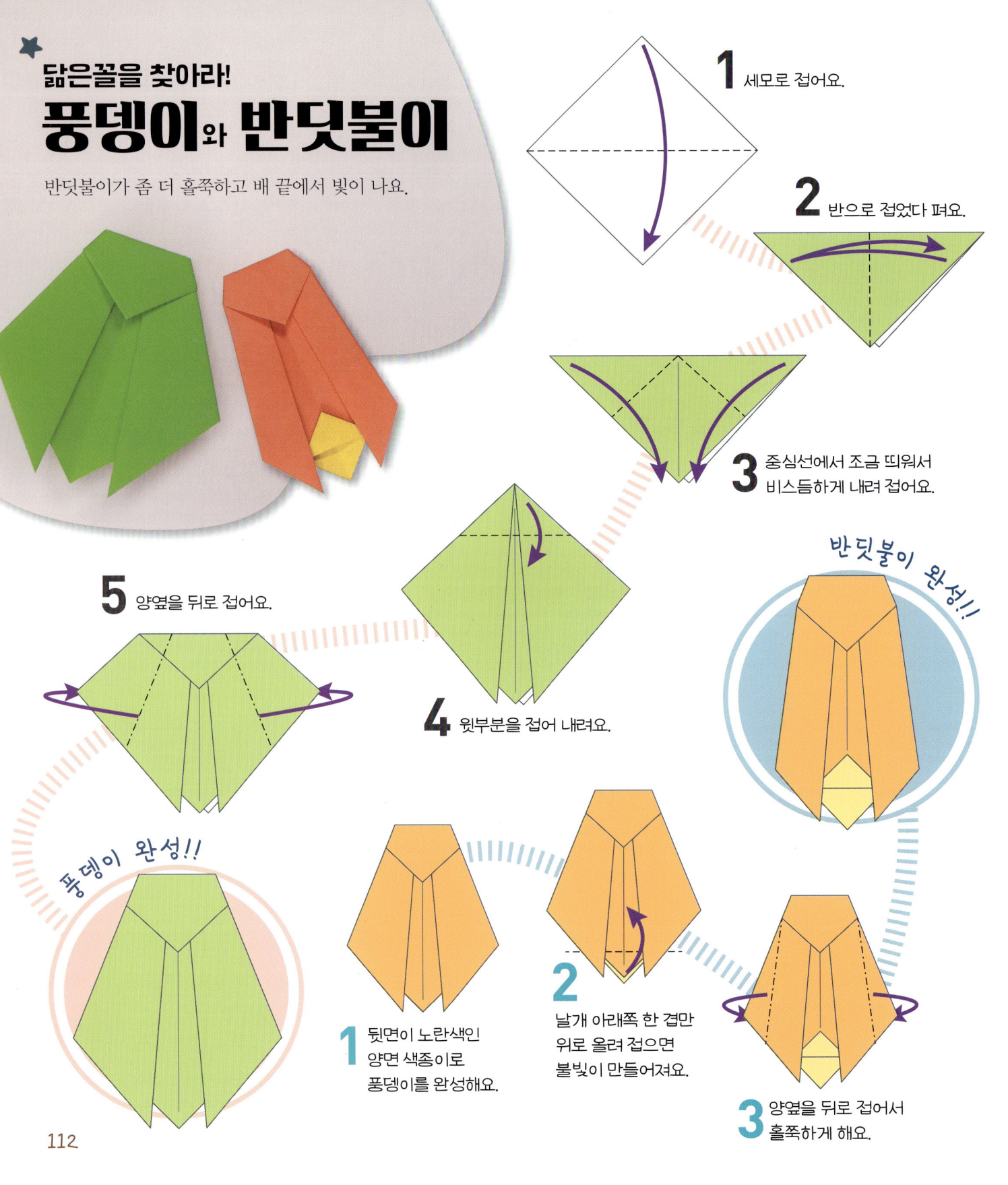

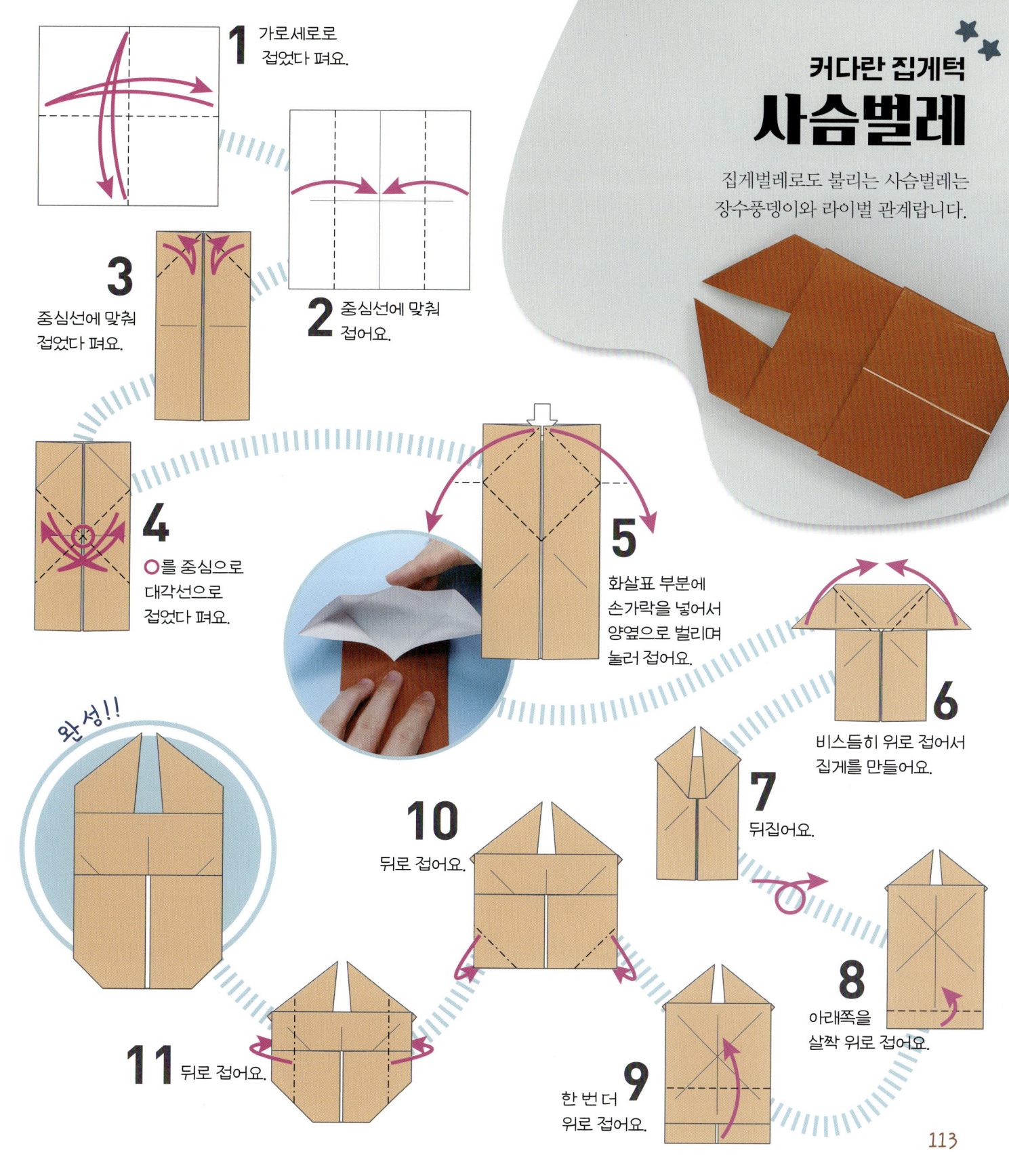

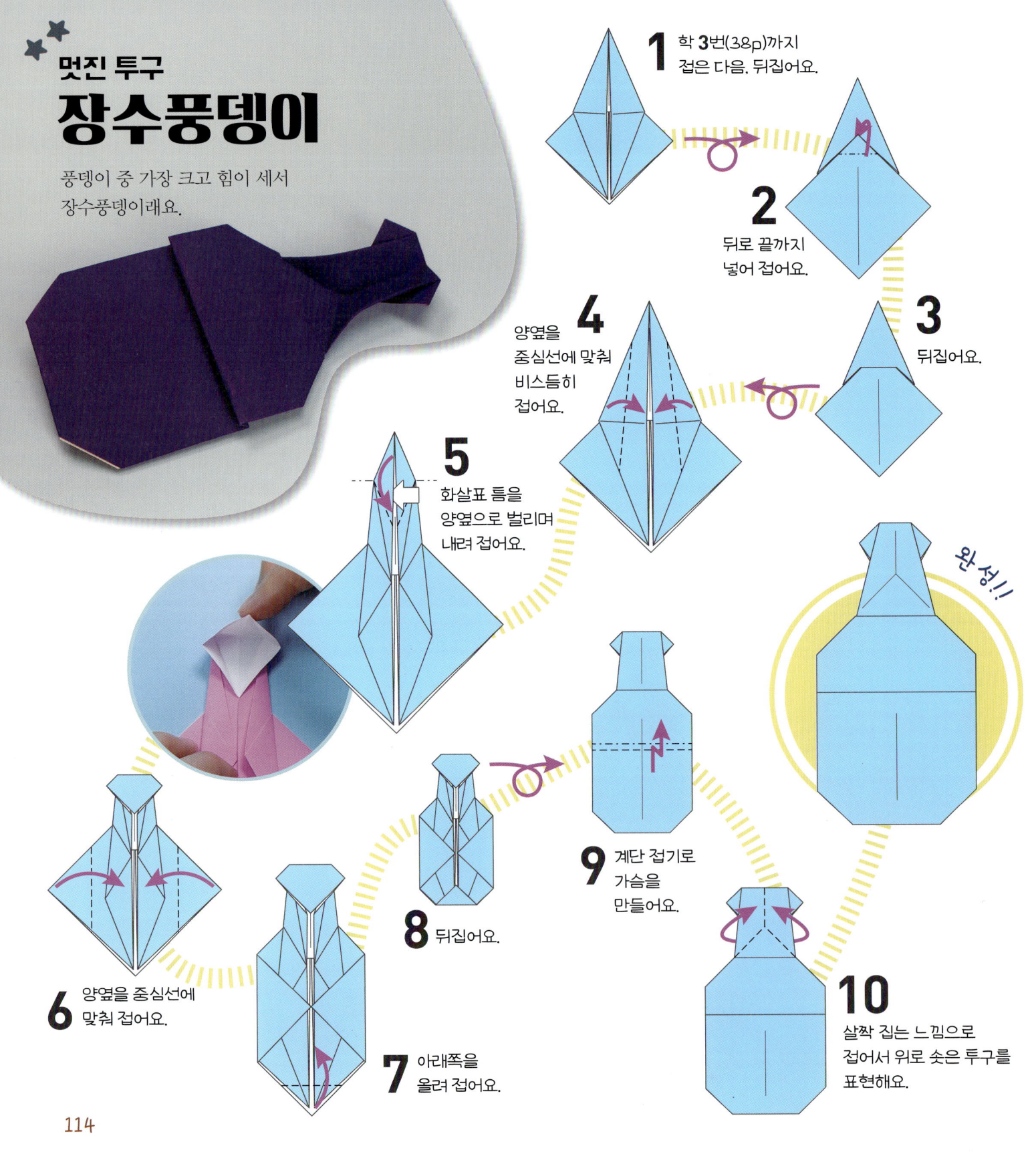

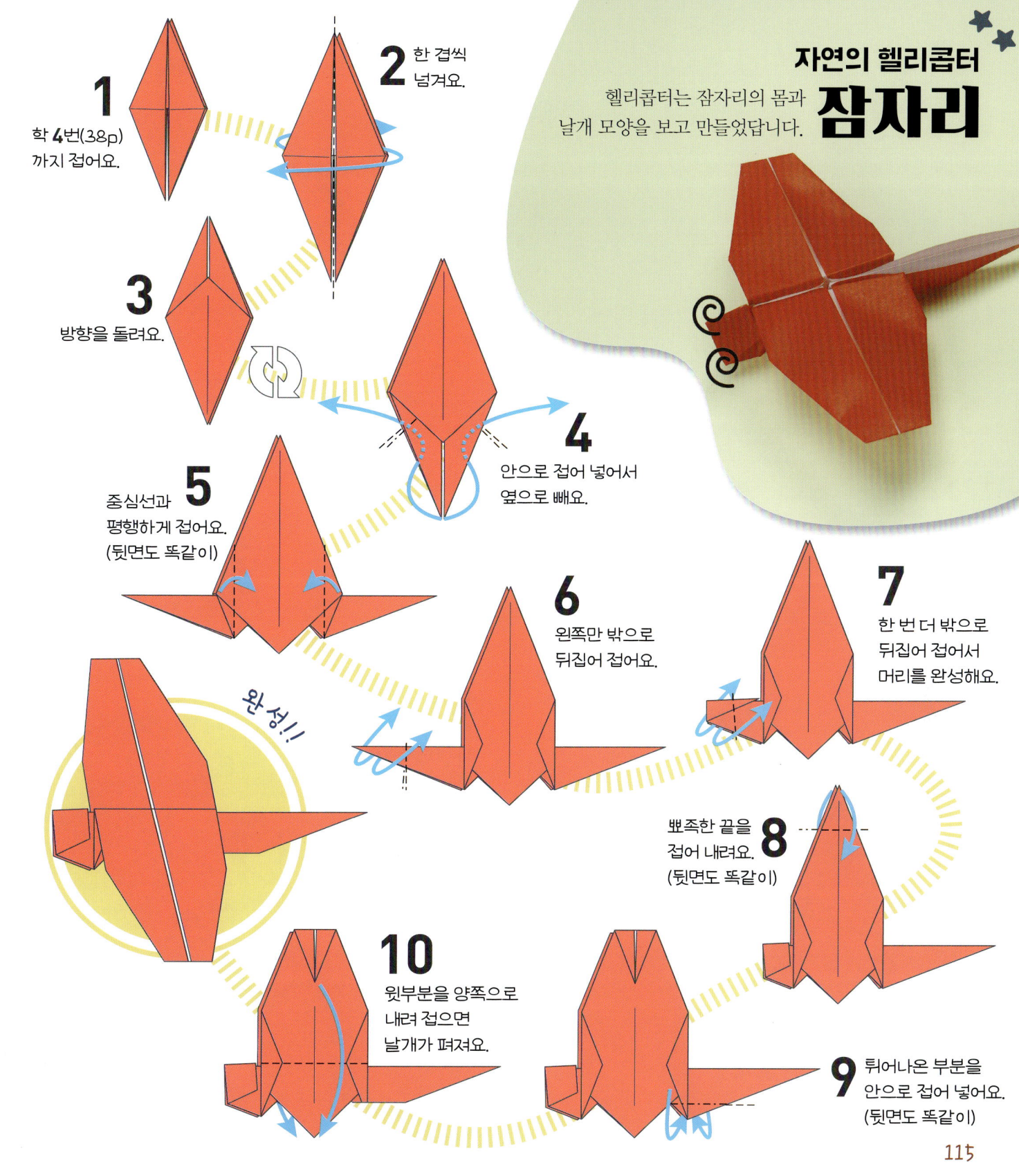

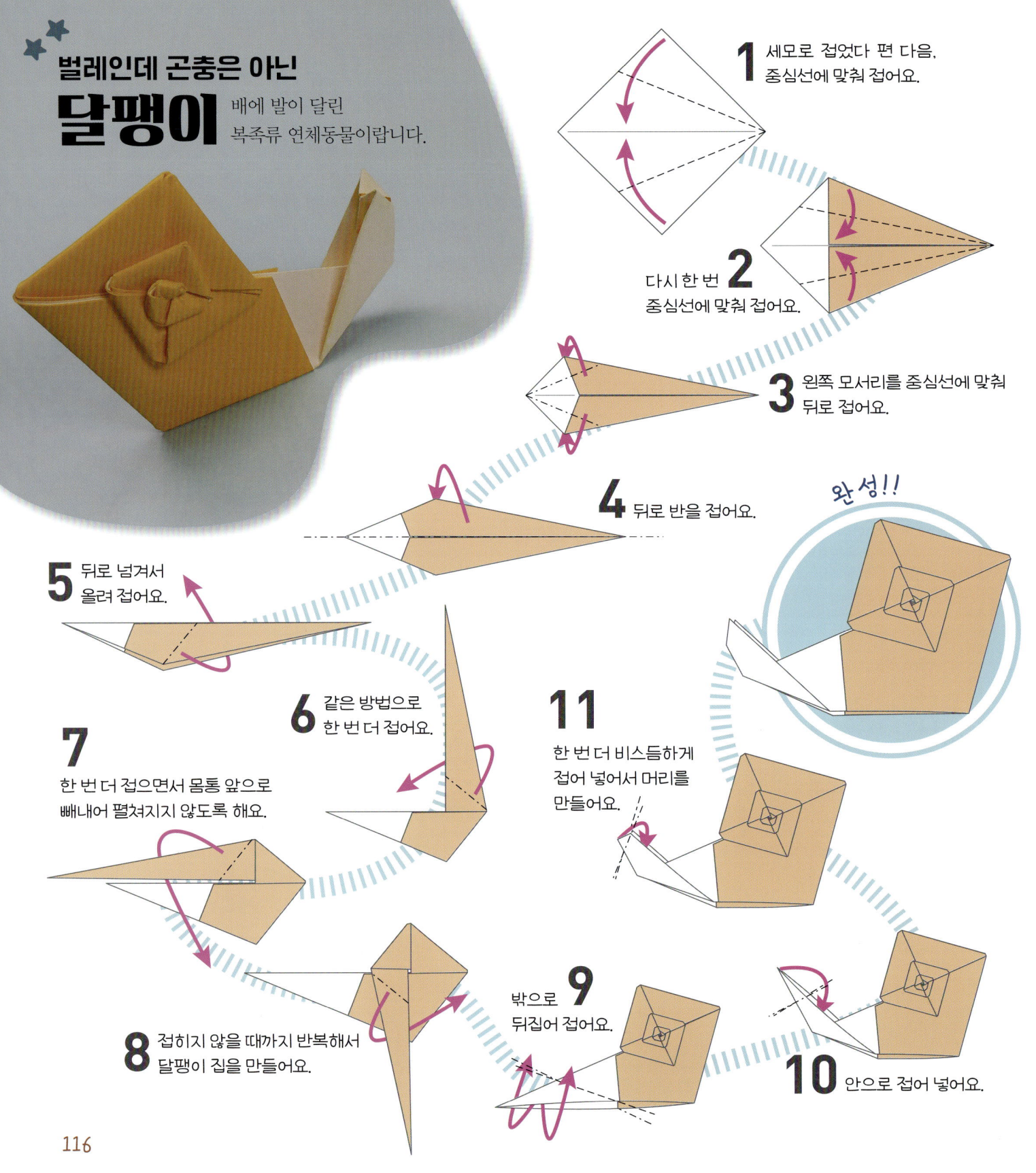

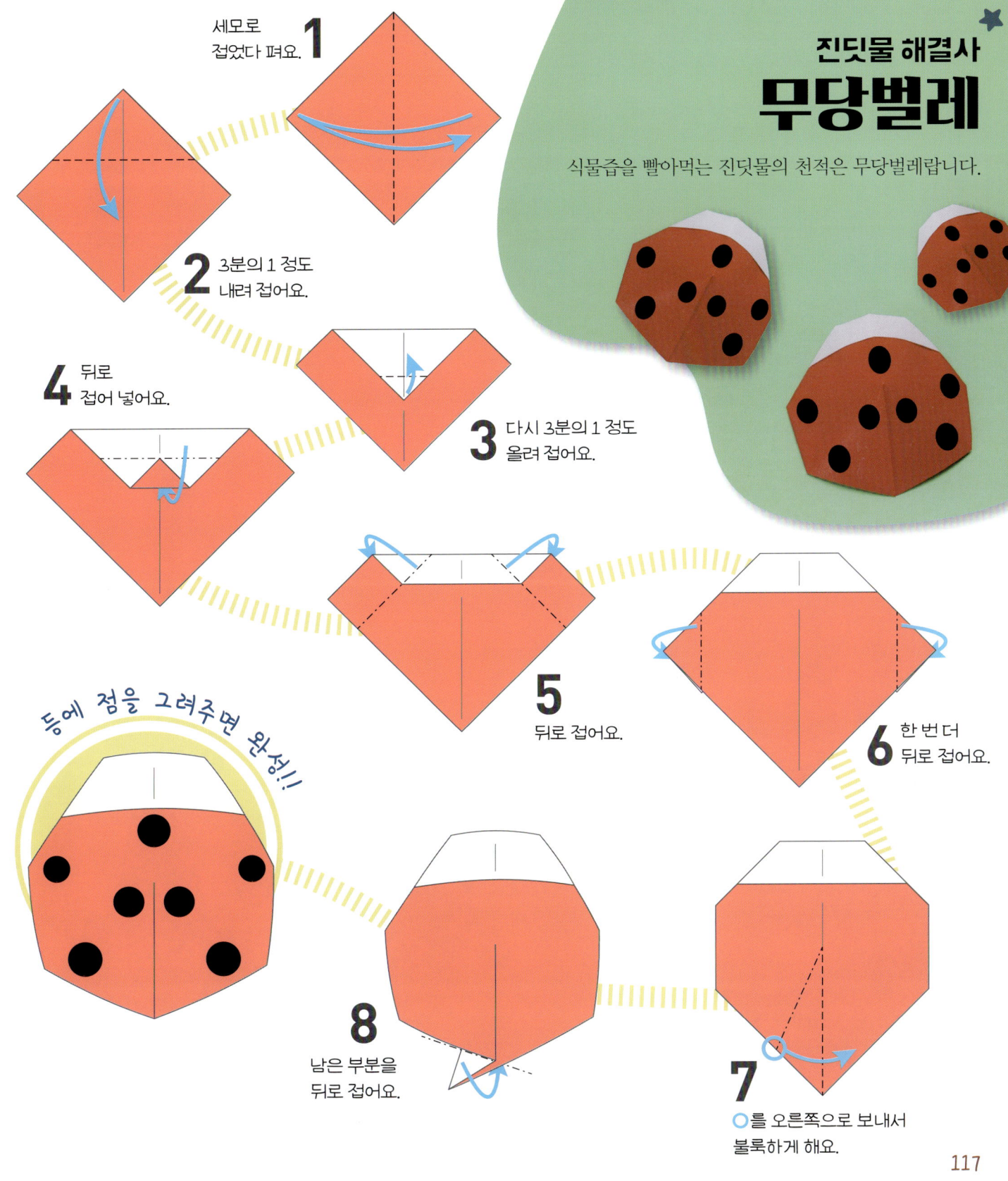

호랑이 얼굴(68p), 나비(110p), 사슴벌레(113p)
달팽이(116p), 수국(124p), 사과(138p), 감(139p)
식탁(150p, 응용), 블라우스(175p)

6
지구의 산소 탱크
식물

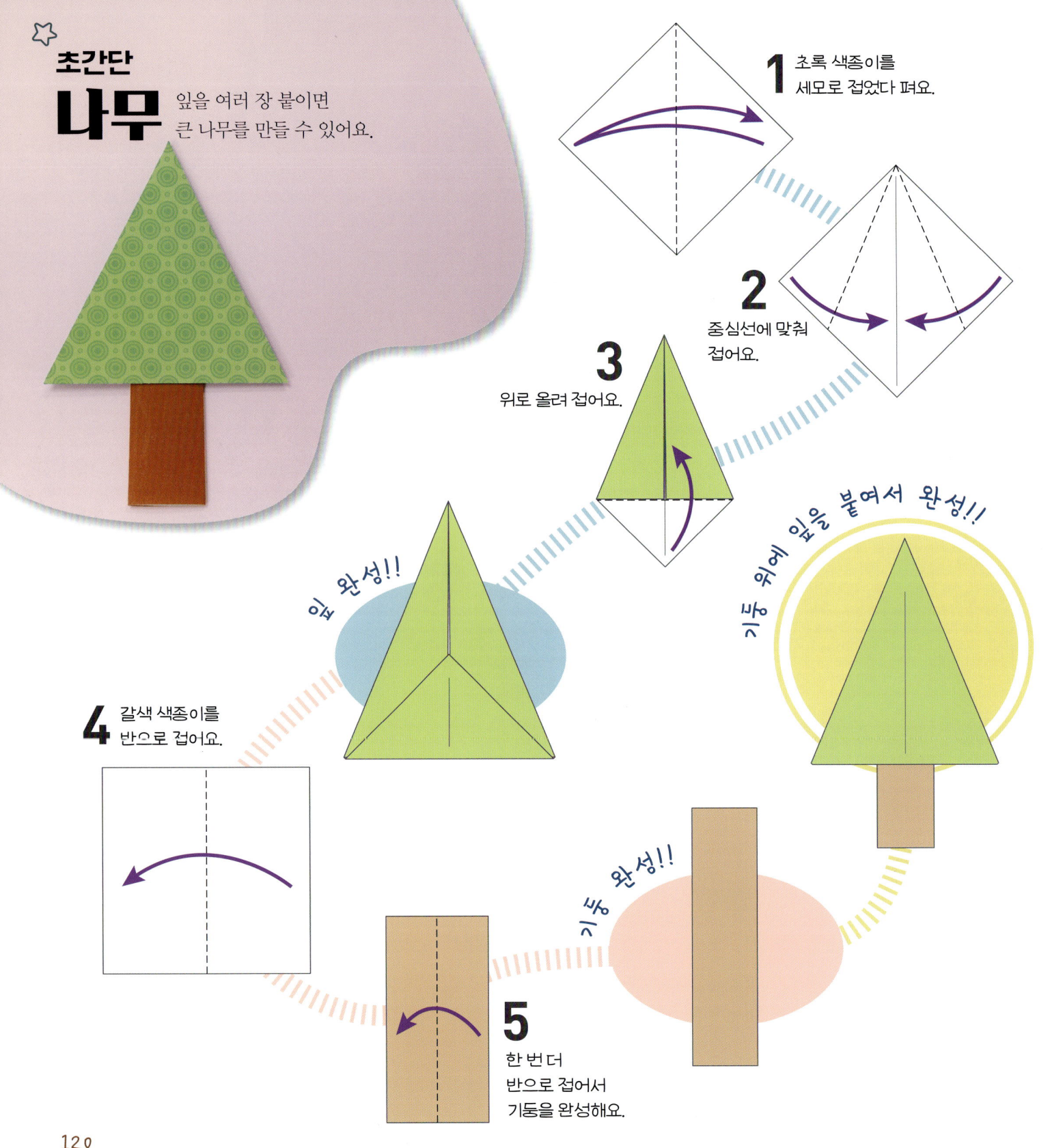

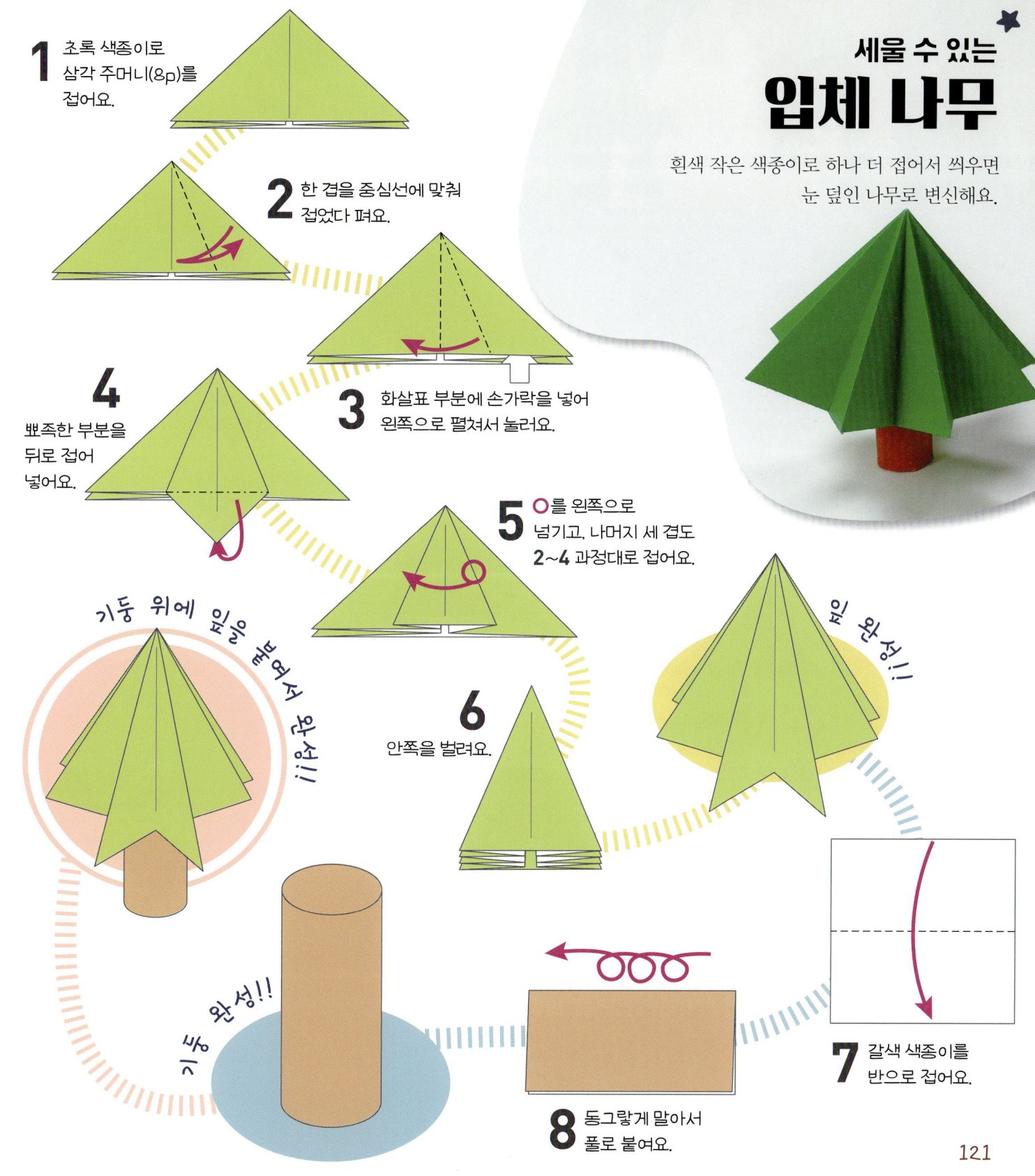

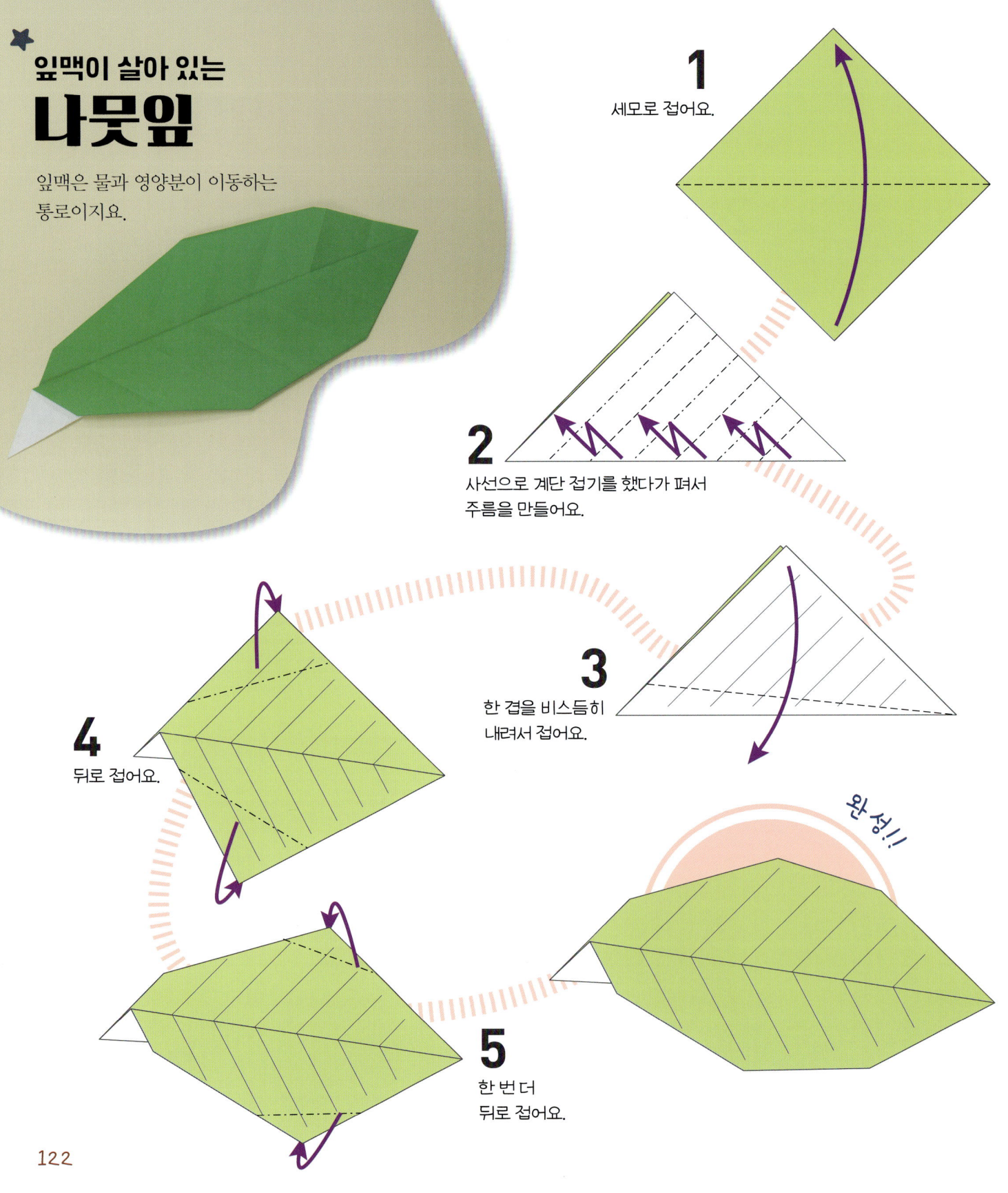

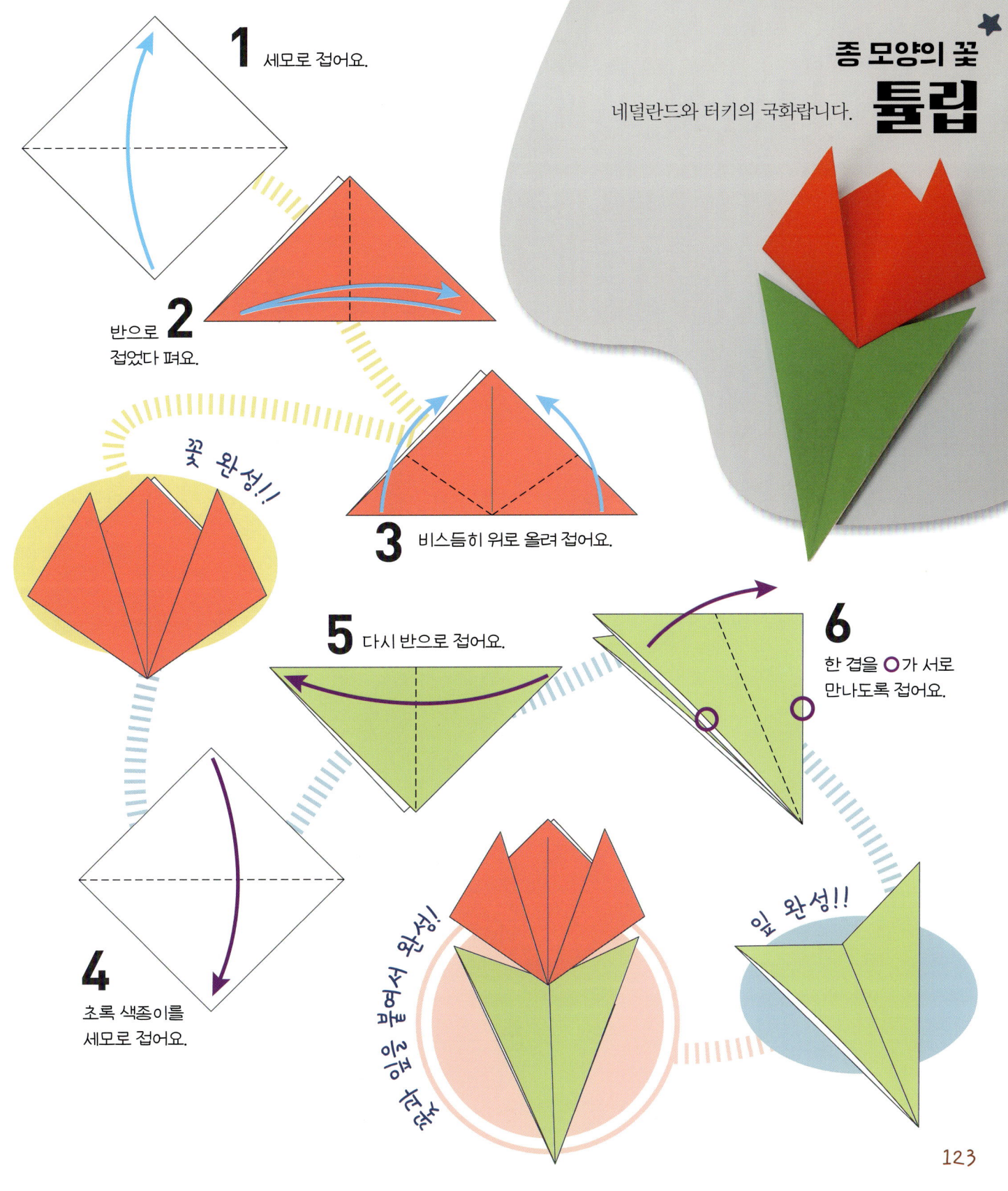

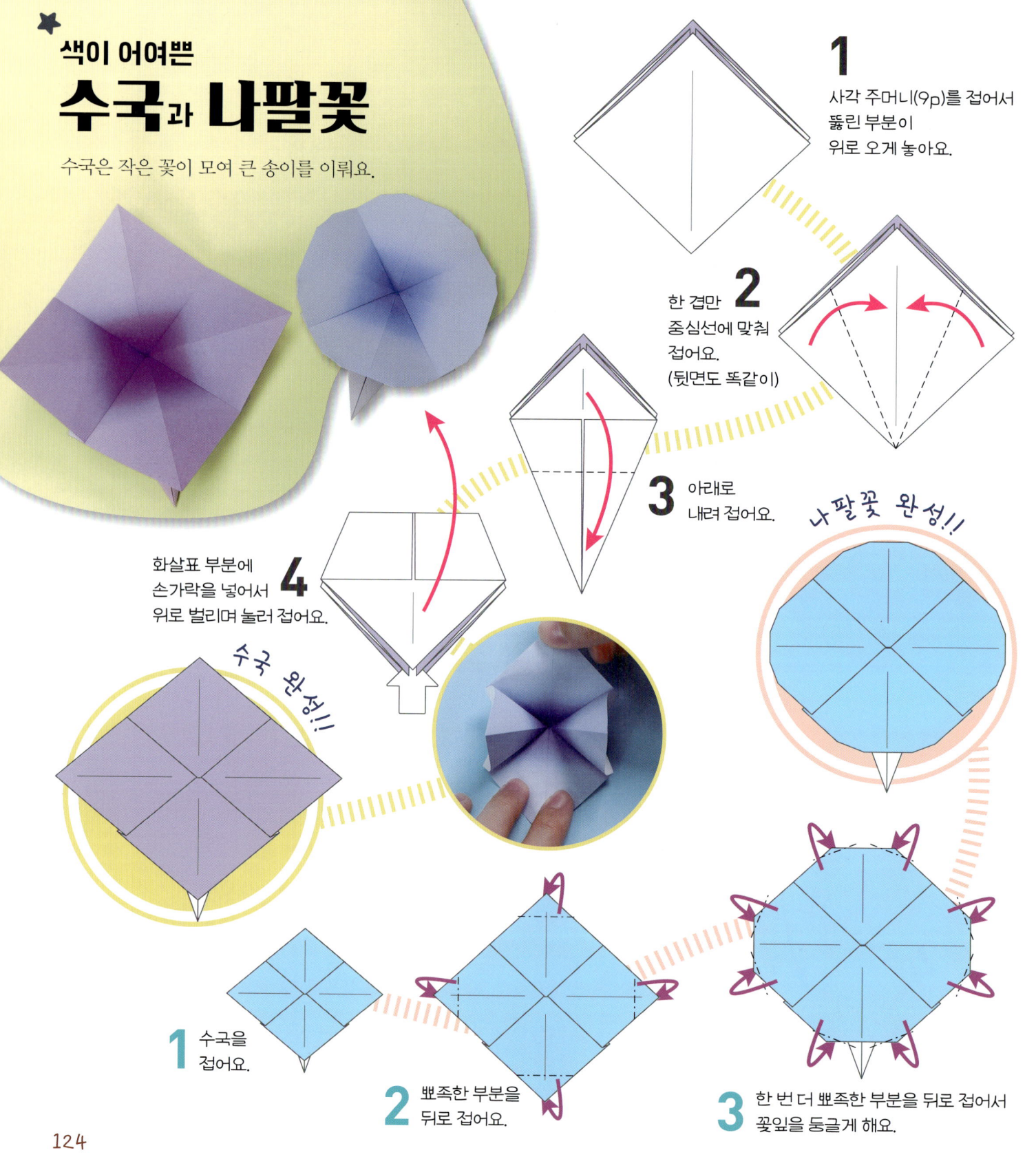

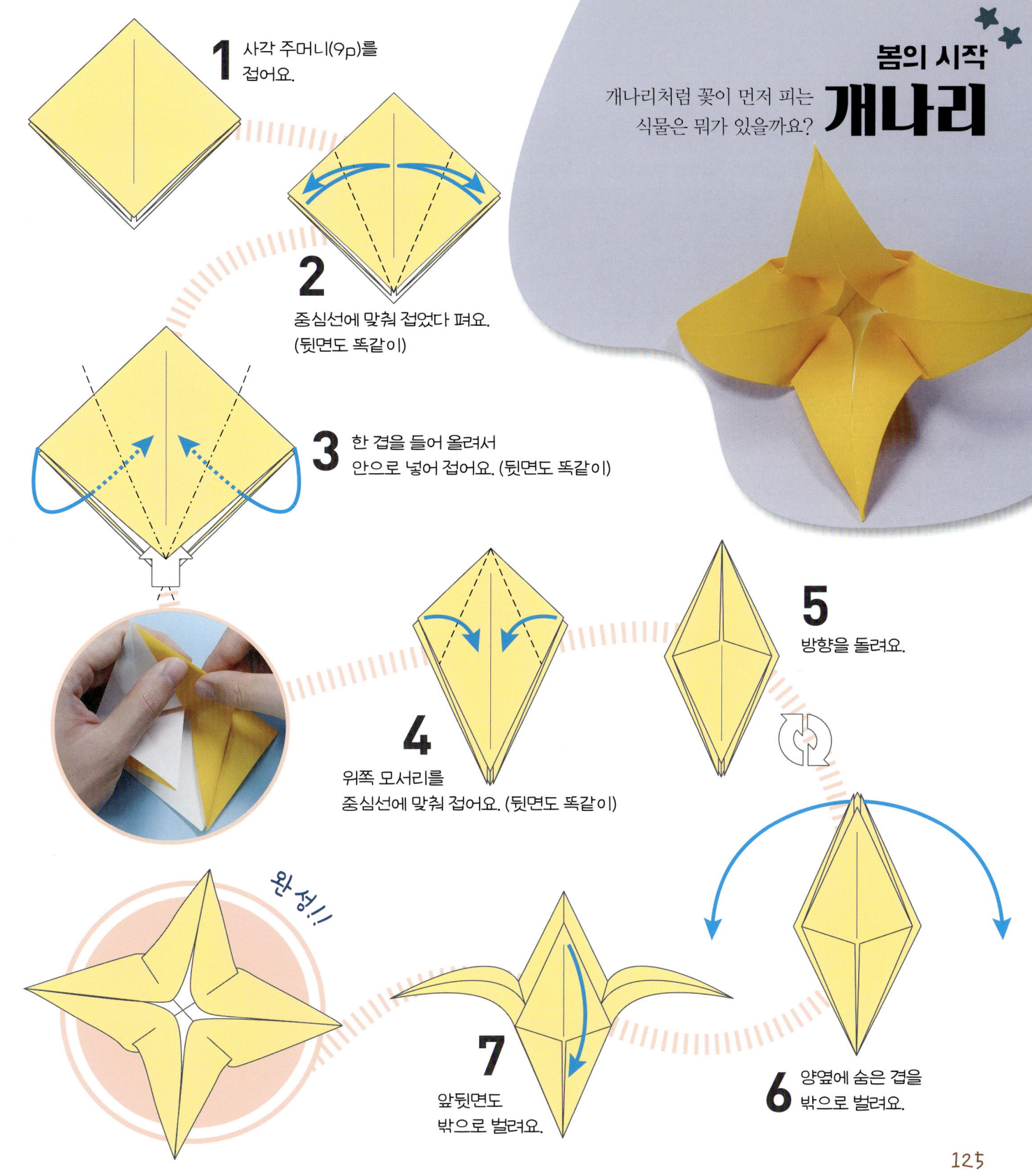

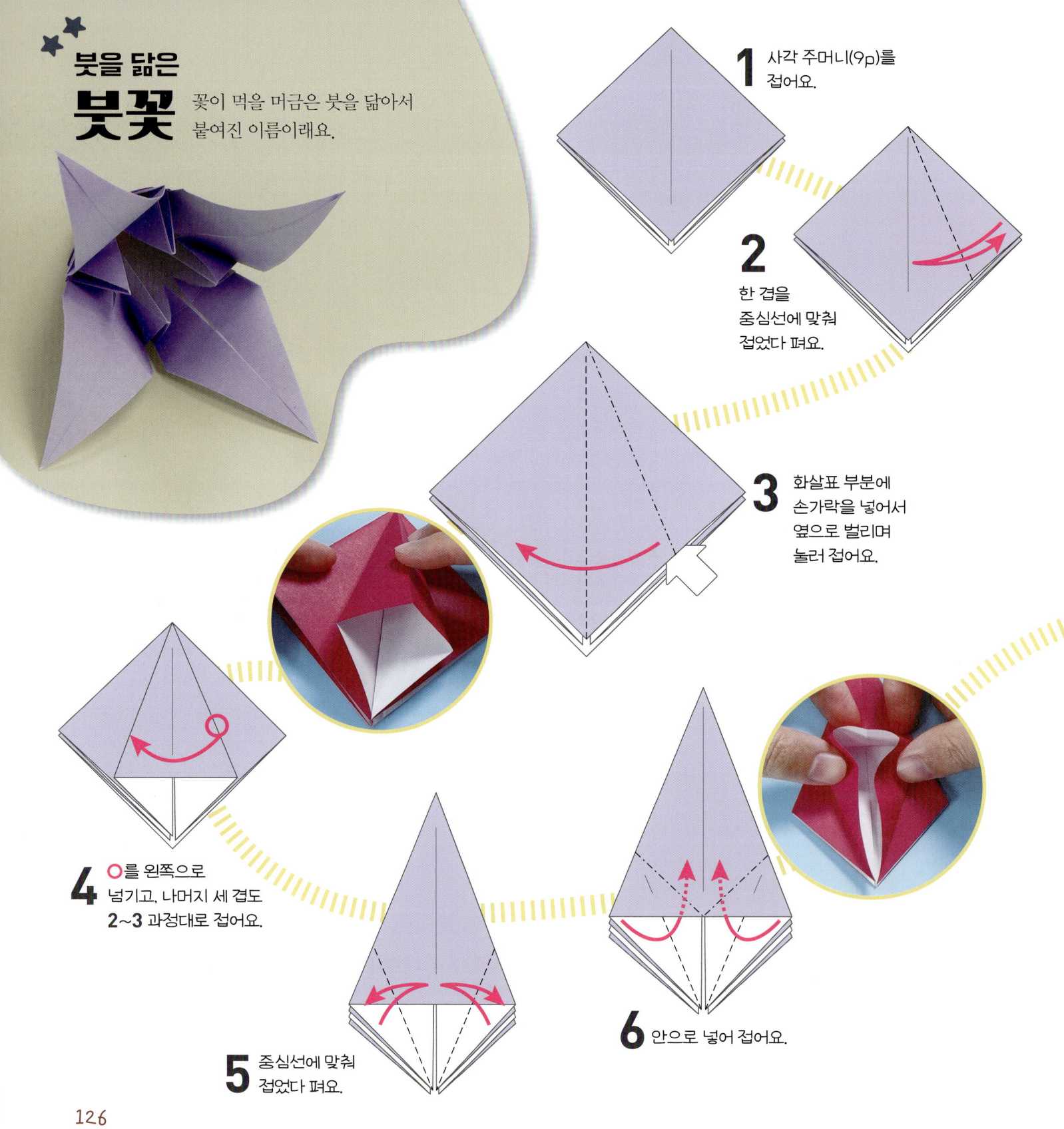

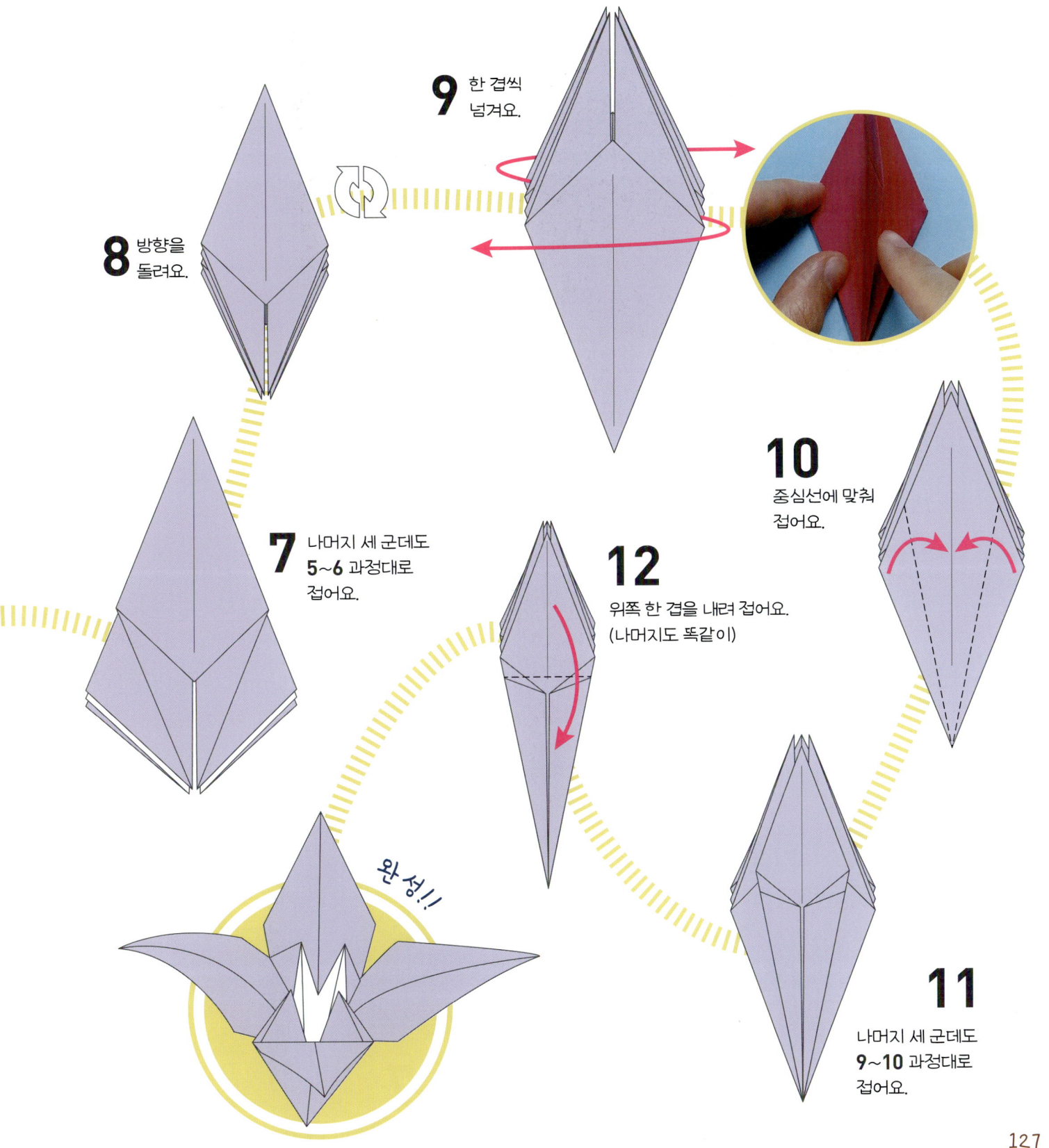

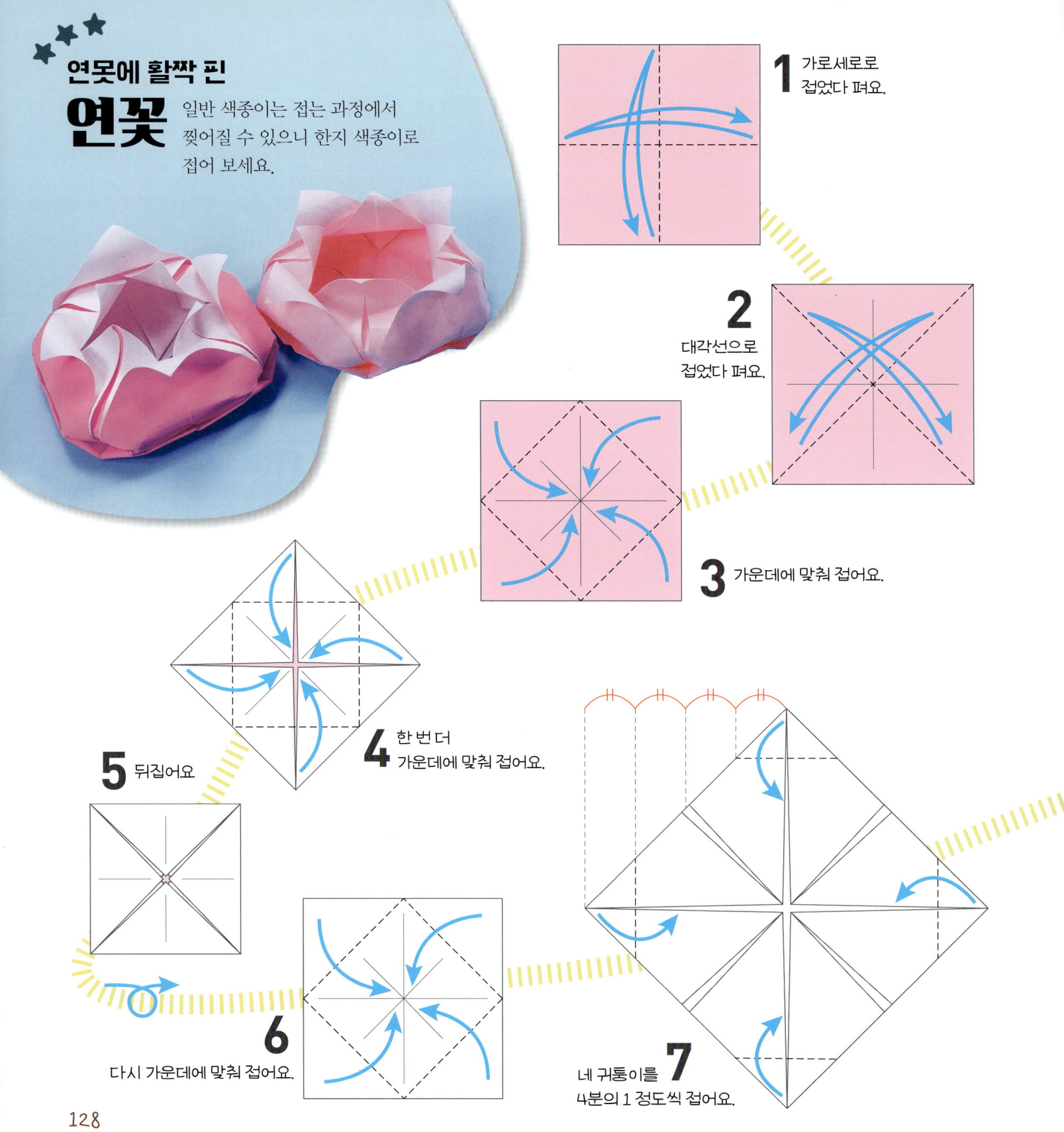

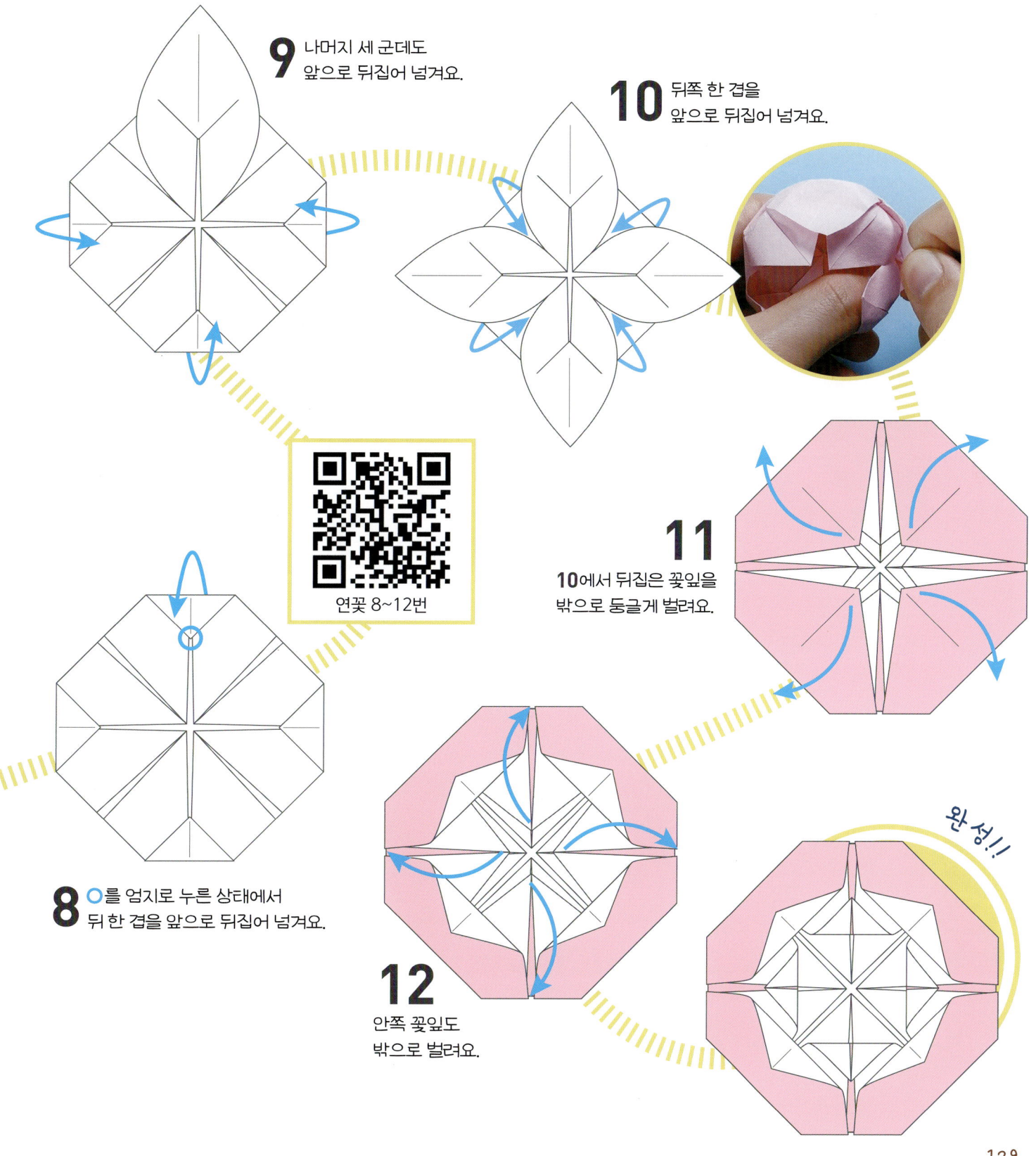

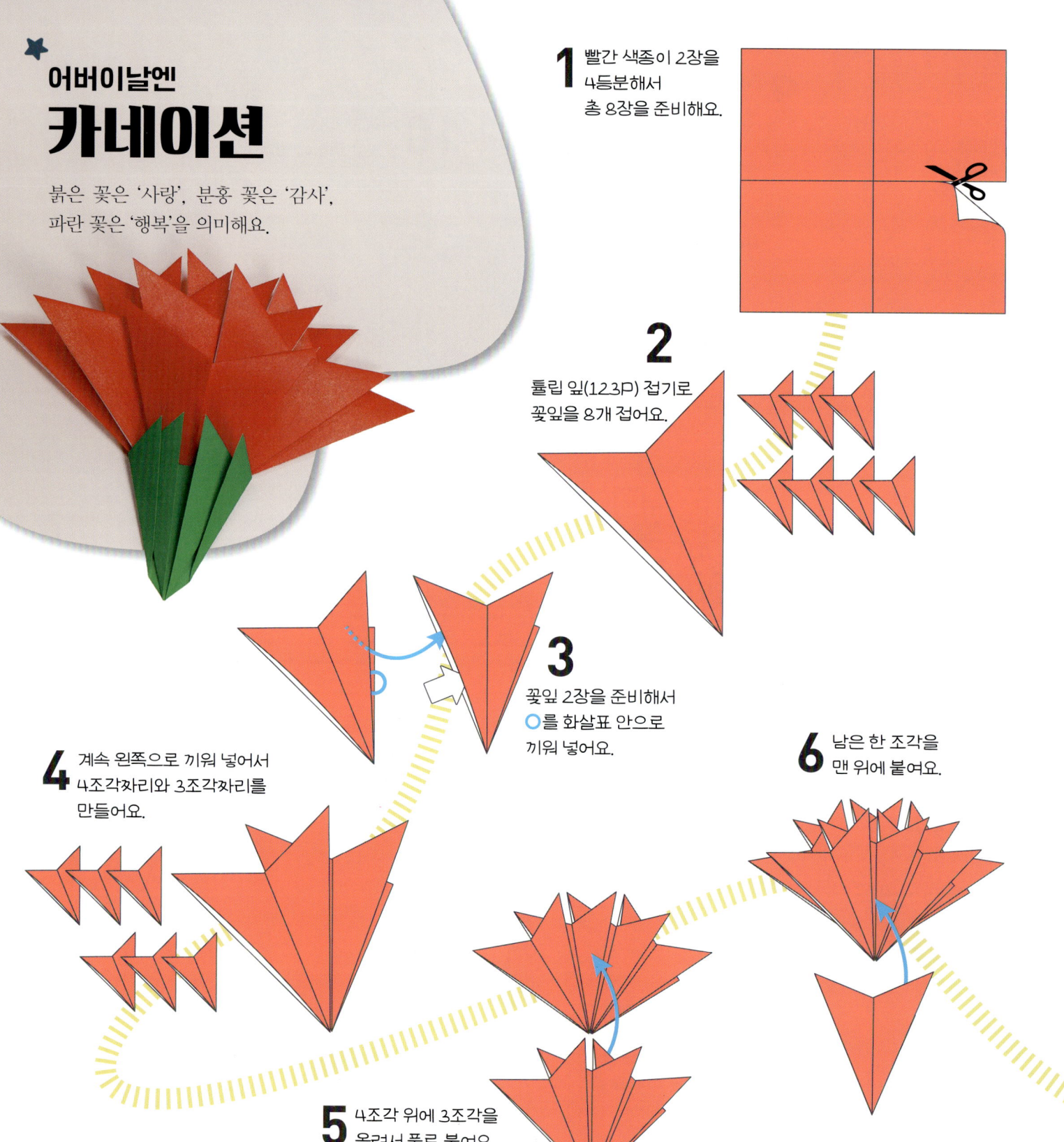

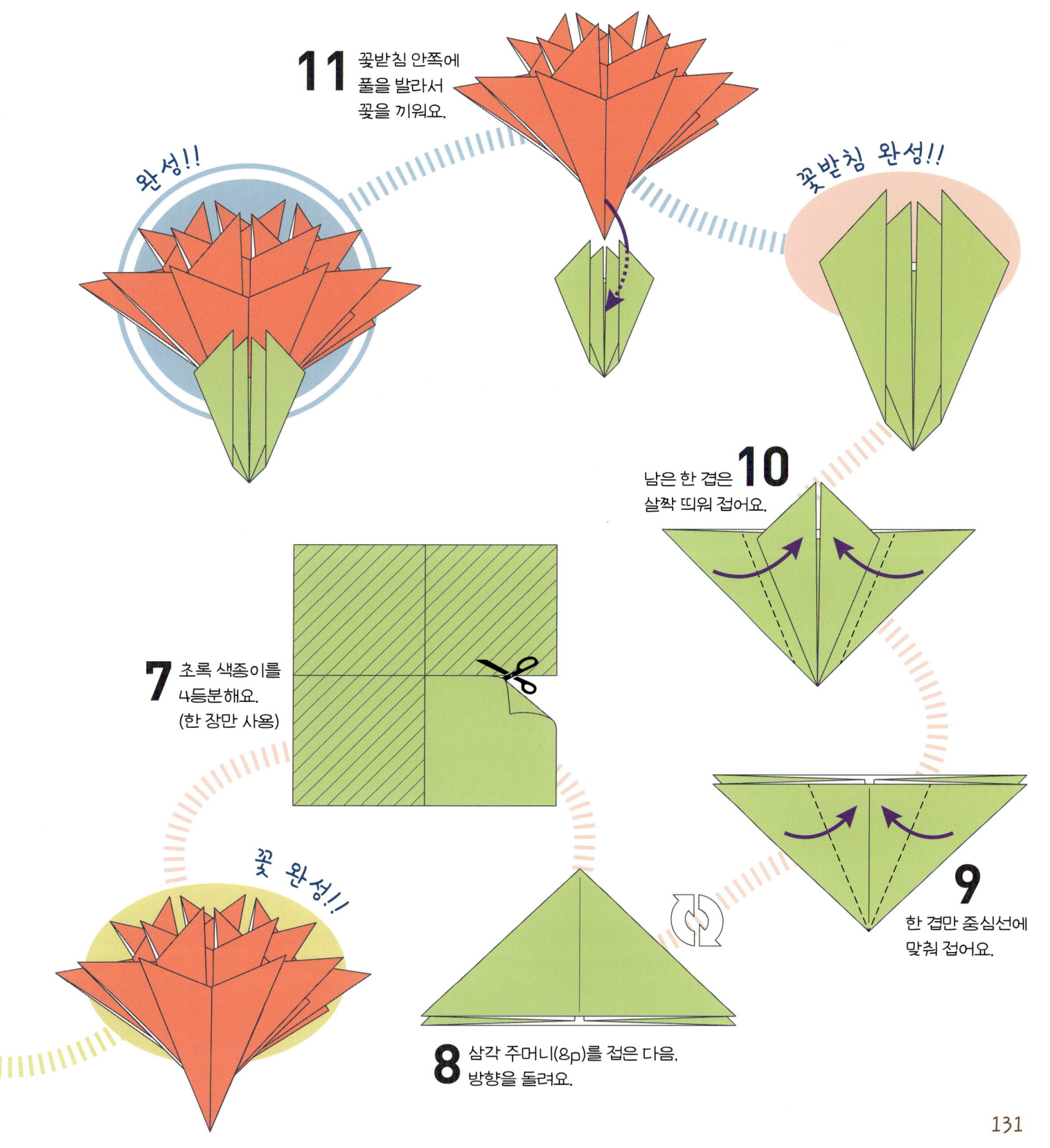

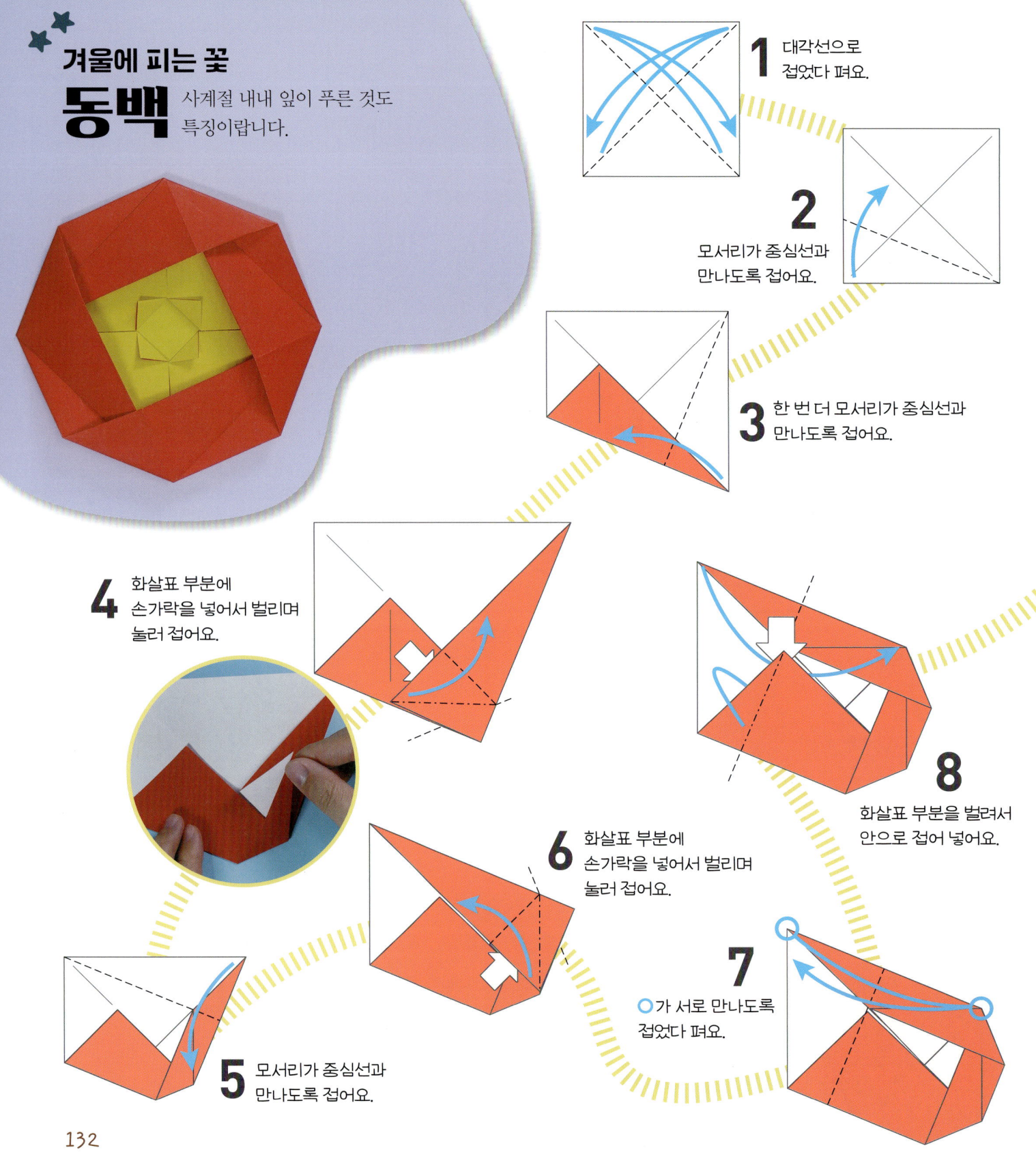

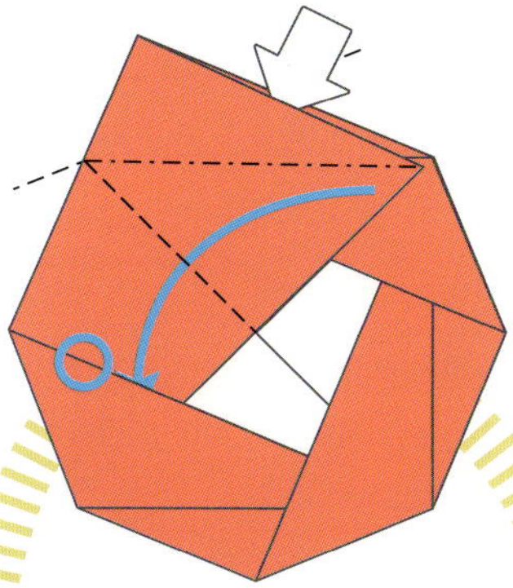

10 화살표 부분에 손가락을 넣어서 벌리며 ○ 틈으로 접어 넣어요.

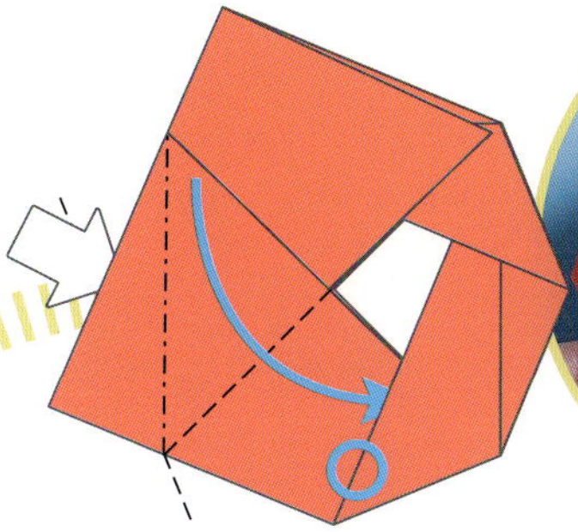

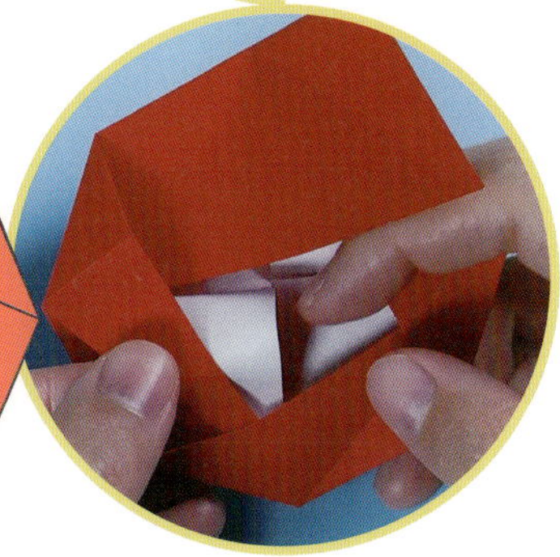

9 화살표 부분에 손가락을 넣어서 벌리며 ○ 틈으로 접어 넣어요.

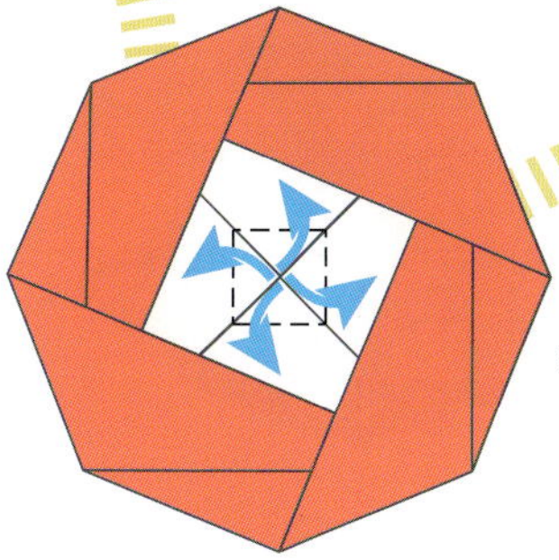

11 바깥으로 접어요.

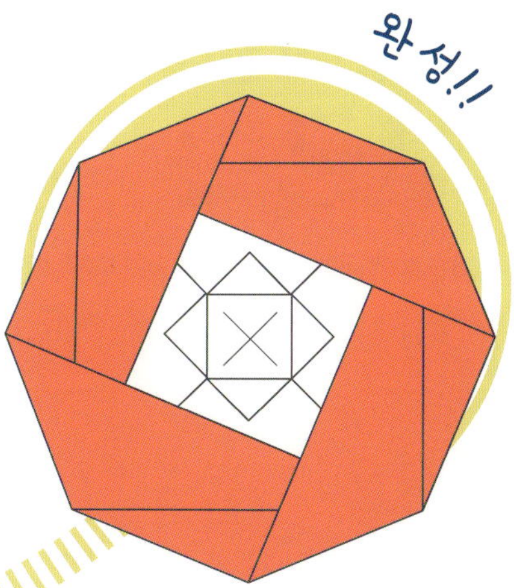

완성!!

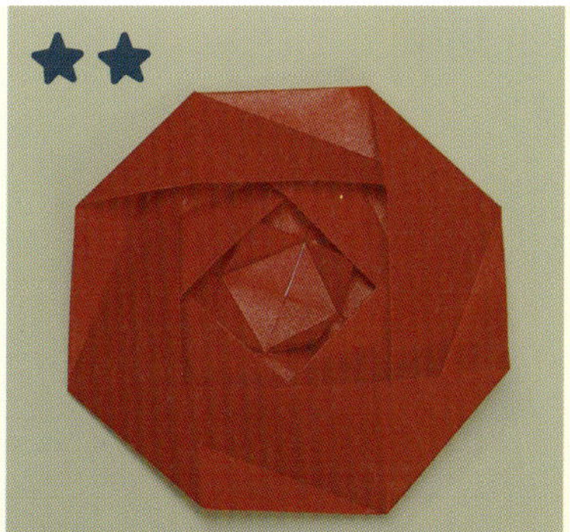

장미 ★★

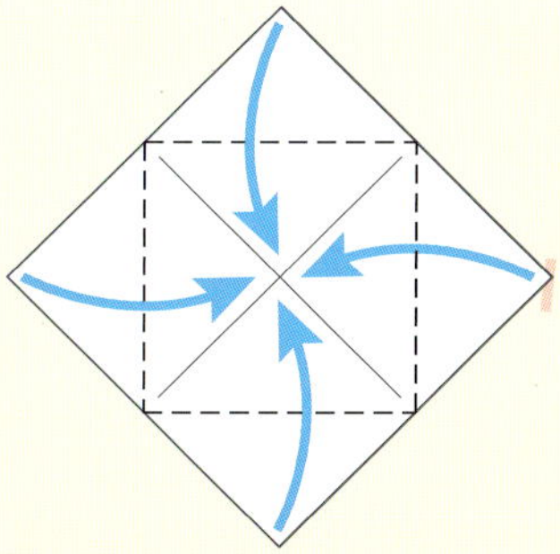

1 가로세로로 접었다 편 다음, 가운데에 맞춰 접어요.

2 동백 2번부터 끝까지 접어요.

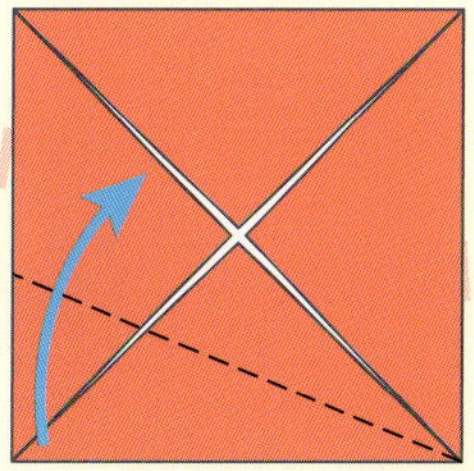

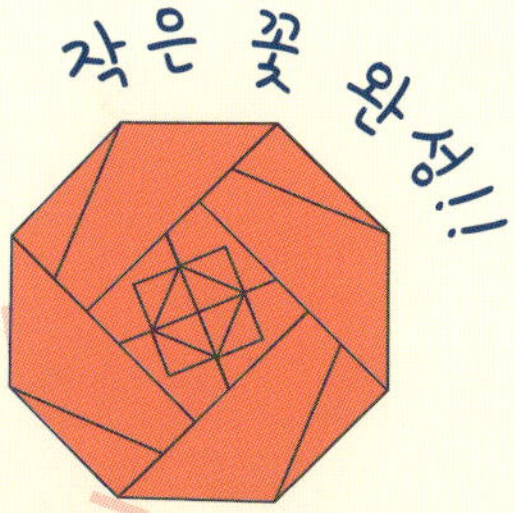

작은 꽃 완성!!

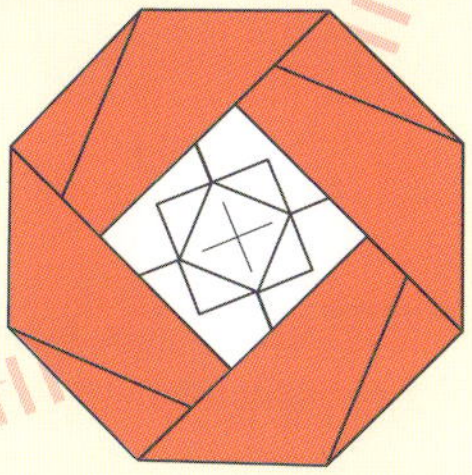

3 새 종이로 동백을 접어서 큰 꽃을 만들어요.

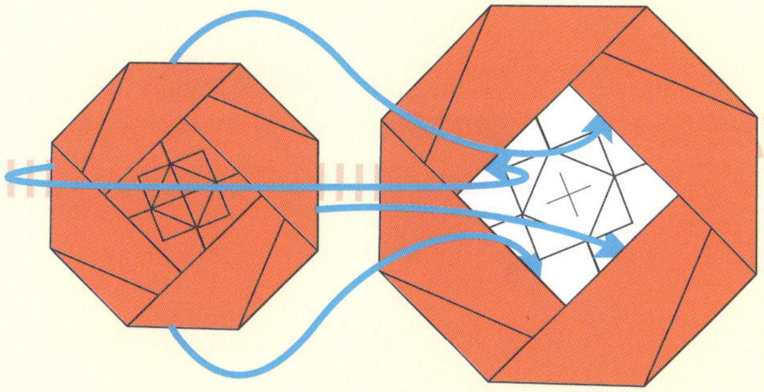

4 큰 꽃 속에 작은 꽃을 넣어요.

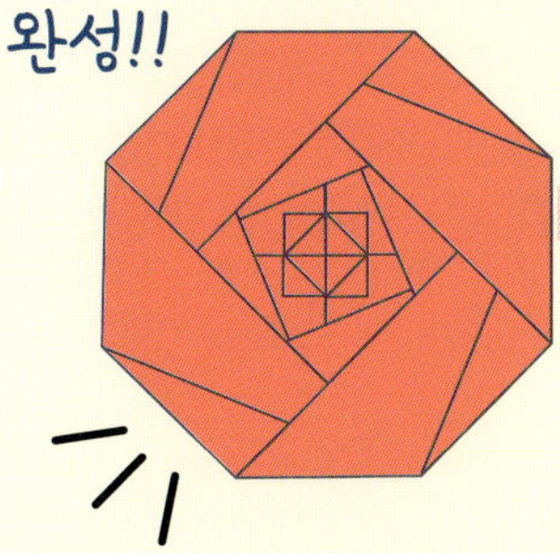

완성!!

133

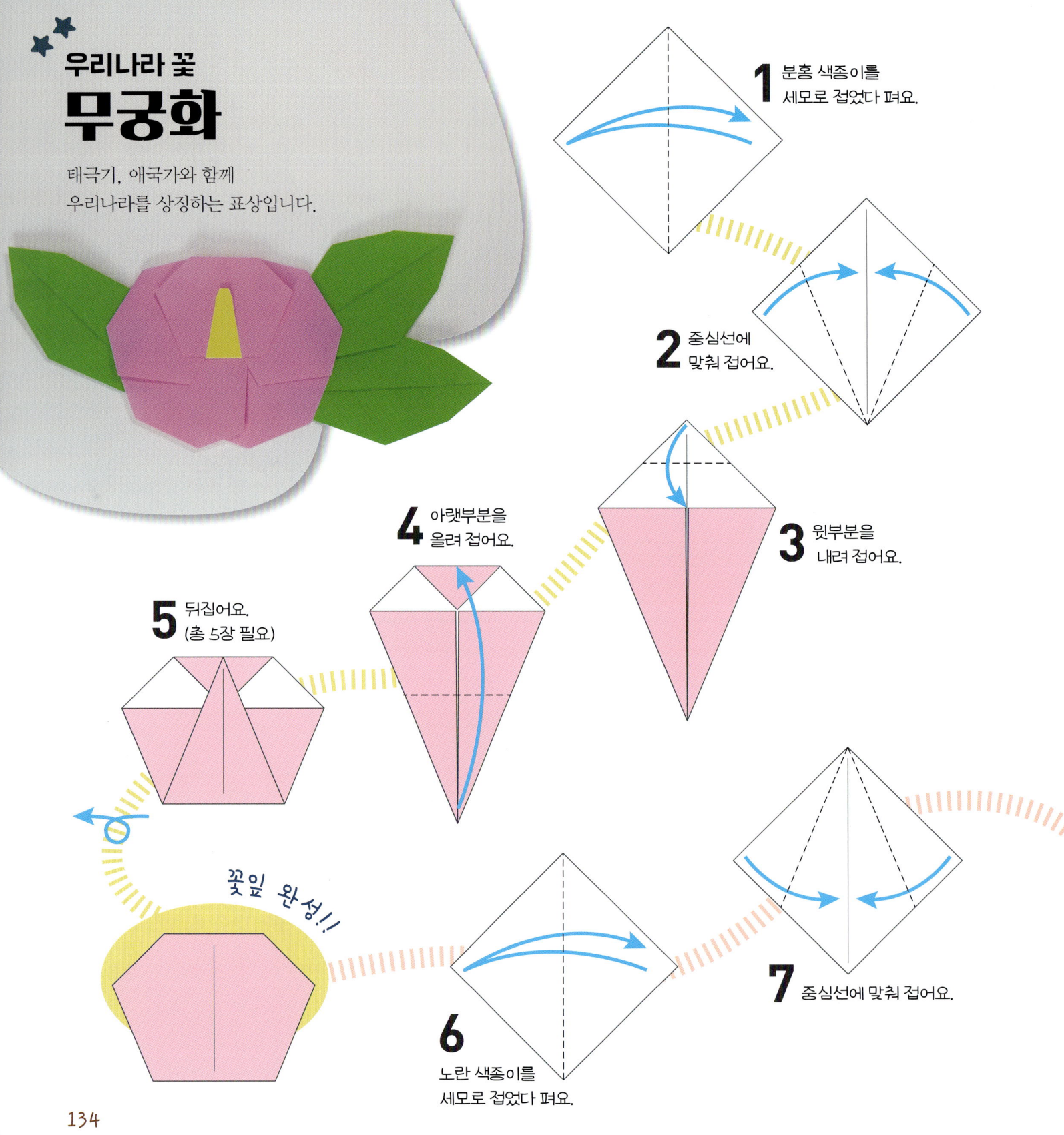

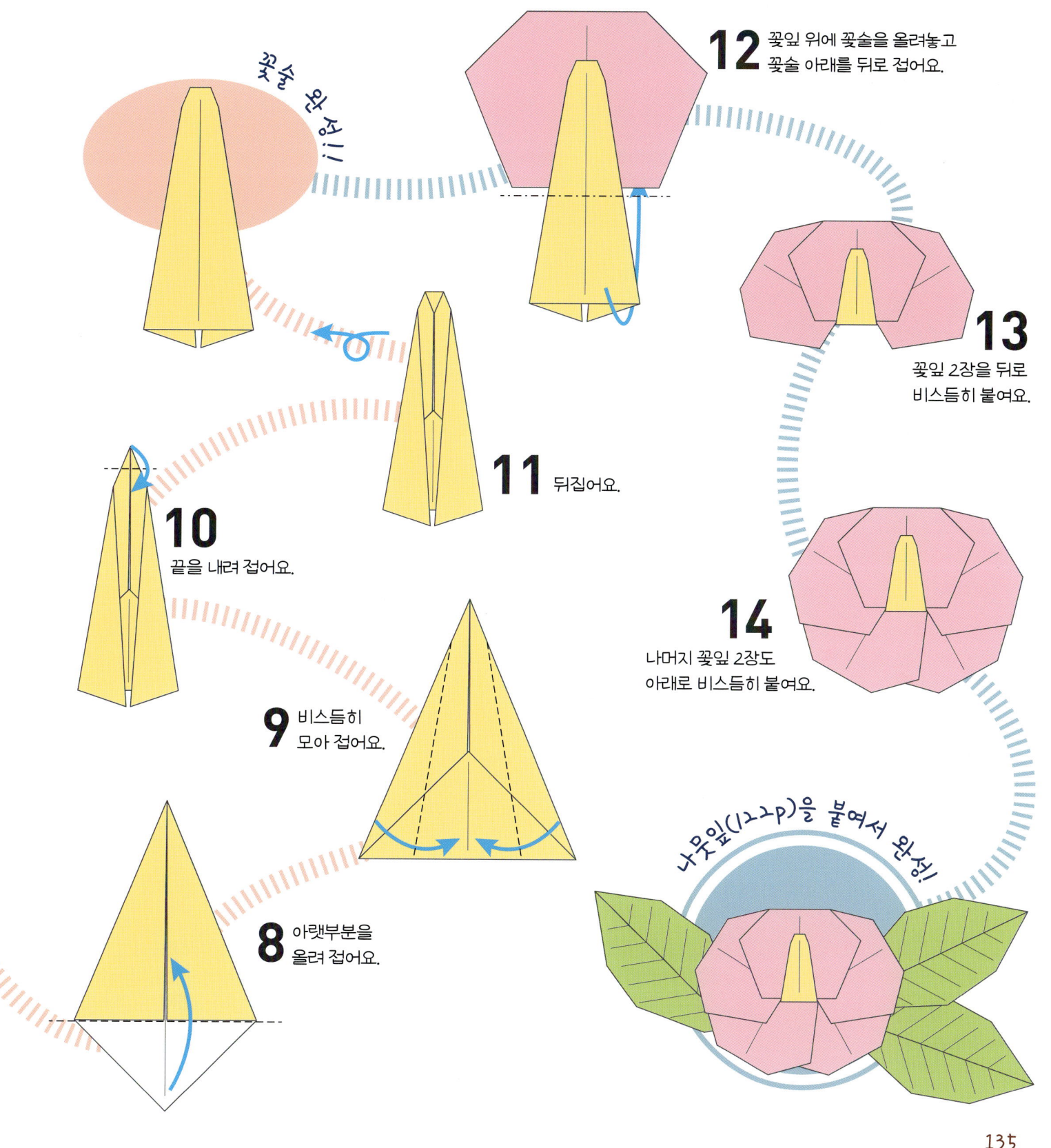

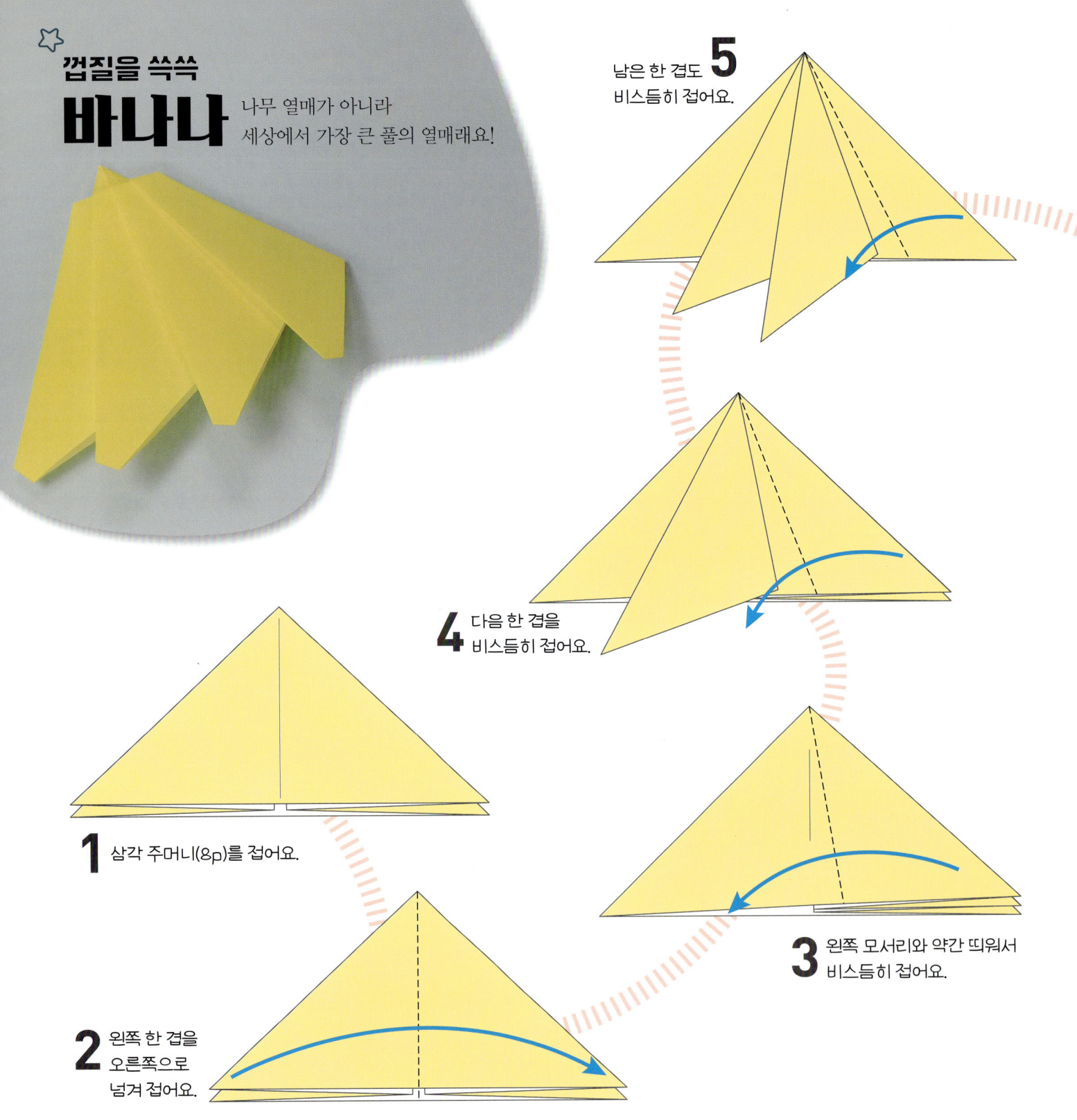

껍질을 쓱쓱
바나나
나무 열매가 아니라 세상에서 가장 큰 풀의 열매래요!

1 삼각 주머니(8p)를 접어요.

2 왼쪽 한 겹을 오른쪽으로 넘겨 접어요.

3 왼쪽 모서리와 약간 띄워서 비스듬히 접어요.

4 다음 한 겹을 비스듬히 접어요.

5 남은 한 겹도 비스듬히 접어요.

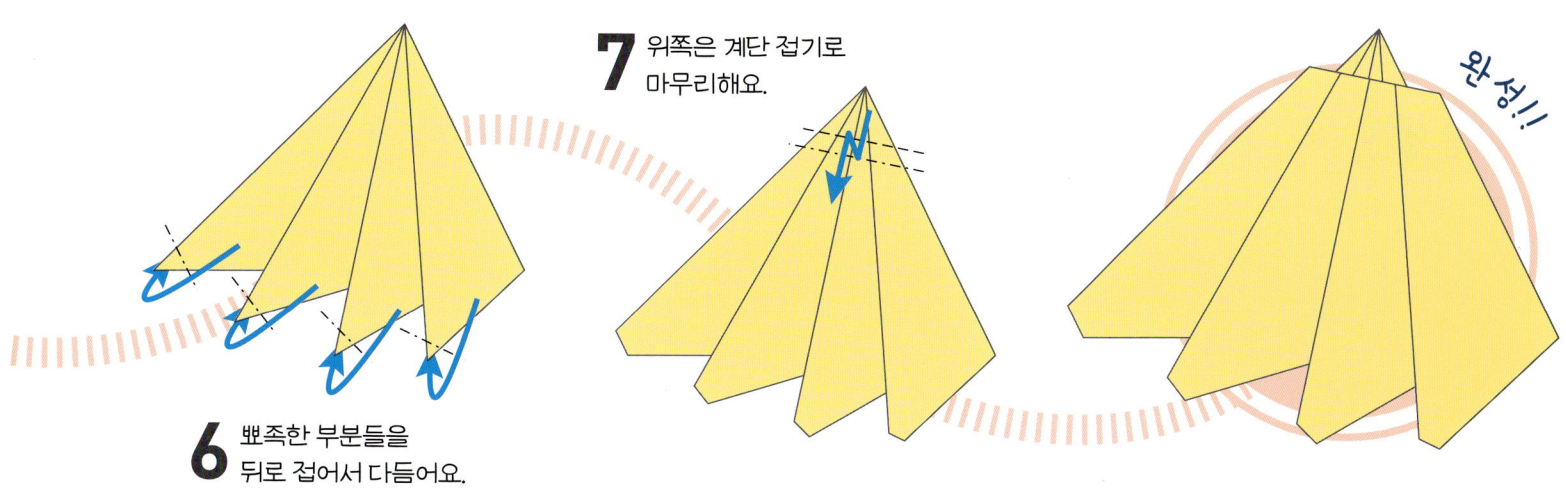

7 위쪽은 계단 접기로 마무리해요.

6 뾰족한 부분들을 뒤로 접어서 다듬어요.

완성!!

풀

1 삼각 주머니(8p)를 접은 다음, 오른쪽 한 겹을 왼쪽으로 넘겨 접어요.

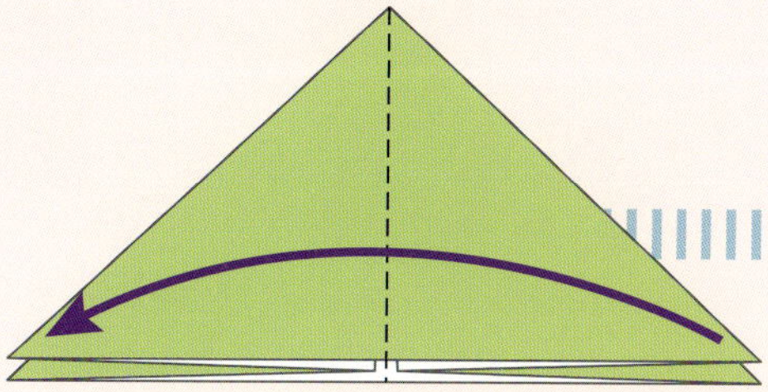

2 오른쪽으로 한 겹씩 비스듬히 간격을 두고 접어요.

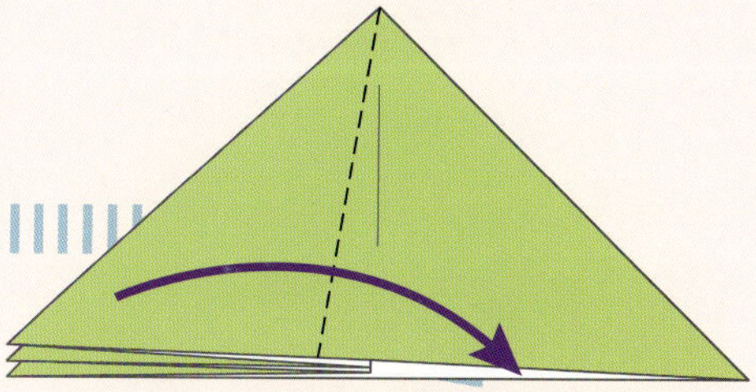

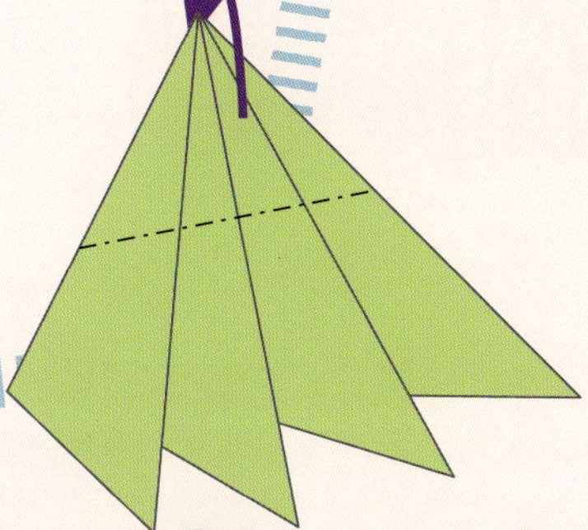

4 방향을 바꿔요.

3 위쪽을 뒤로 접어요.

완성!!

137

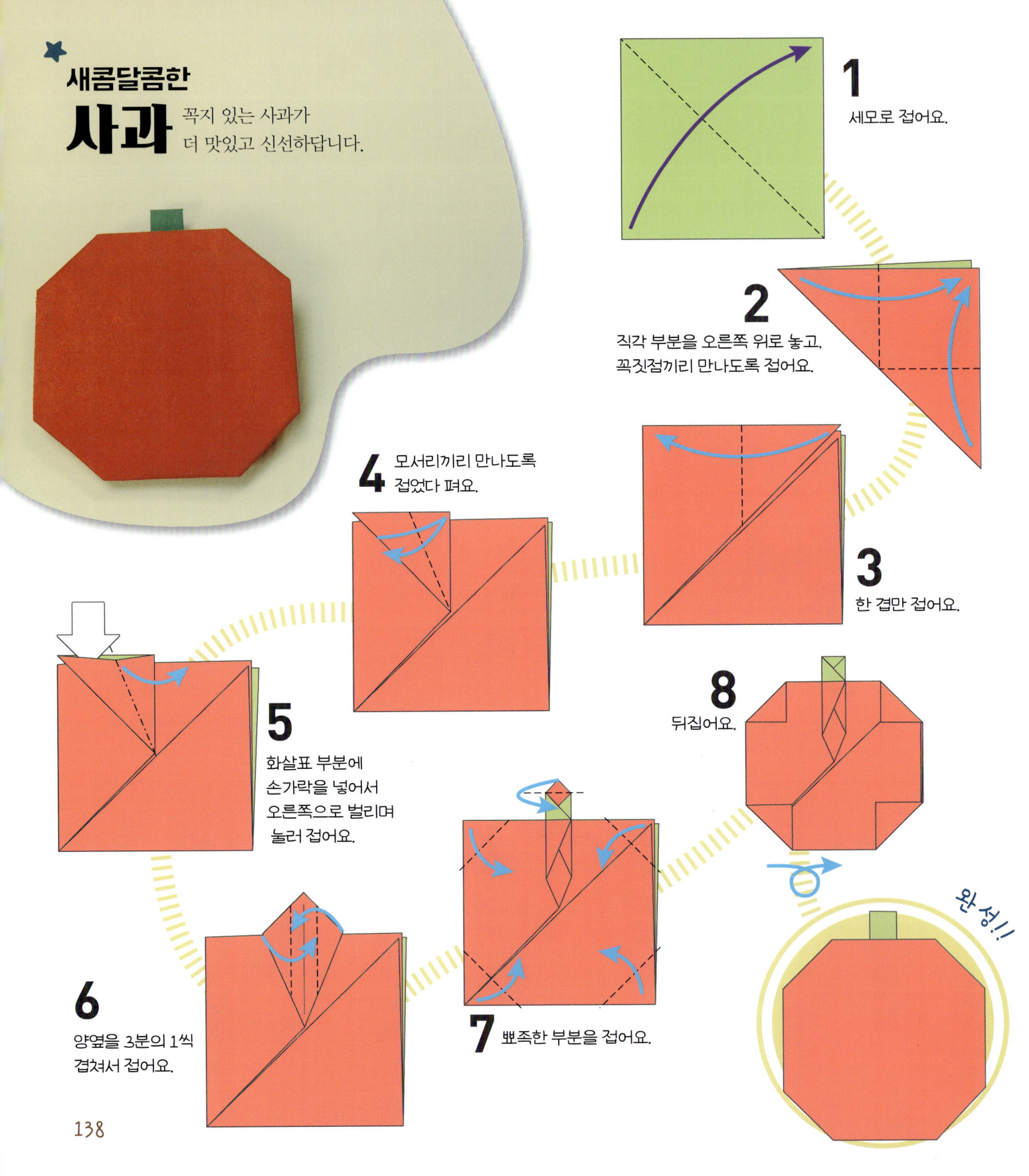

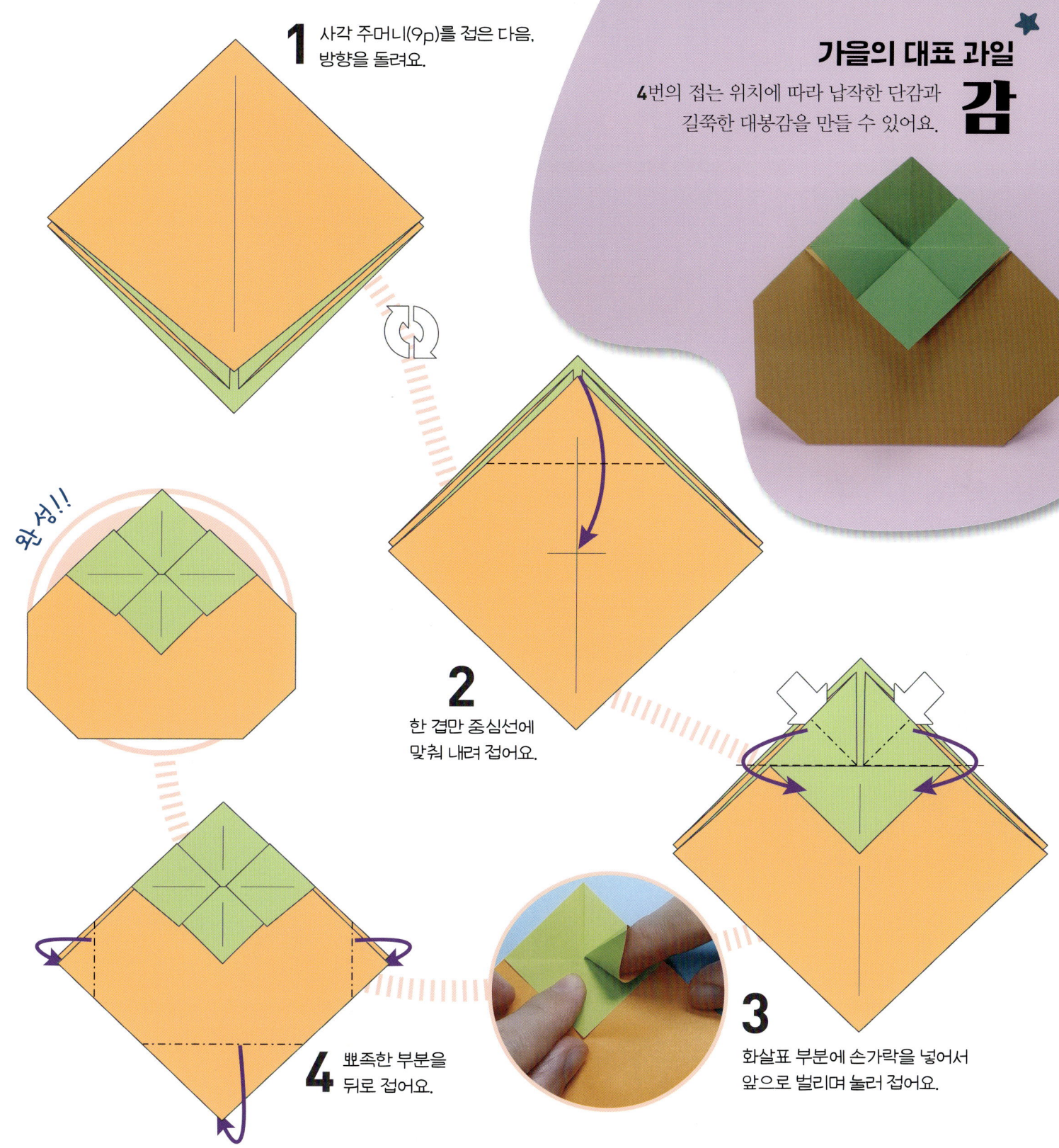

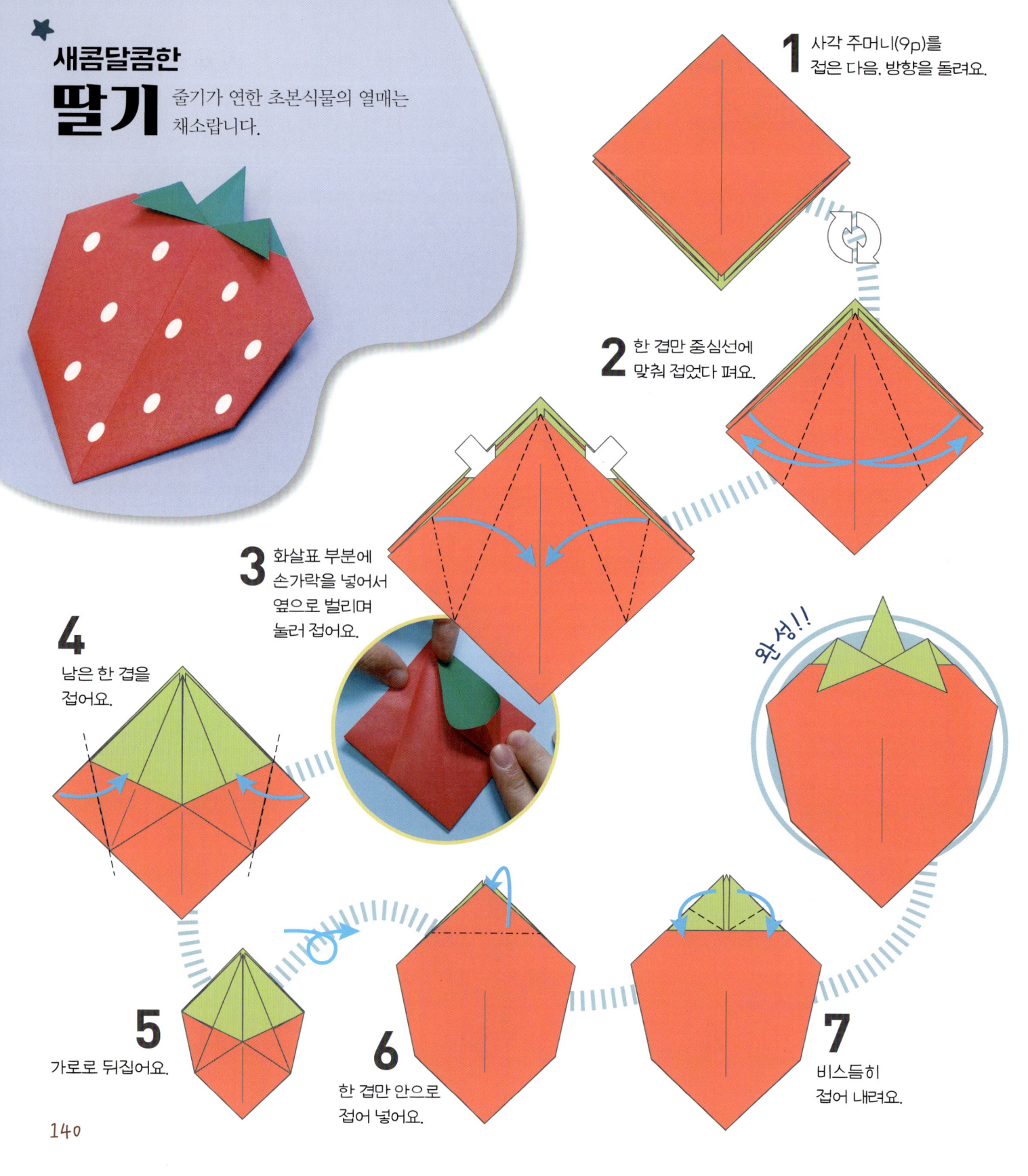

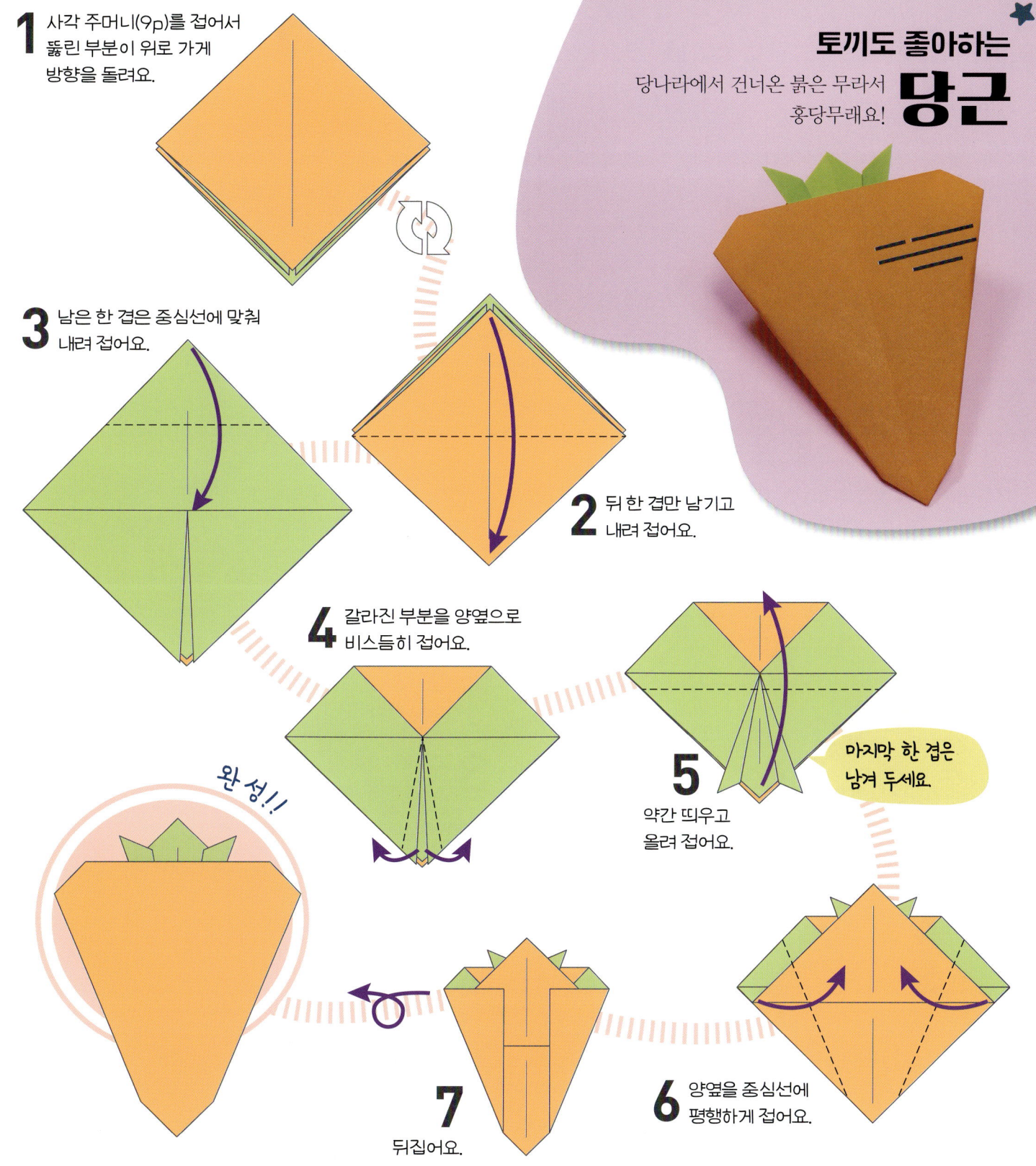

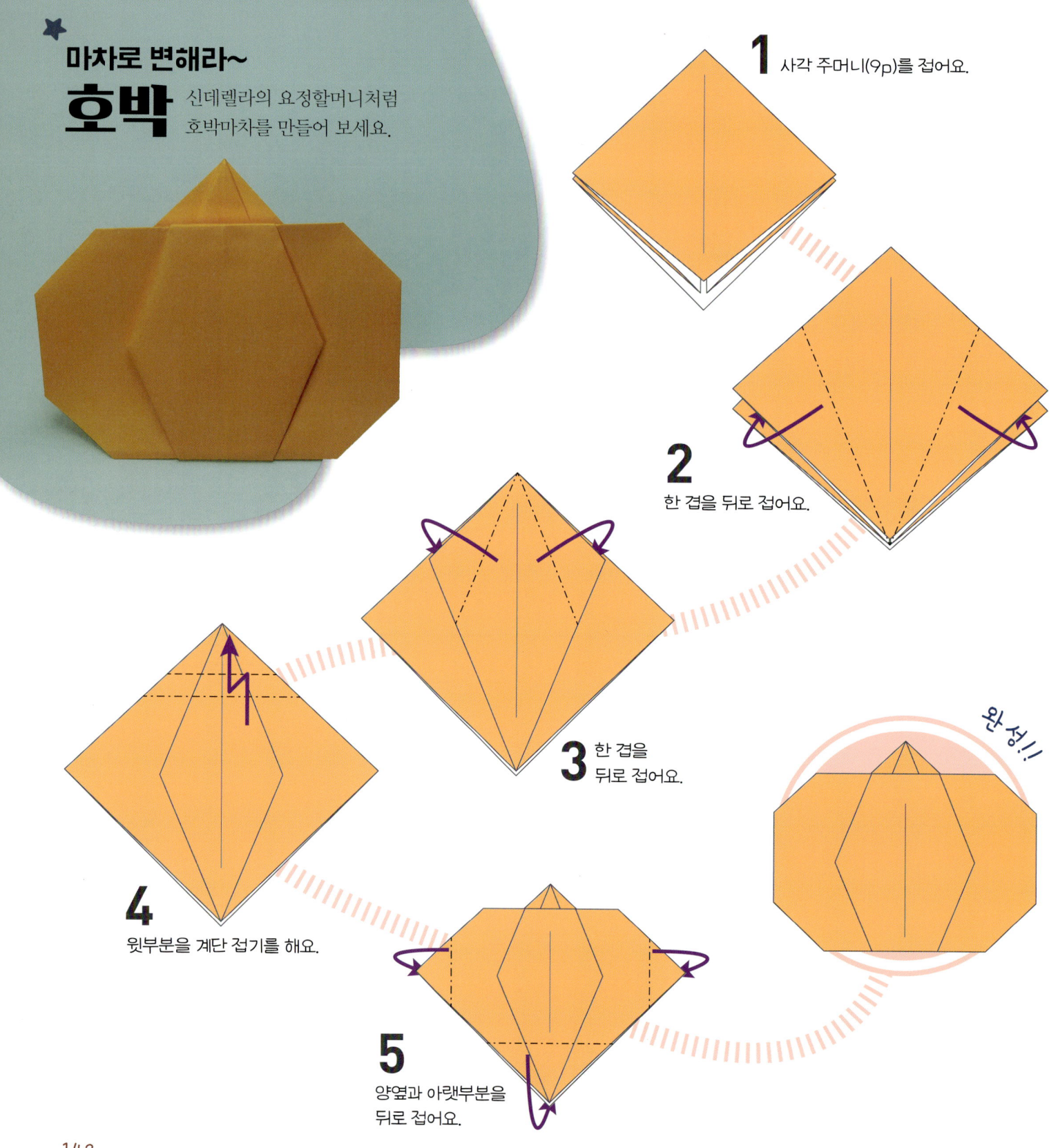

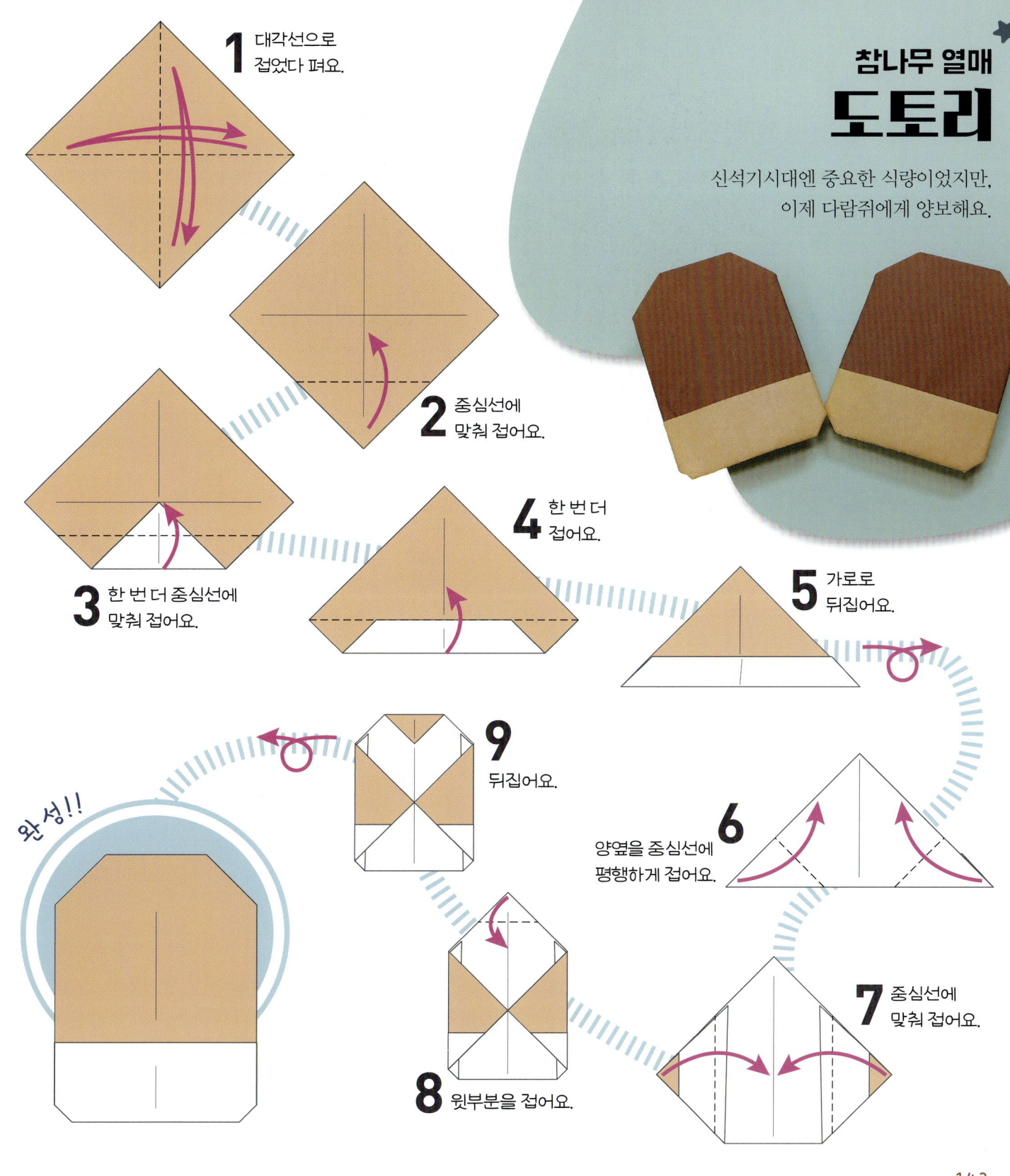

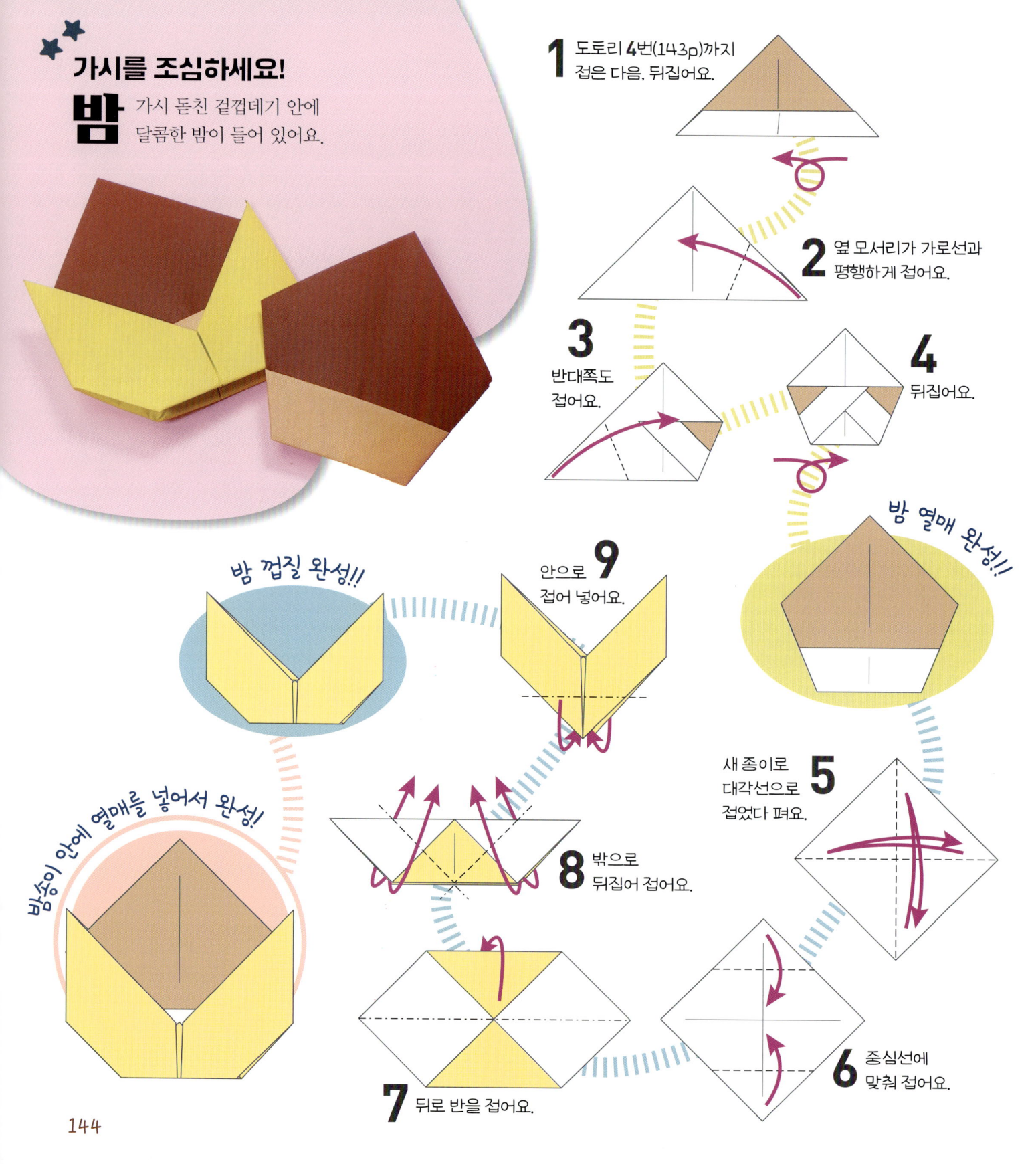

7
생활을 편리하게
도구와 탈것

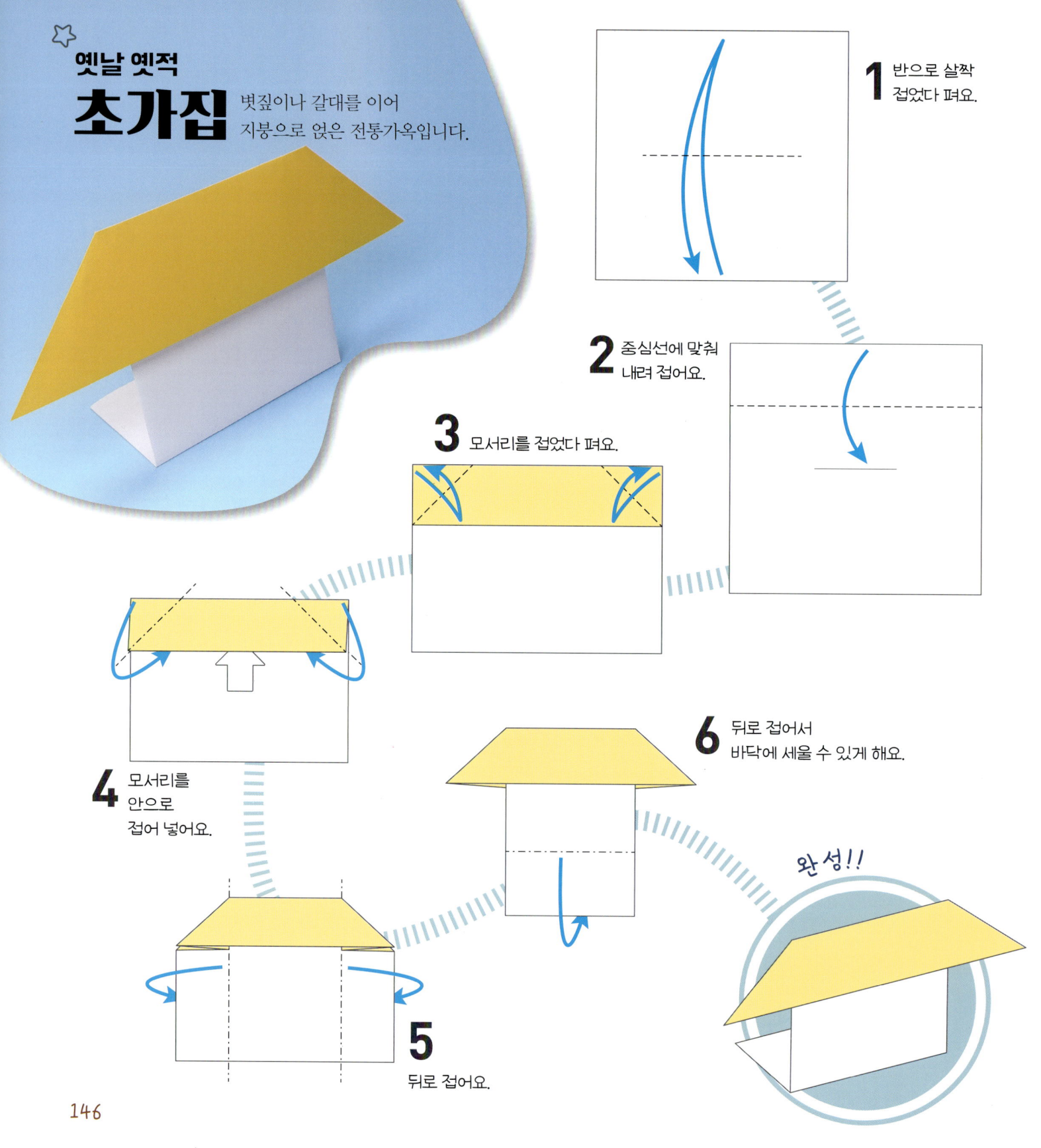

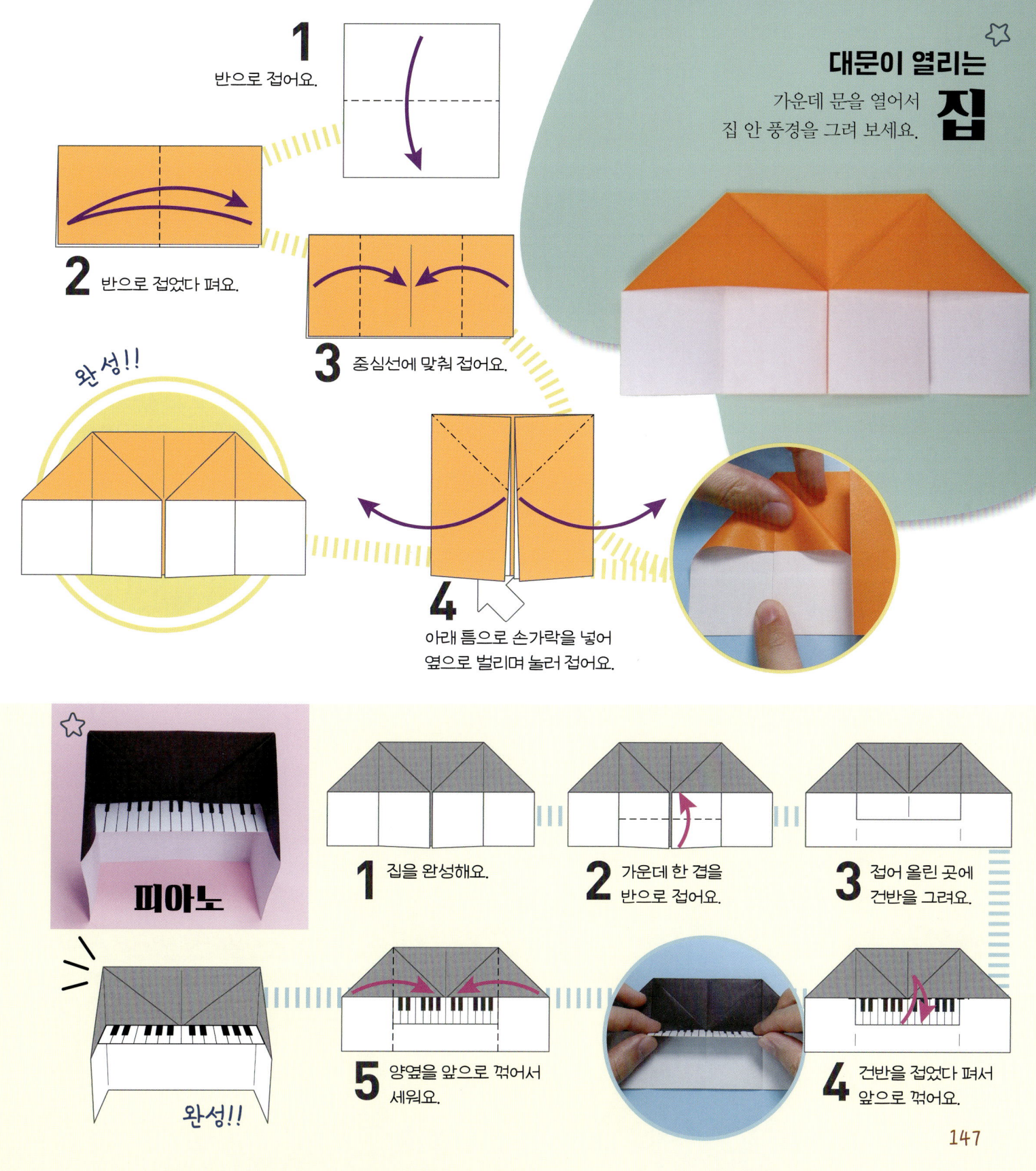

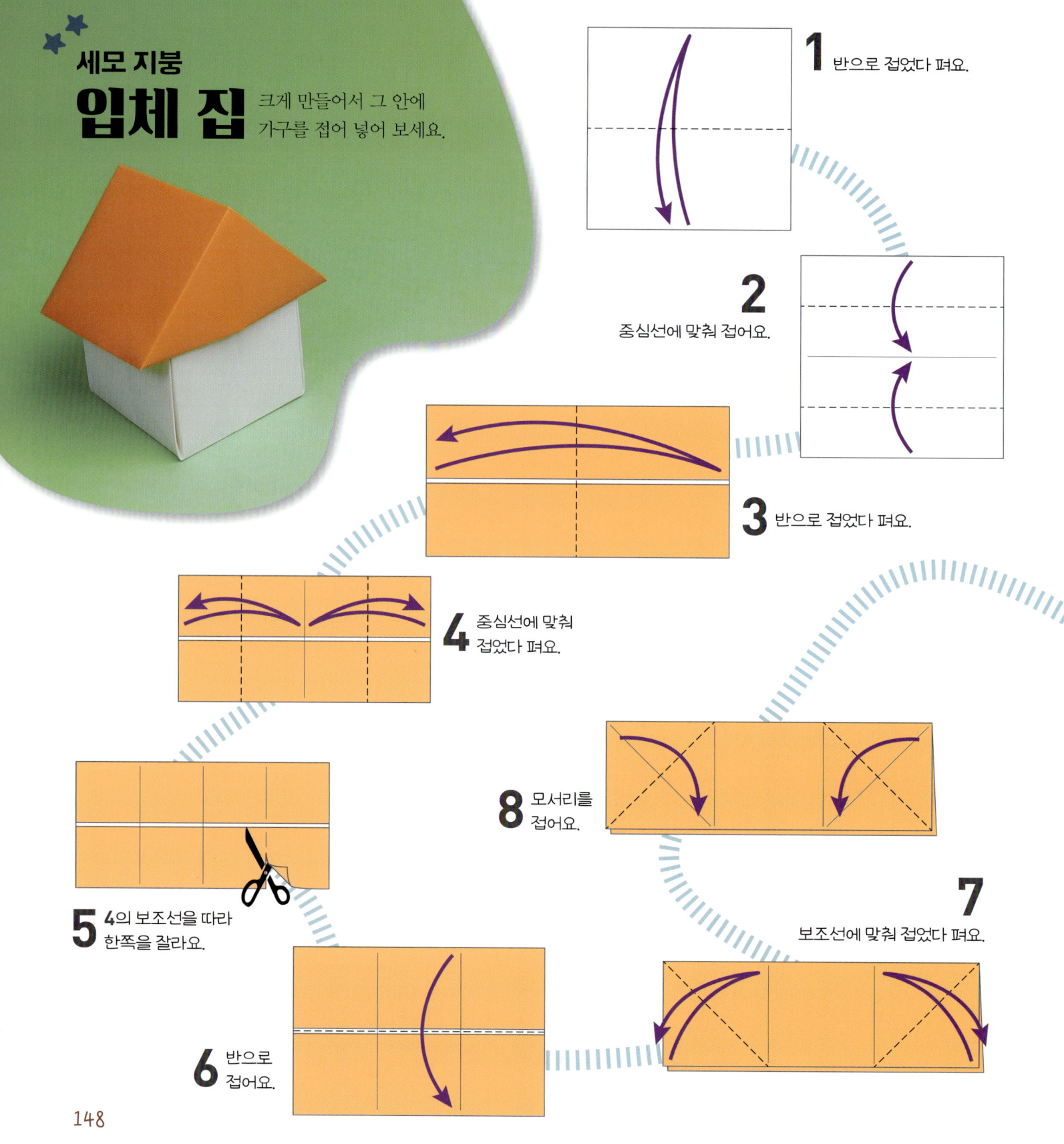

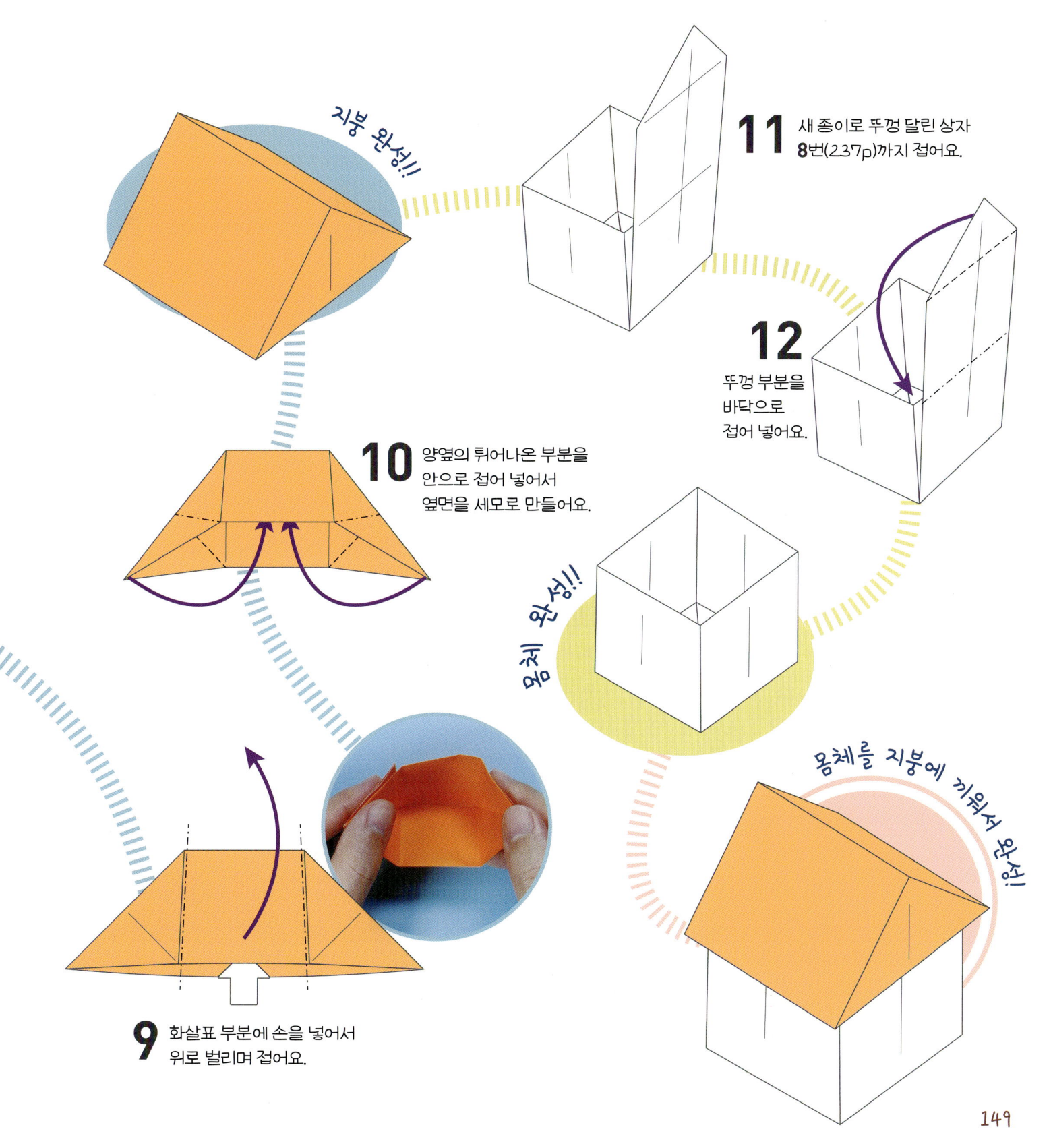

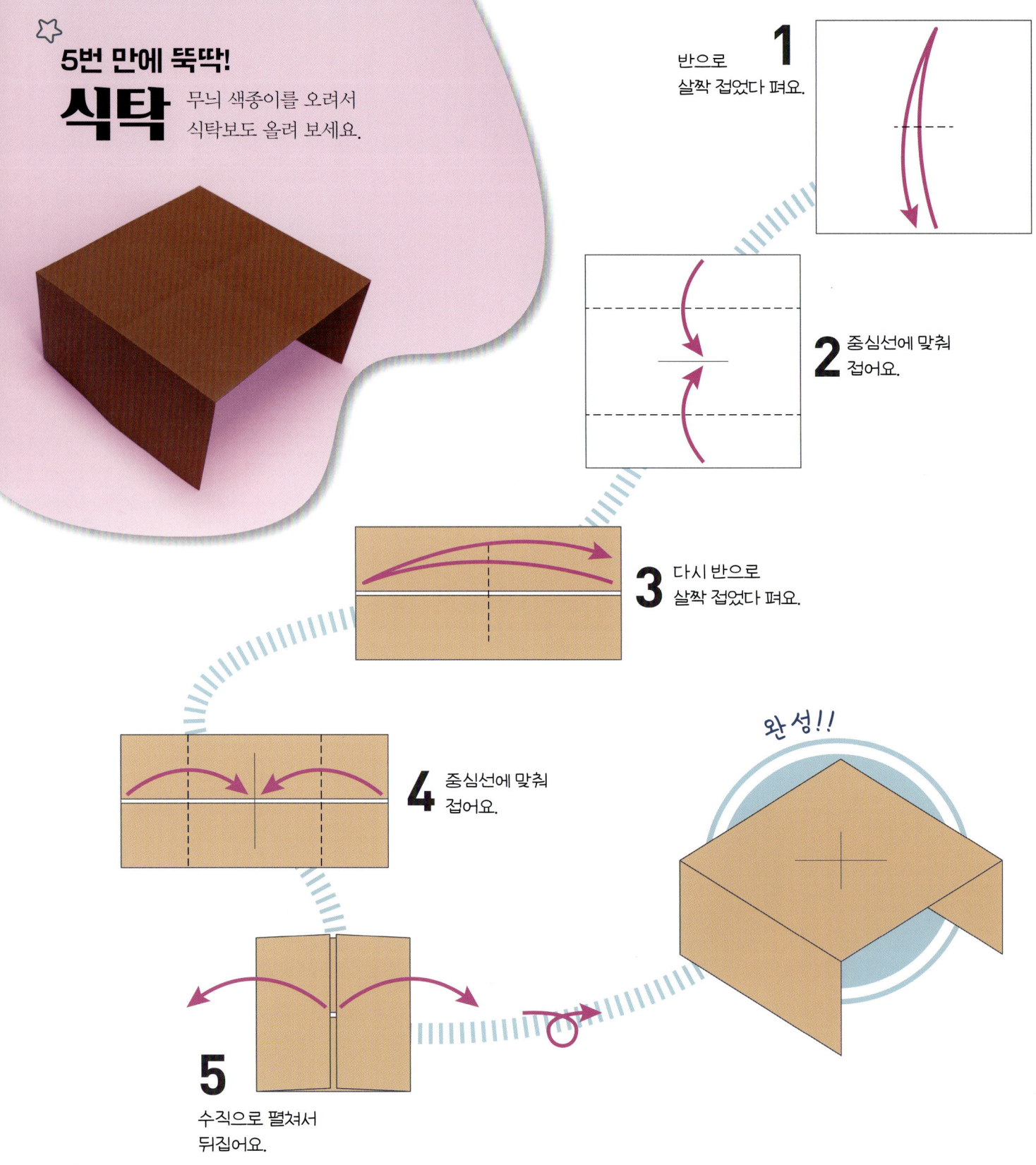

5번 만에 뚝딱!
식탁

무늬 색종이를 오려서 식탁보도 올려 보세요.

1 반으로 살짝 접었다 펴요.

2 중심선에 맞춰 접어요.

3 다시 반으로 살짝 접었다 펴요.

4 중심선에 맞춰 접어요.

5 수직으로 펼쳐서 뒤집어요.

완성!!

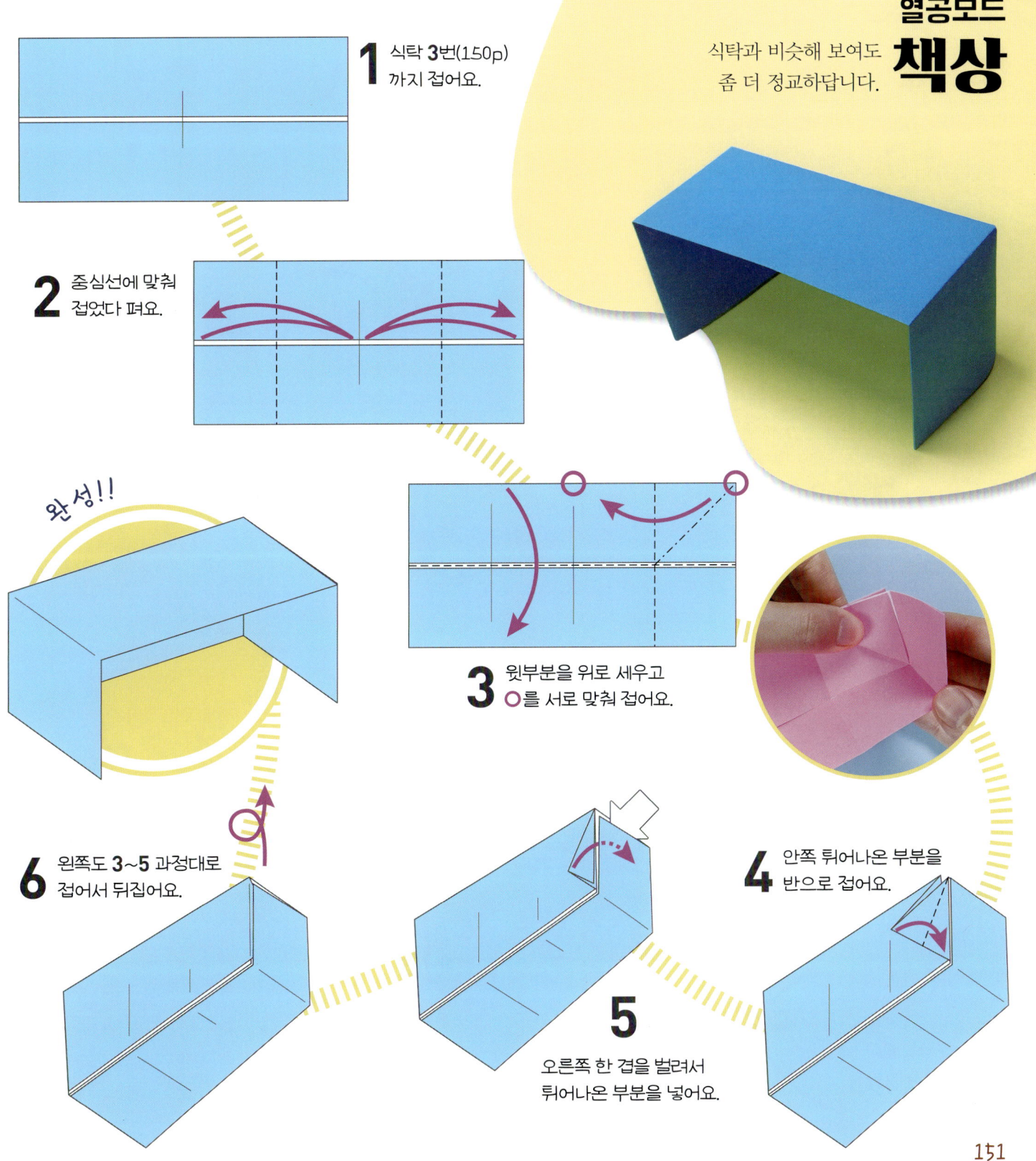

등받이 있는 의자

등받이 부분까지 내려 주면 스툴 의자를 만들 수 있어요.

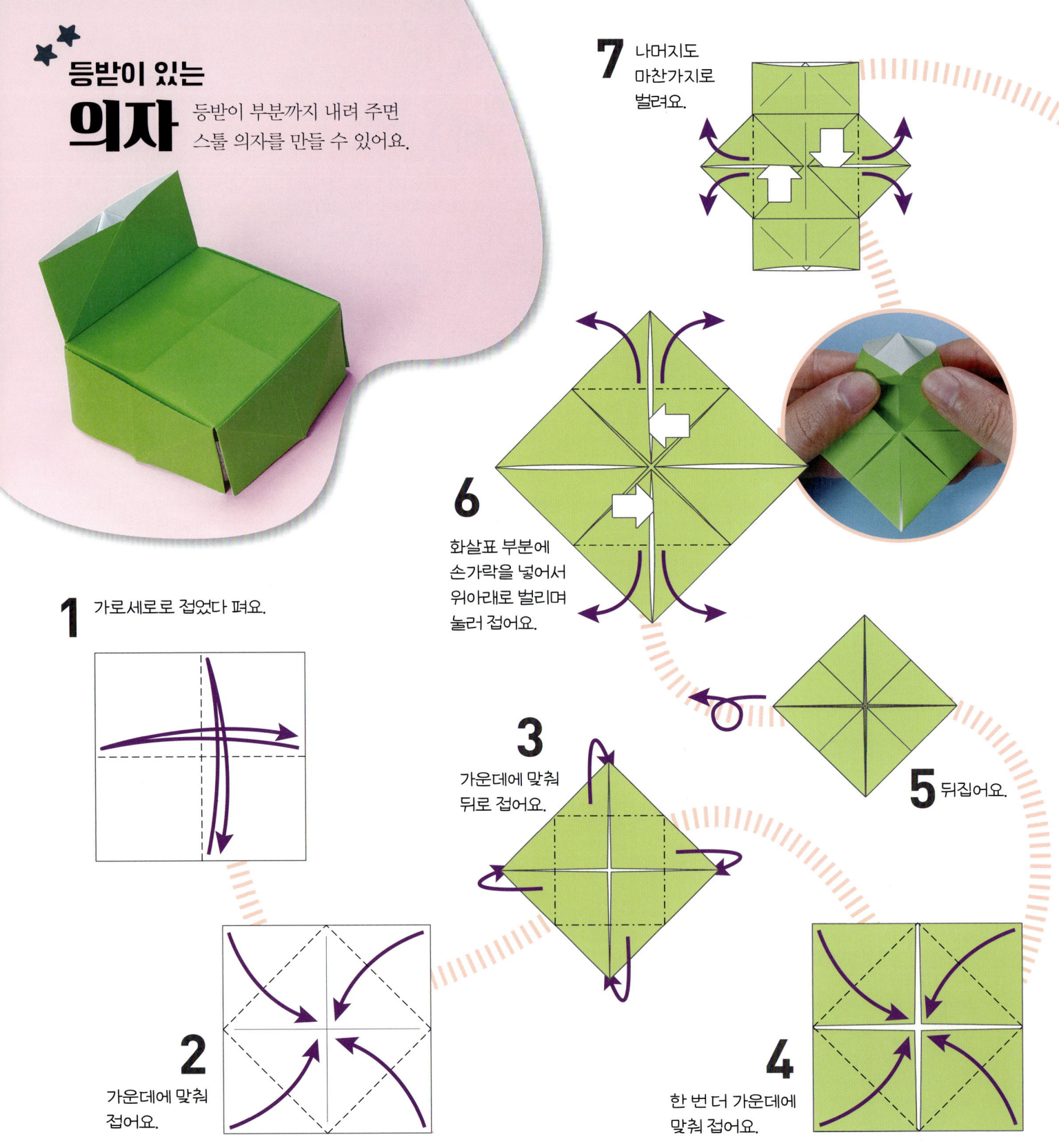

1 가로세로로 접었다 펴요.
2 가운데에 맞춰 접어요.
3 가운데에 맞춰 뒤로 접어요.
4 한 번 더 가운데에 맞춰 접어요.
5 뒤집어요.
6 화살표 부분에 손가락을 넣어서 위아래로 벌리며 눌러 접어요.
7 나머지도 마찬가지로 벌려요.

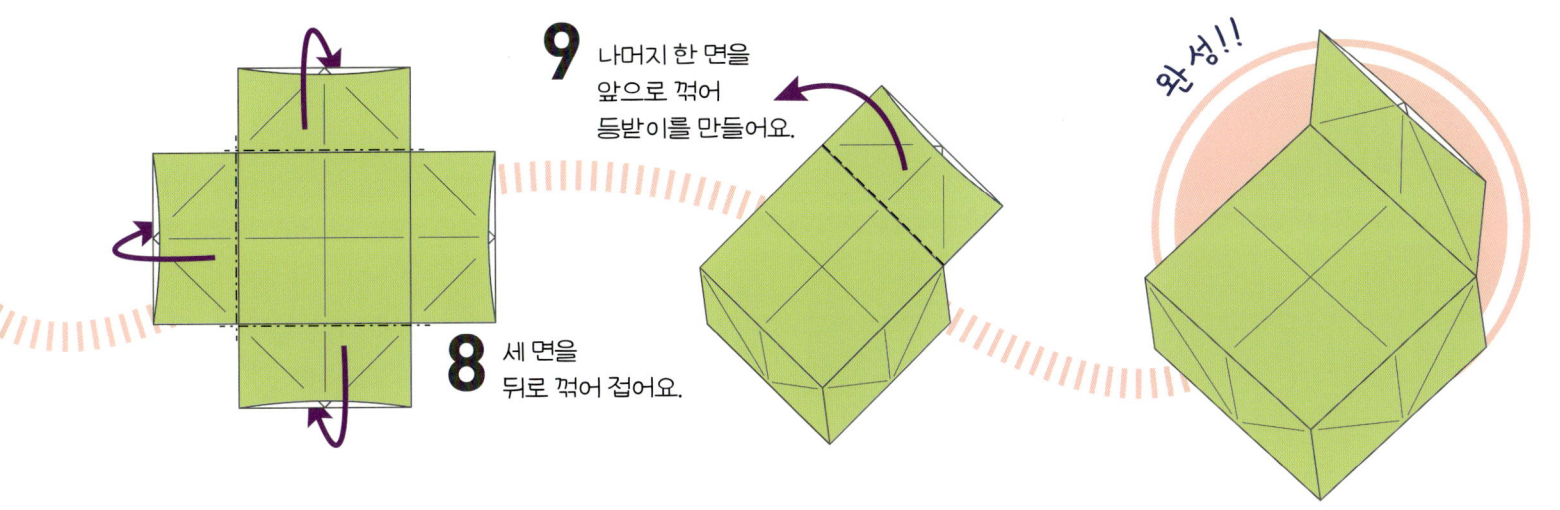

9 나머지 한 면을 앞으로 꺾어 등받이를 만들어요.

8 세 면을 뒤로 꺾어 접어요.

완성!!

도끼 ★★

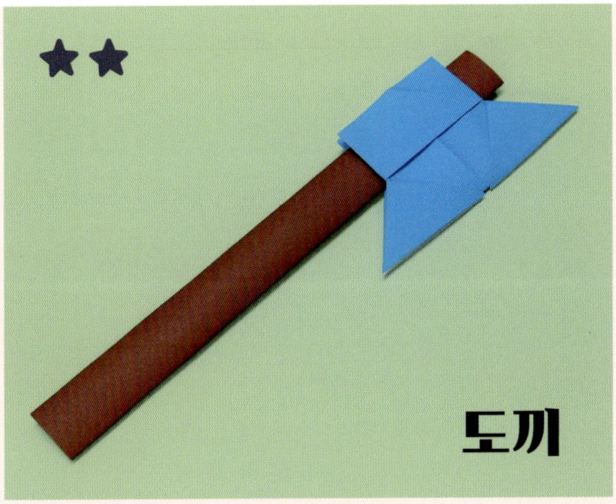

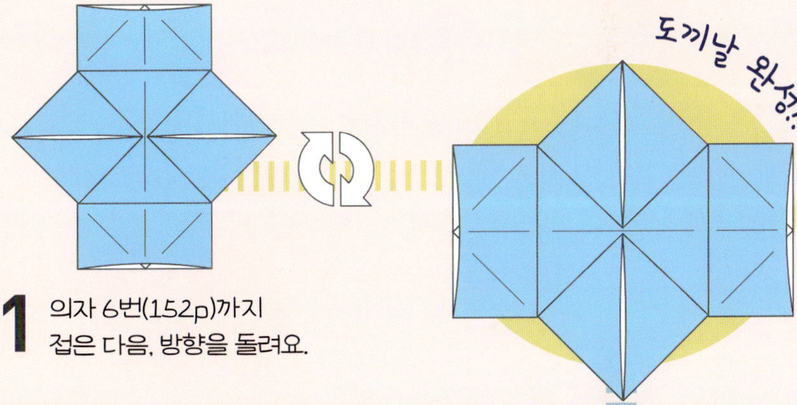

1 의자 6번(152p)까지 접은 다음, 방향을 돌려요.

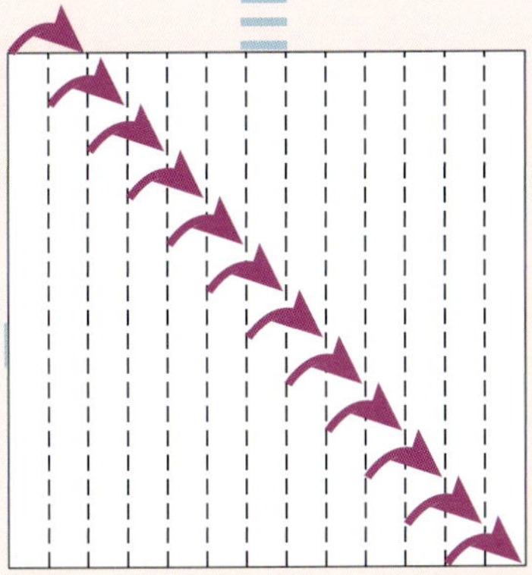

도끼날 완성!!

2 종이를 돌돌 말아 접어요.

도낏자루 완성!!

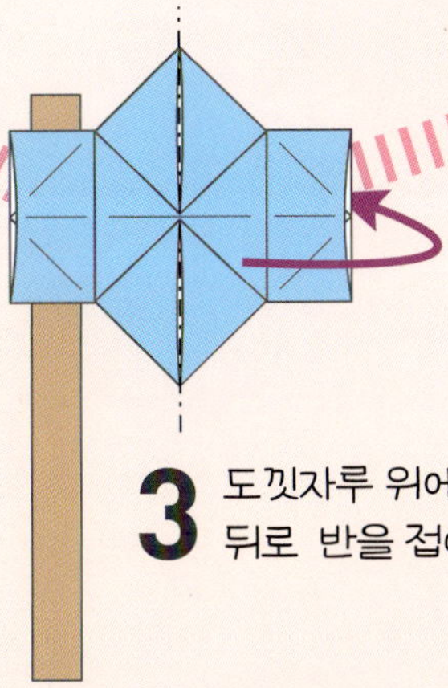

3 도낏자루 위에 도끼날을 올려놓고 뒤로 반을 접어 풀로 붙여요.

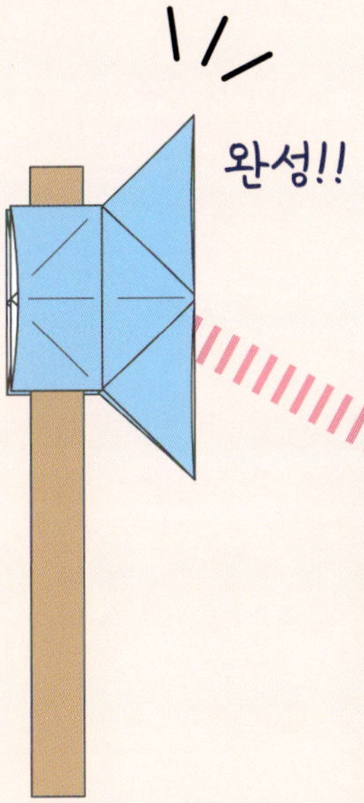

완성!!

153

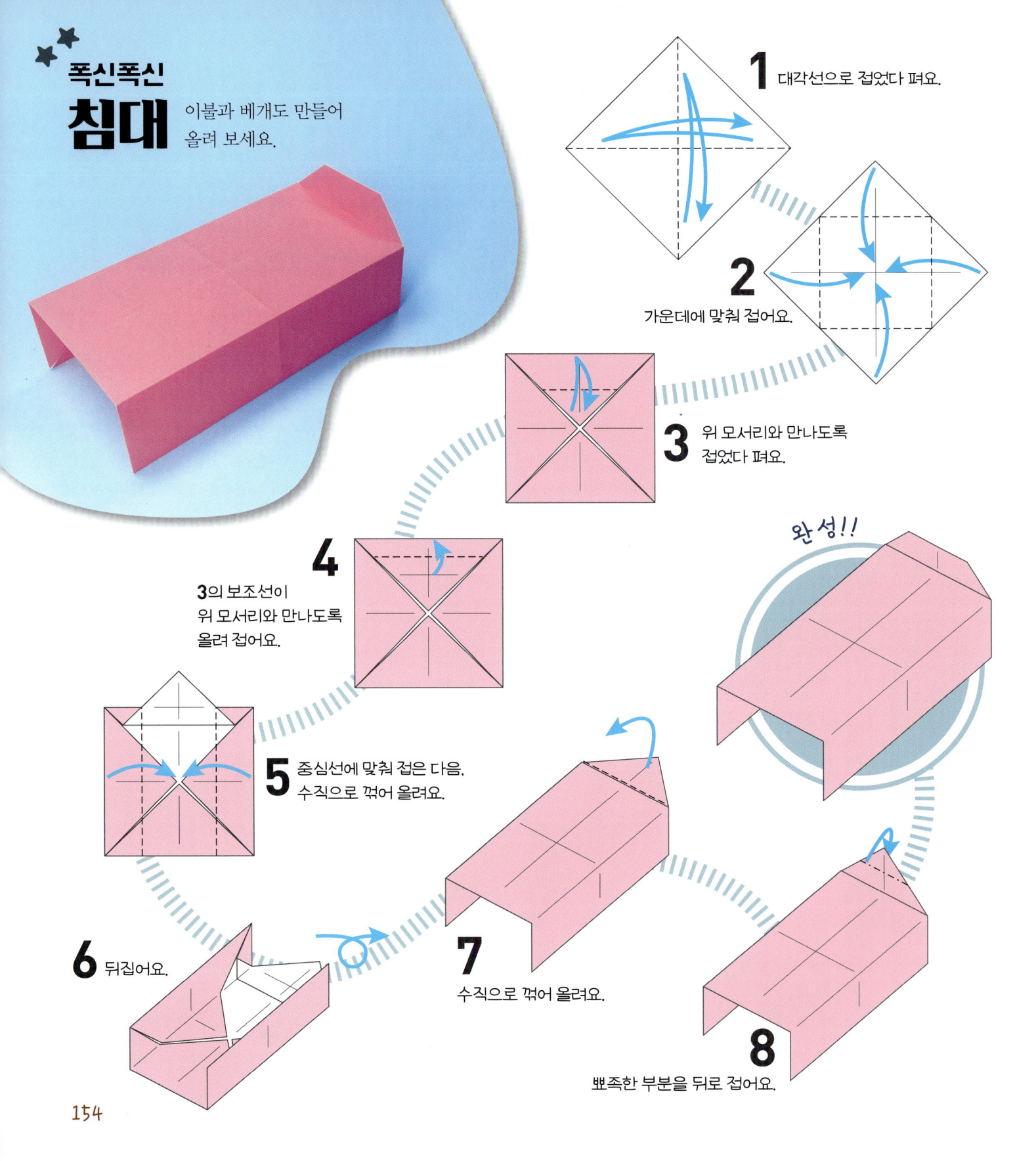

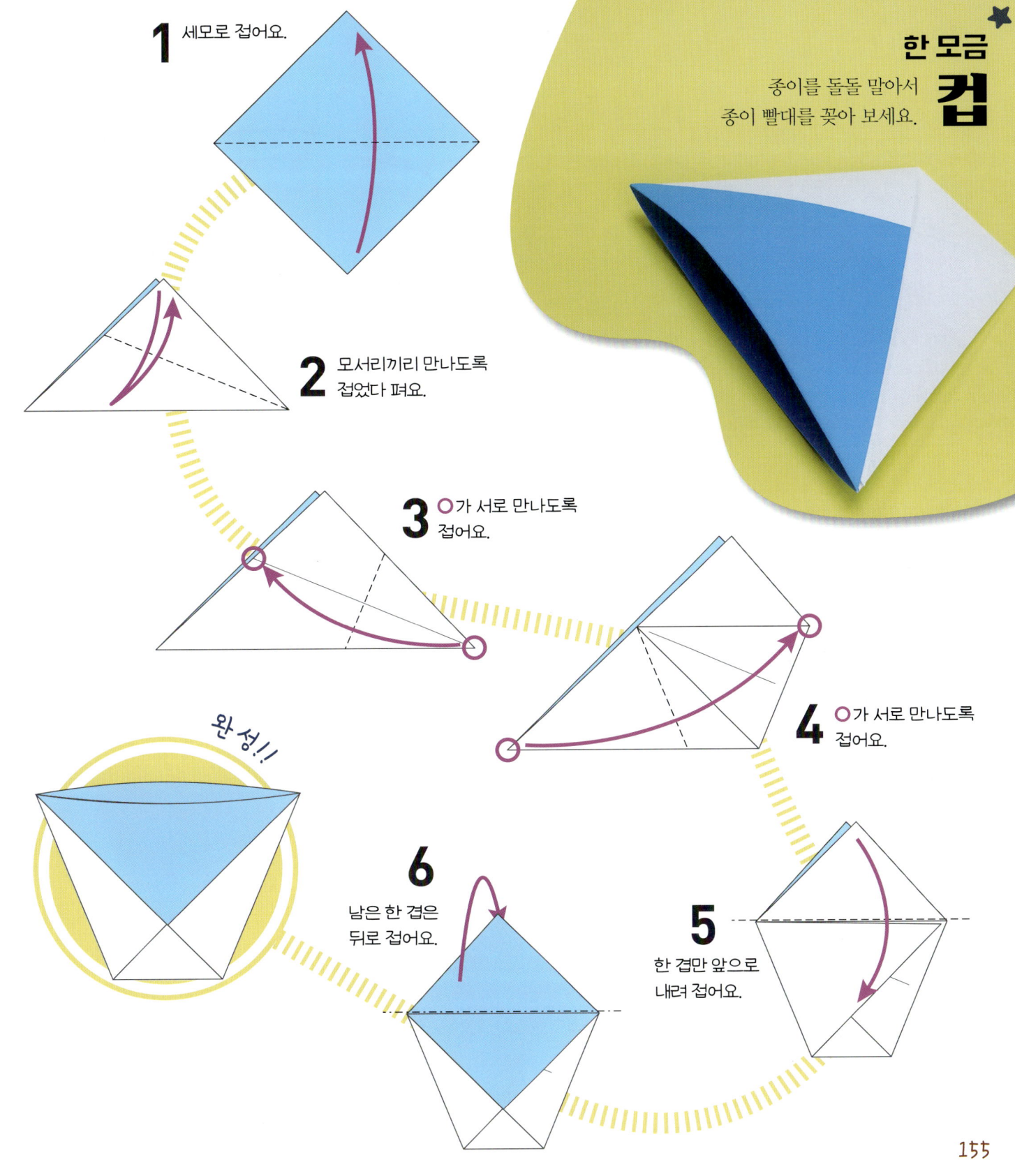

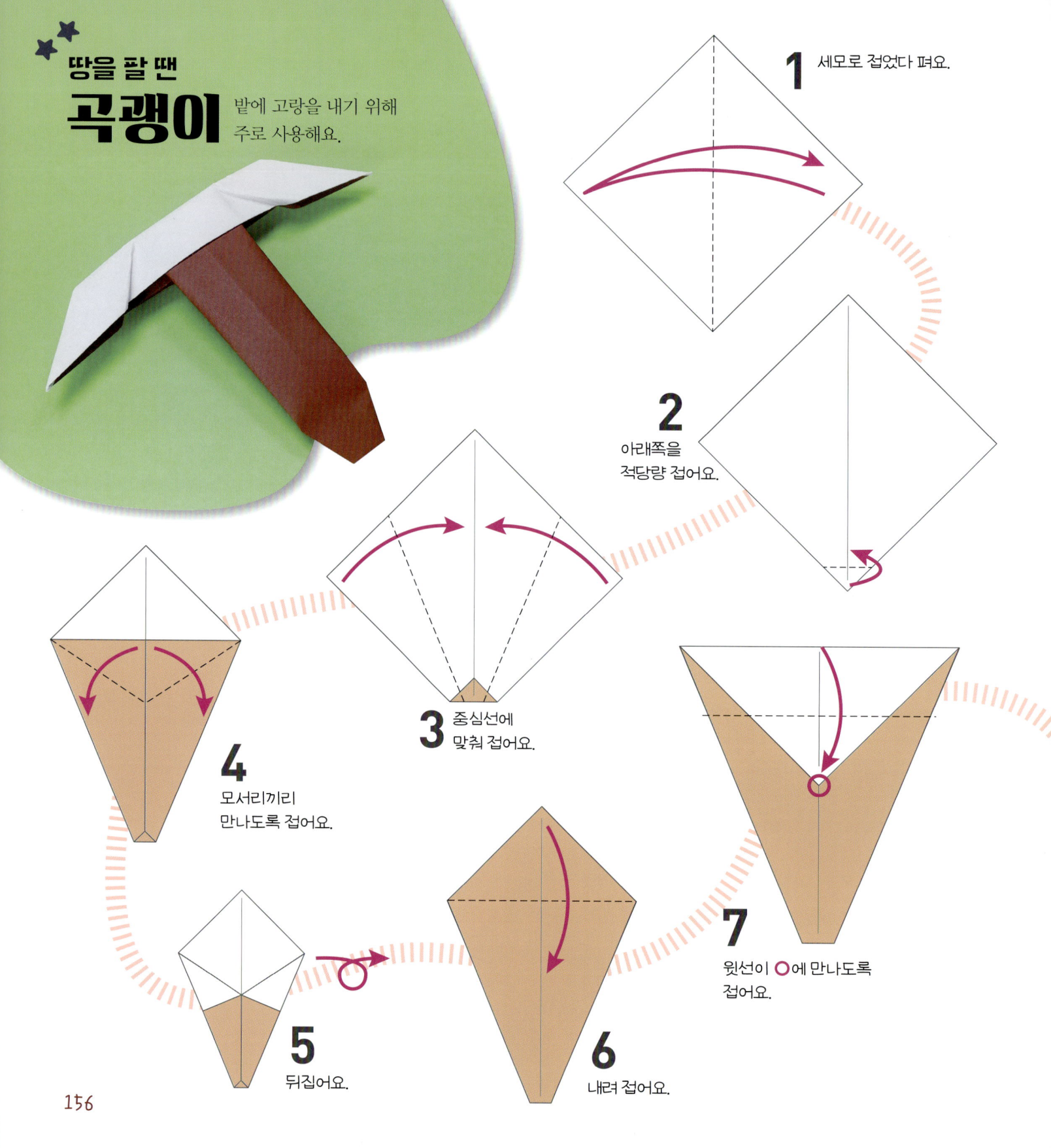

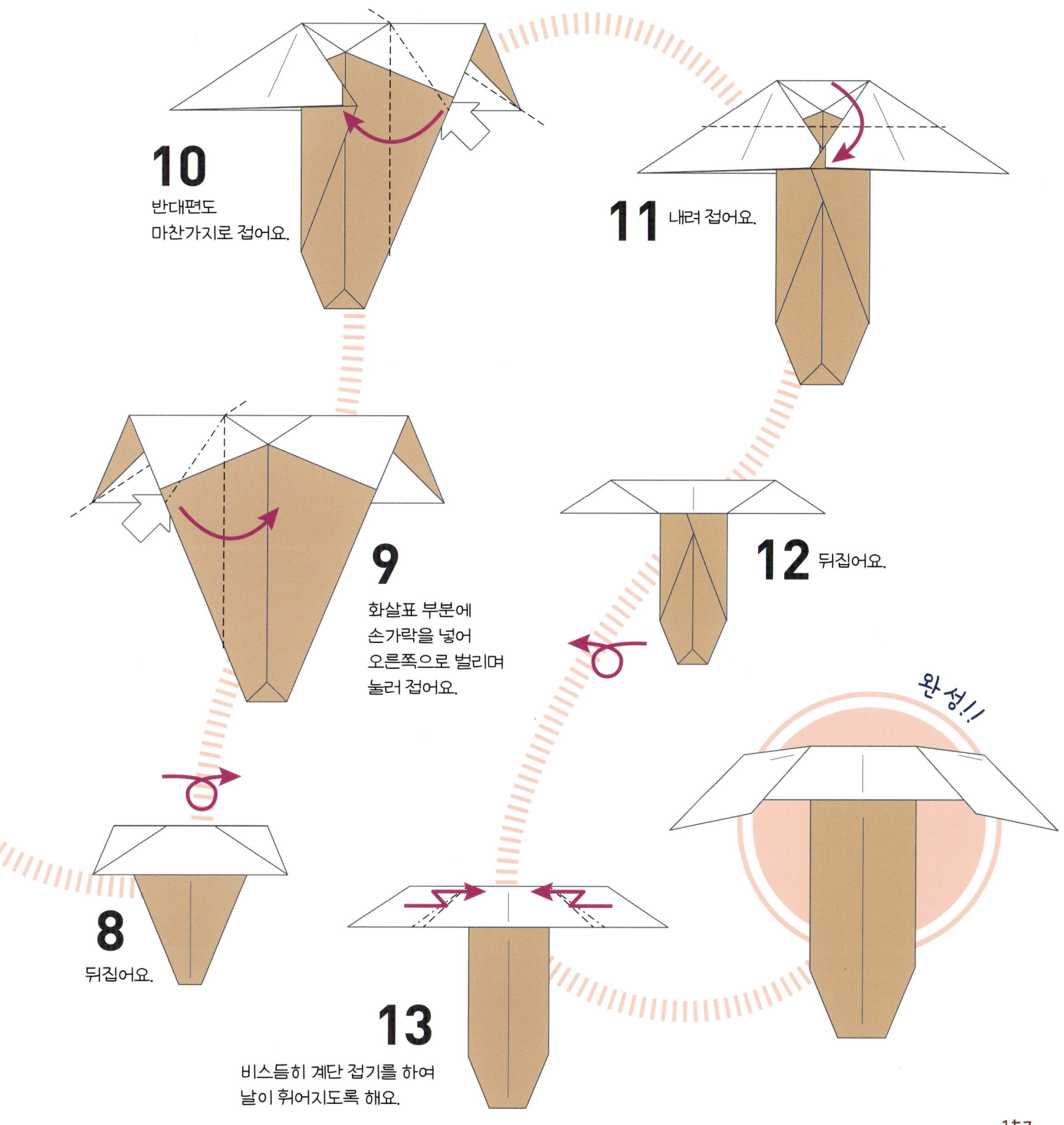

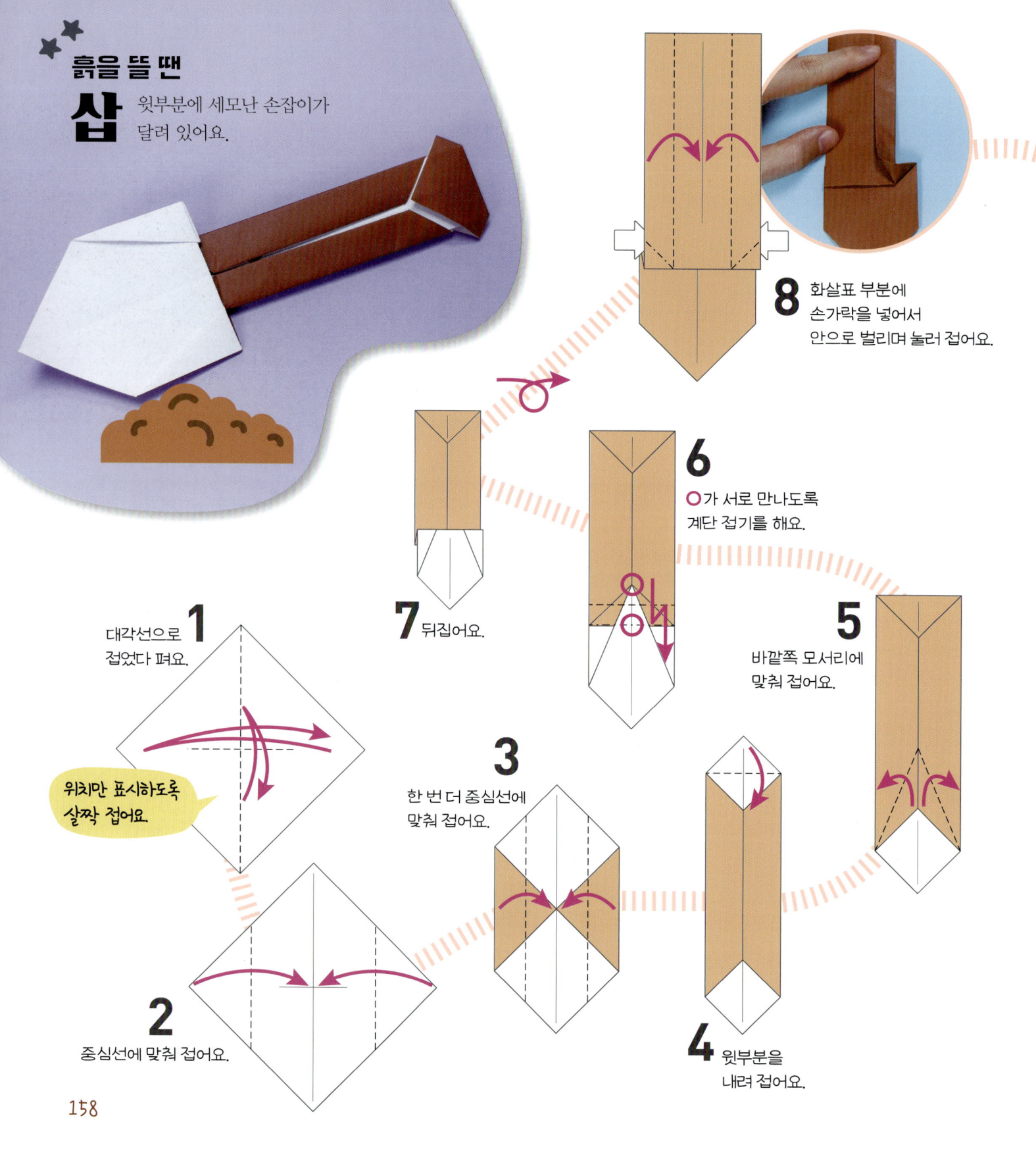

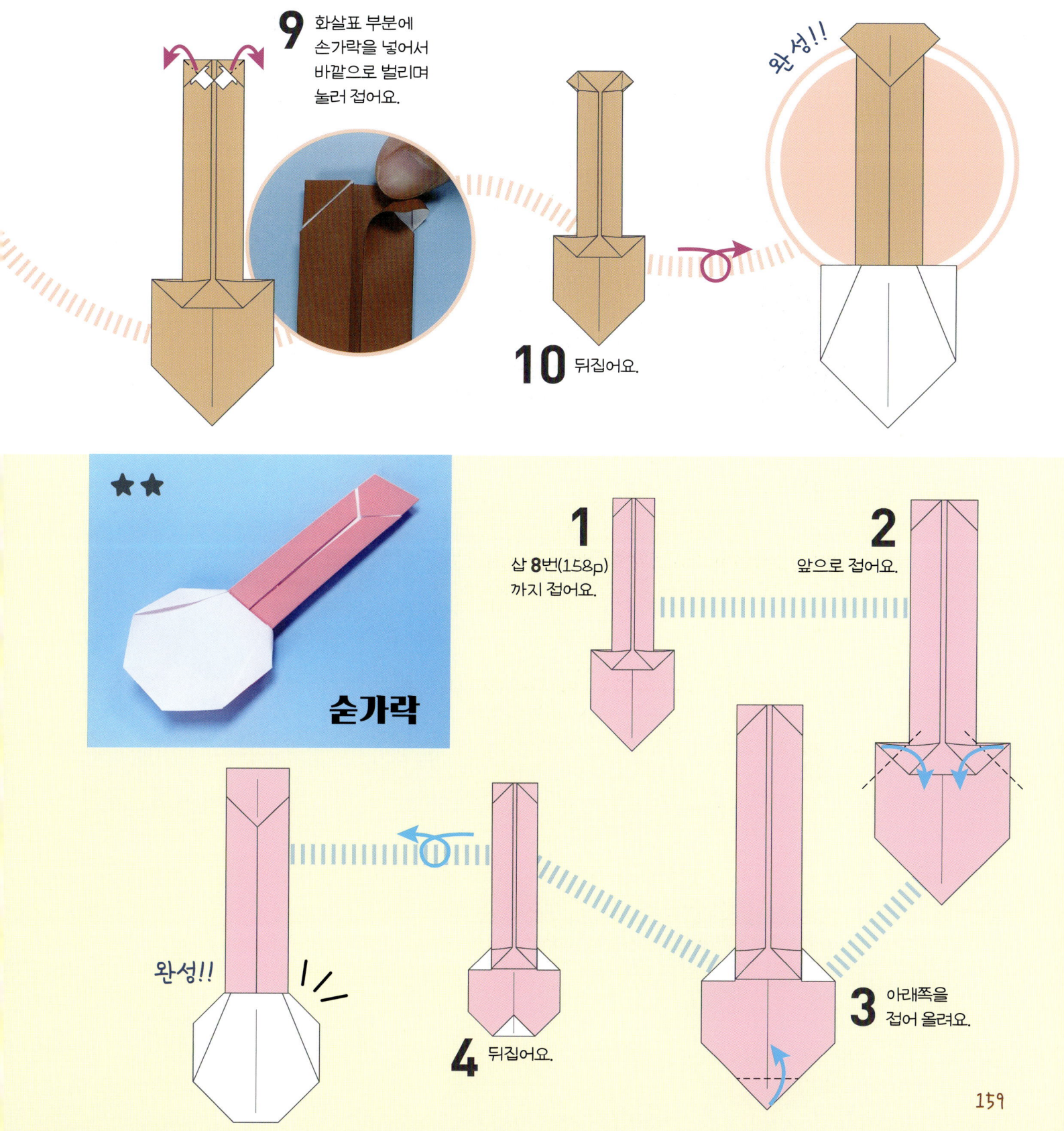

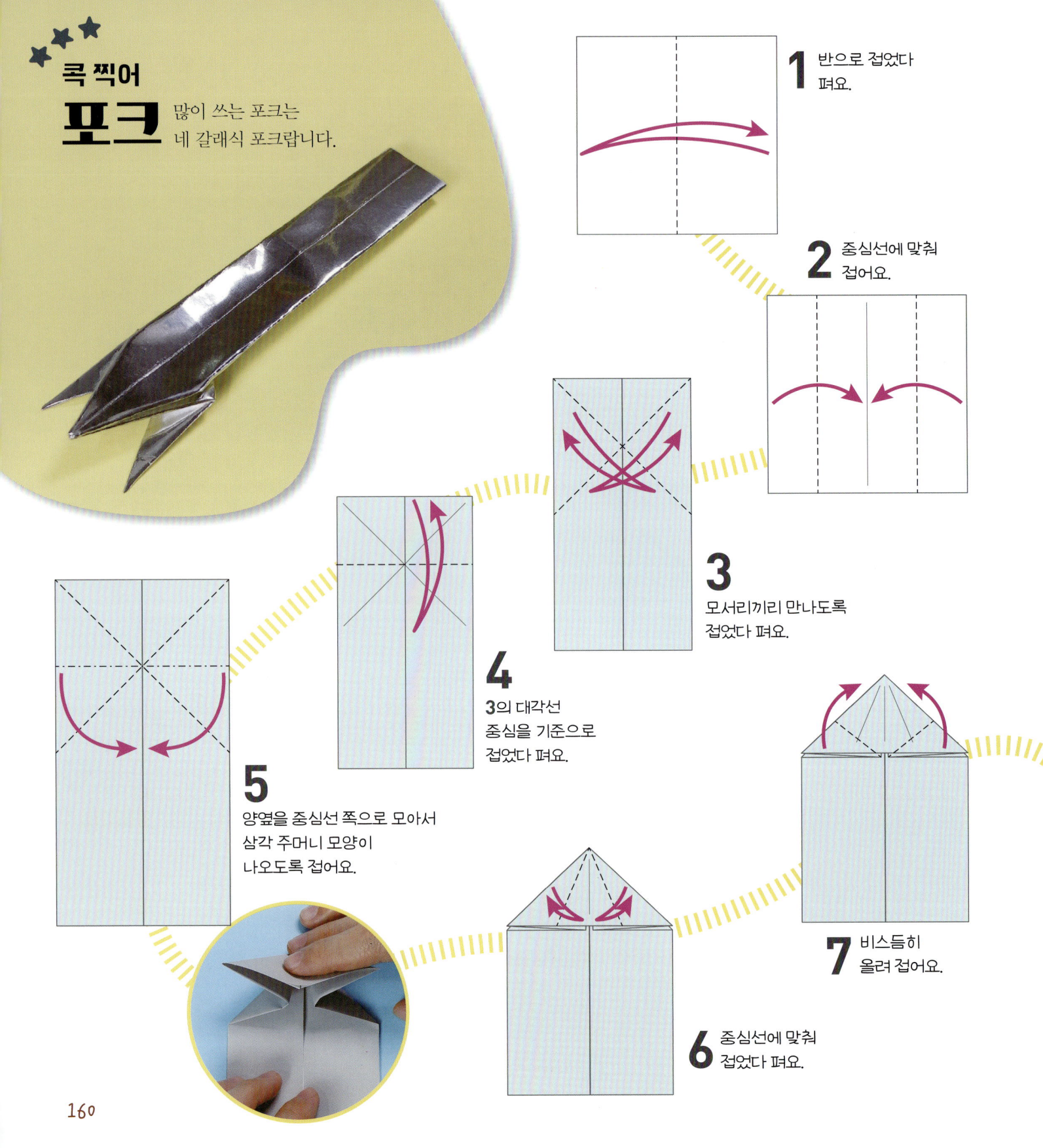

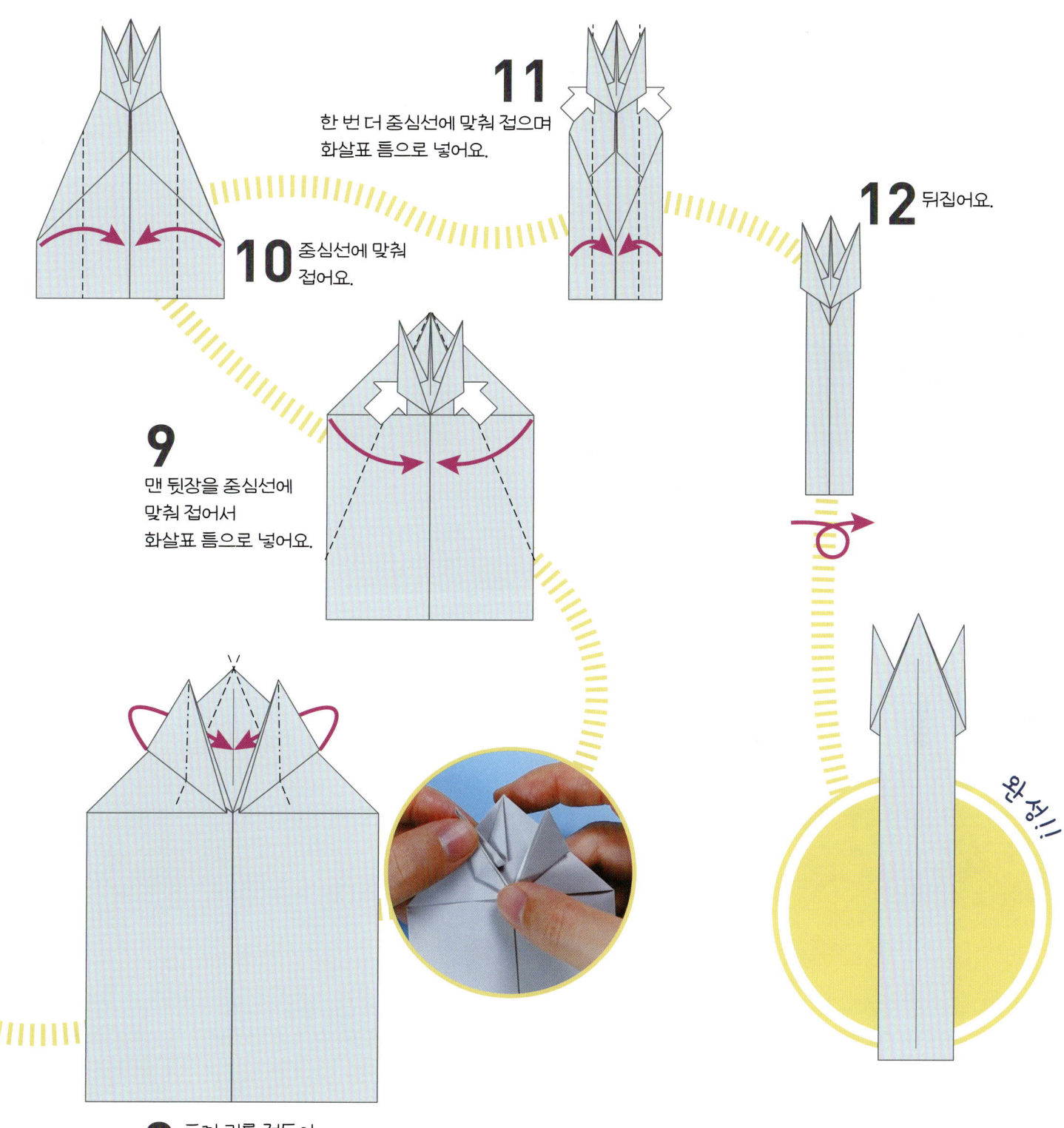

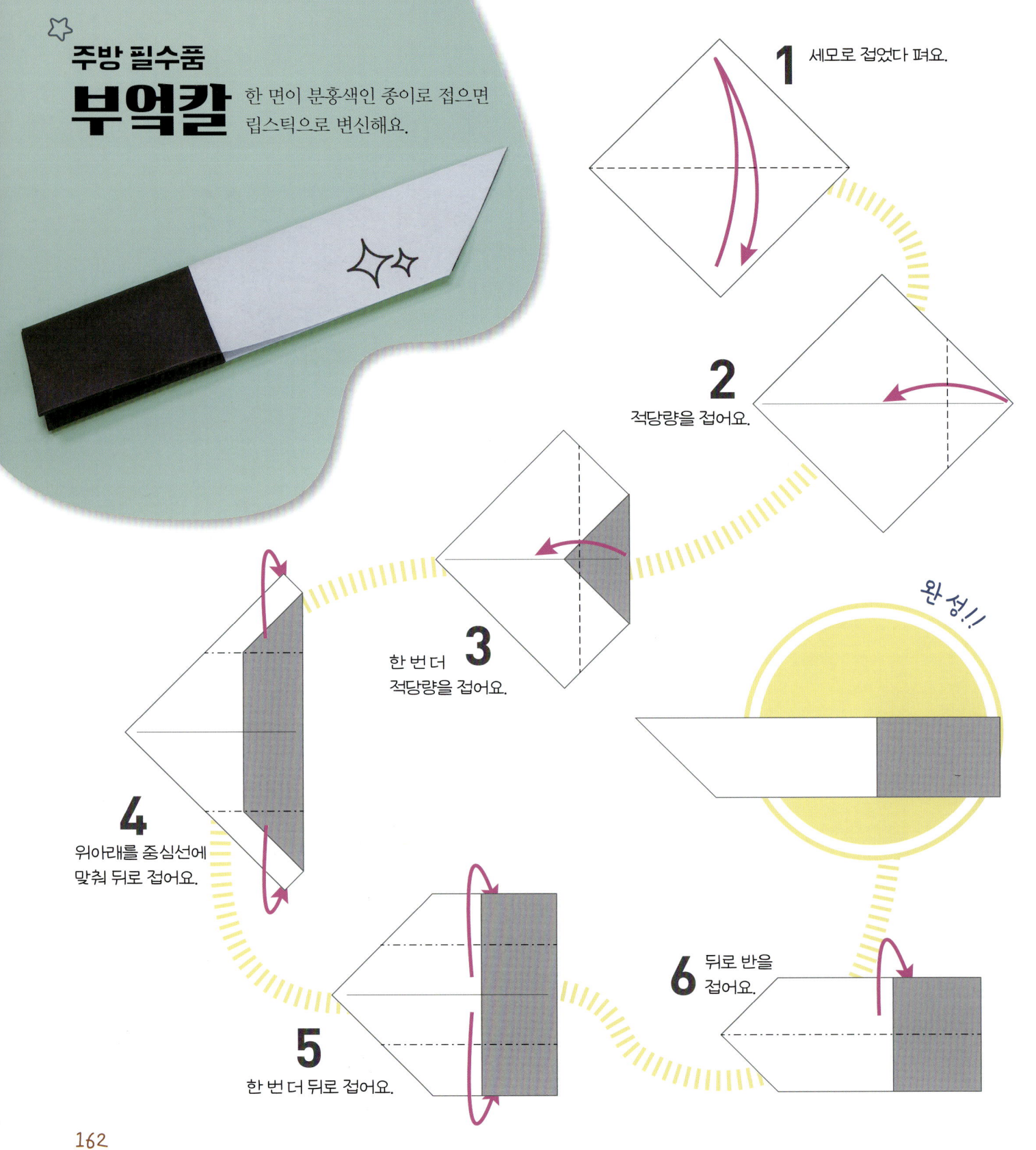

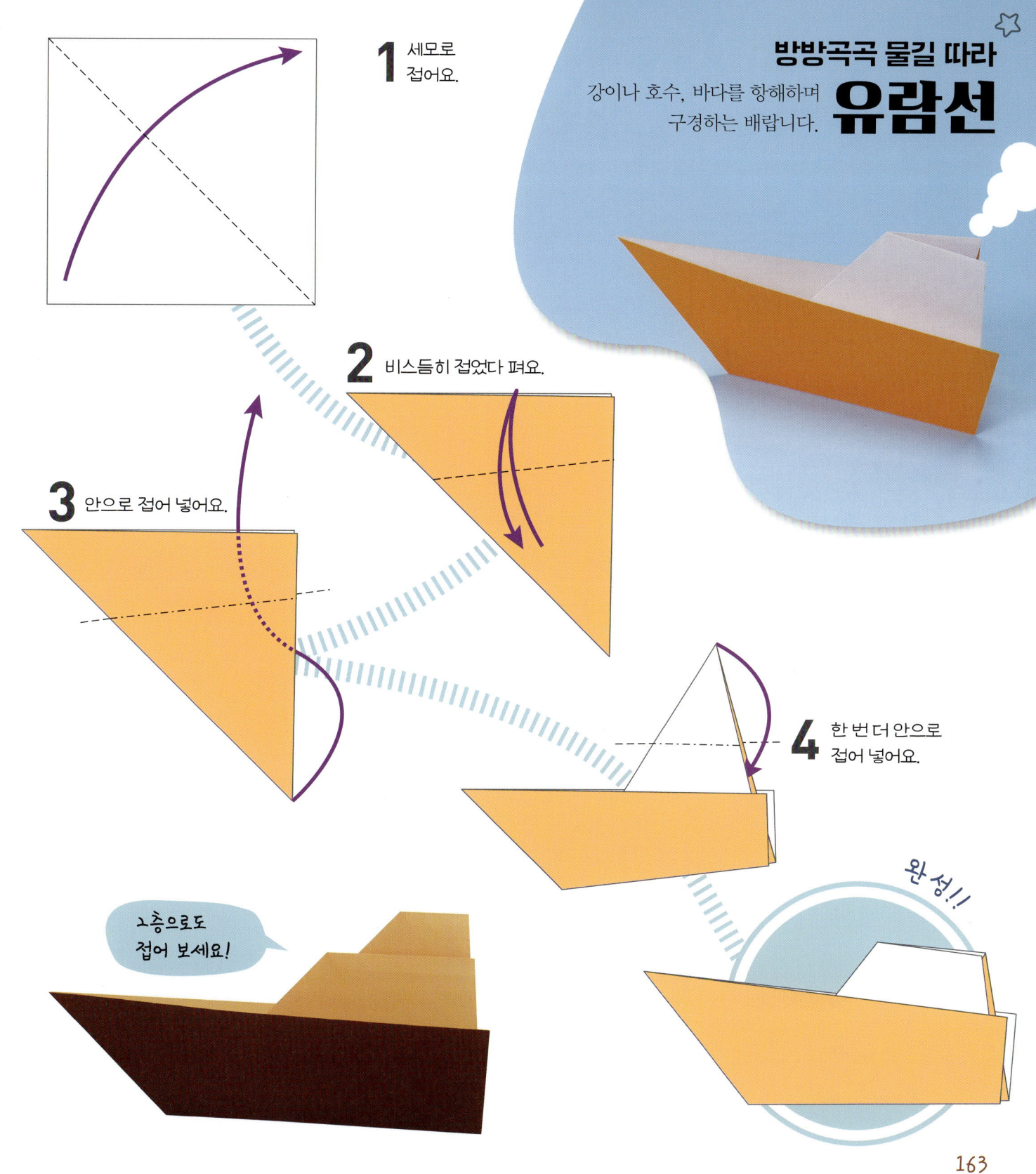

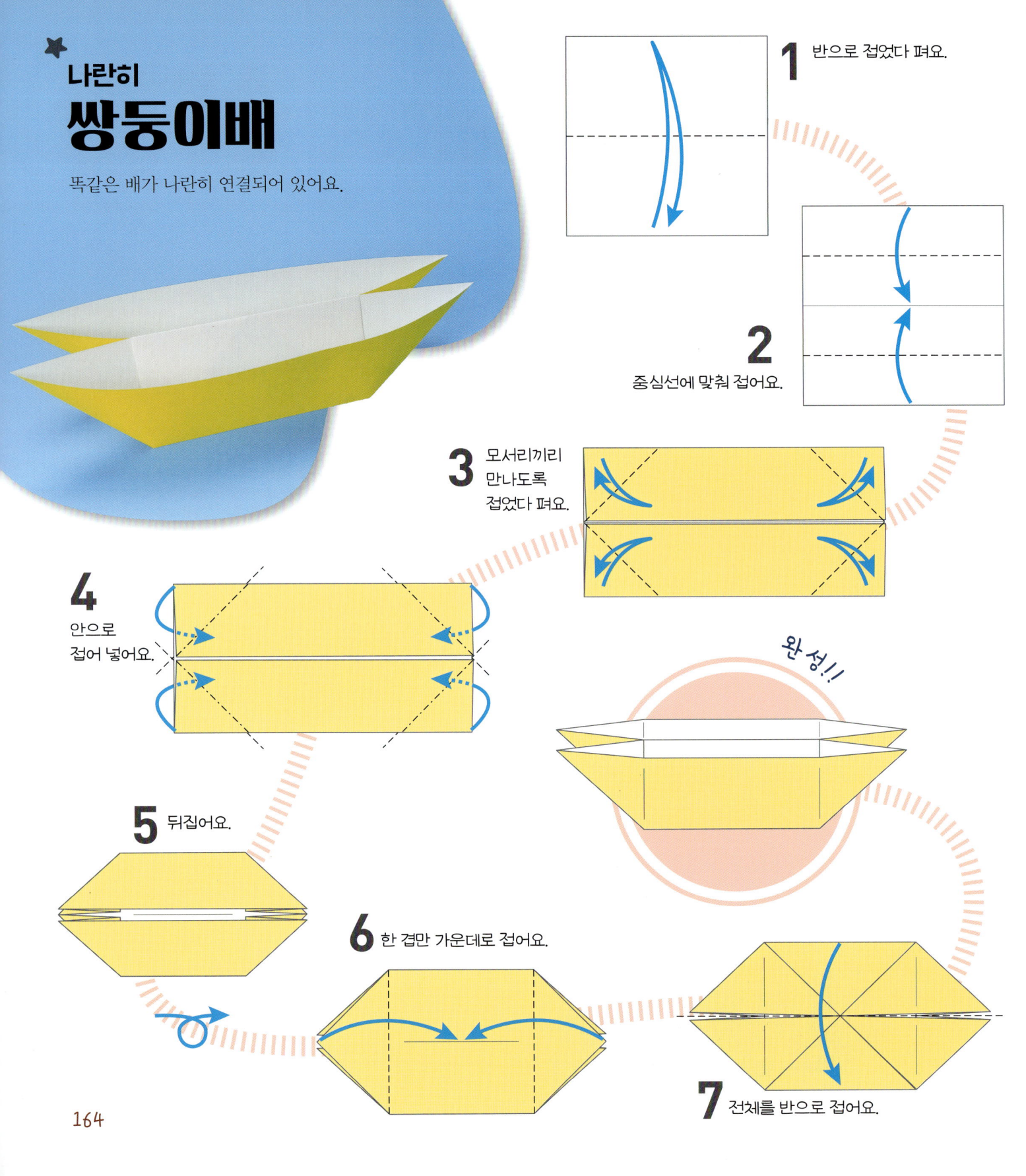

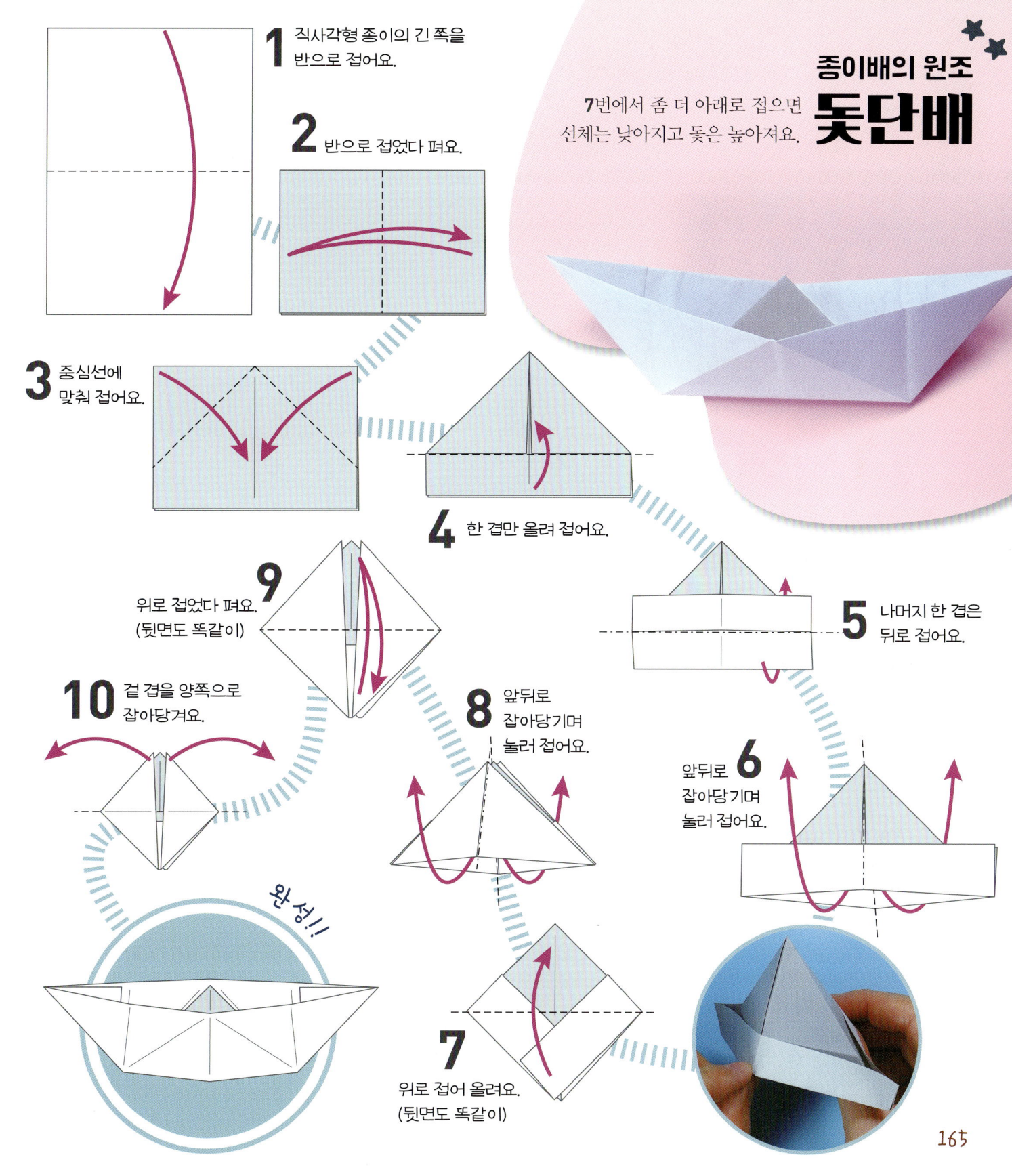

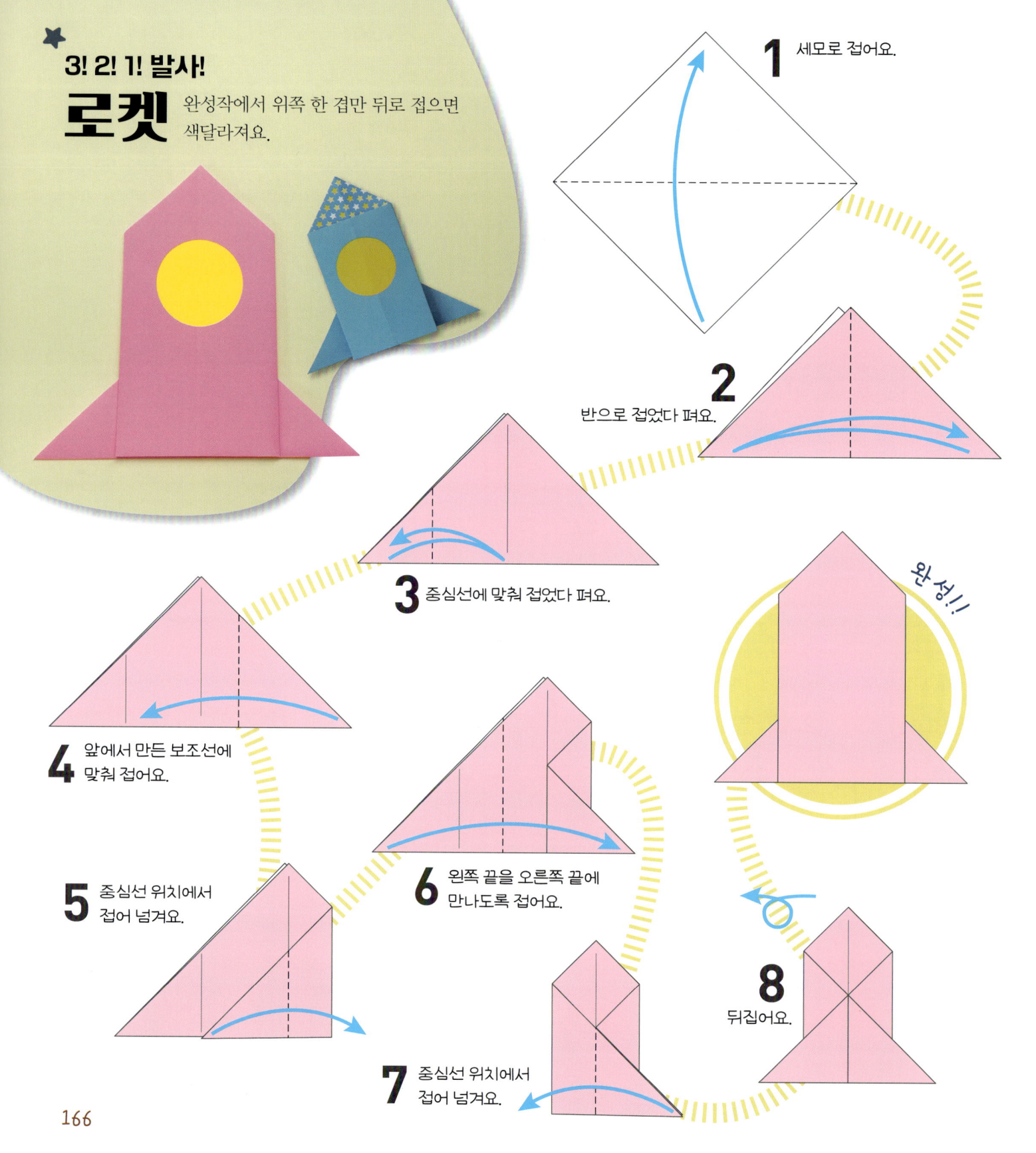

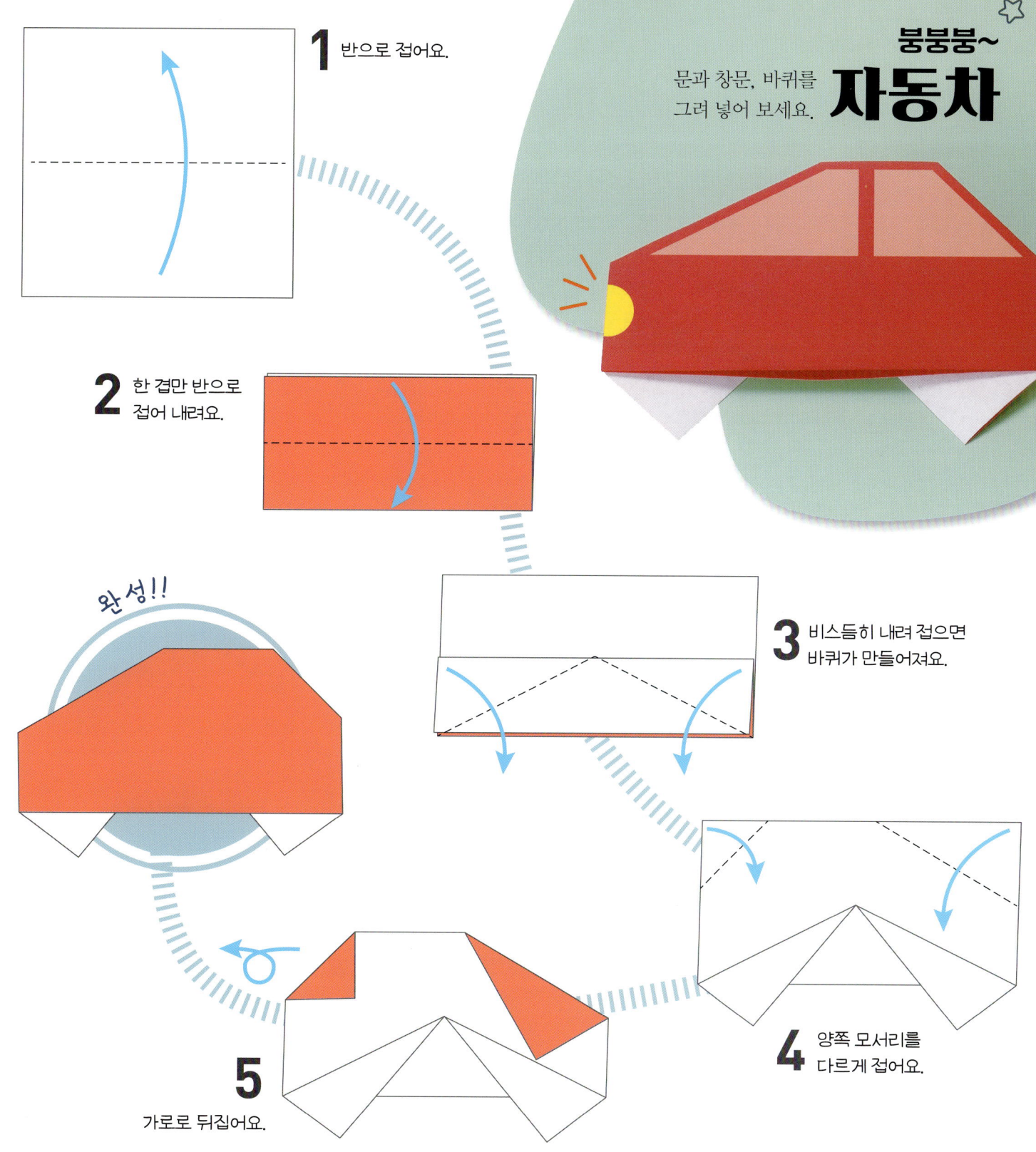

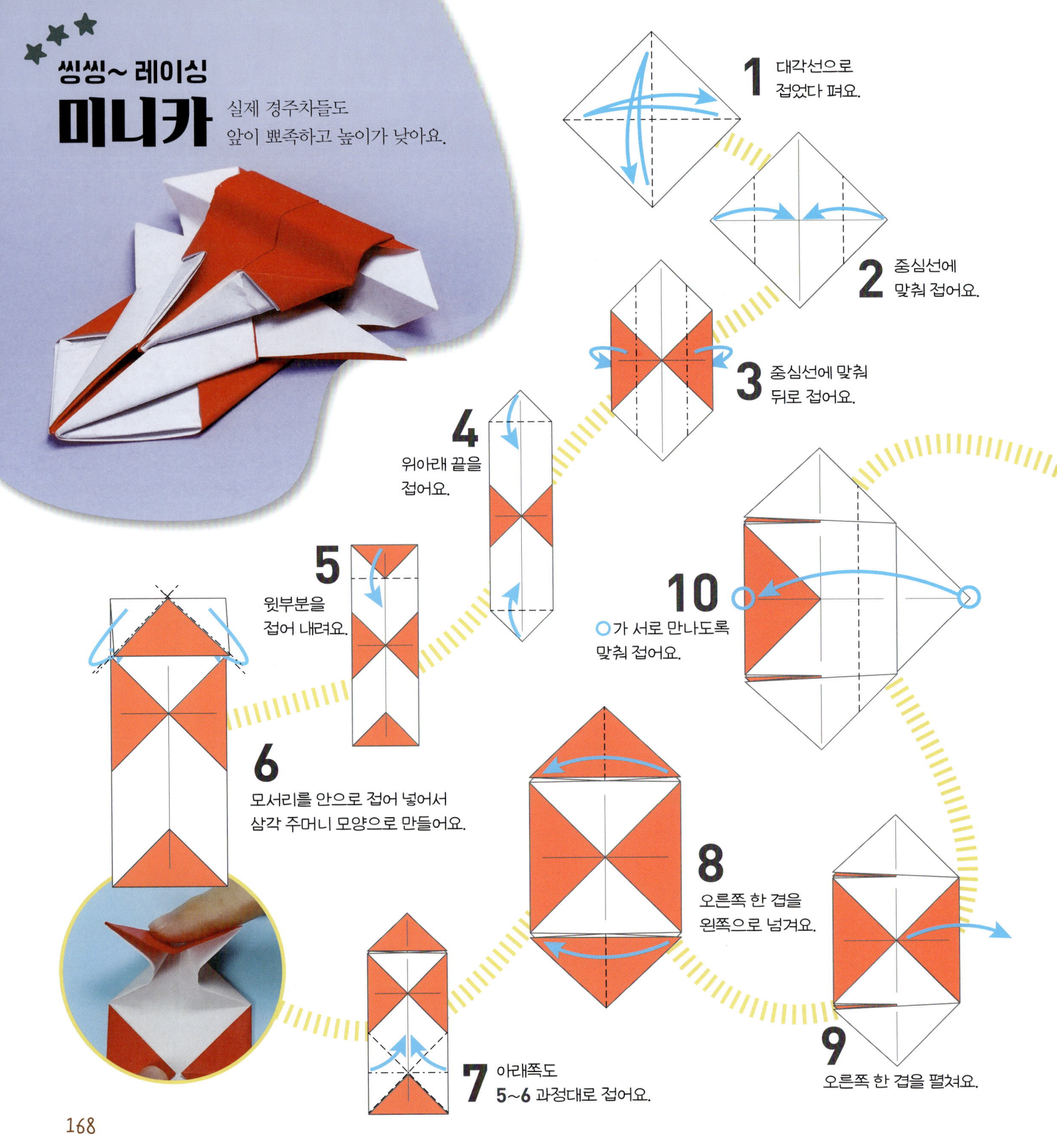

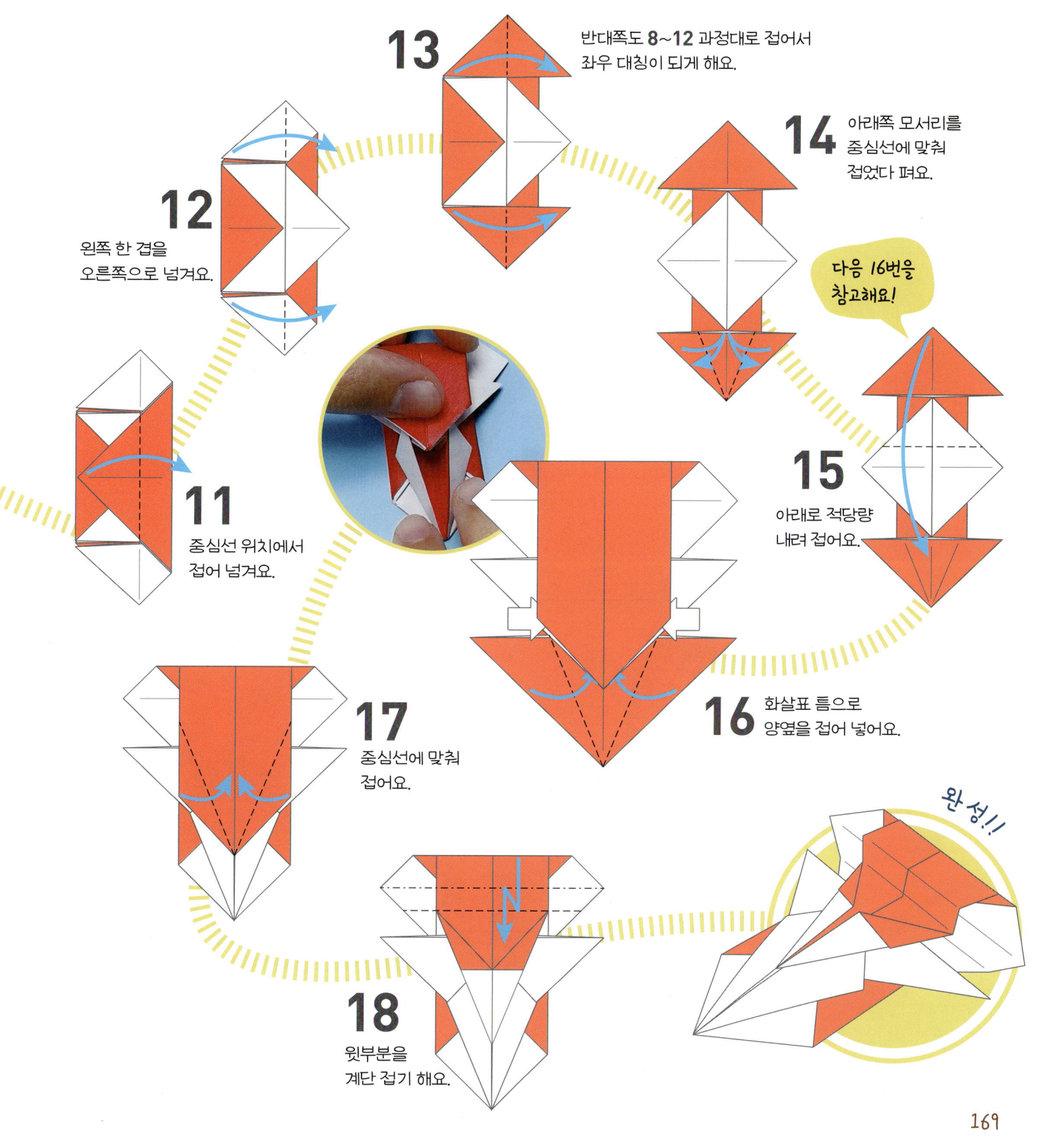

고양이(73p), 툴립(123p), 피아노(147p)
의자(152p, 응용), 칼라 티셔츠(174p), 블라우스(175p)
바지(176p), 주름 스커트(177p), 실내화(184p)

8

나는 패셔니스타
의복과 패션

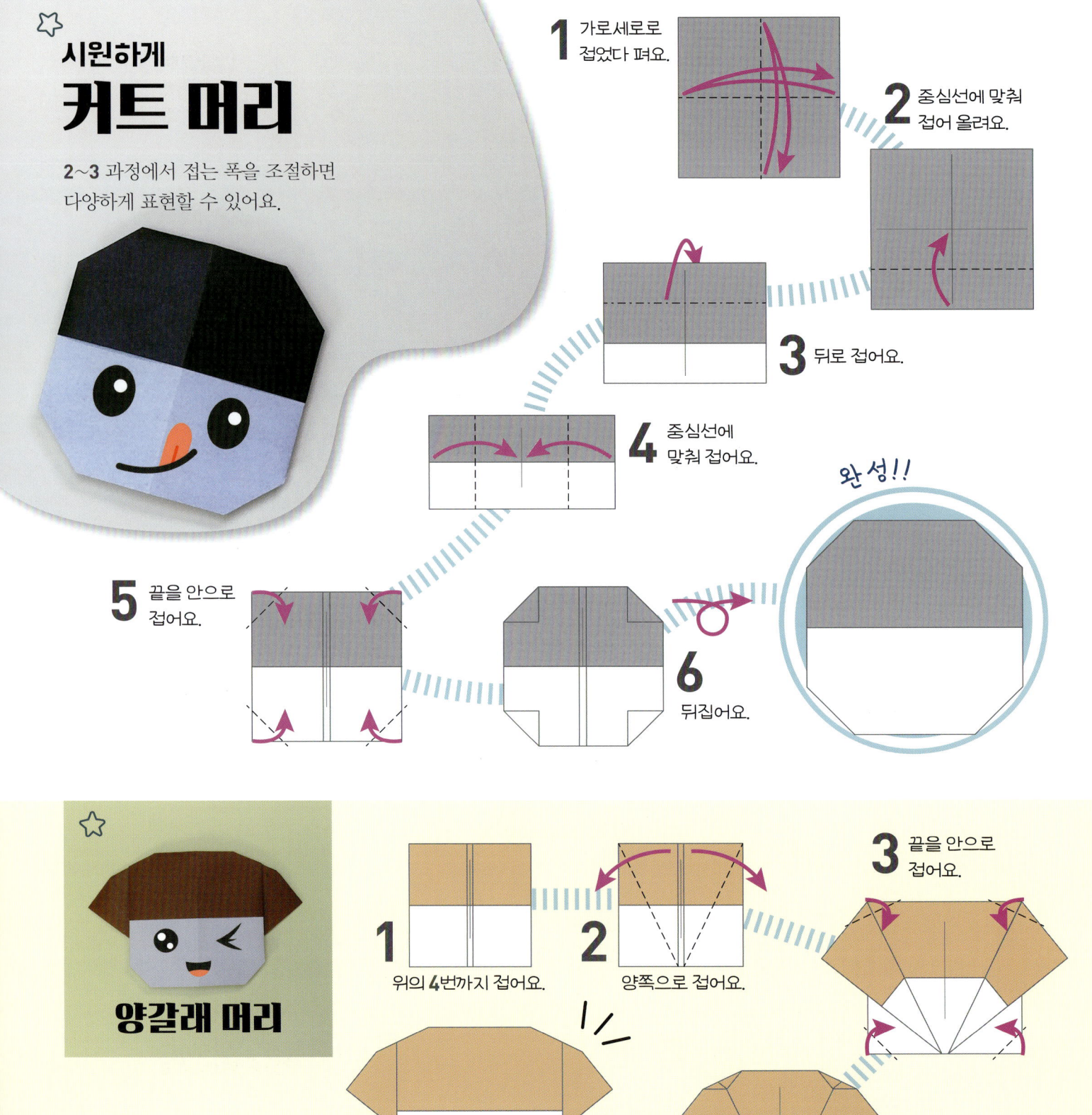

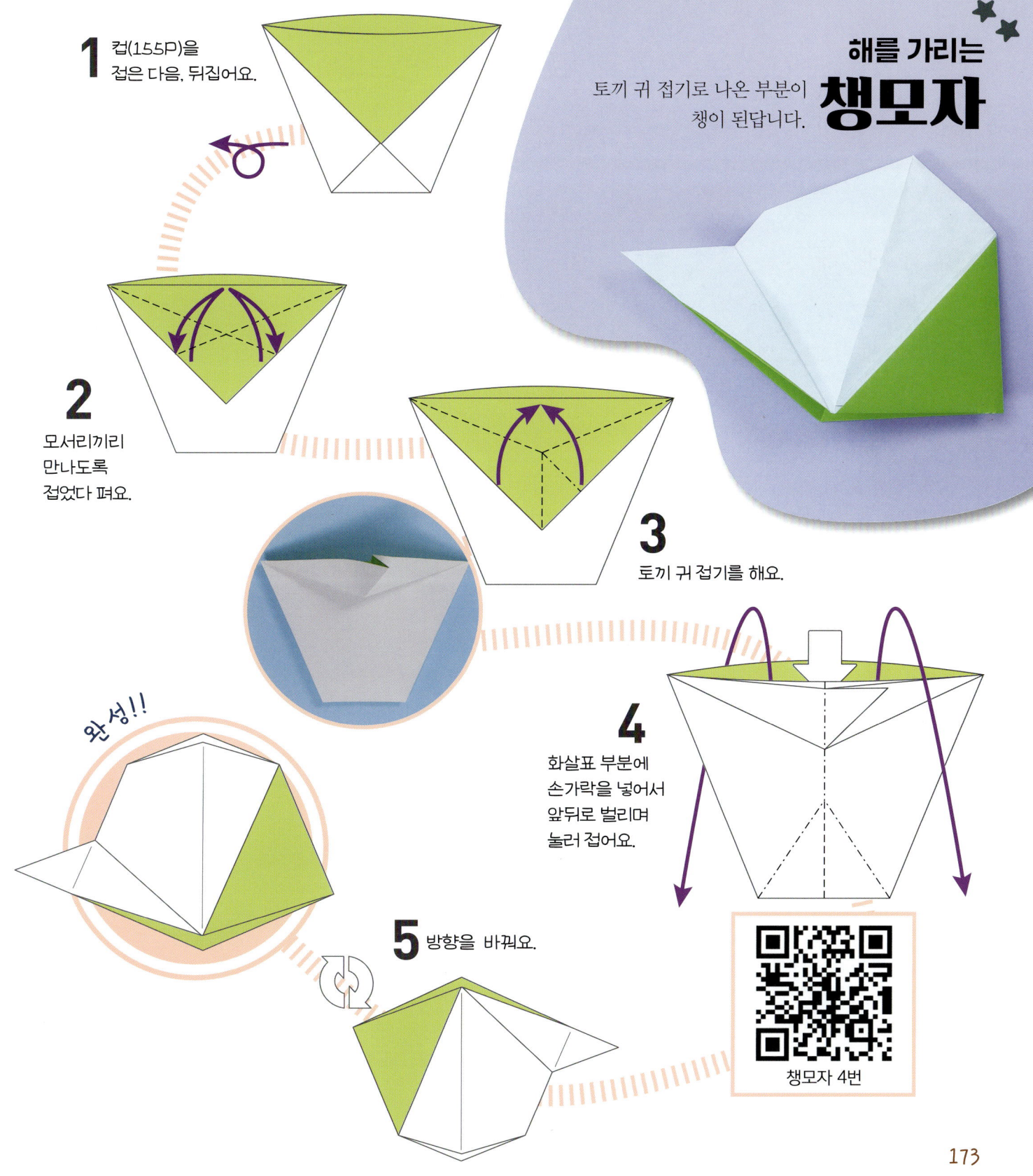

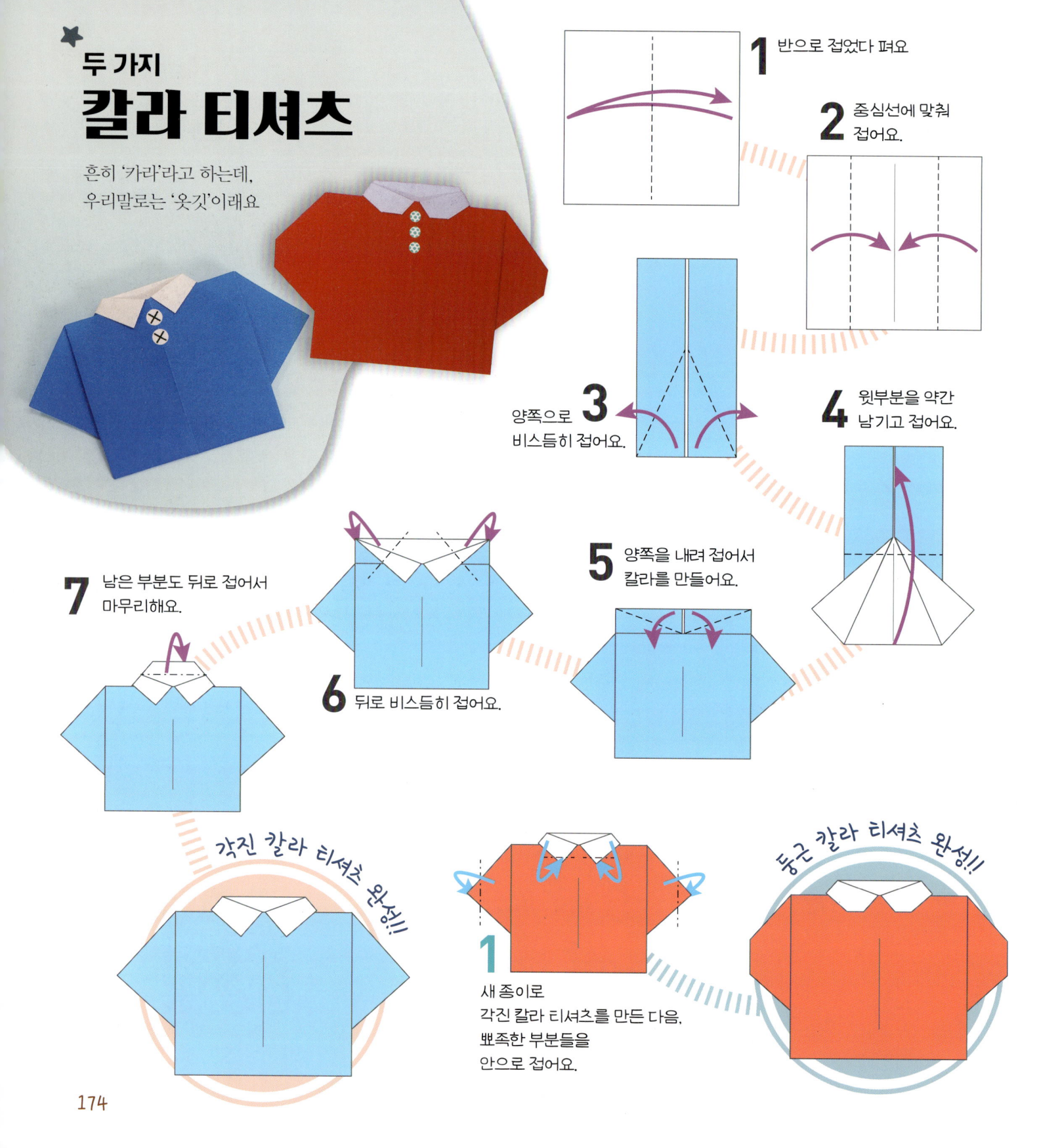

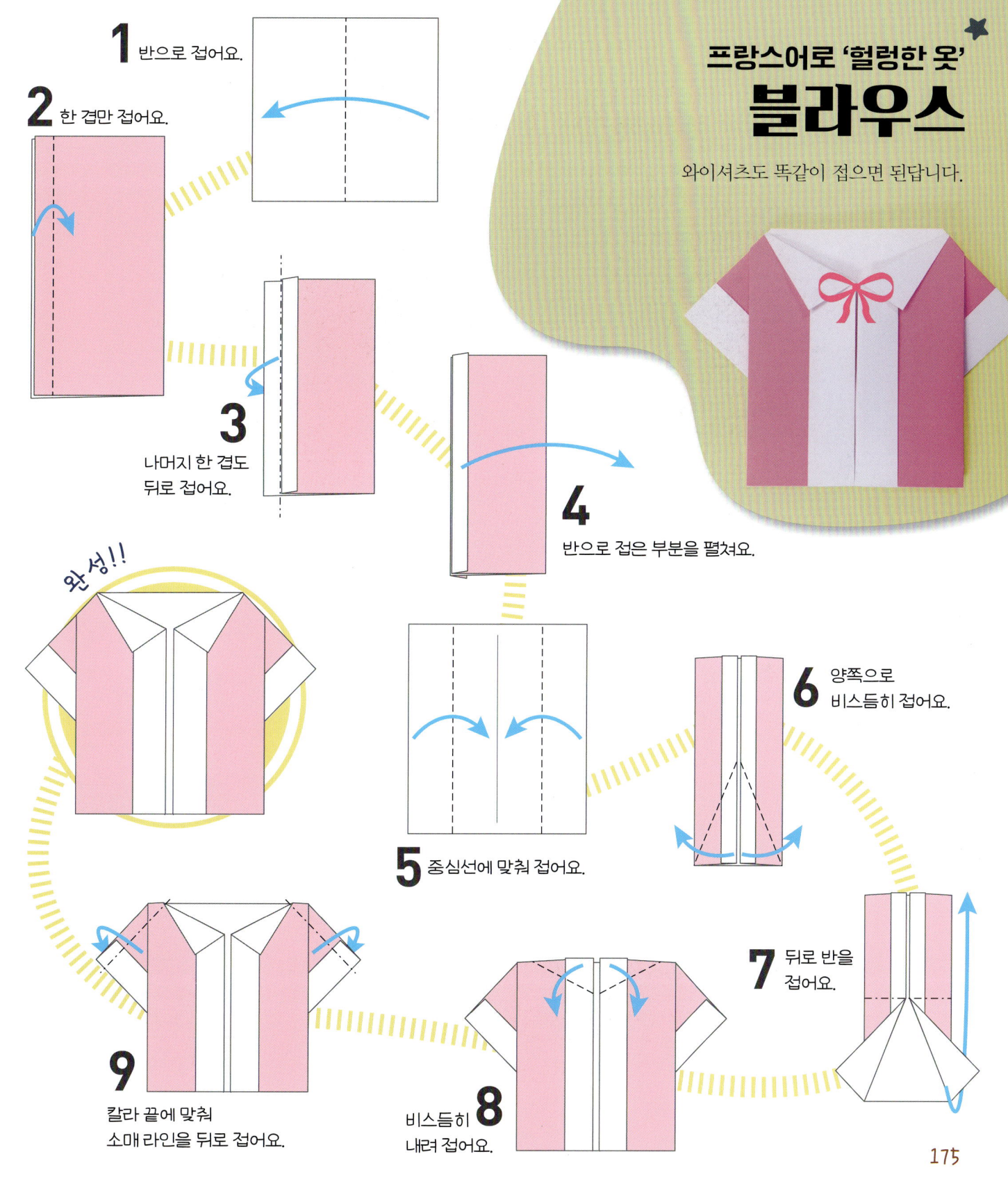

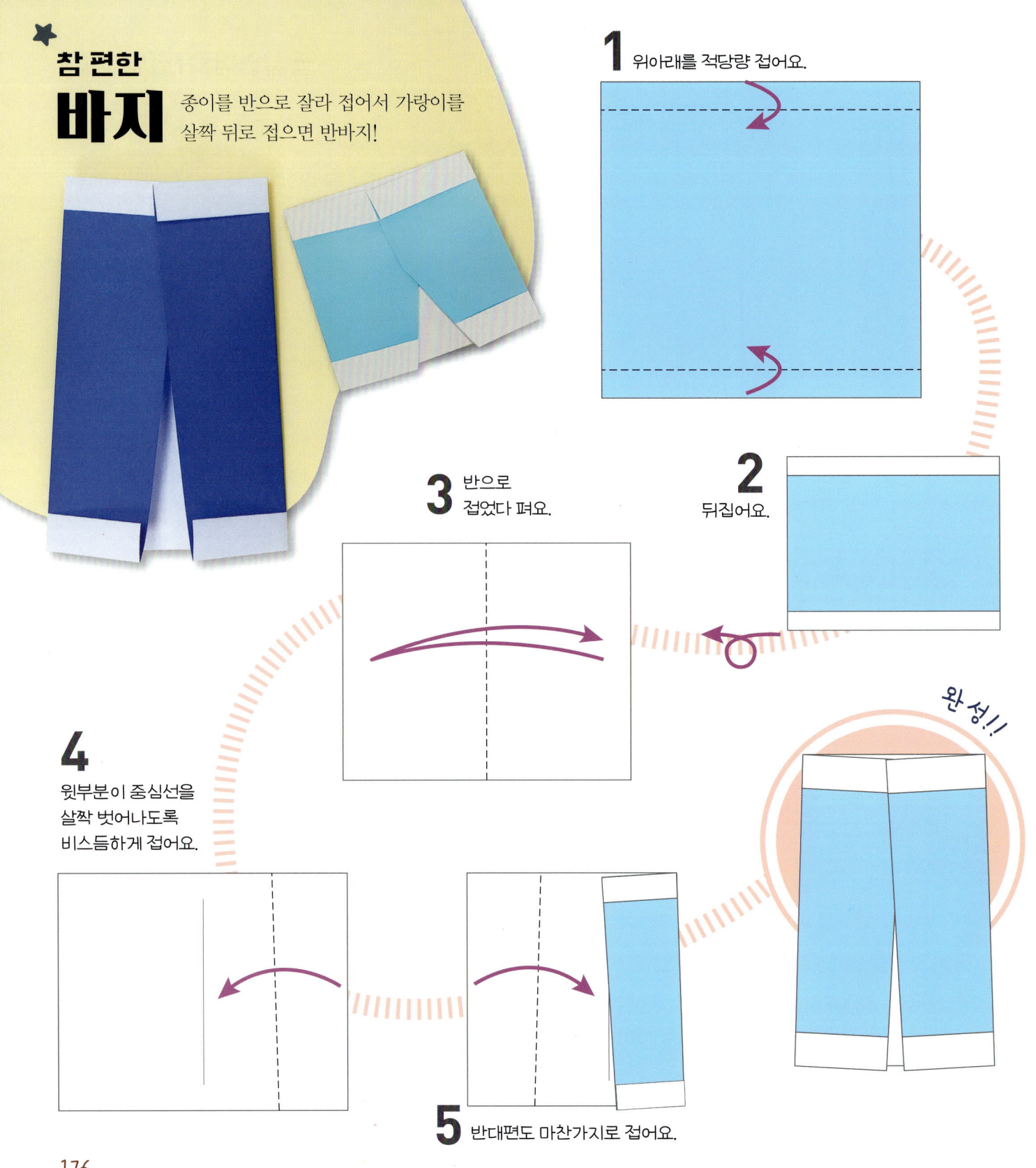

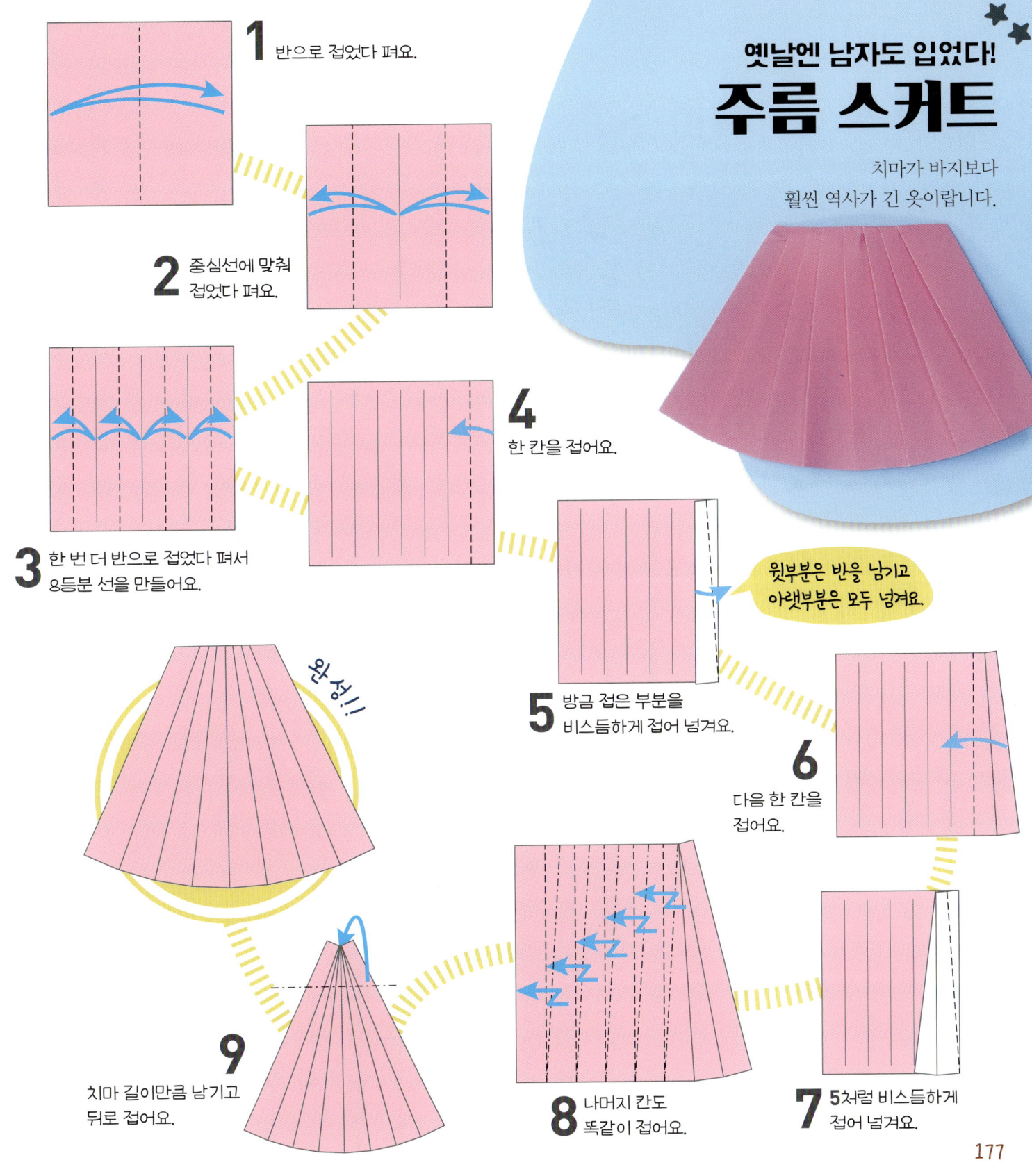

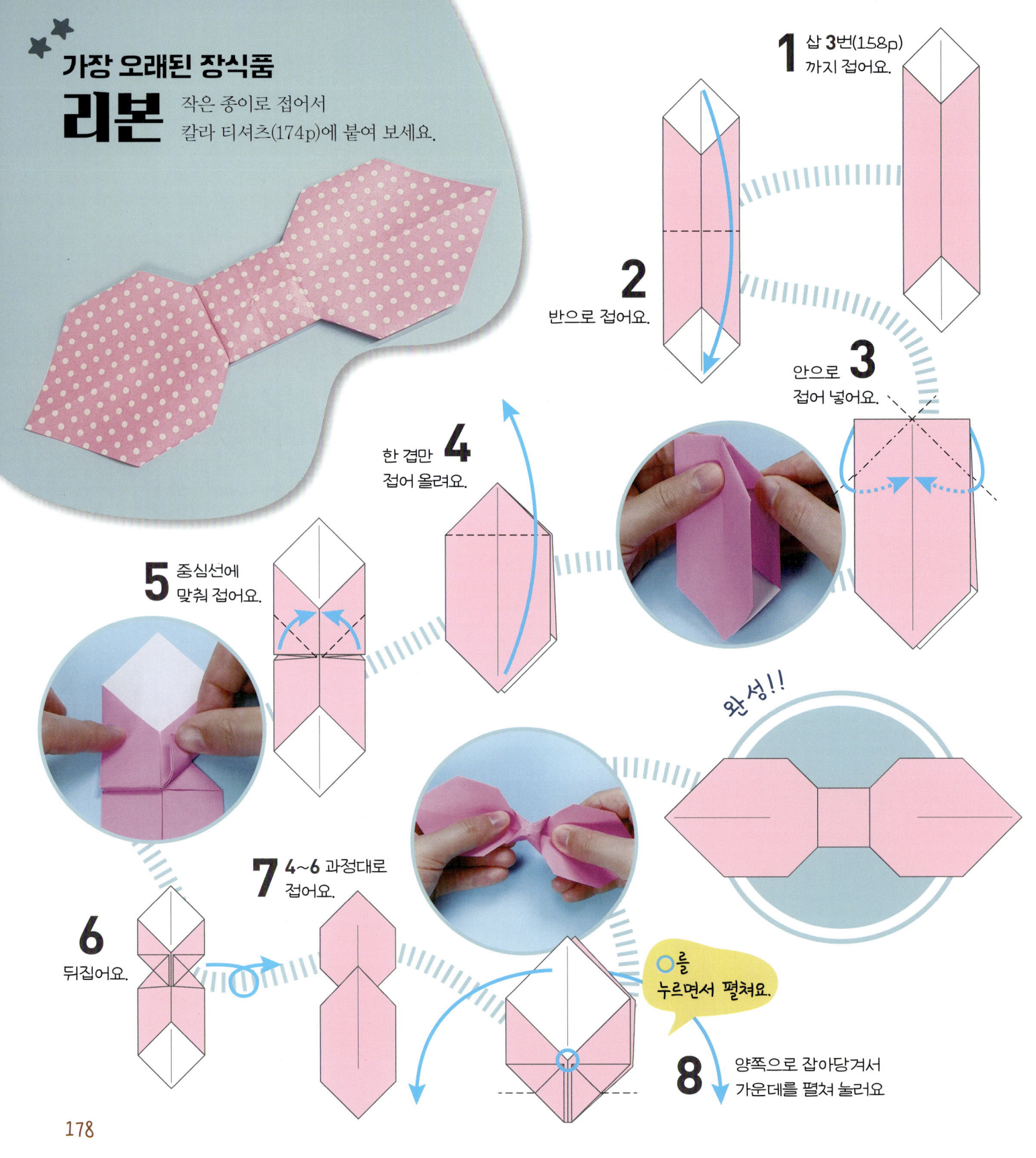

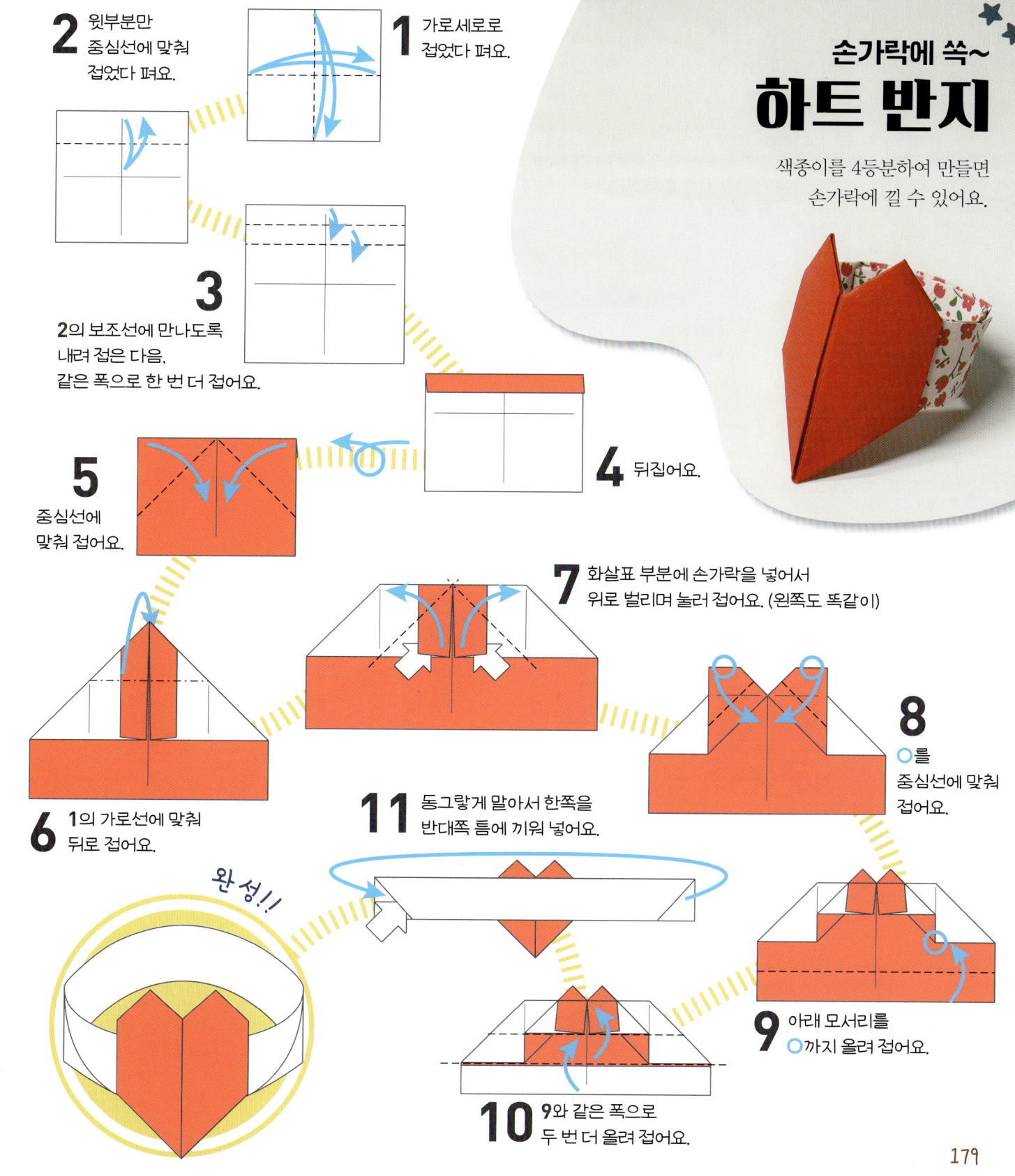

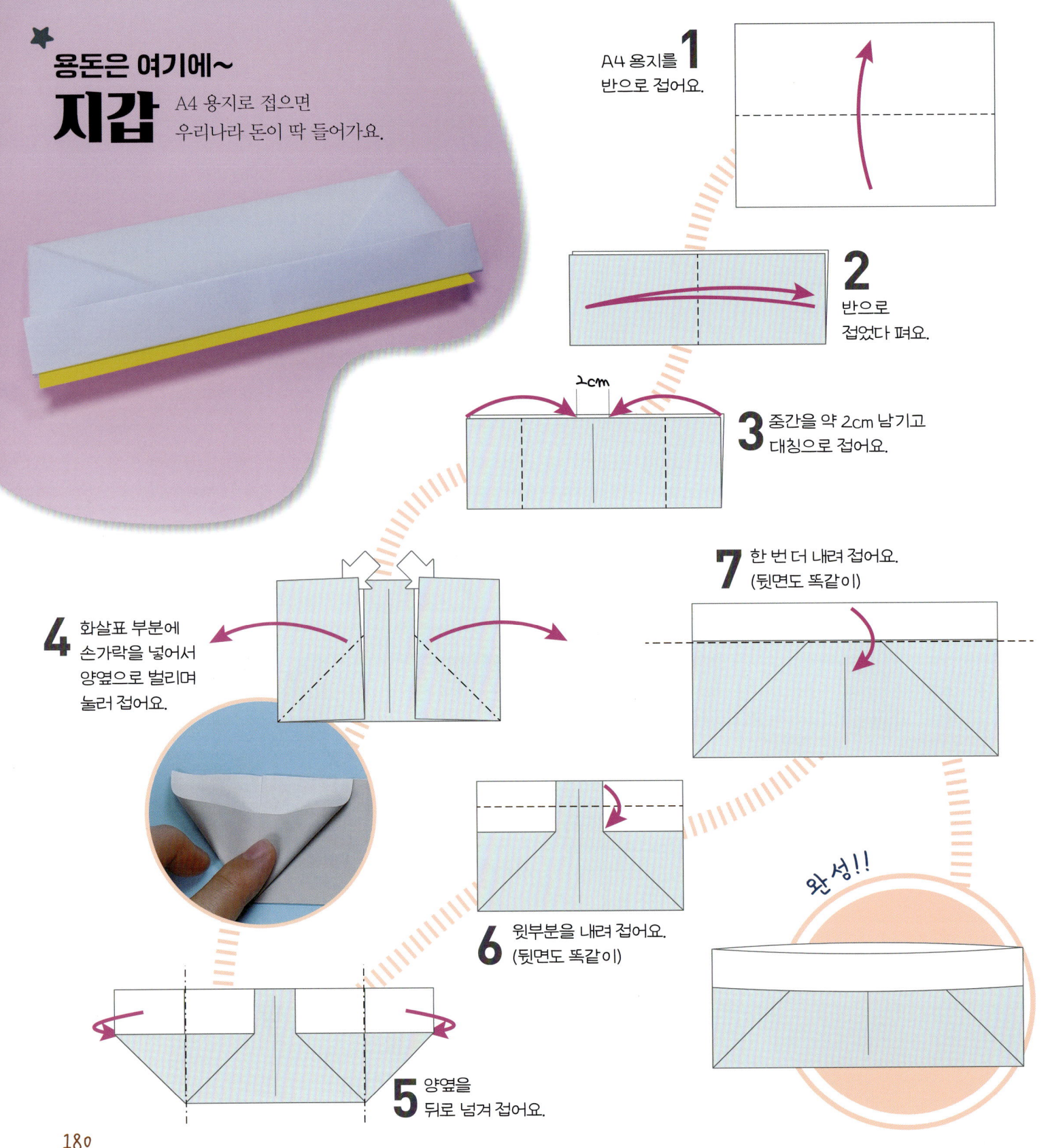

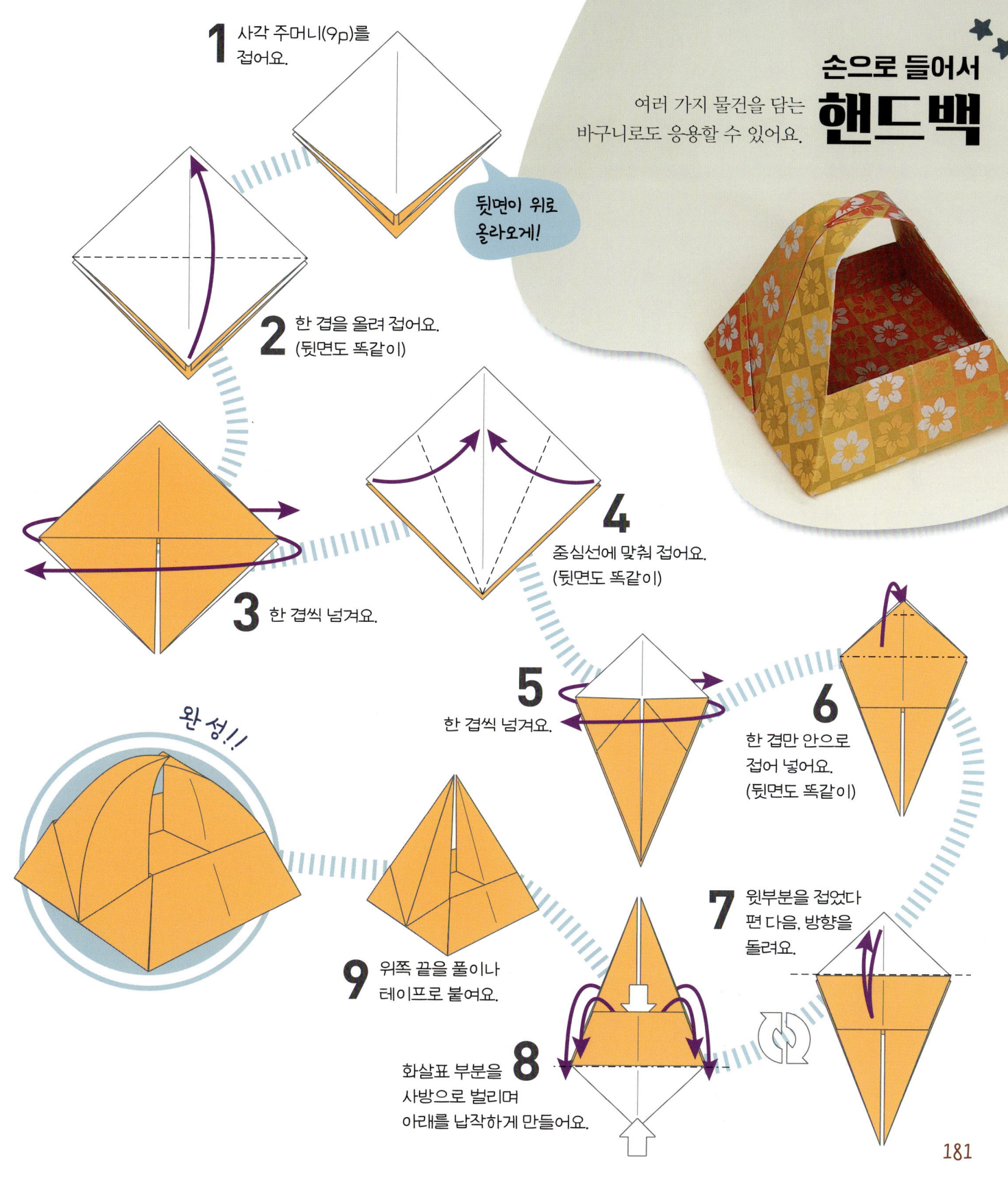

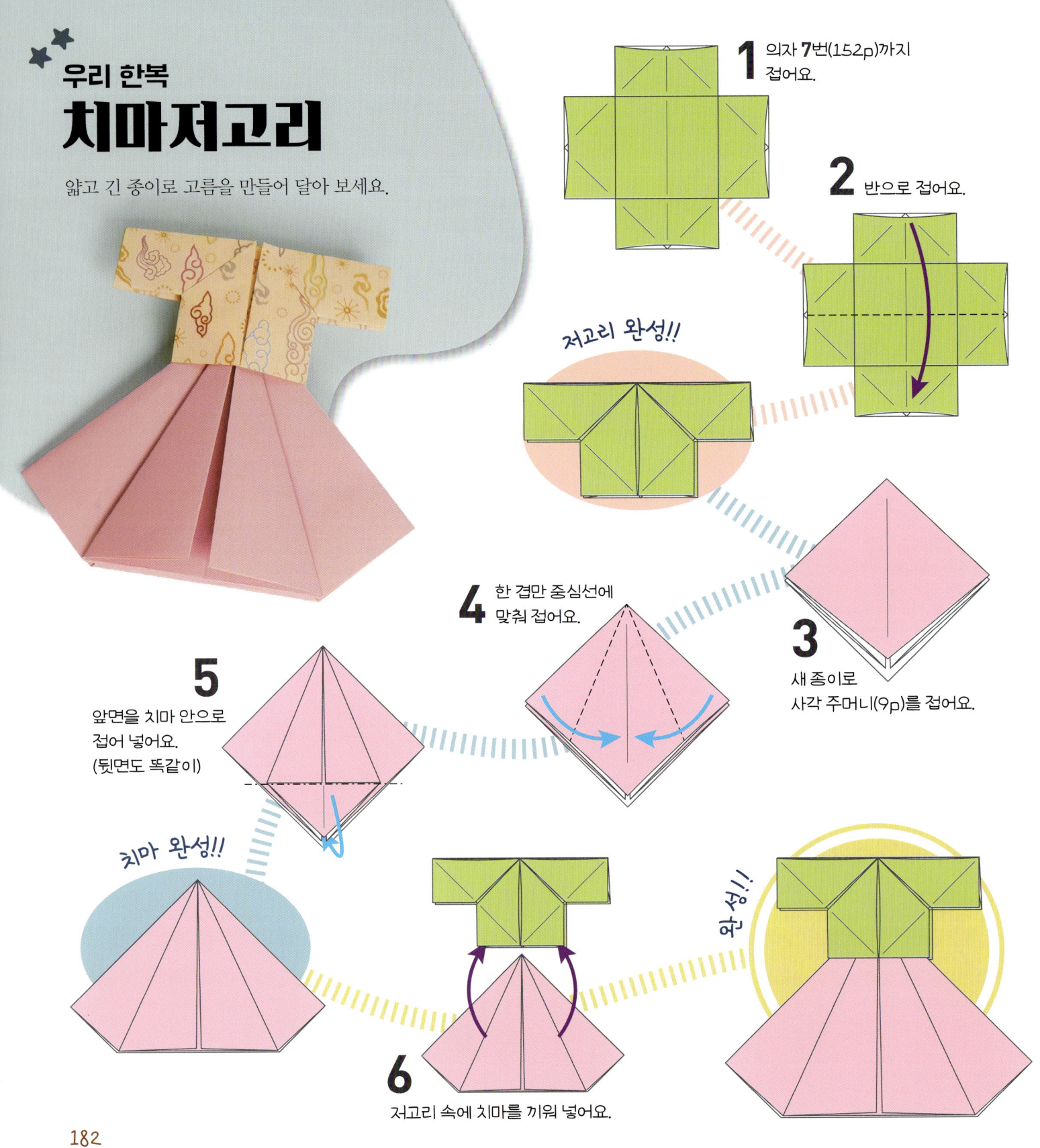

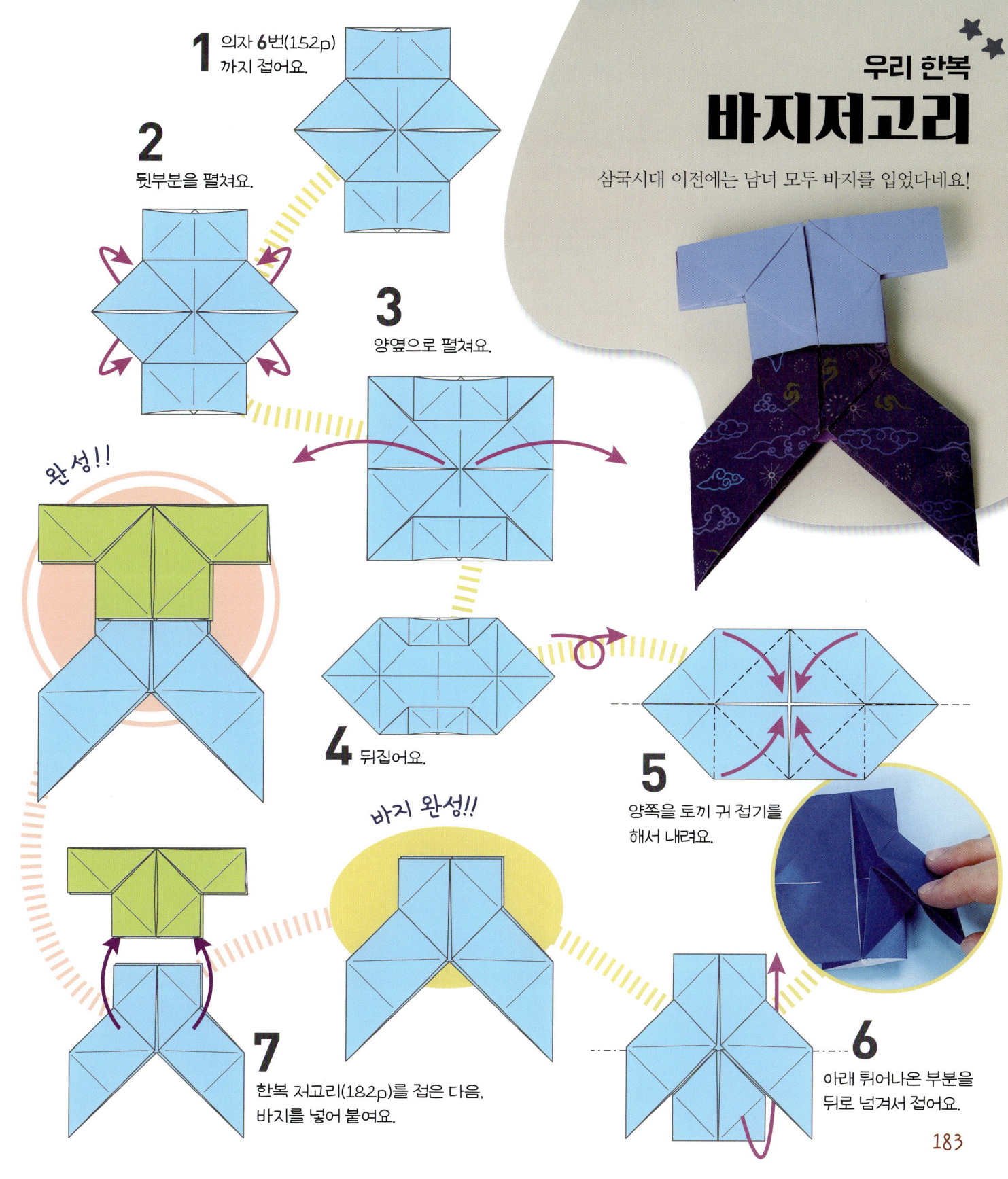

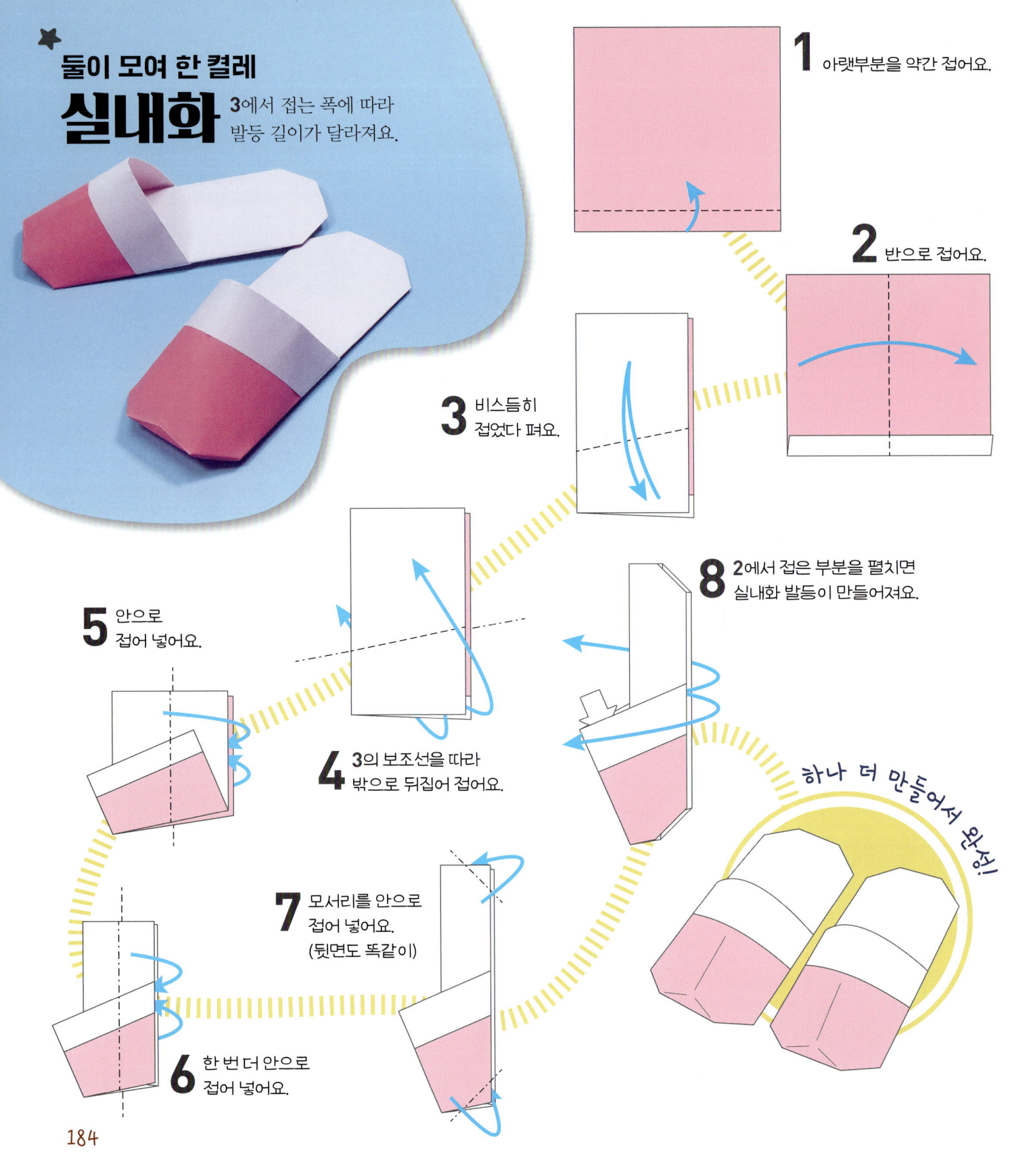

9

신난다 재미난다
장난감

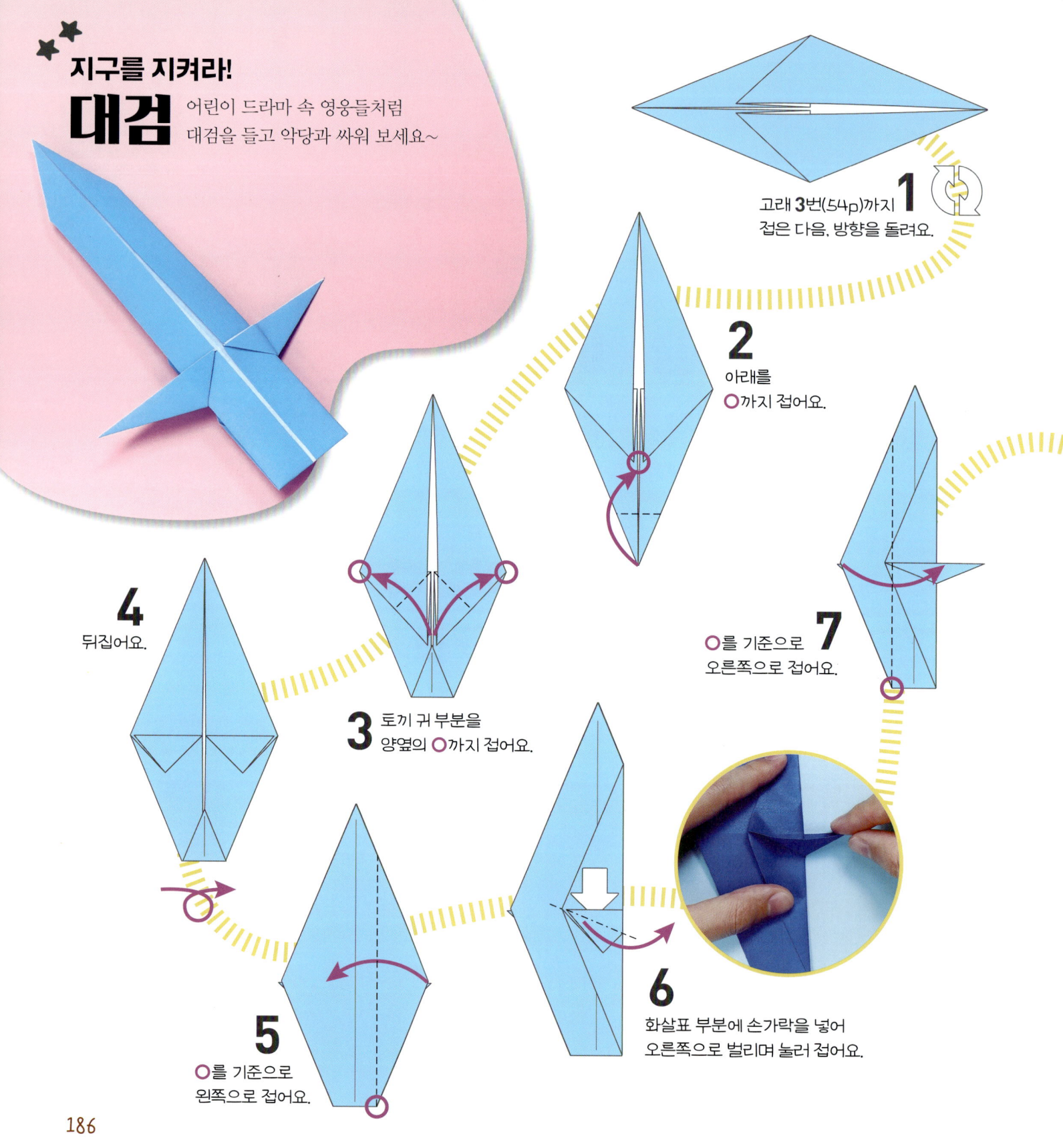

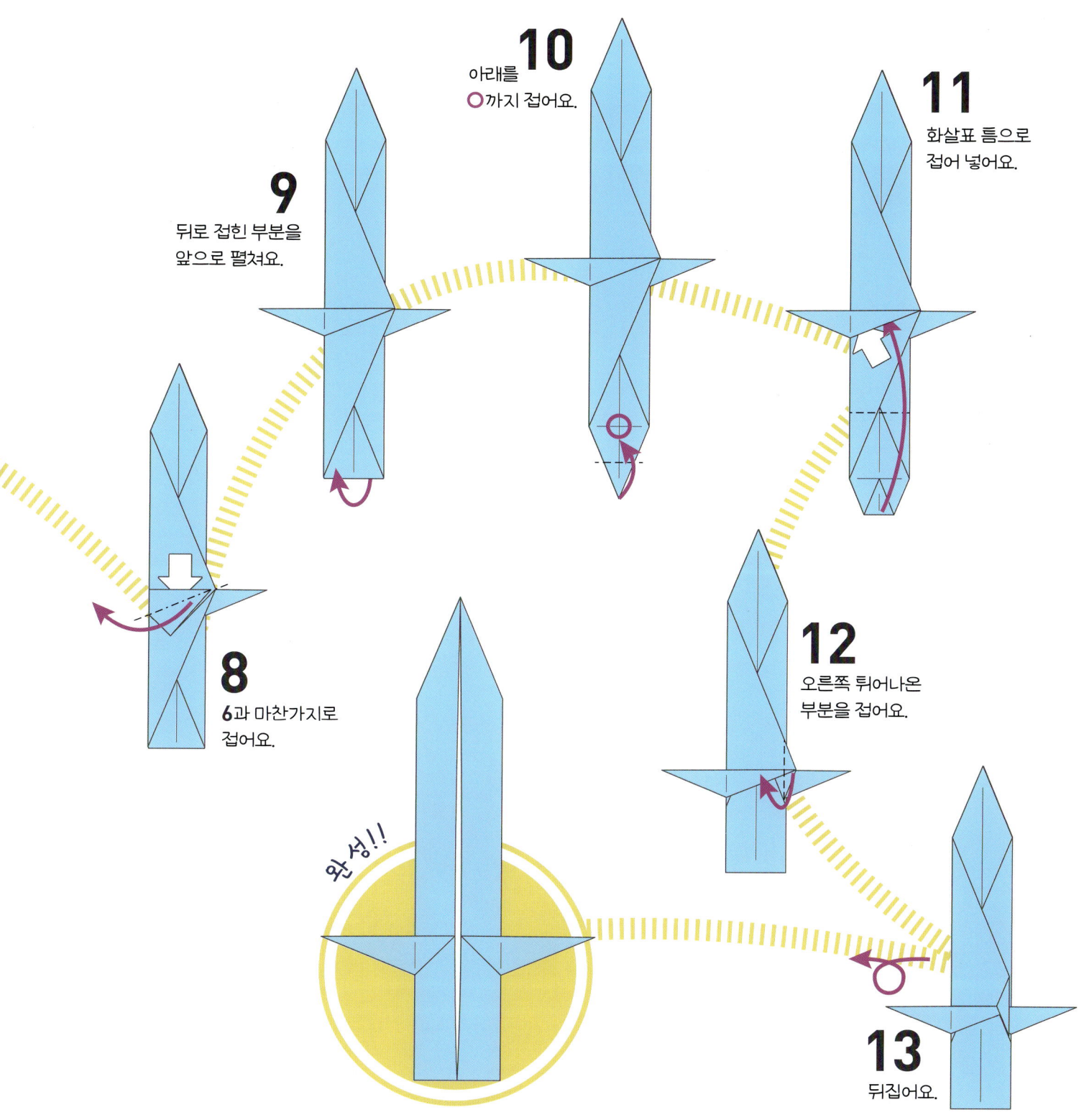

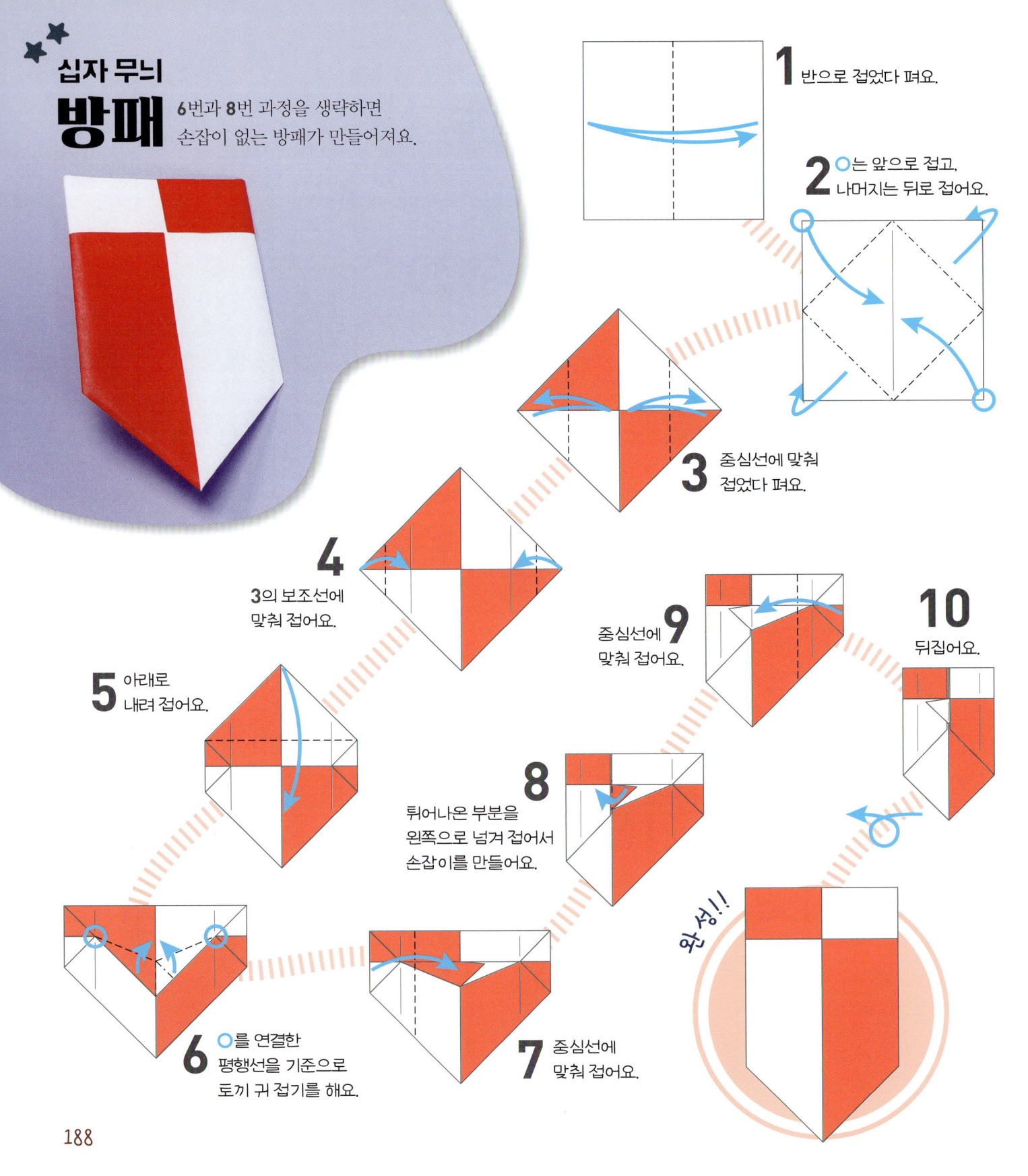

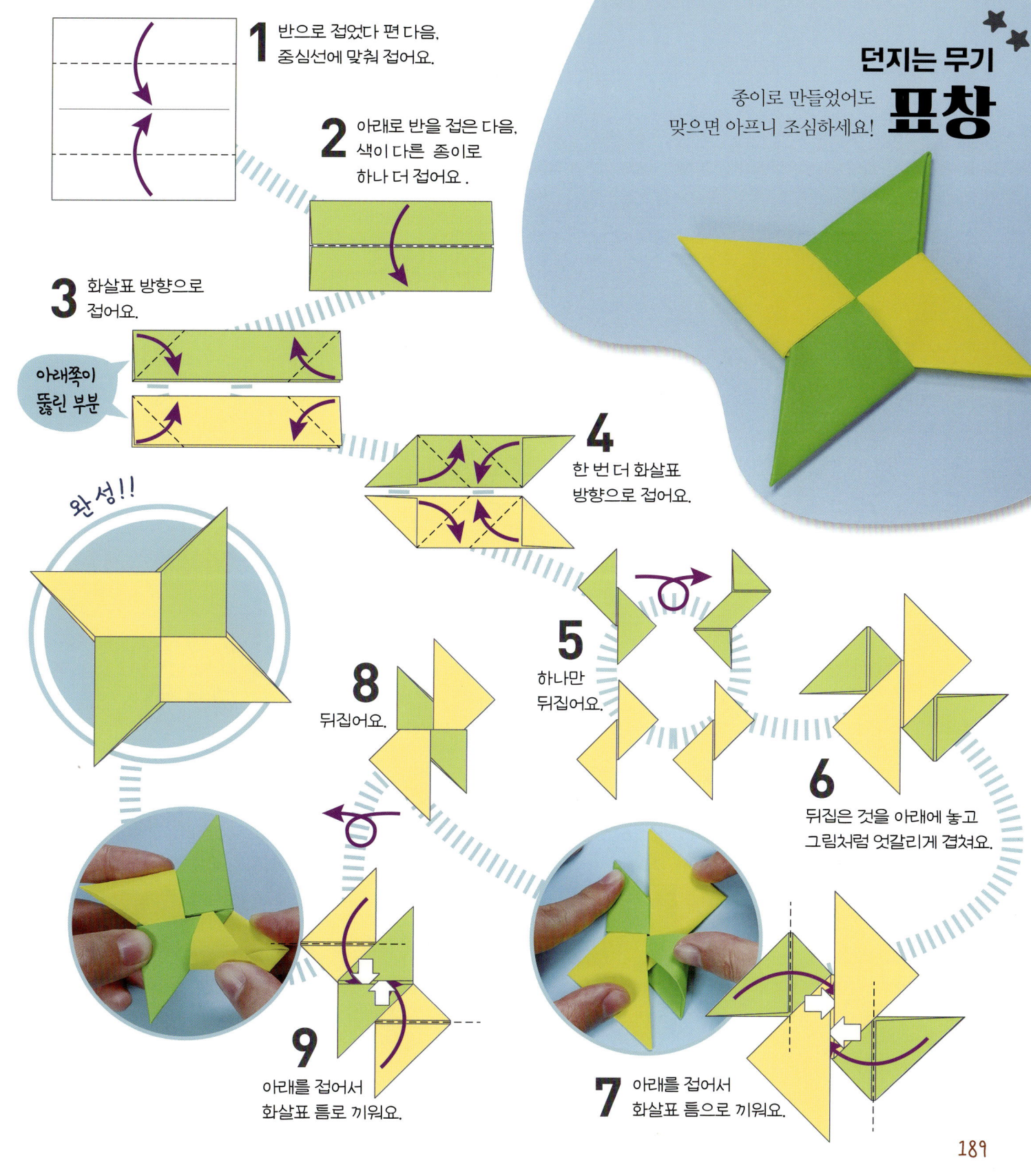

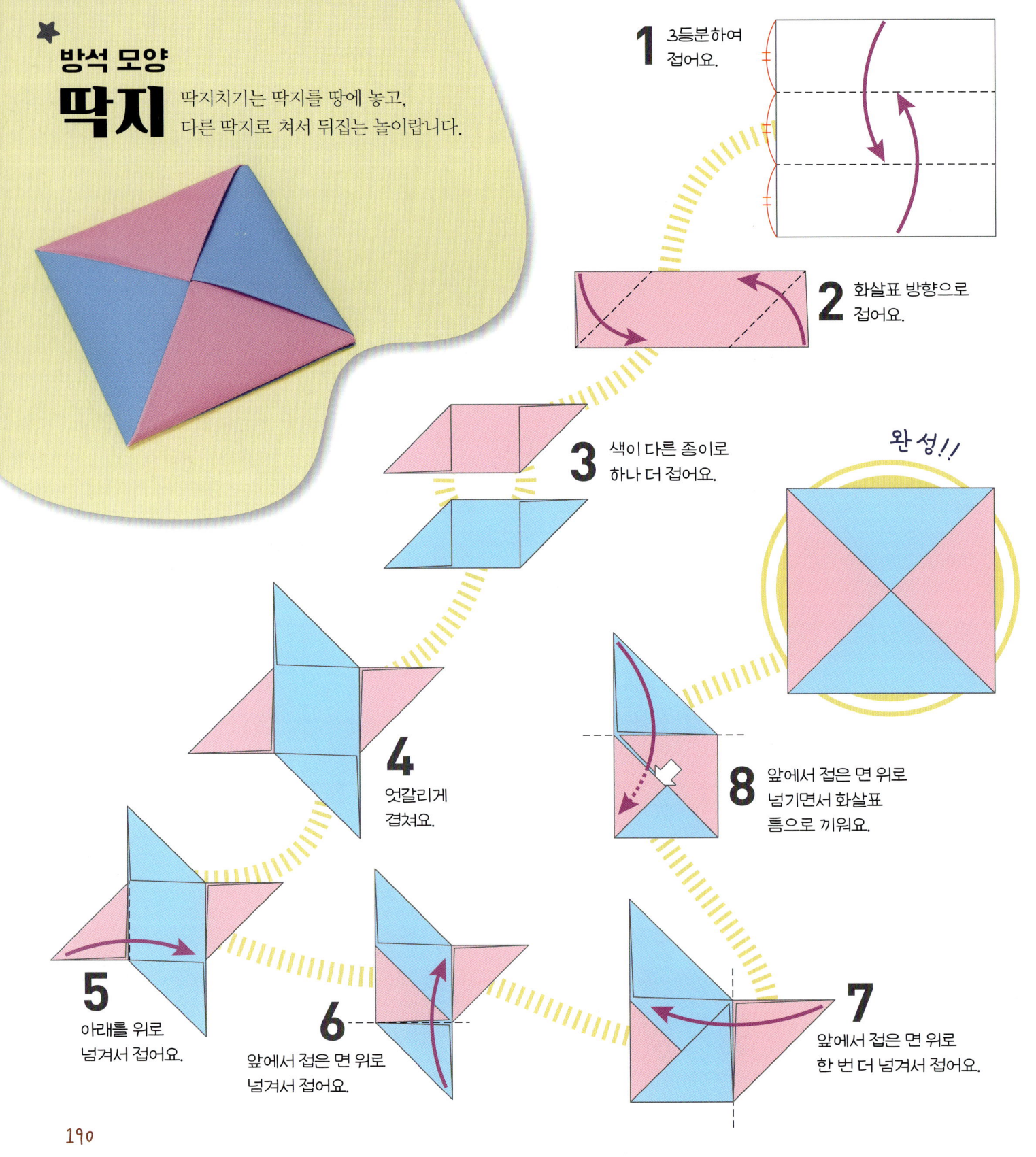

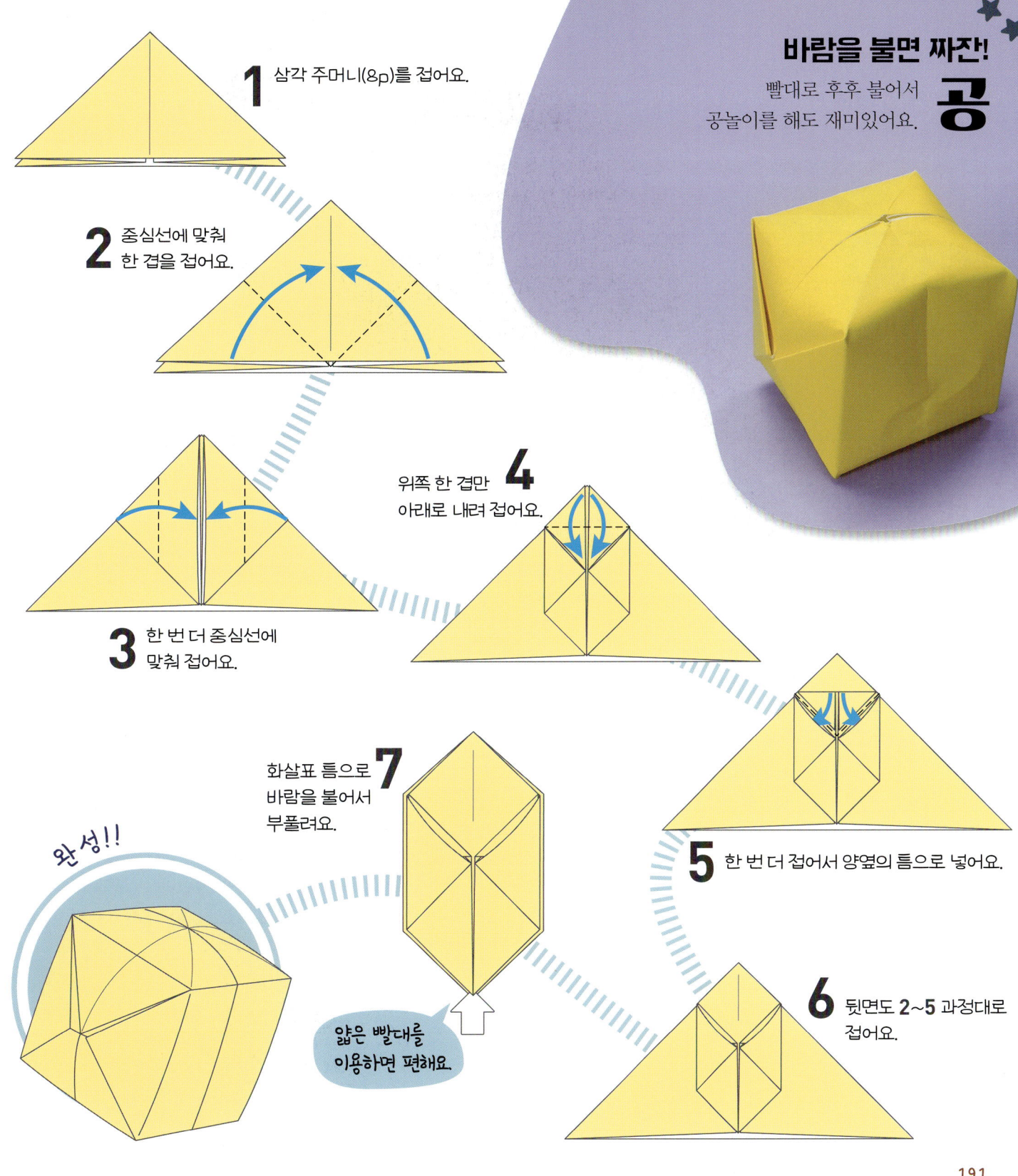

멀리멀리 날아라!
투석기

7.5cm 색종이로 공을 접어서 투석기로 날려 보세요.

1 세모로 접었다 펴요.

2 가로세로로 접었다 펴요.

3 뒤로 접었다 펴요.

4 중심선에 맞춰 접었다 펴요.

5 윗부분이 사각 주머니가 되도록 모아 접어요.

6 뒤집어요.

192

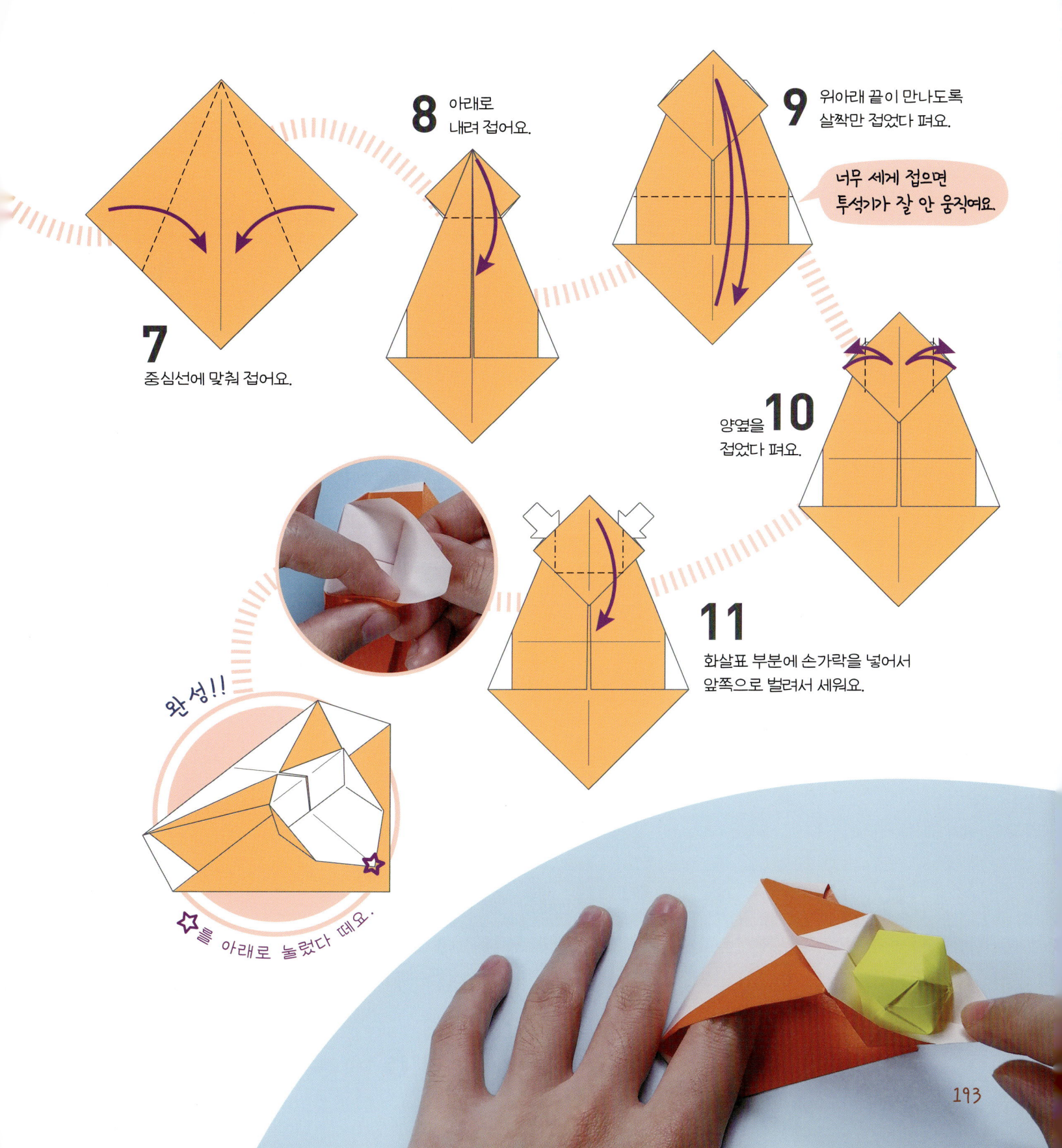

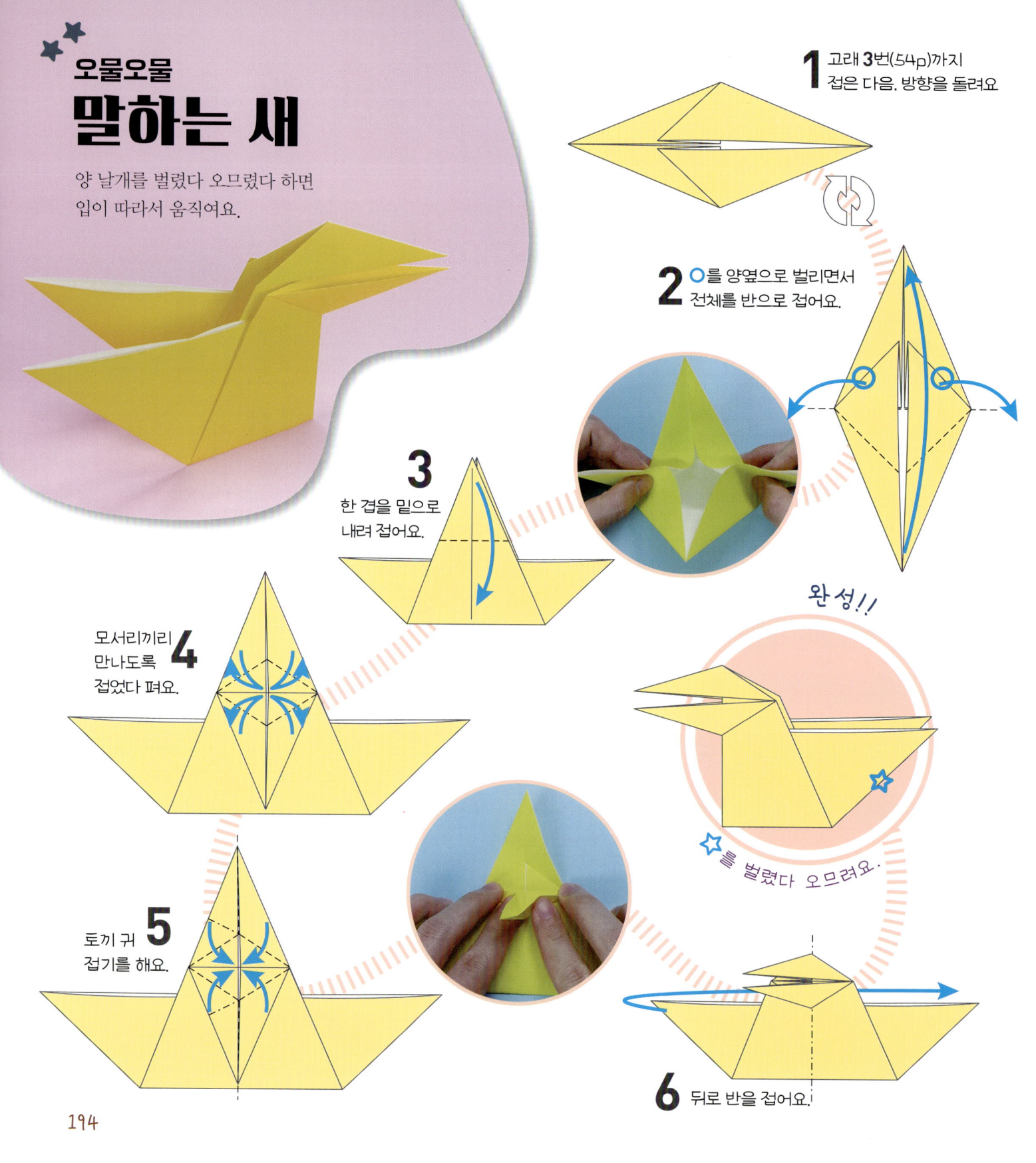

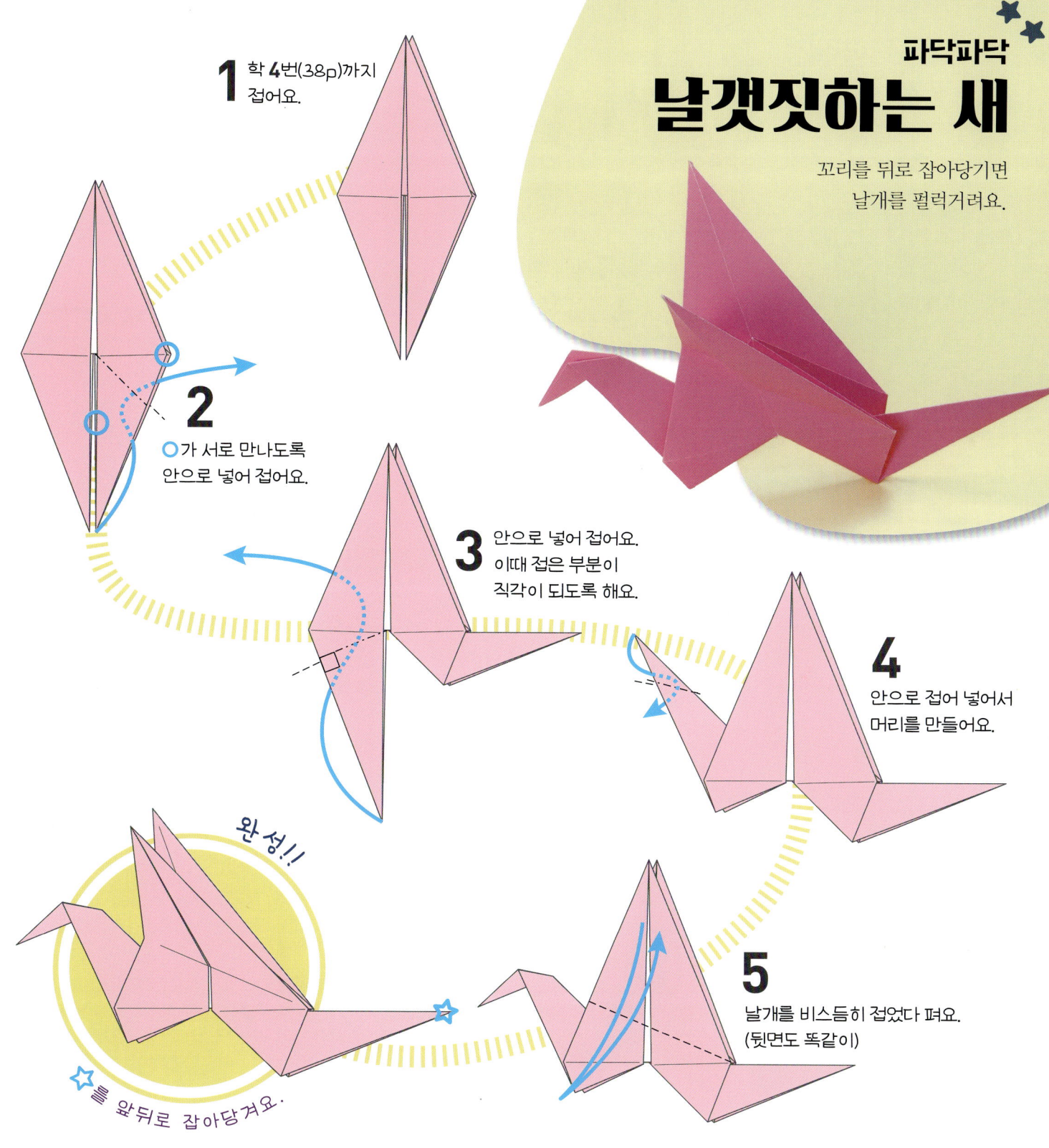

파닥파닥 날갯짓하는 새

꼬리를 뒤로 잡아당기면 날개를 펄럭거려요.

1 학 4번(38p)까지 접어요.

2 ○가 서로 만나도록 안으로 넣어 접어요.

3 안으로 넣어 접어요. 이때 접은 부분이 직각이 되도록 해요.

4 안으로 접어 넣어서 머리를 만들어요.

5 날개를 비스듬히 접었다 펴요. (뒷면도 똑같이)

완성!!
☆를 앞뒤로 잡아당겨요.

멀리멀리 뛰어라!
점프하는 개구리

작은 종이로 접을수록 멀리 뛰어요!

1 반으로 접었다 펴요.

2 중심선에 맞춰 접어요.

3 모서리끼리 만나도록 접었다 펴요.

4 3의 대각선 중심을 기준으로 접었다 펴요.

5 양옆을 오므려서 삼각 주머니 모양으로 접어요.

6 비스듬히 올려 접으면 앞다리가 만들어져요.

7 아래쪽 모서리를 ○까지 접어 올려요.

8 양옆을 중심선에 맞춰 접어서 화살표 틈으로 끼워요.

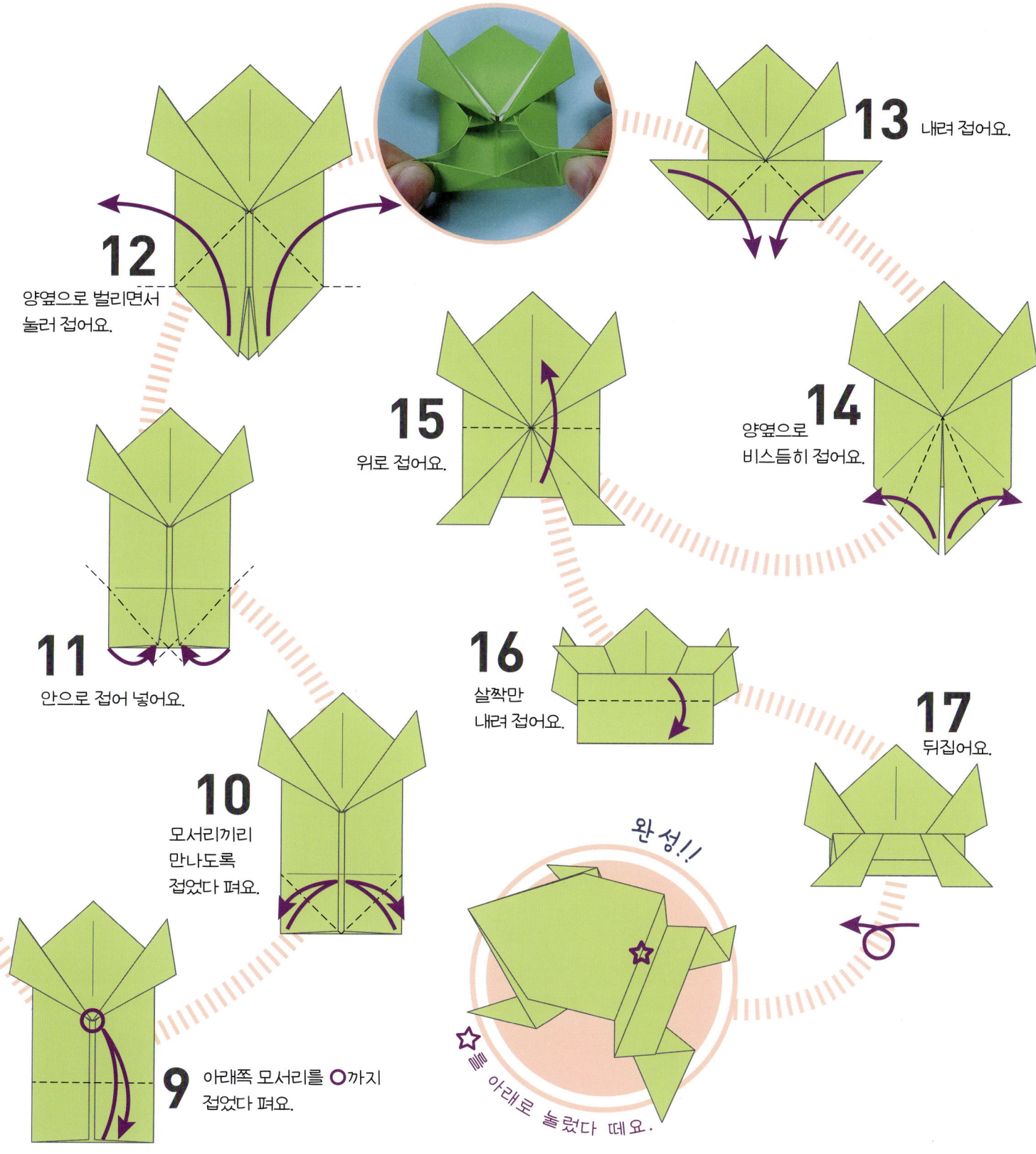

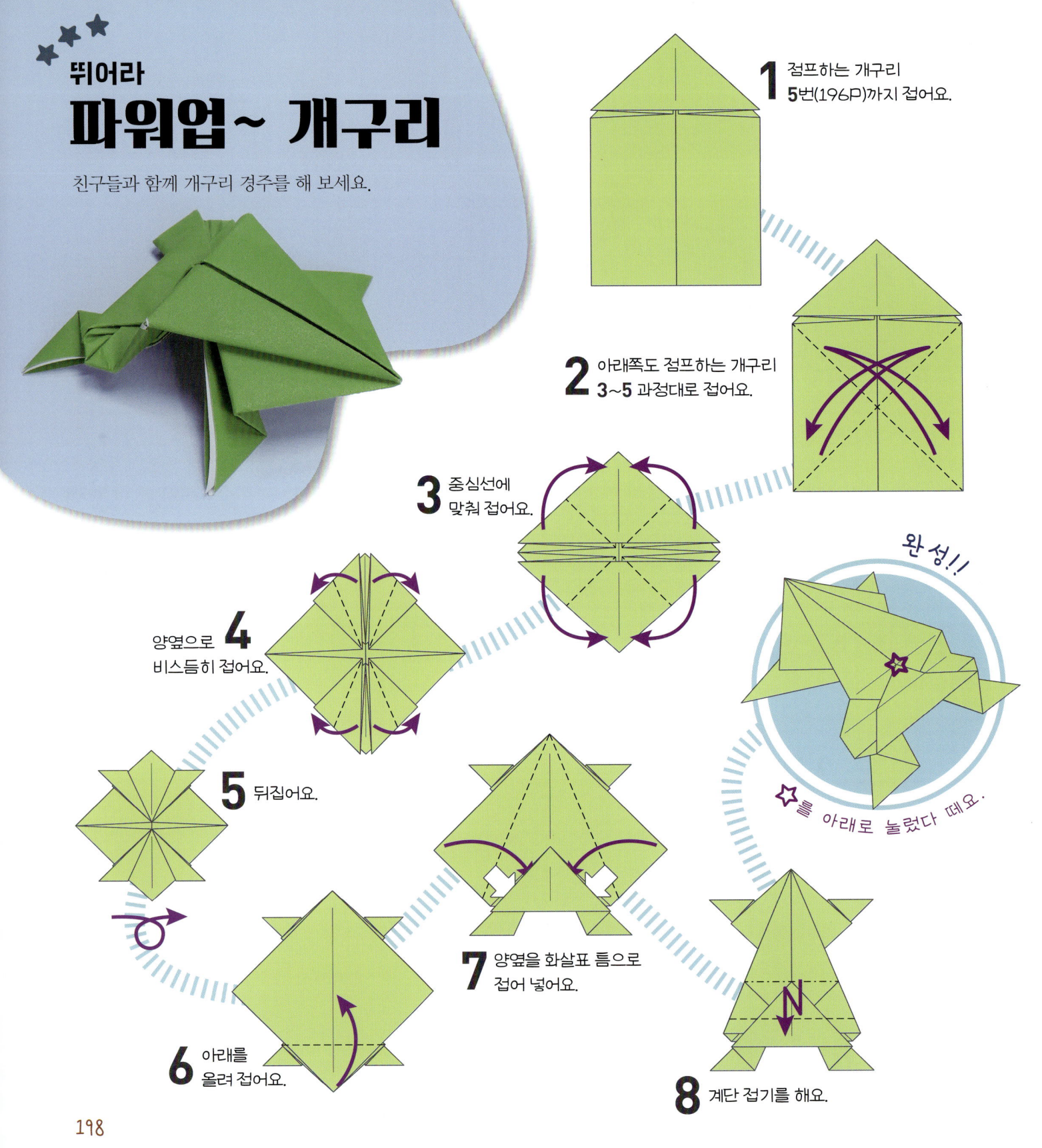

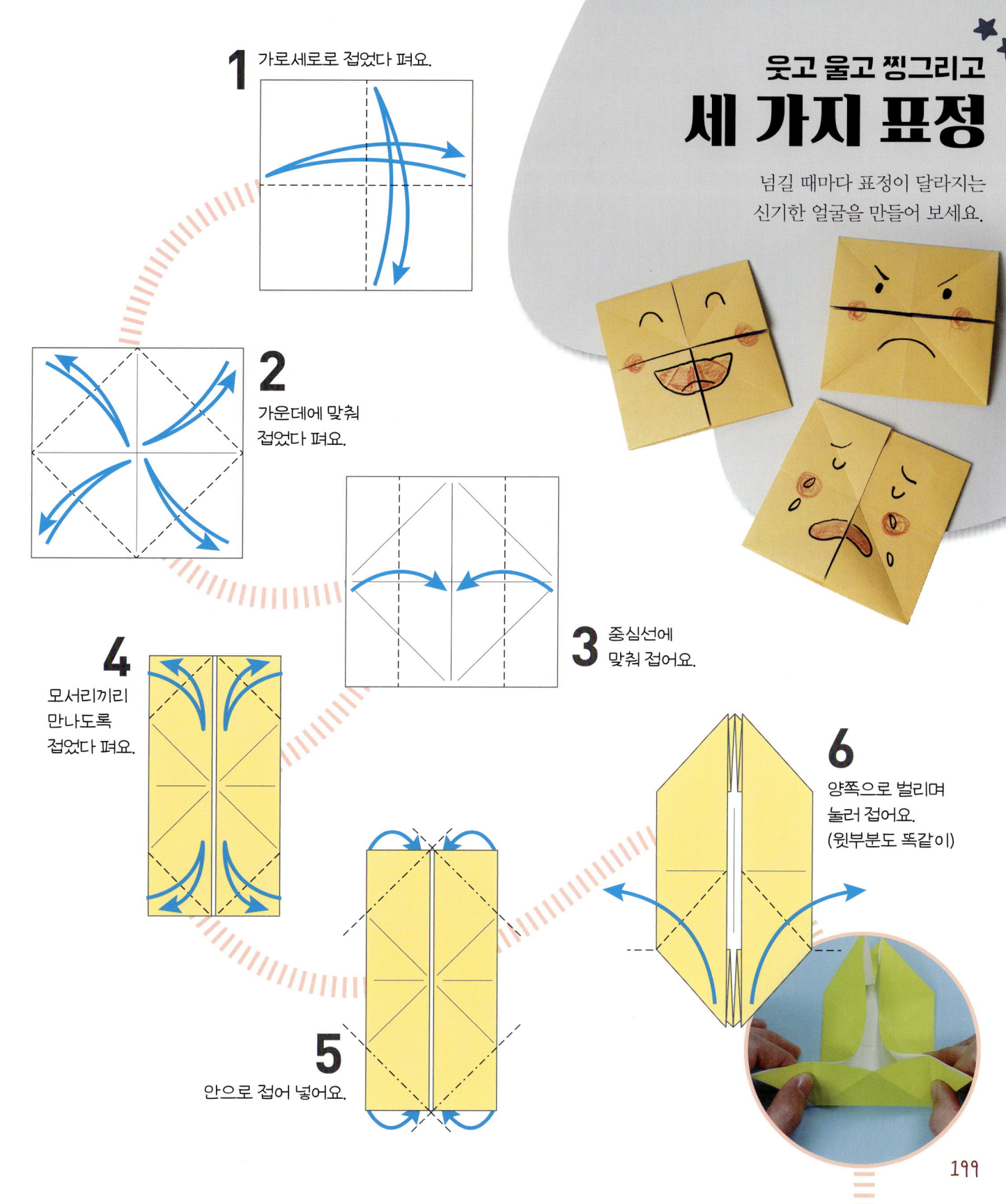

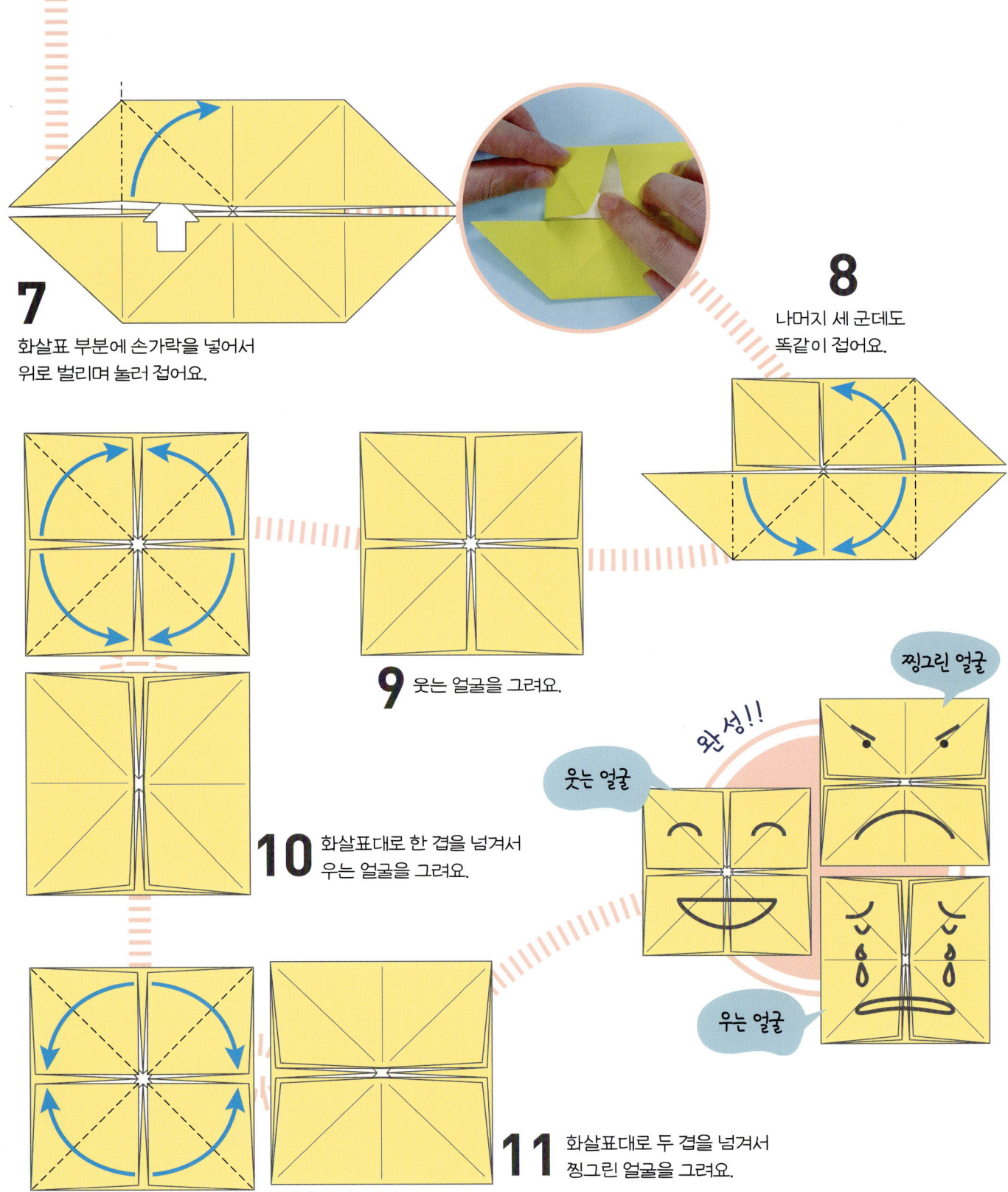

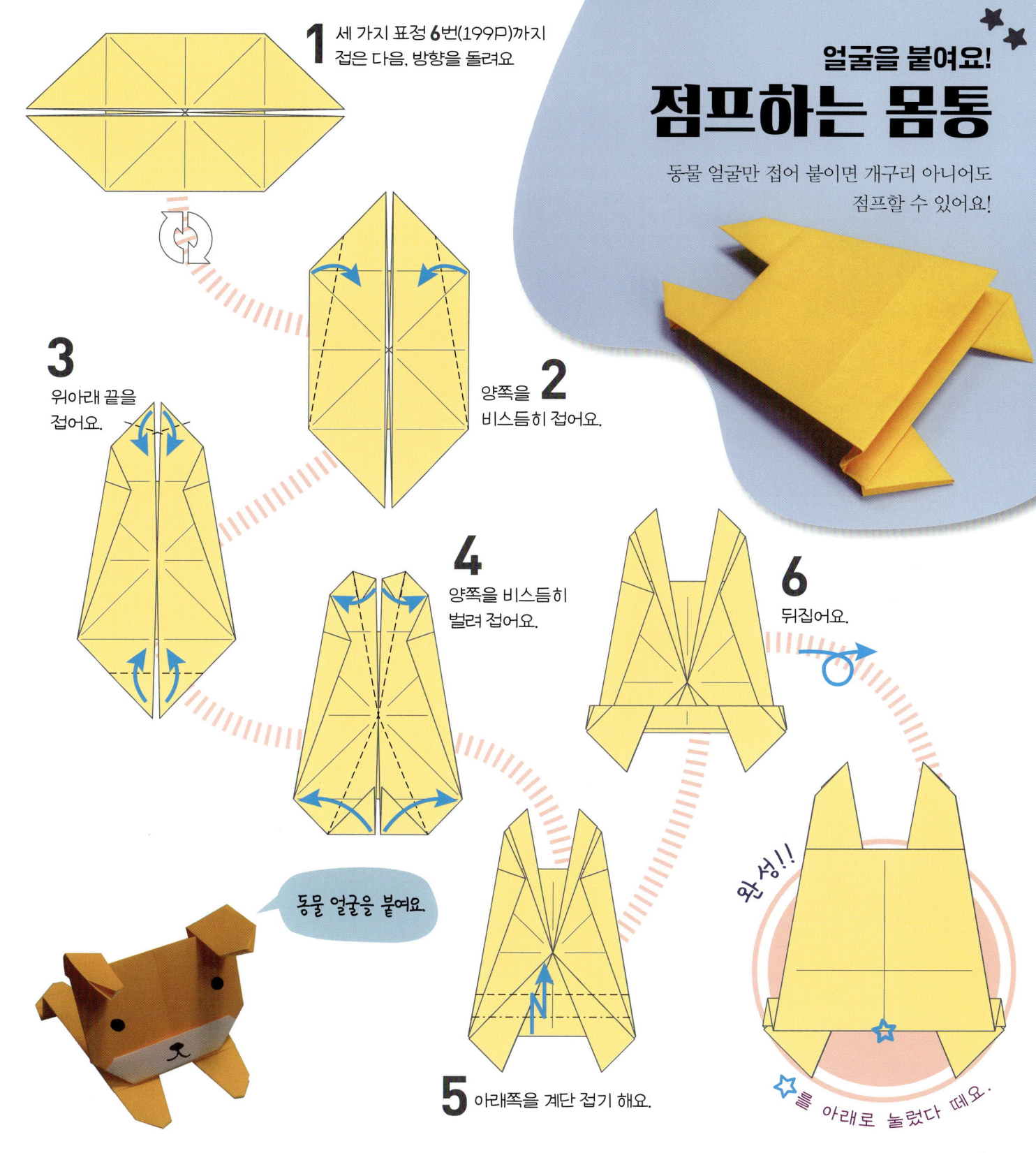

★★★ 뱅글뱅글 팽이

누구 팽이가 더 오래 돌아가는지 경기를 해요!

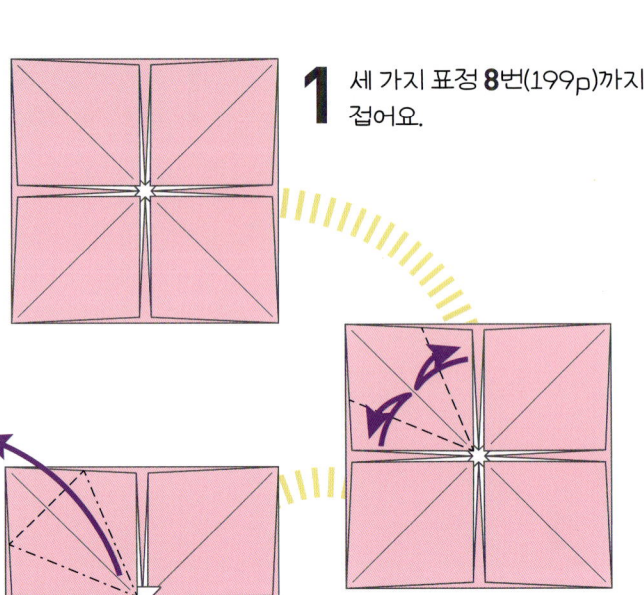

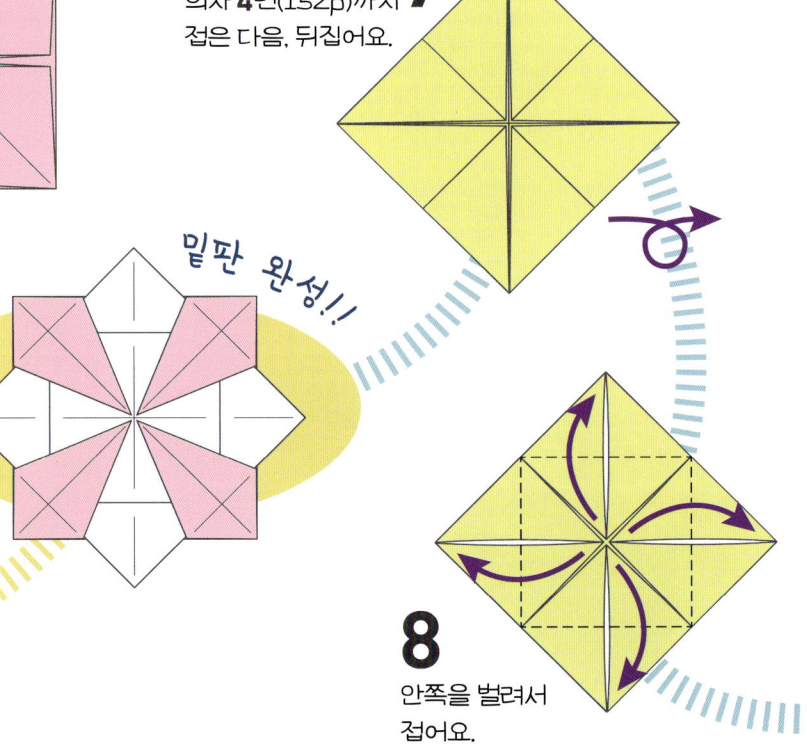

1 세 가지 표정 8번(199p)까지 접어요.

2 보조선에 맞춰 접었다 펴요.

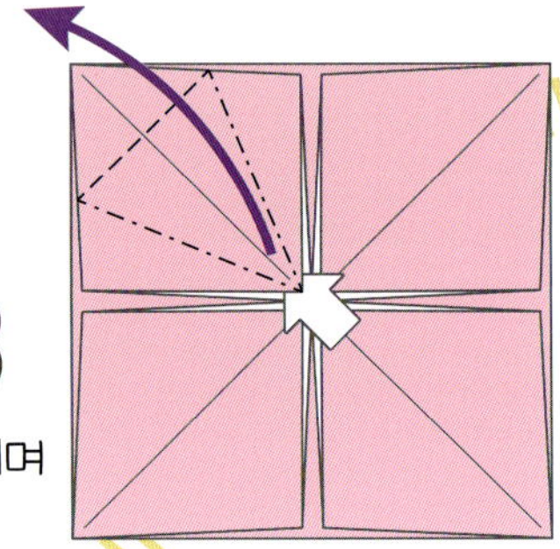

3 화살표 부분에 손가락을 넣어서 대각선 방향으로 벌리며 눌러 접어요.

4 나머지 세 군데도 2~3 과정대로 접어요.

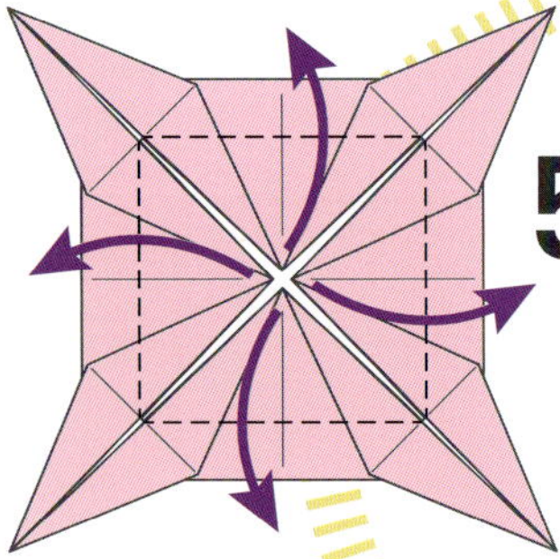

5 안쪽을 벌려서 접어요.

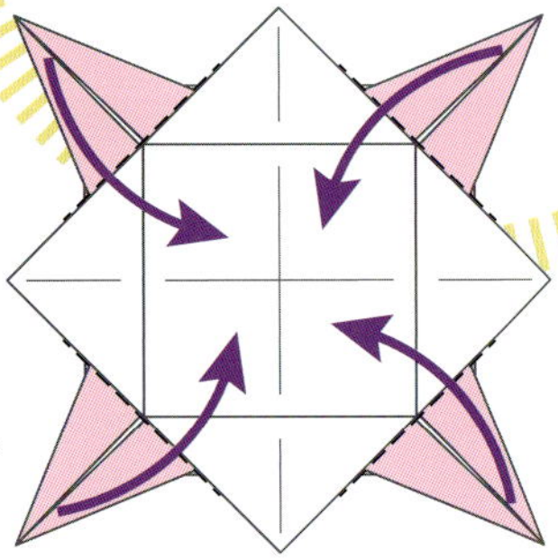

6 중앙으로 네 귀퉁이를 모아 접어요.

밑판 완성!!

7 새 종이로 의자 4번(152p)까지 접은 다음, 뒤집어요.

8 안쪽을 벌려서 접어요.

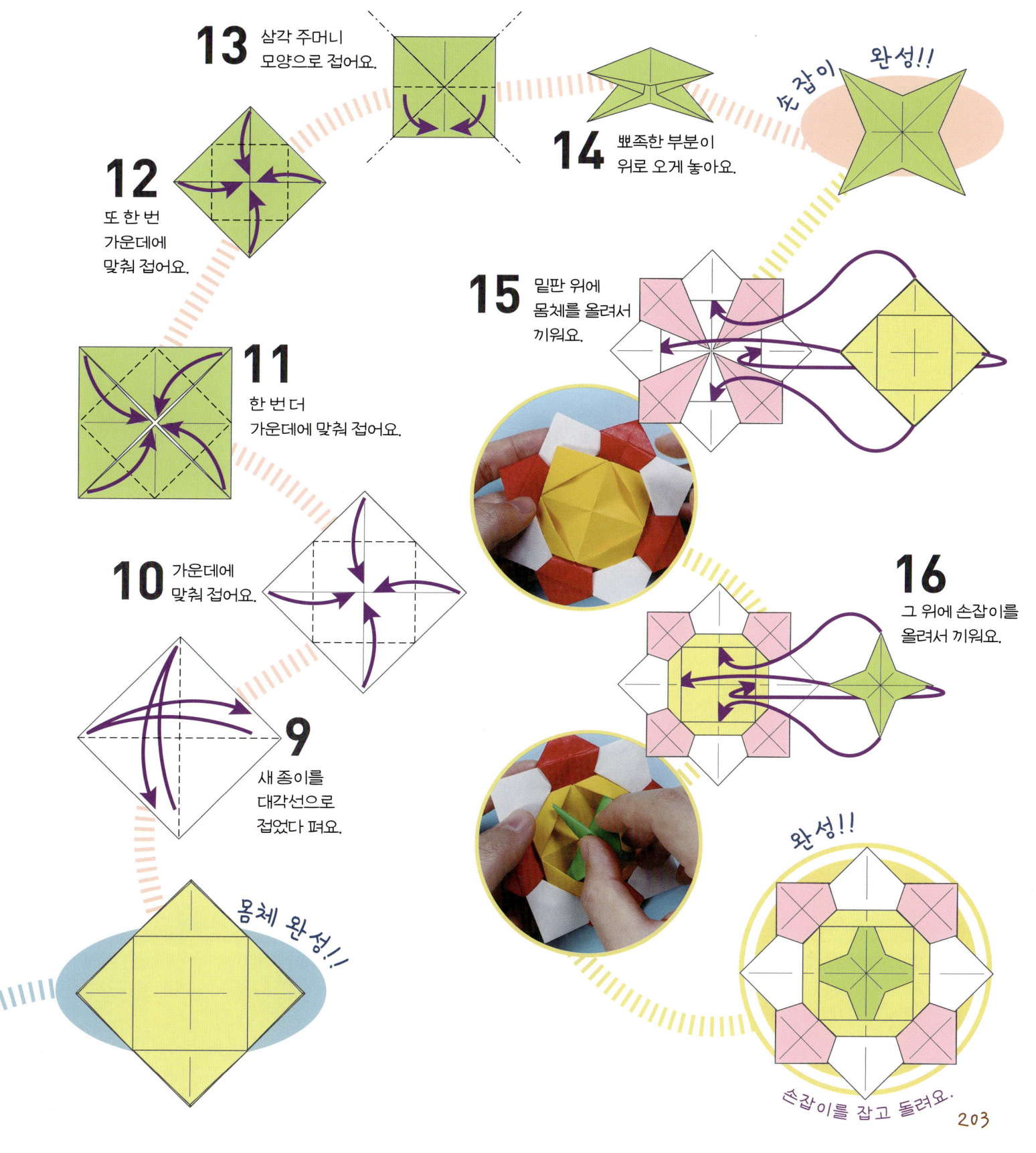

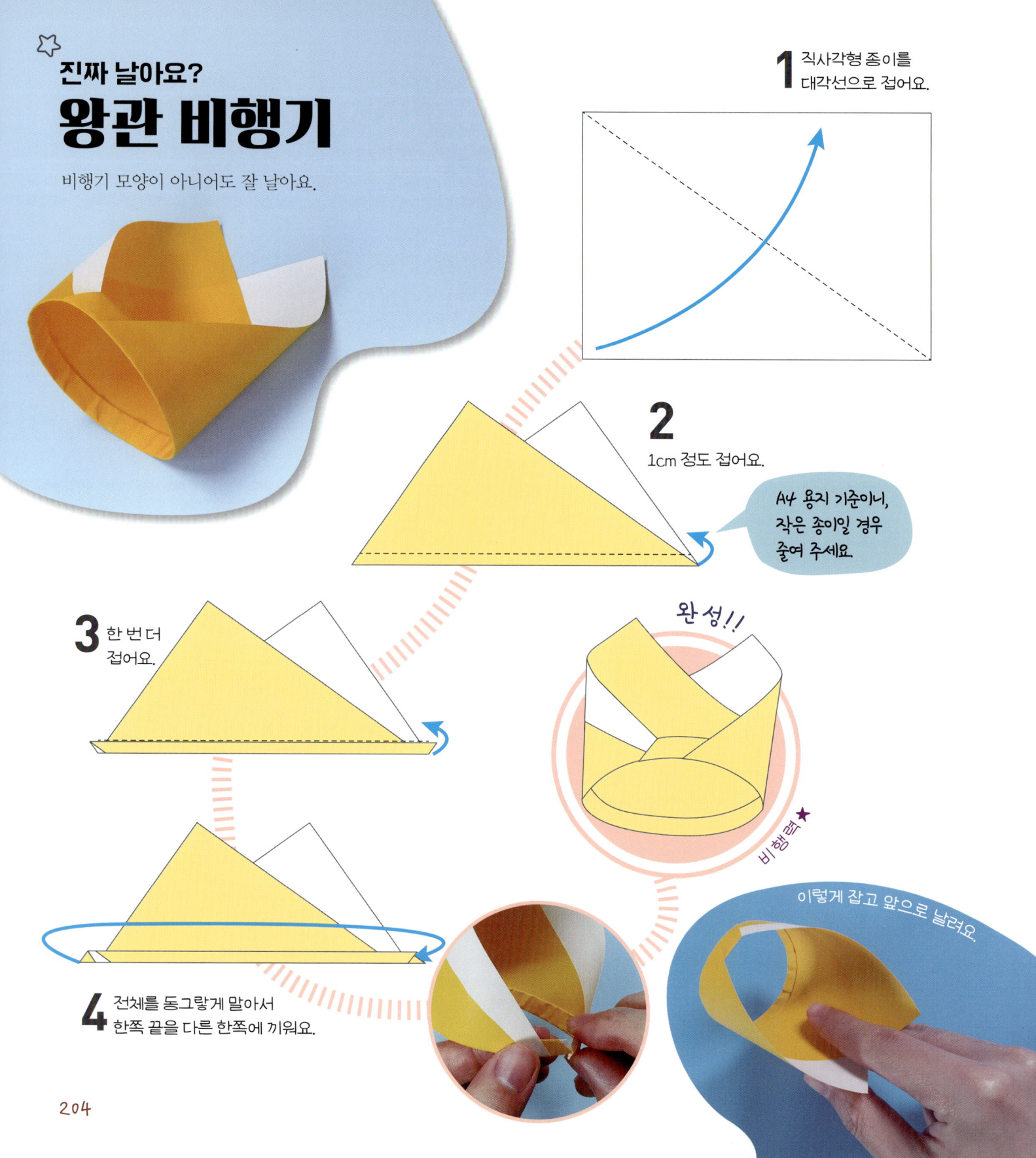

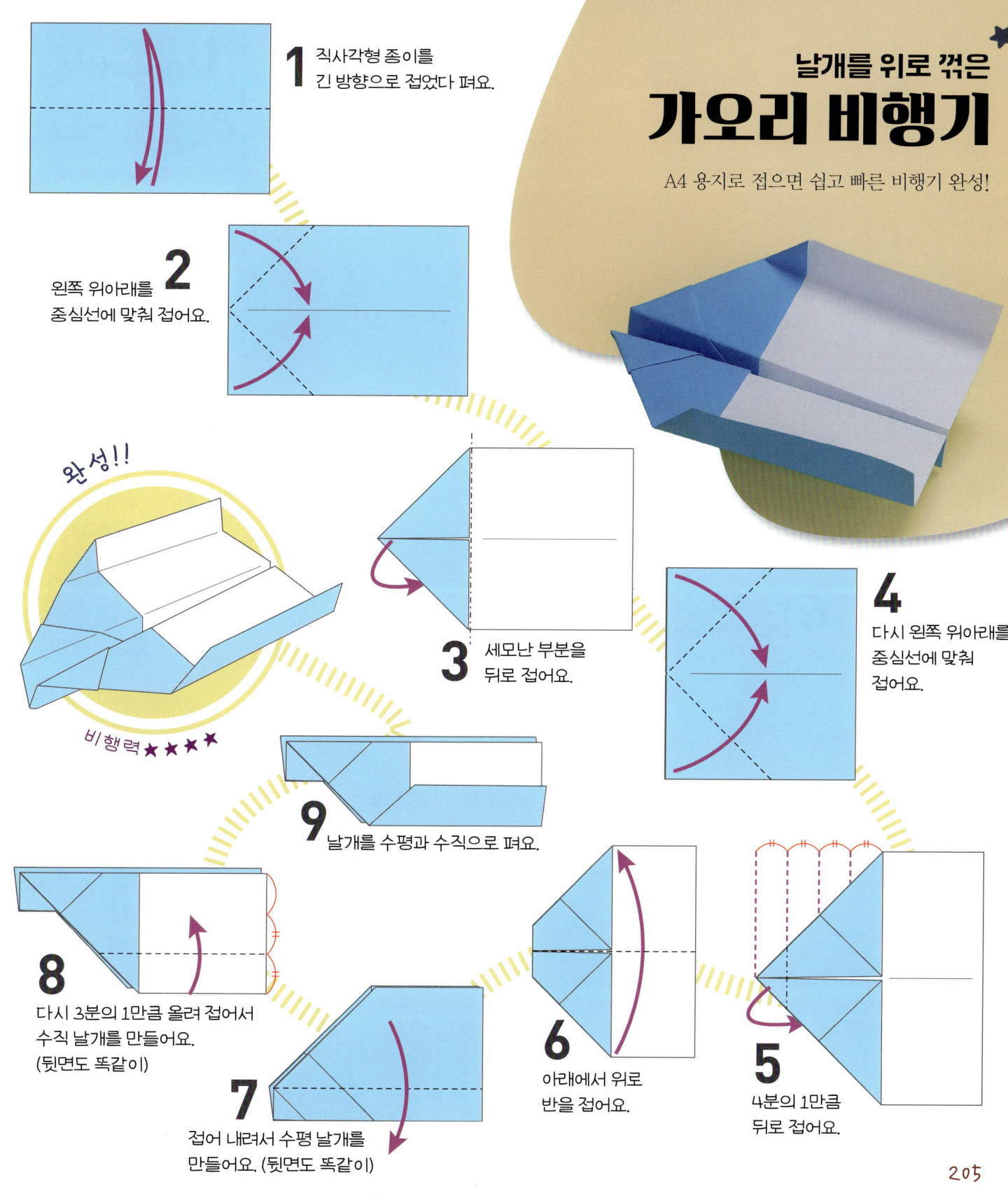

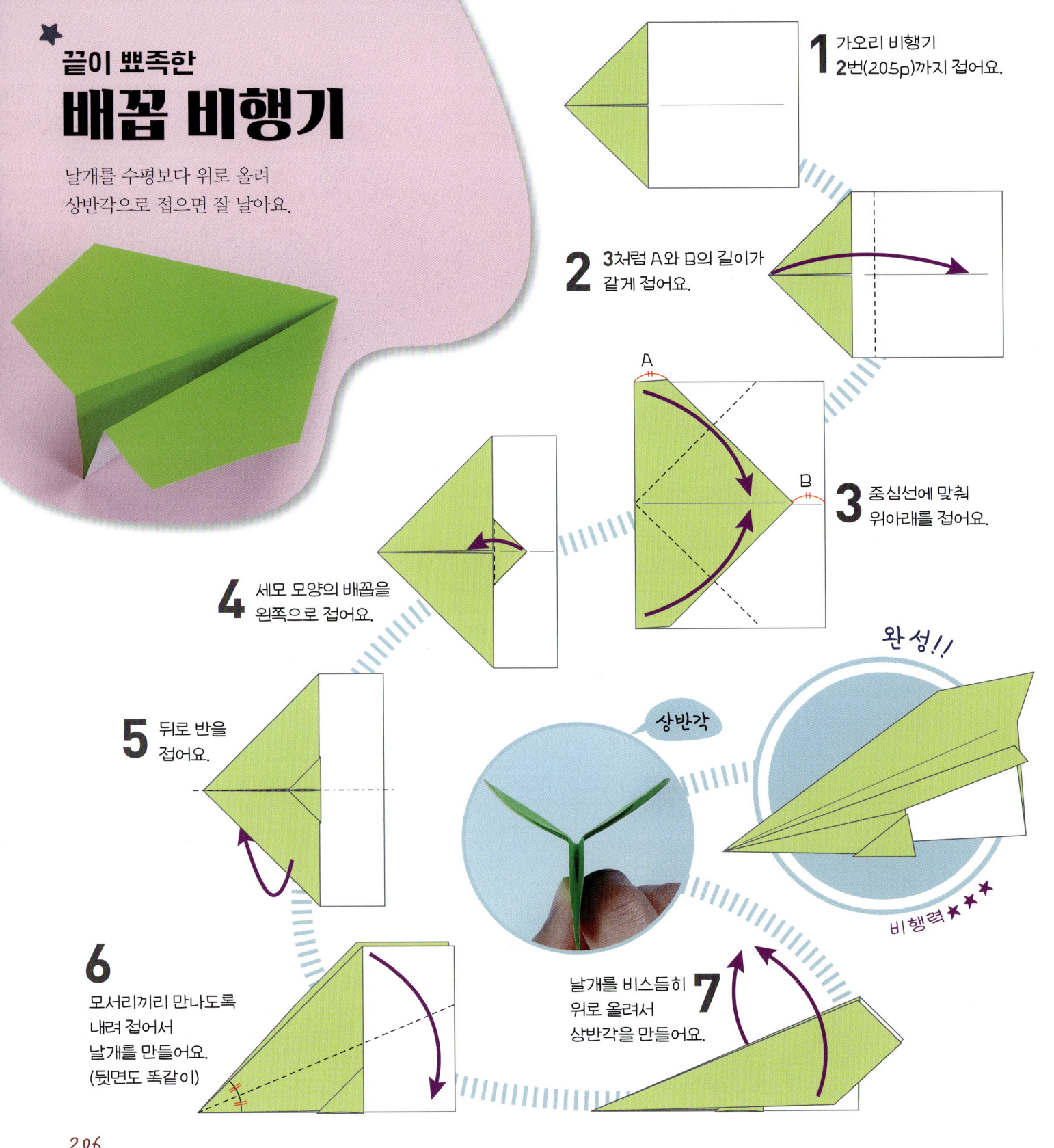

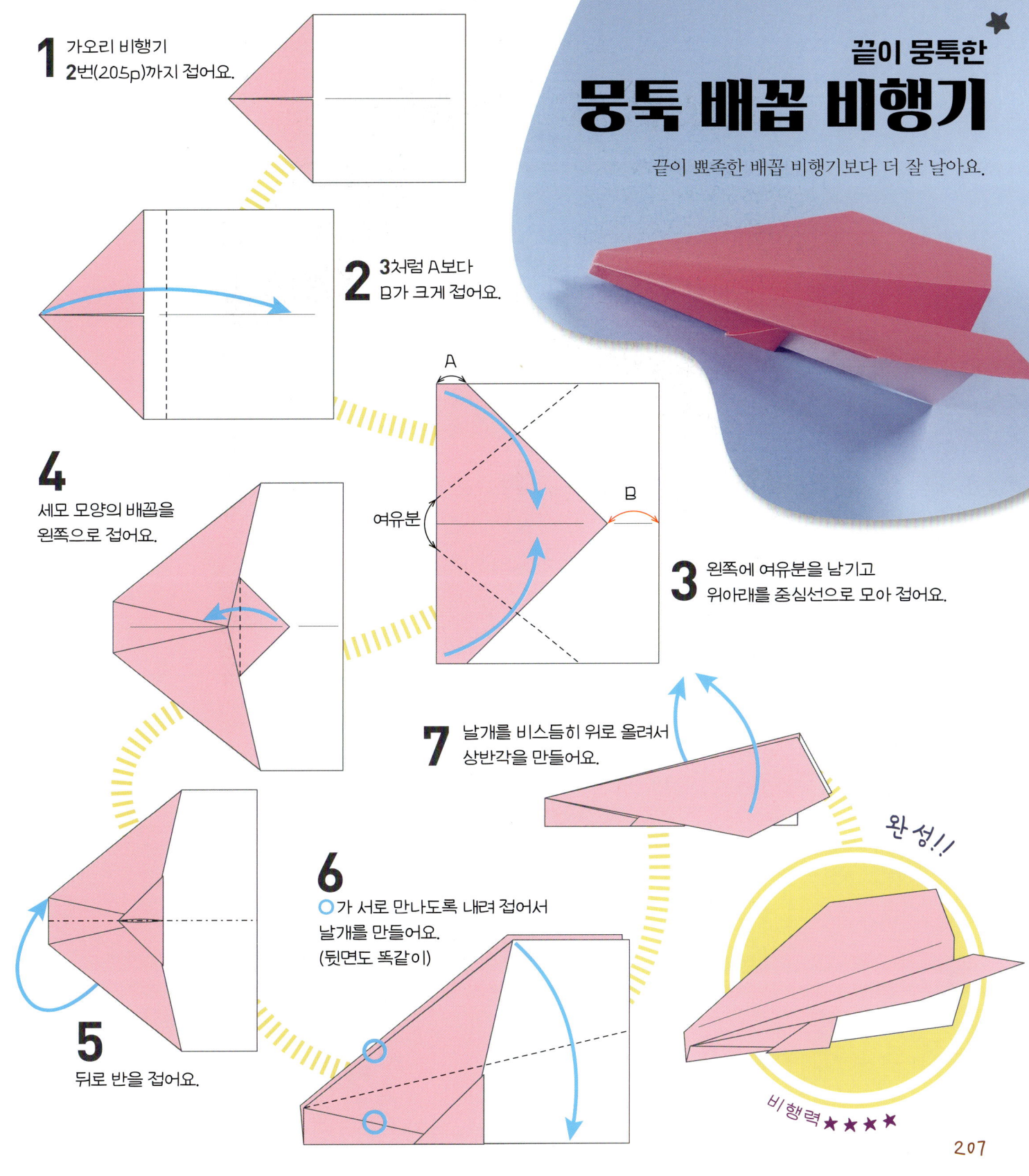

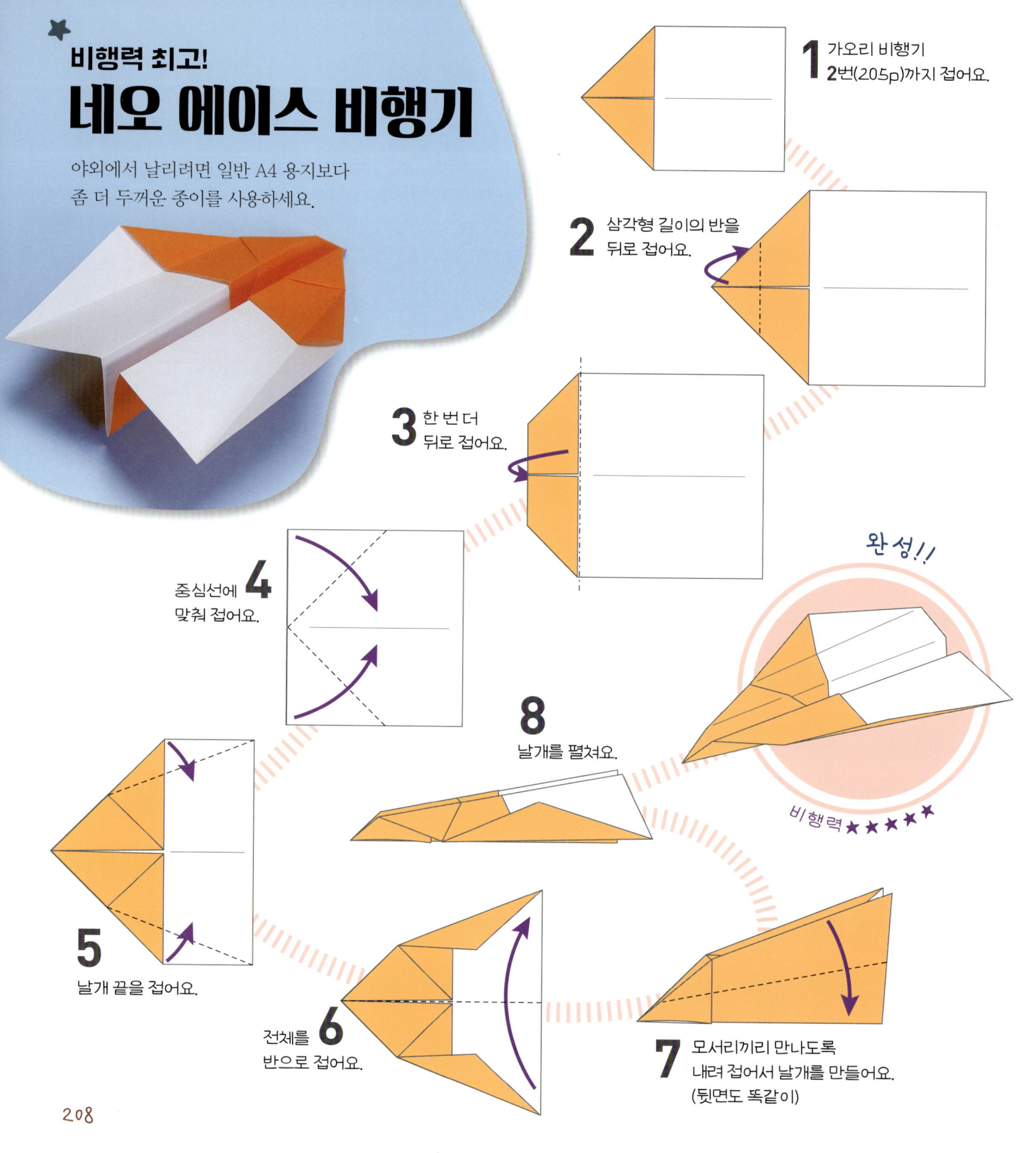

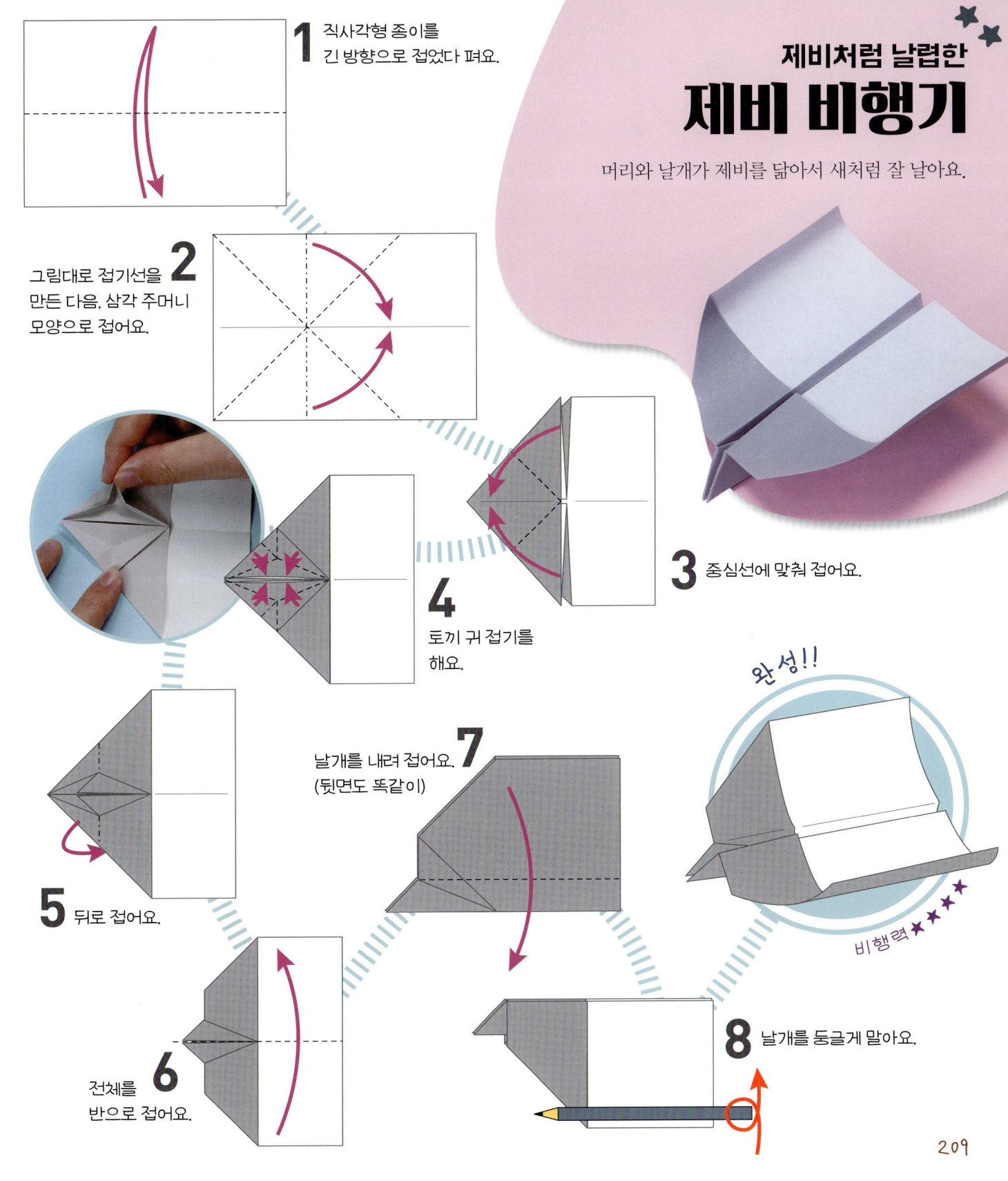

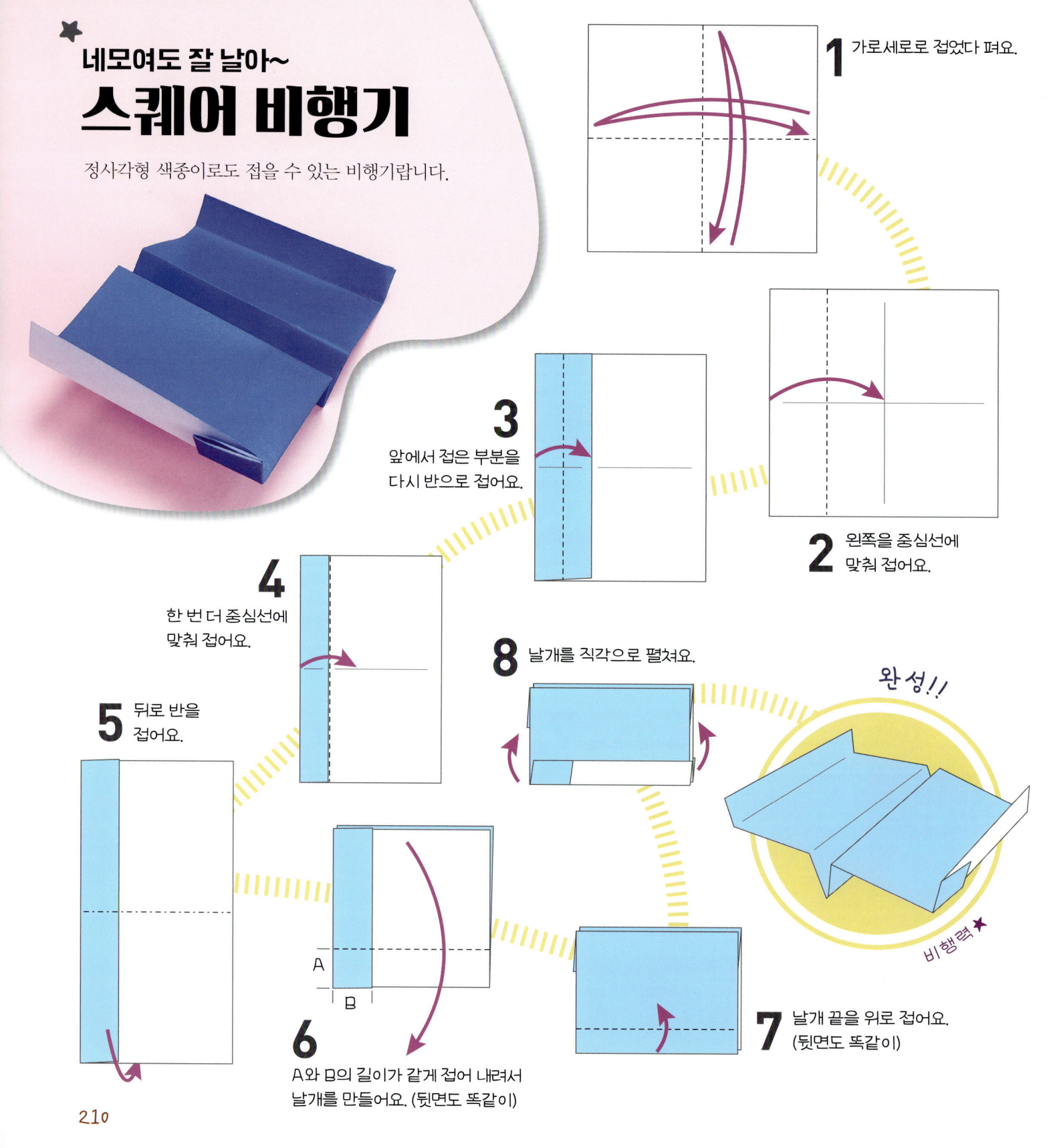

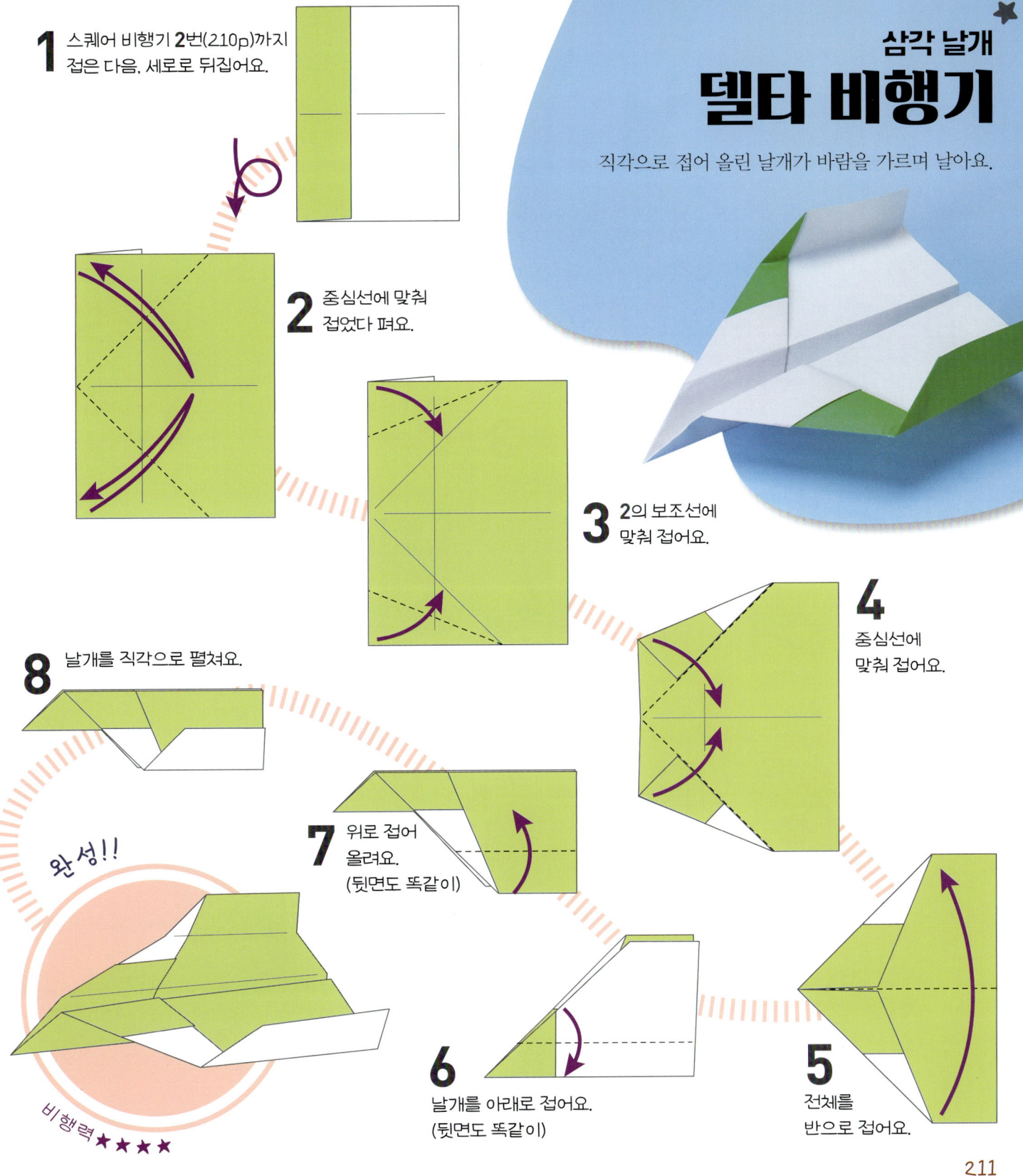

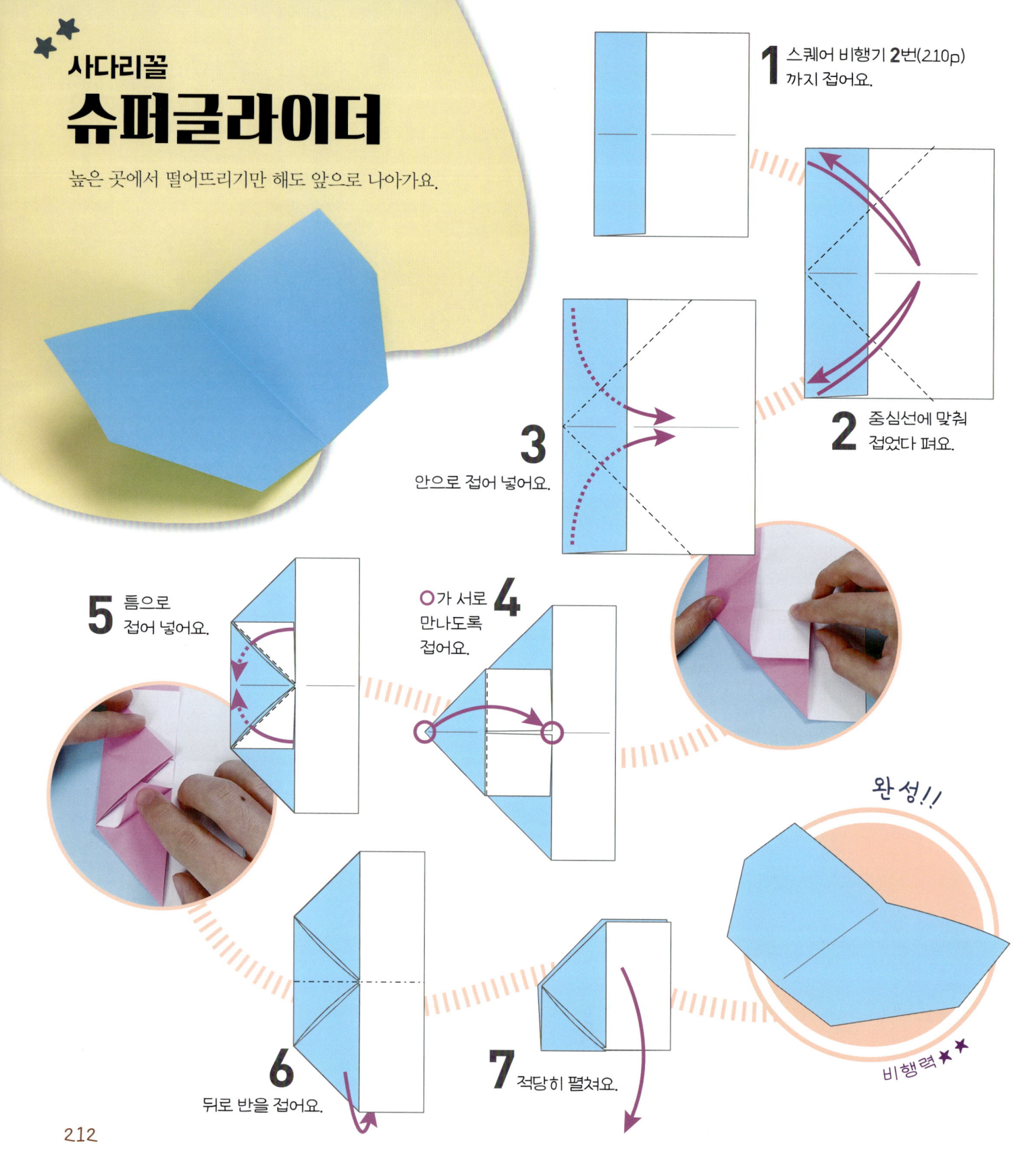

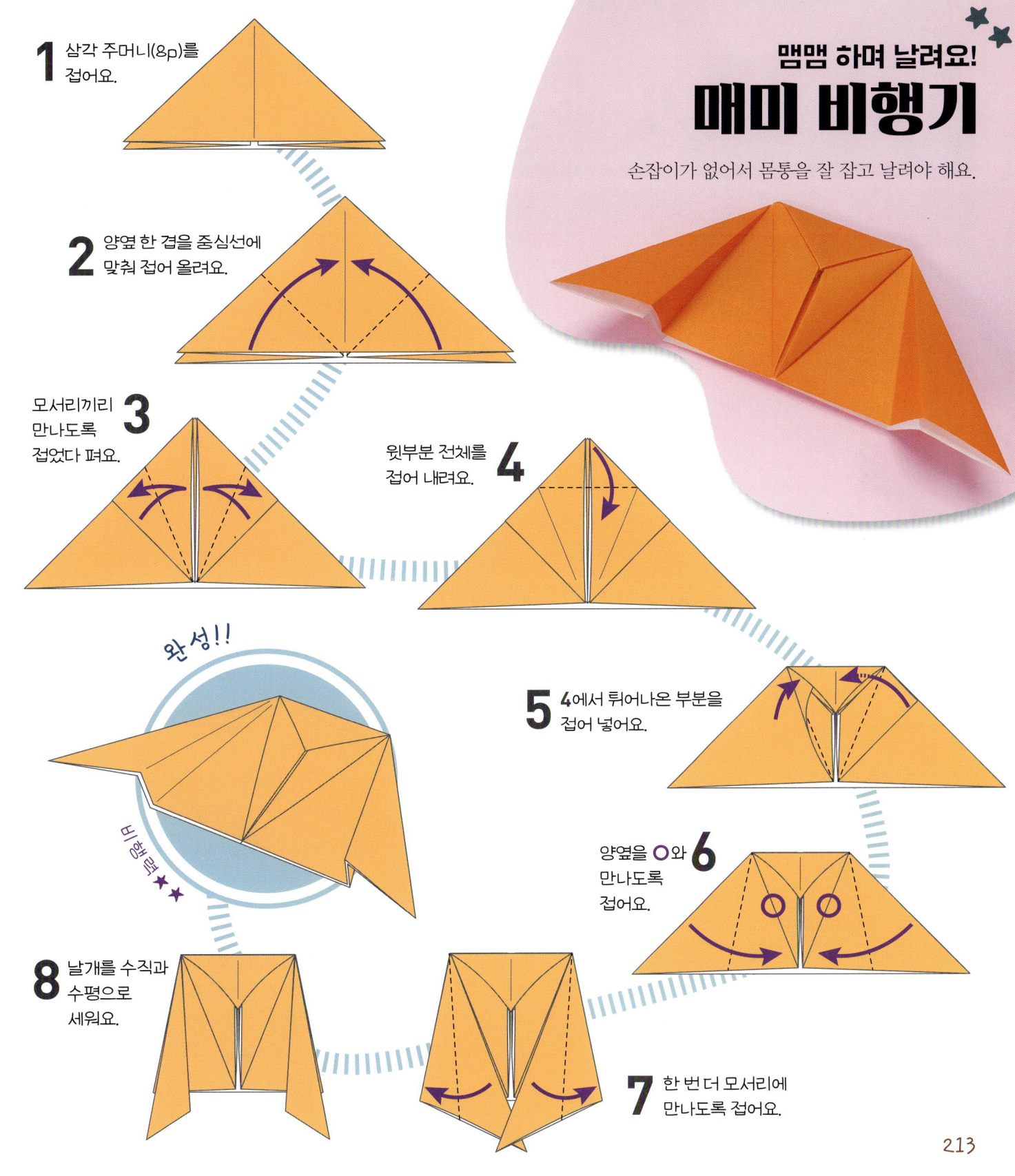

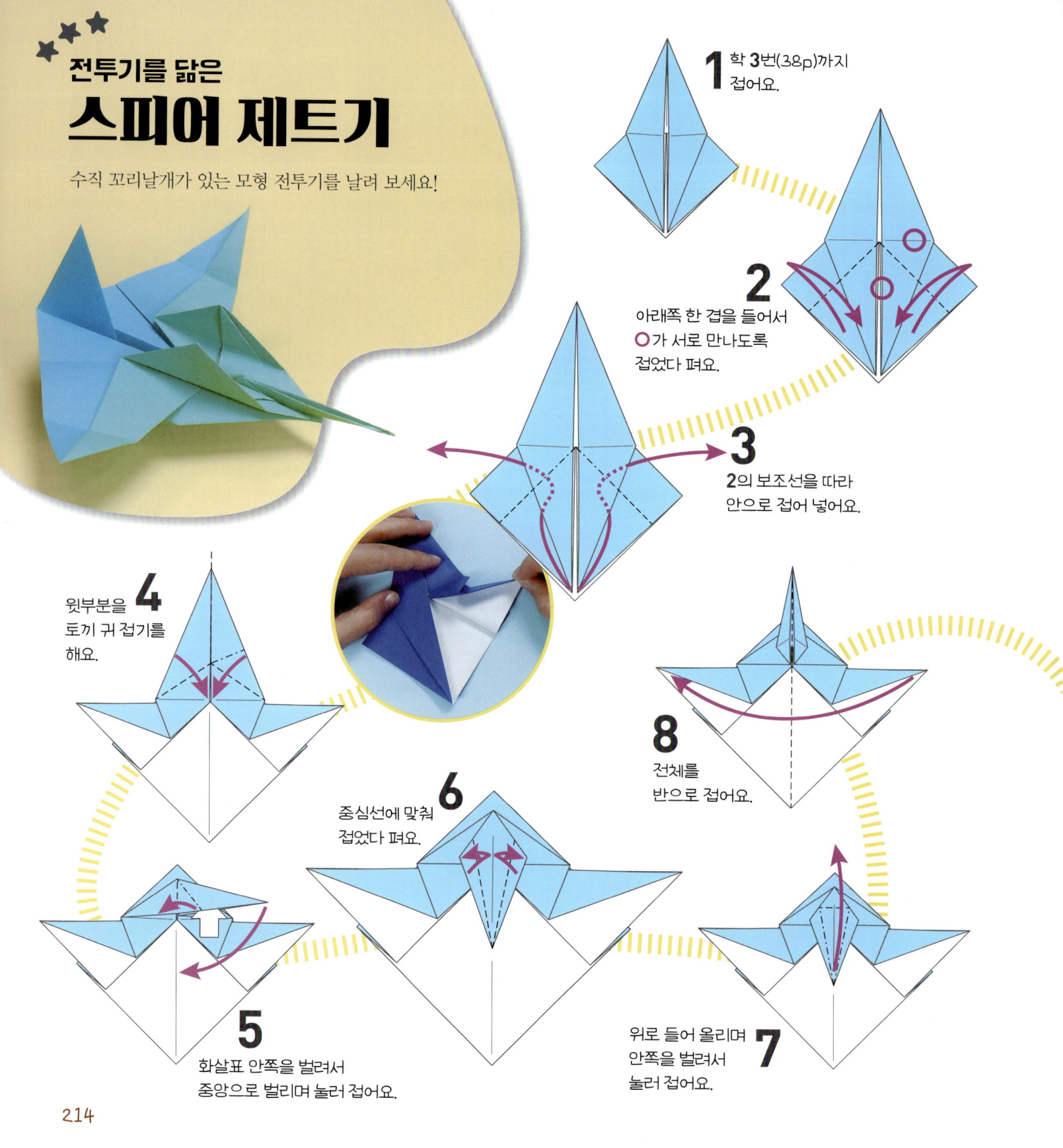

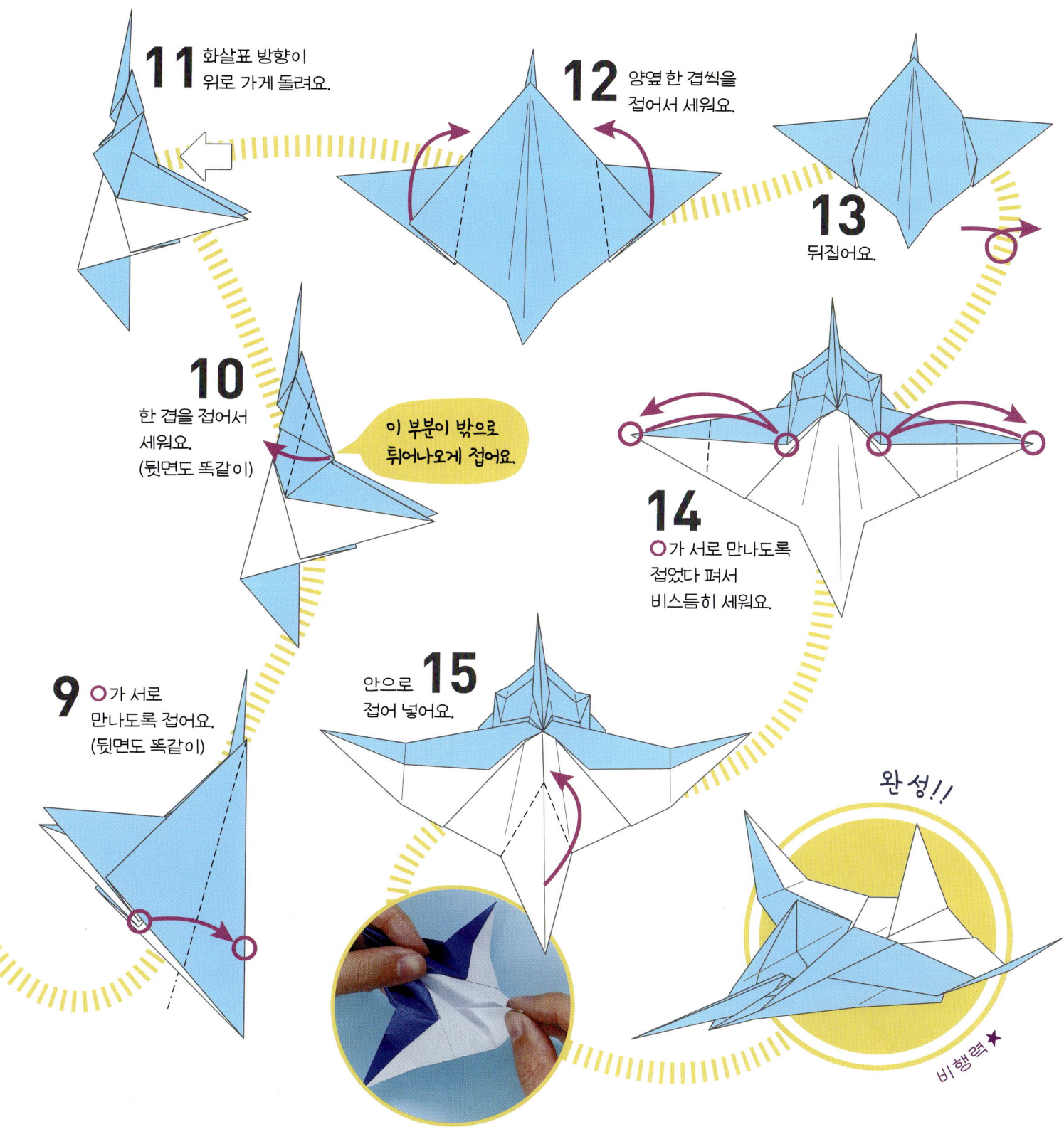

호랑이 얼굴(68p), 꼬리 달린 몸통(70p)
대검(186p), 방패(188p), 표창(189p)
관절까지 표현된 사람(244p)

슈나우저(82p), 입체 나무(121p, 응용)
종(227p), 산타 모자(228p), 산타 부츠(230p)
뚜껑 달린 상자(237p), 뚜껑 따로 상자(238p)

10

더욱 특별하게
날씨와 행사

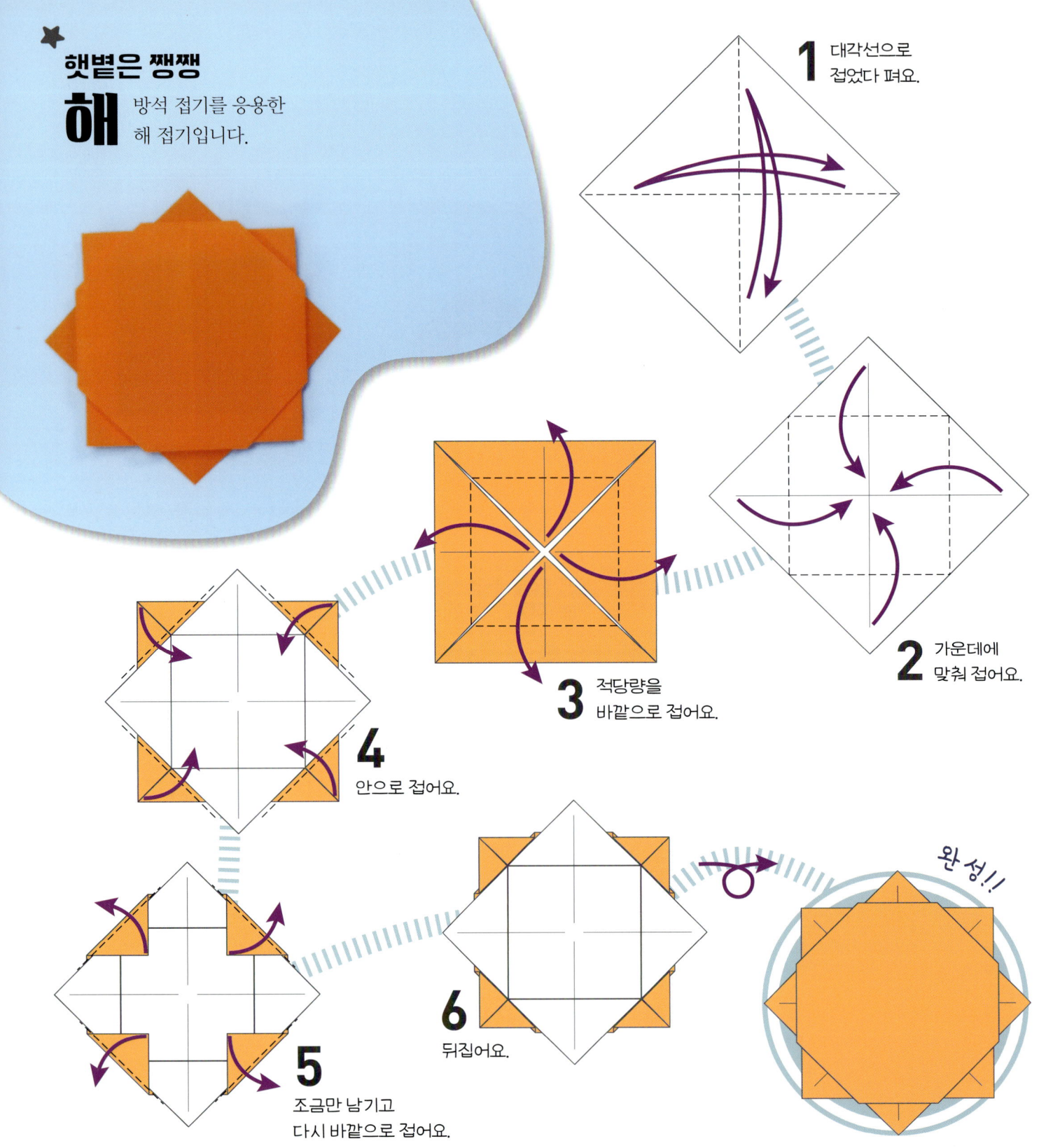

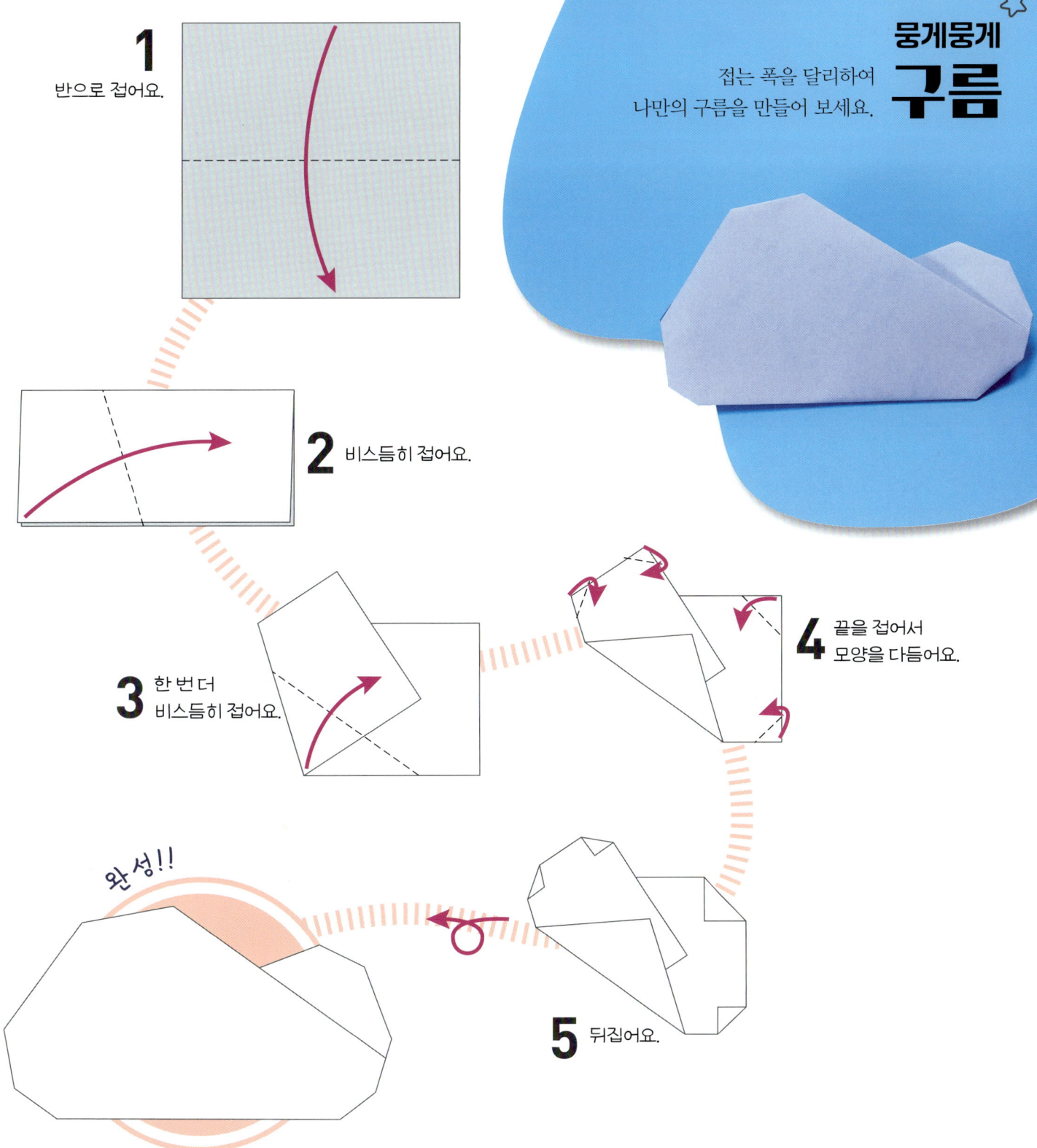

뭉게뭉게 구름

접는 폭을 달리하여 나만의 구름을 만들어 보세요.

1. 반으로 접어요.
2. 비스듬히 접어요.
3. 한 번 더 비스듬히 접어요.
4. 끝을 접어서 모양을 다듬어요.
5. 뒤집어요.

완성!!

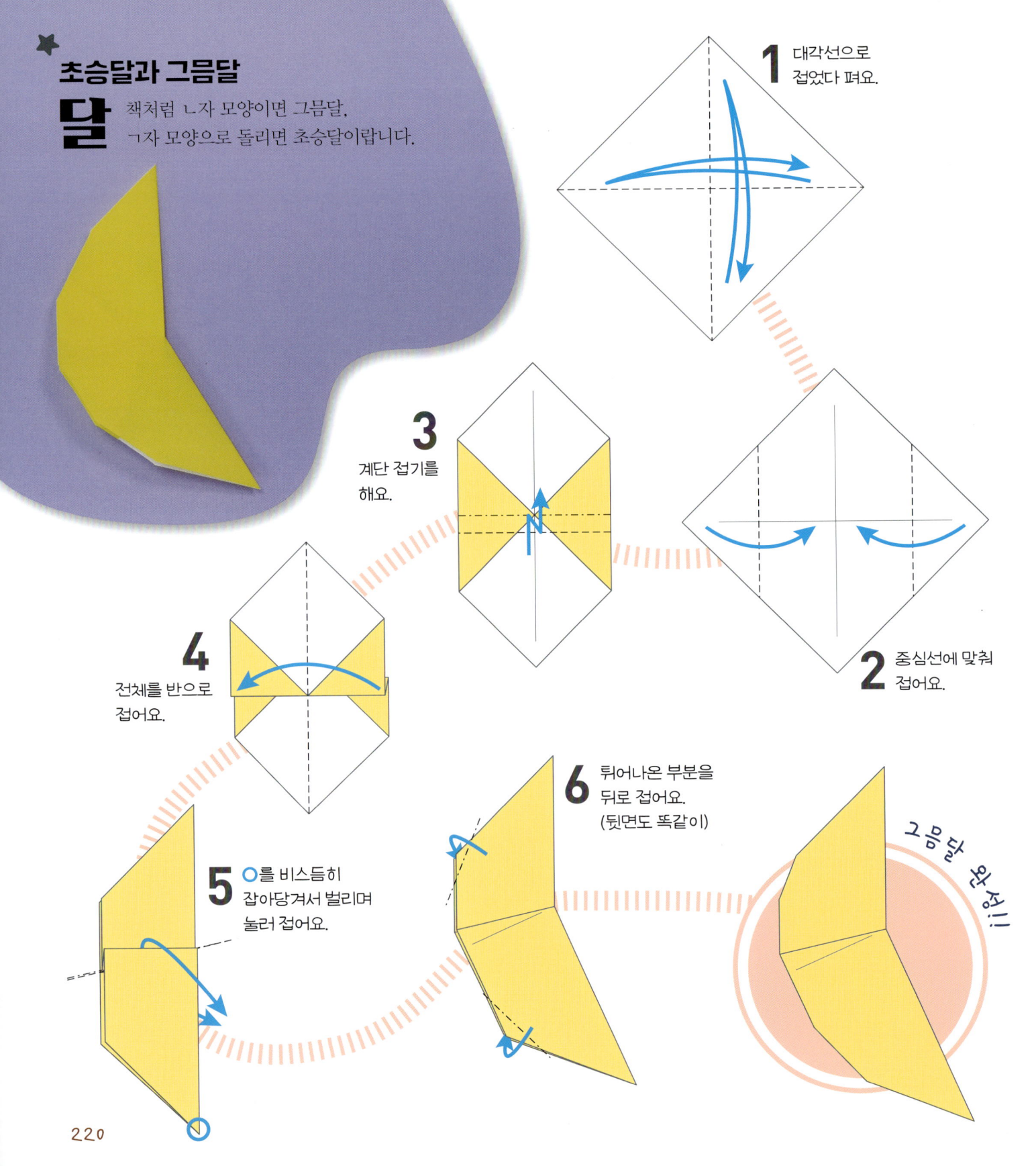

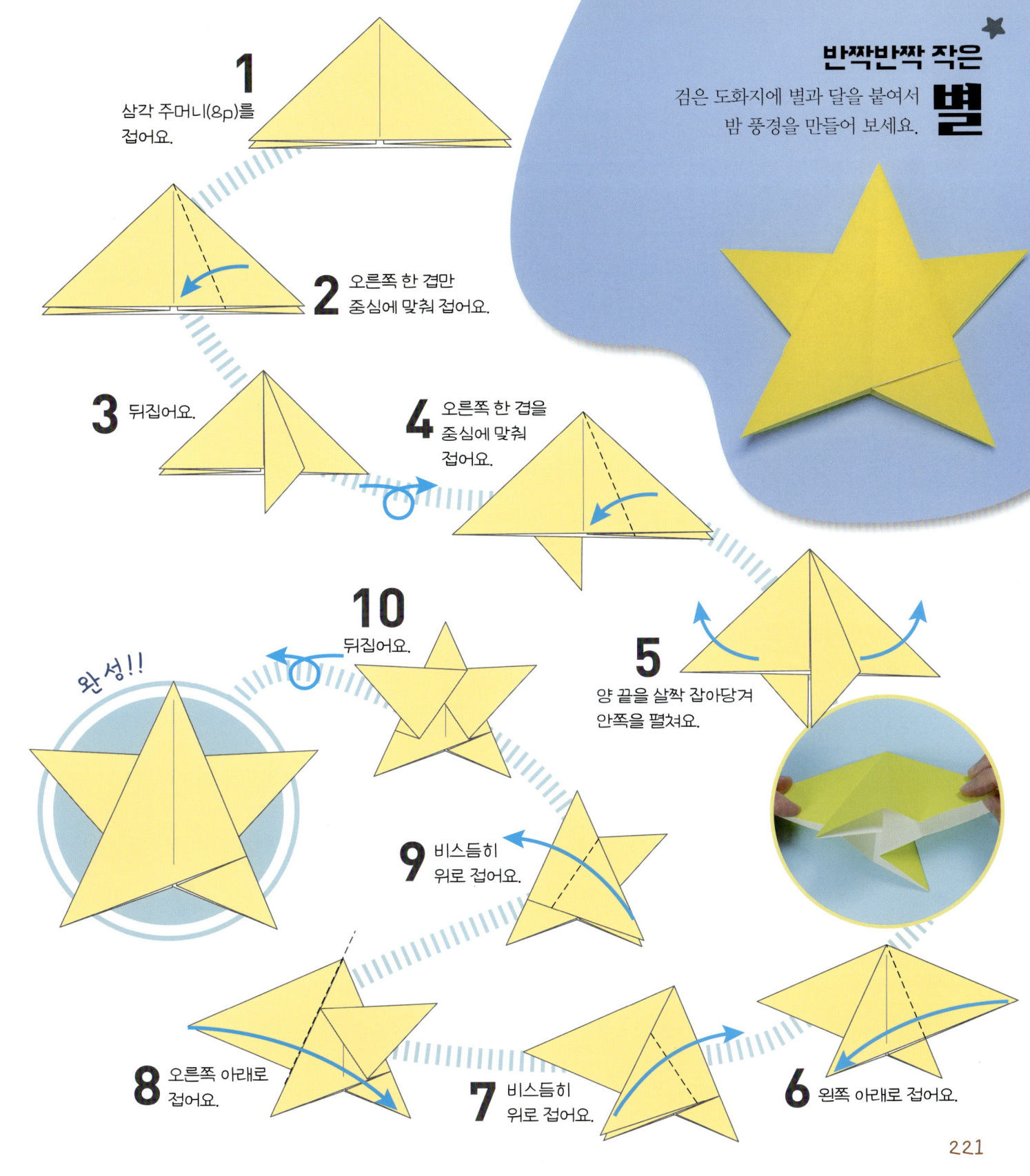

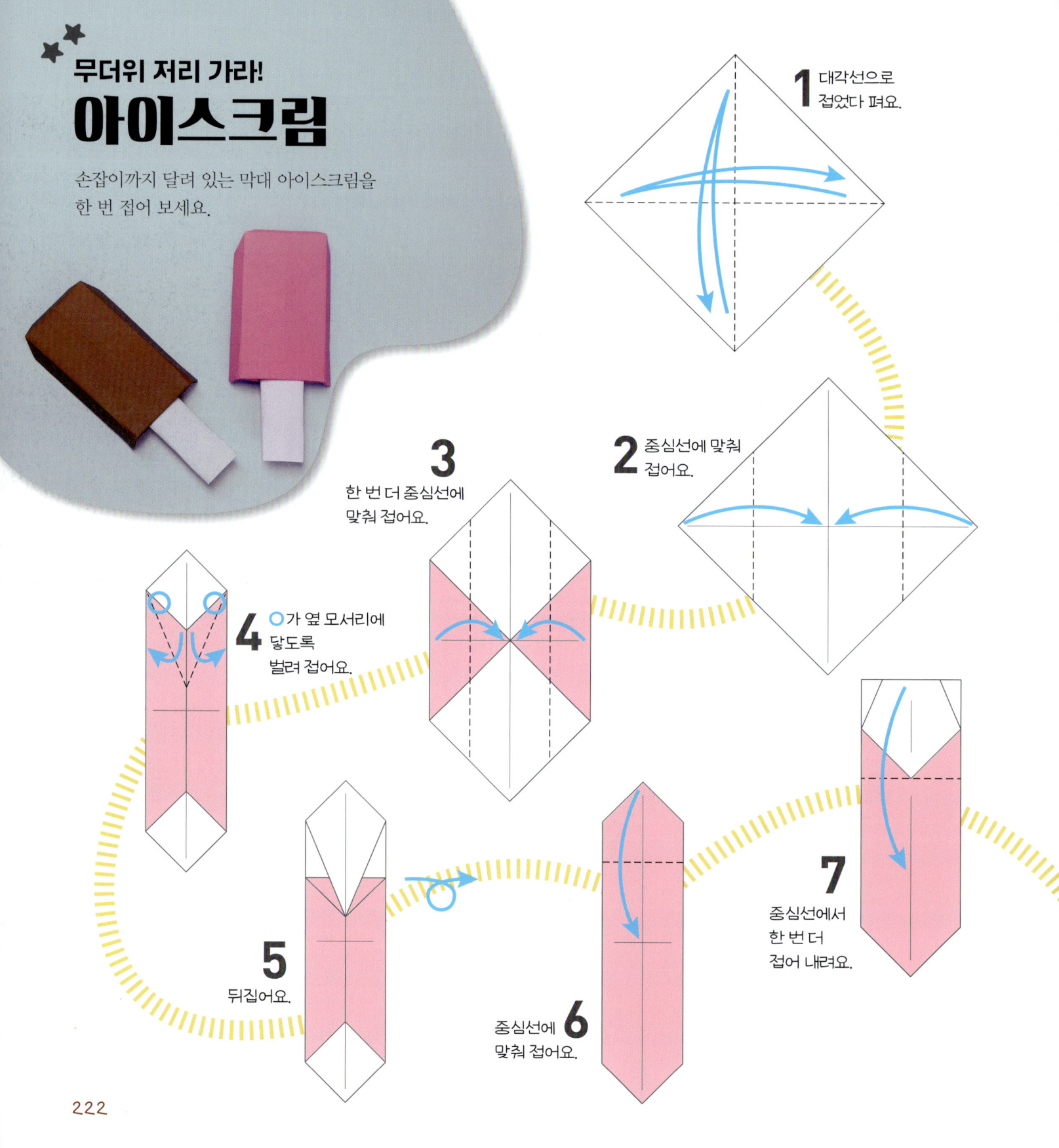

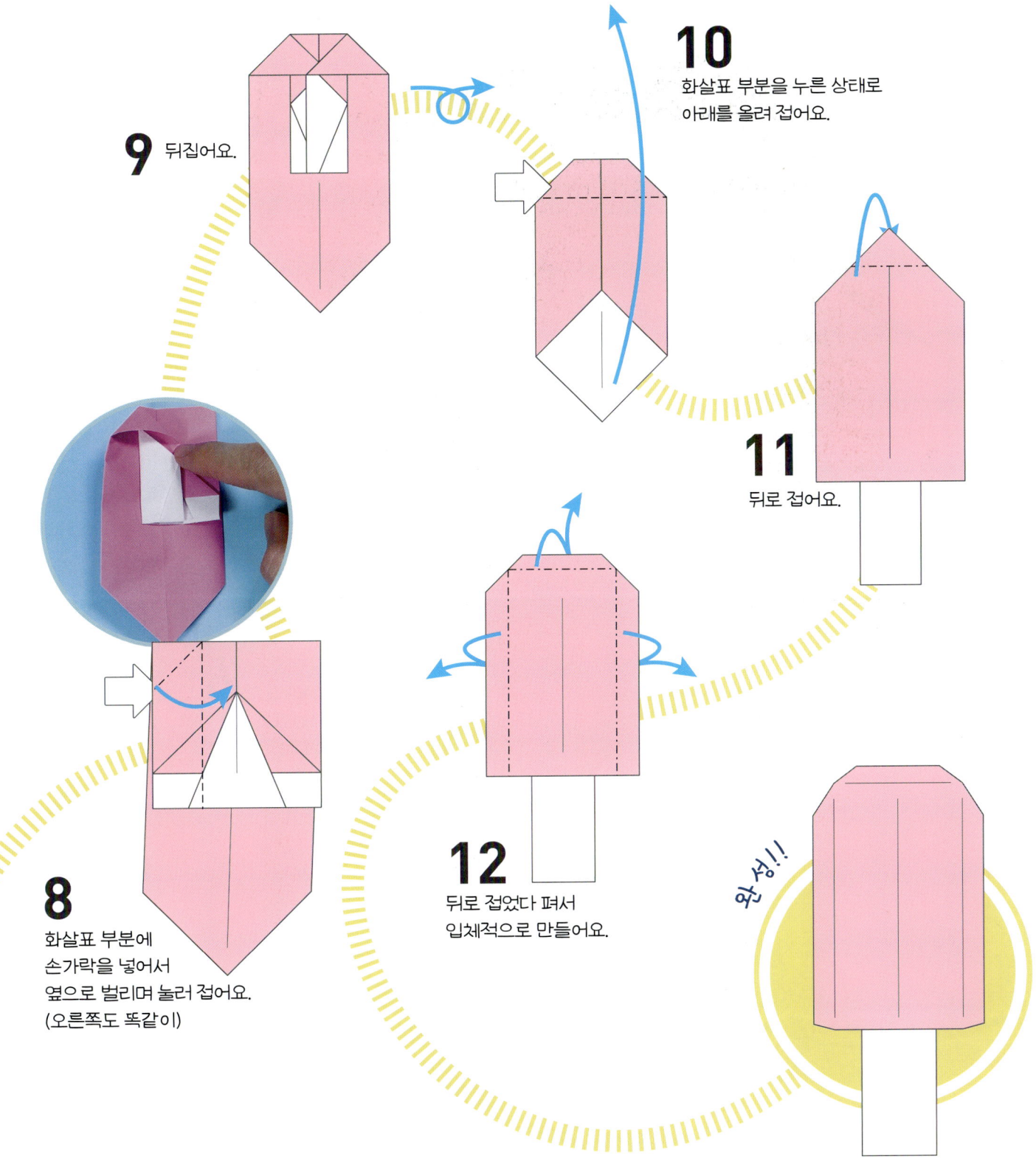

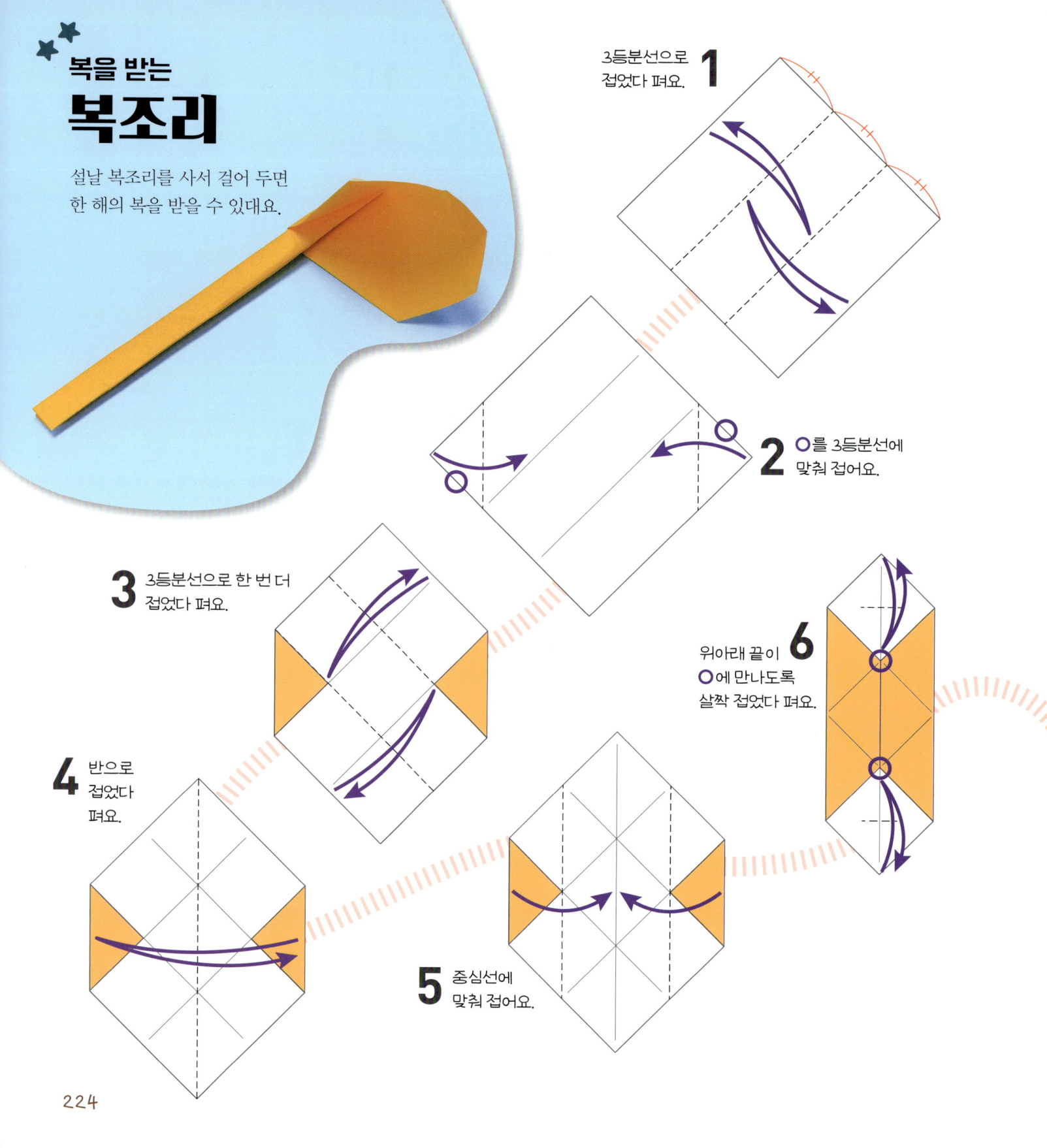

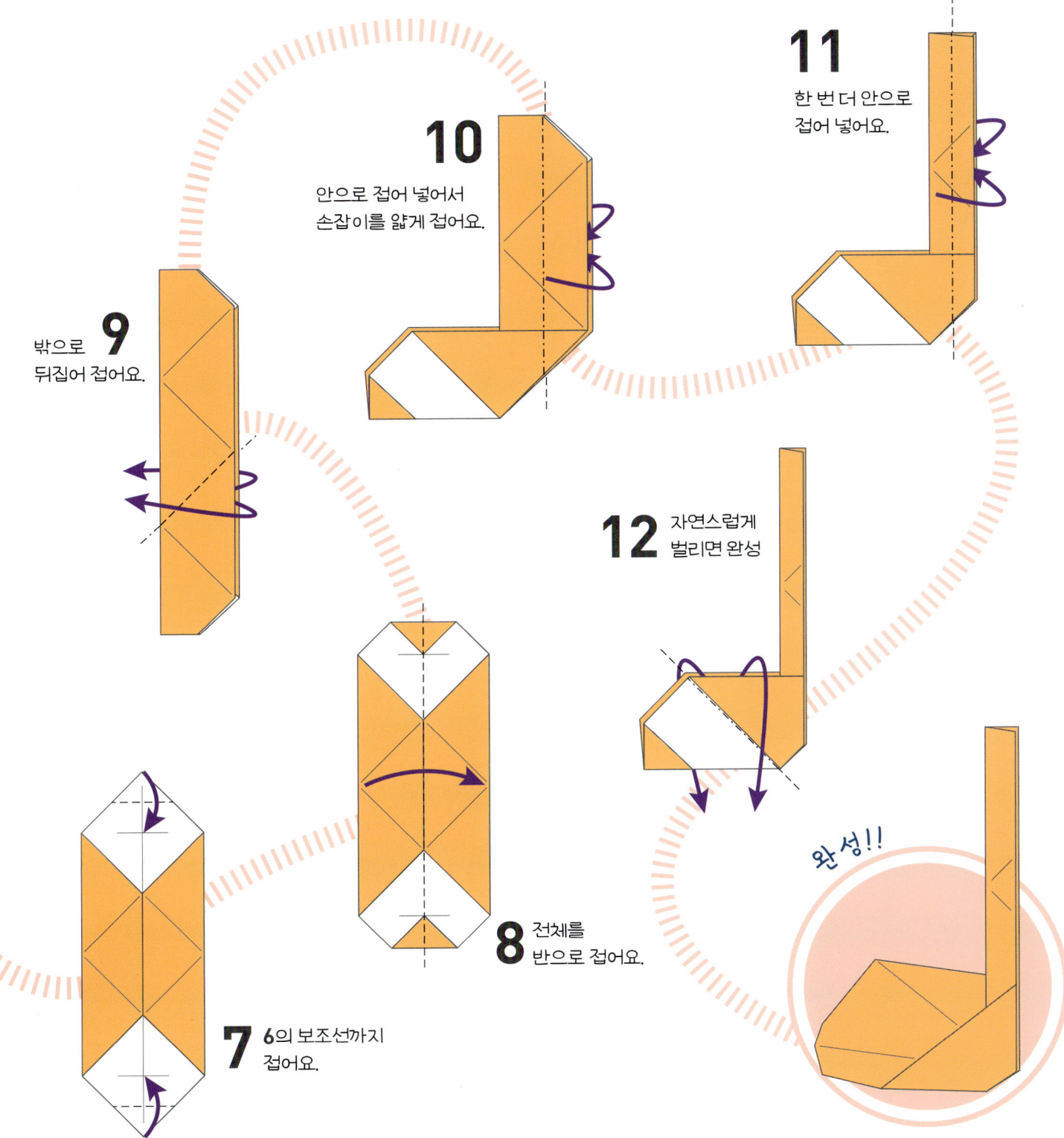

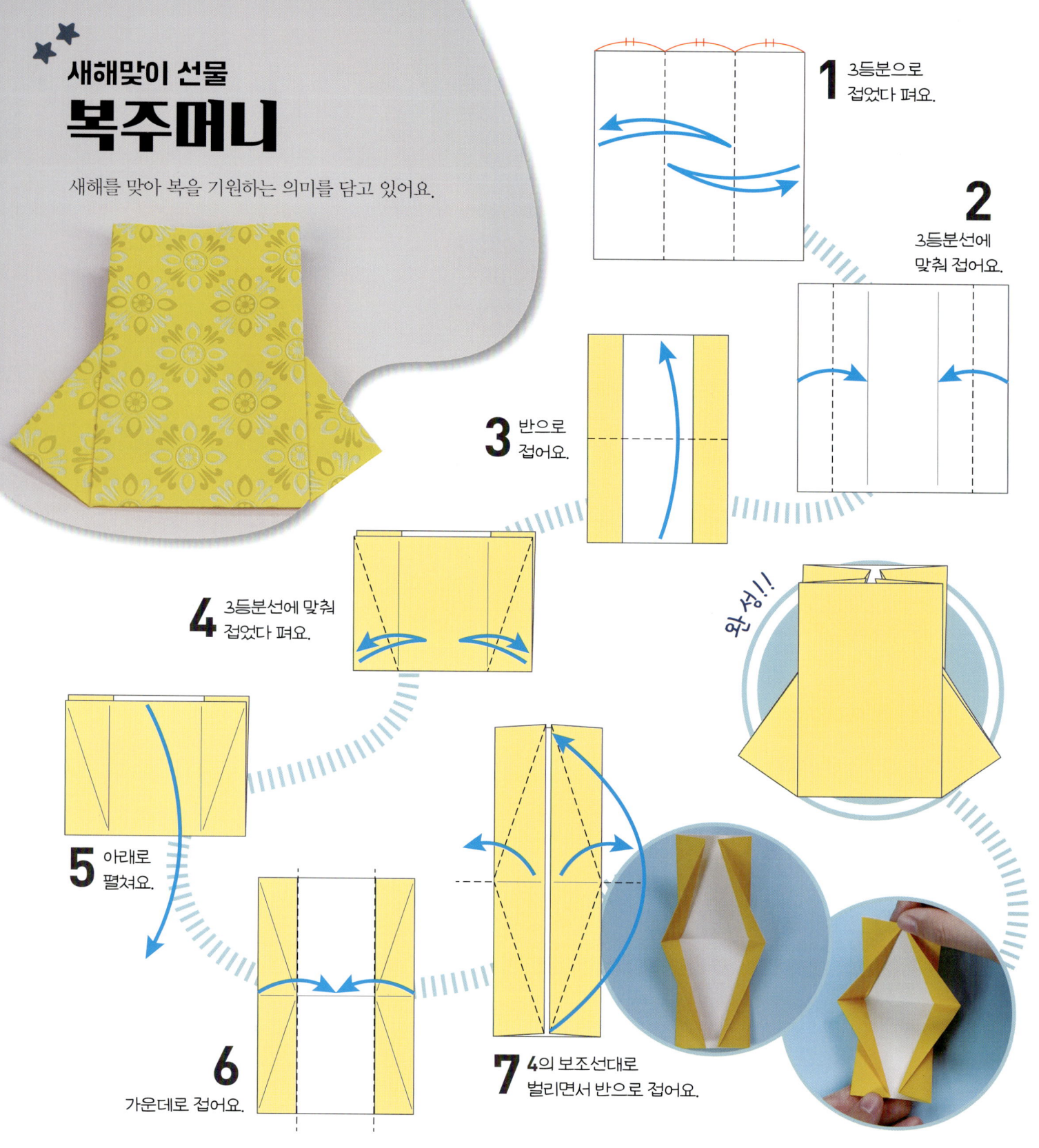

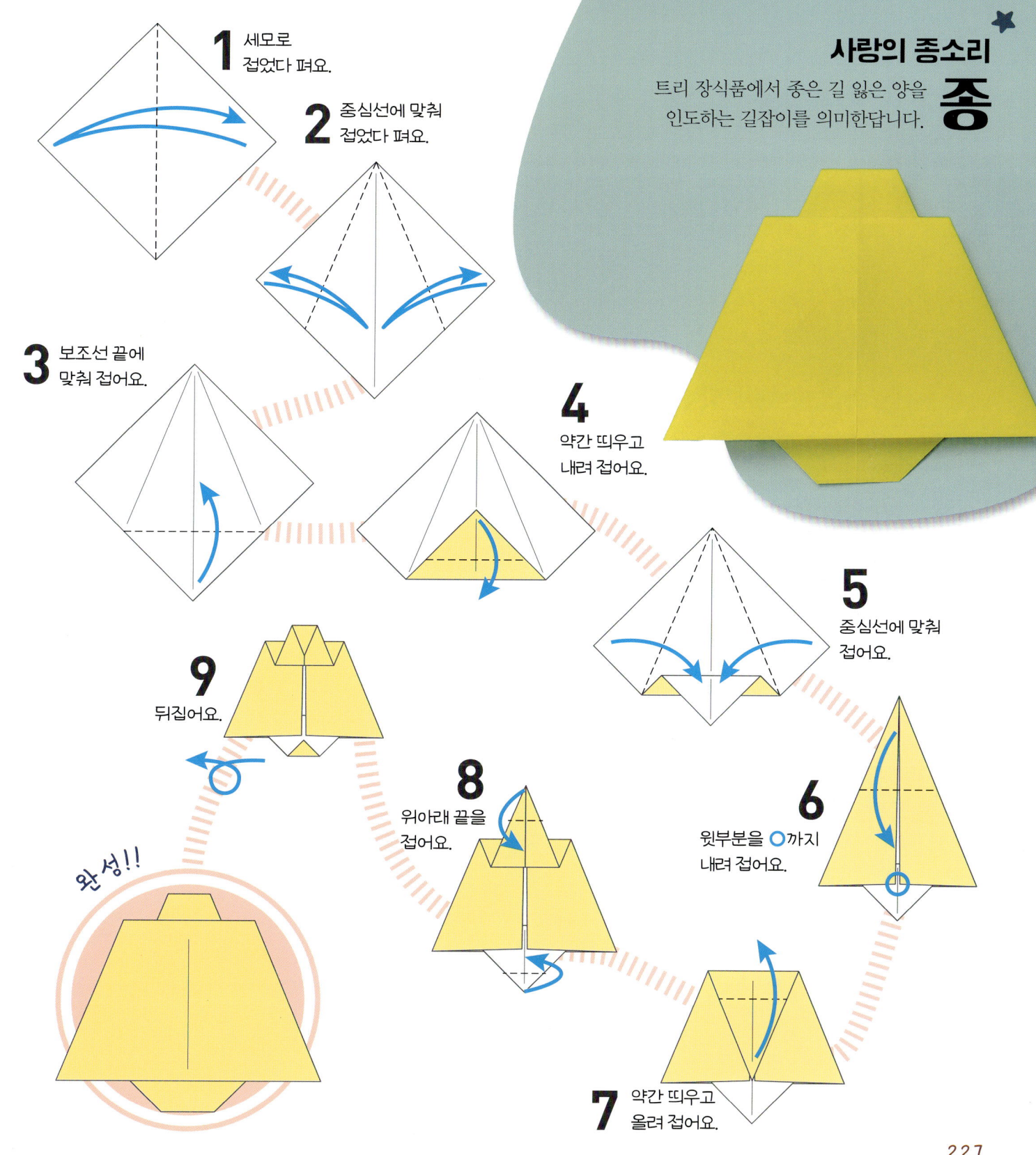

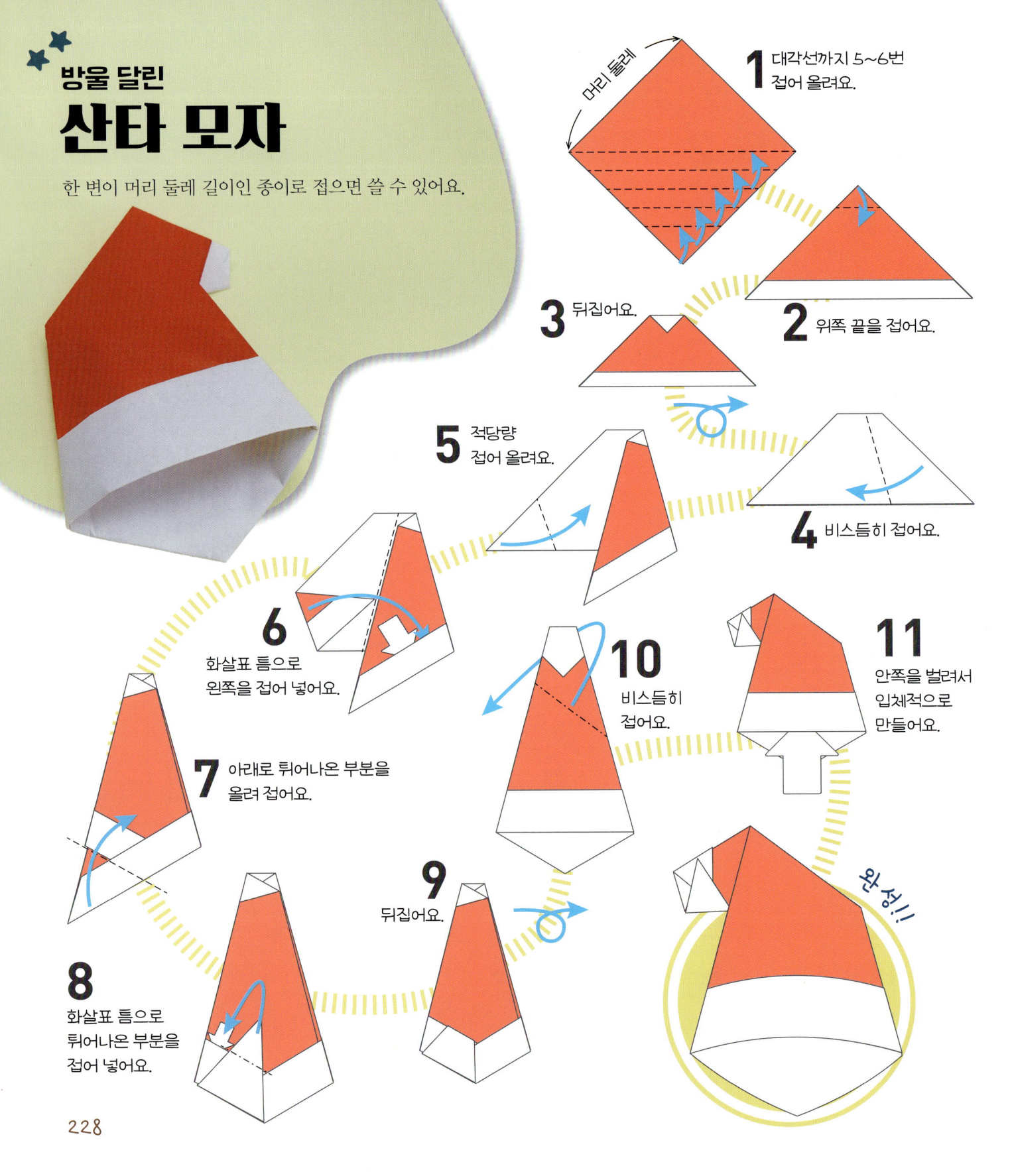

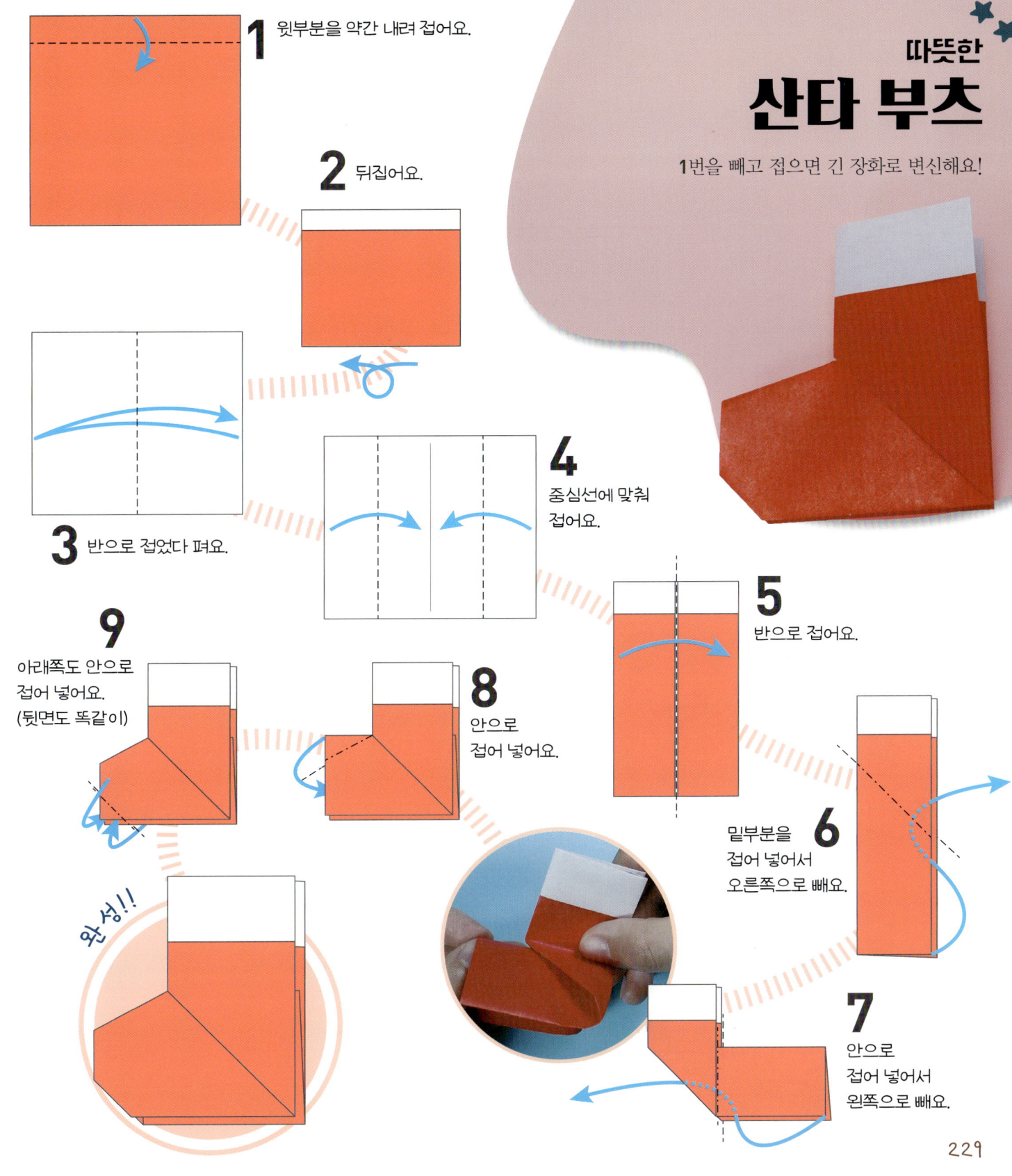

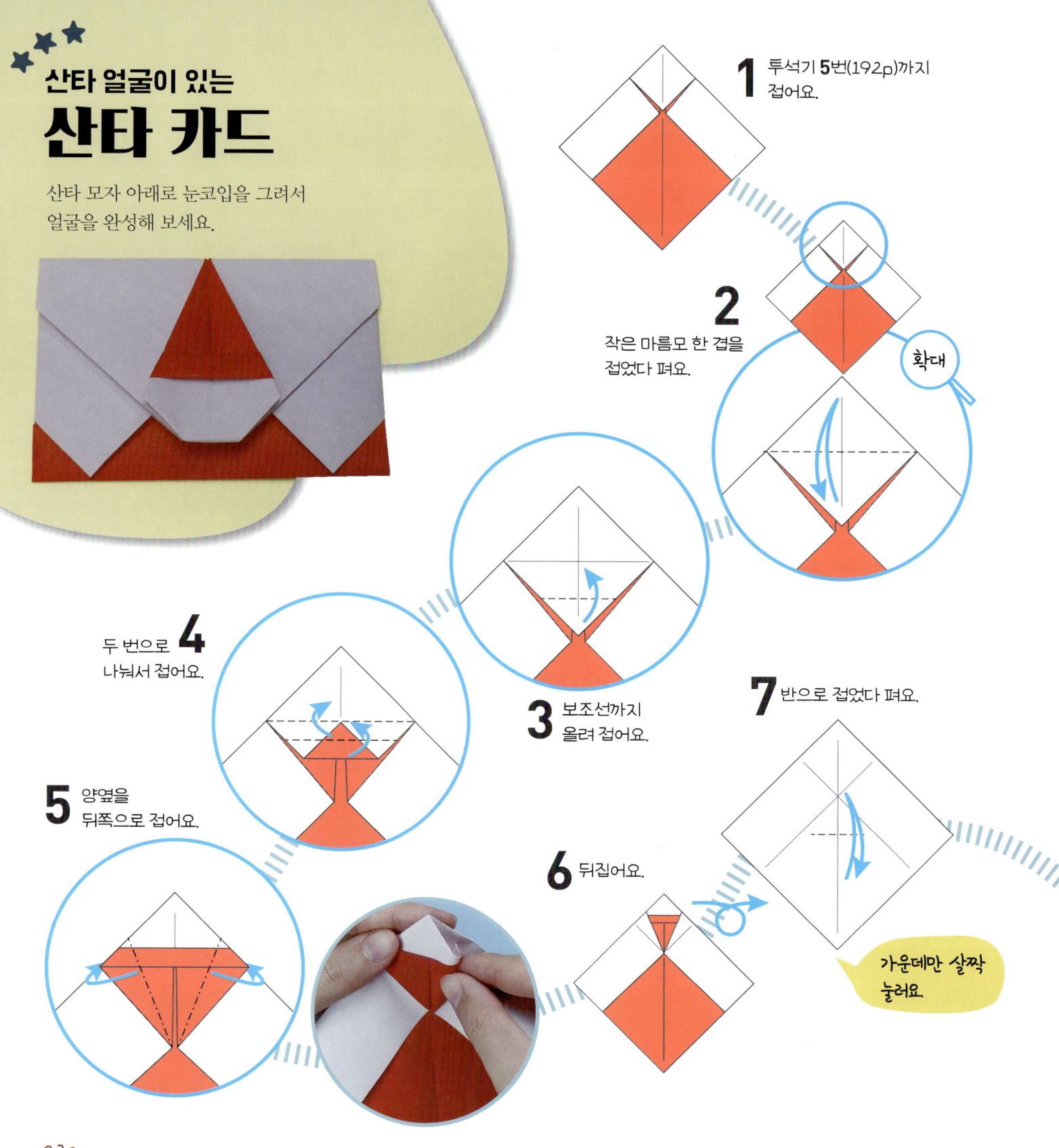

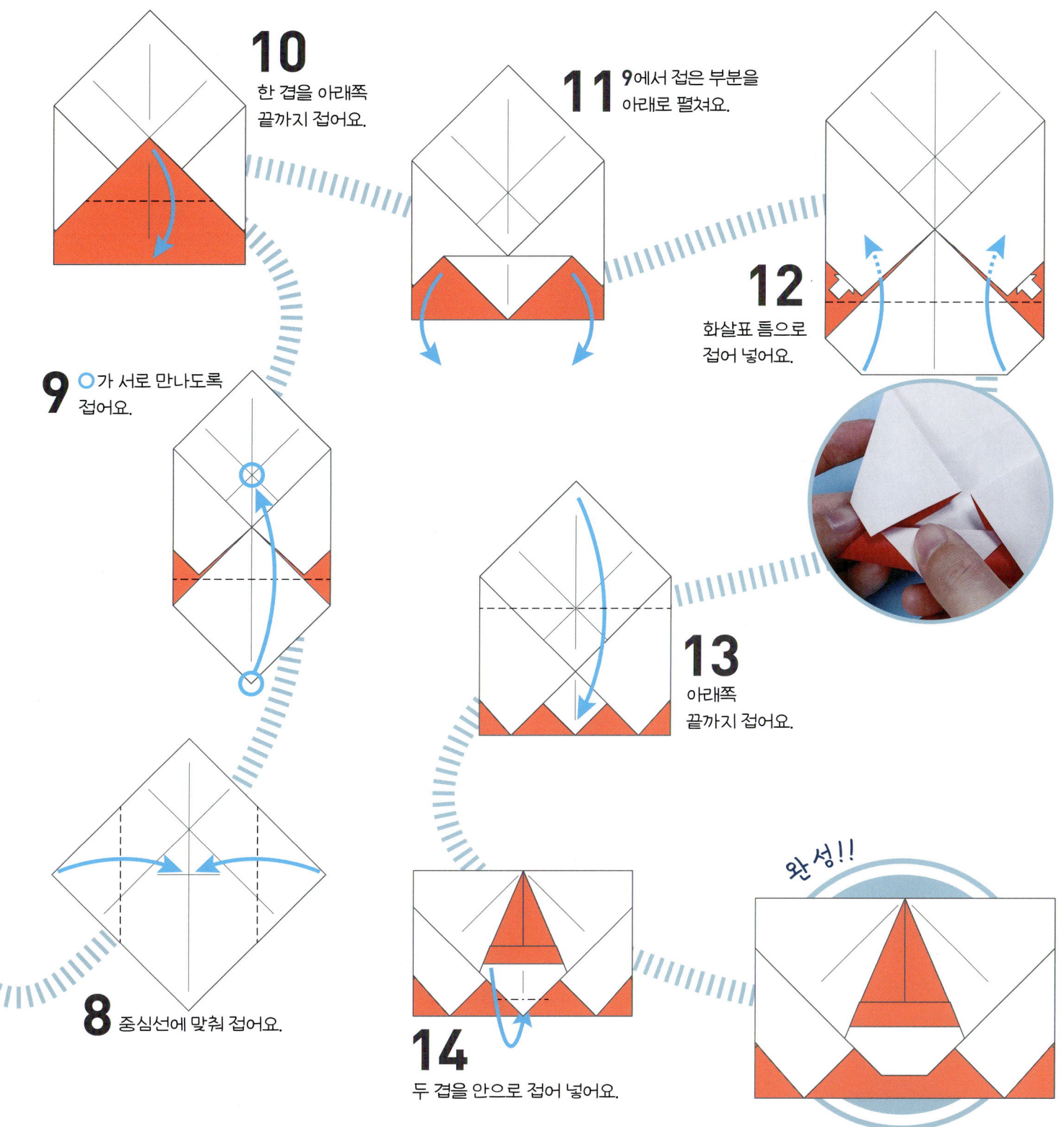

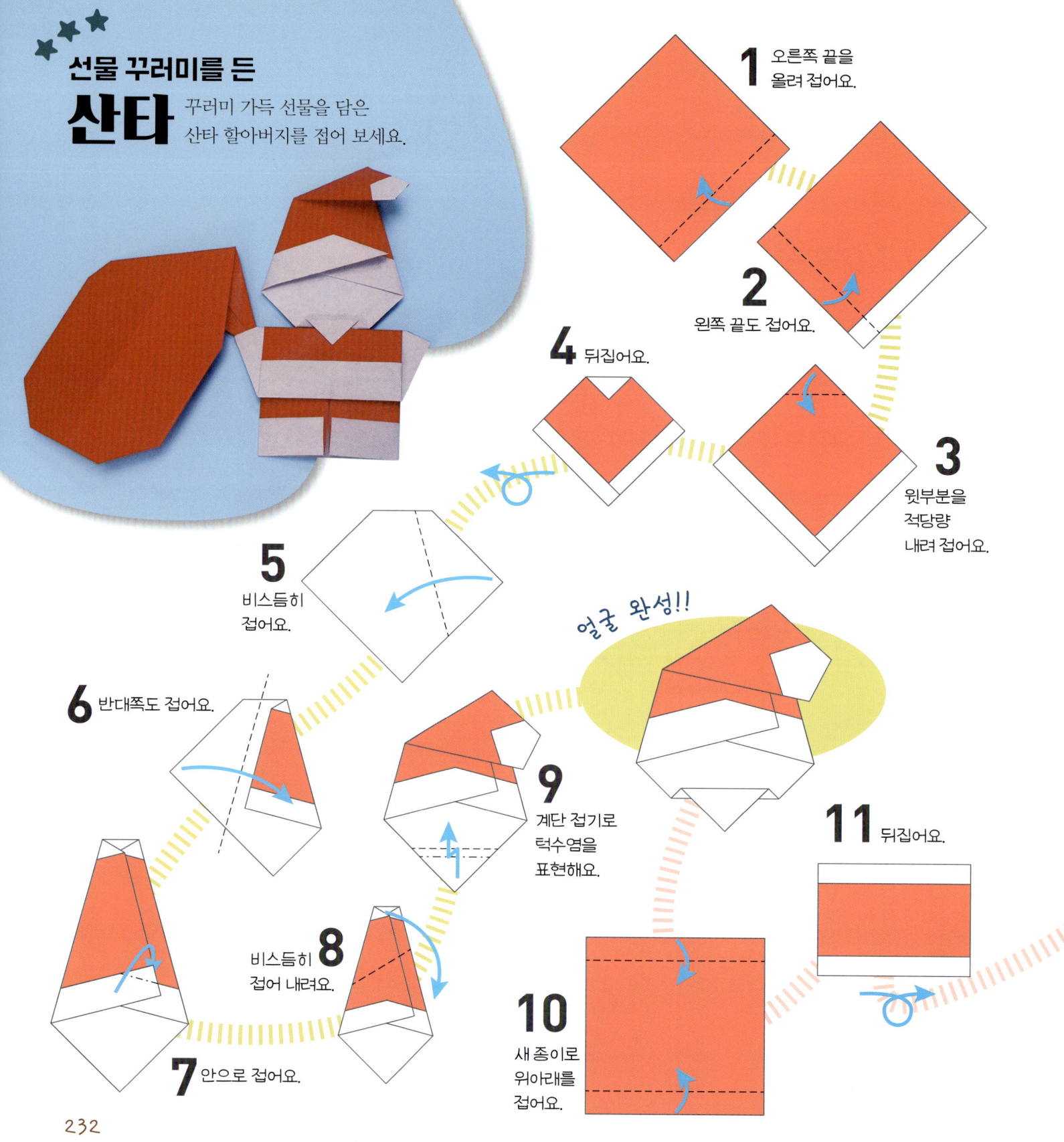

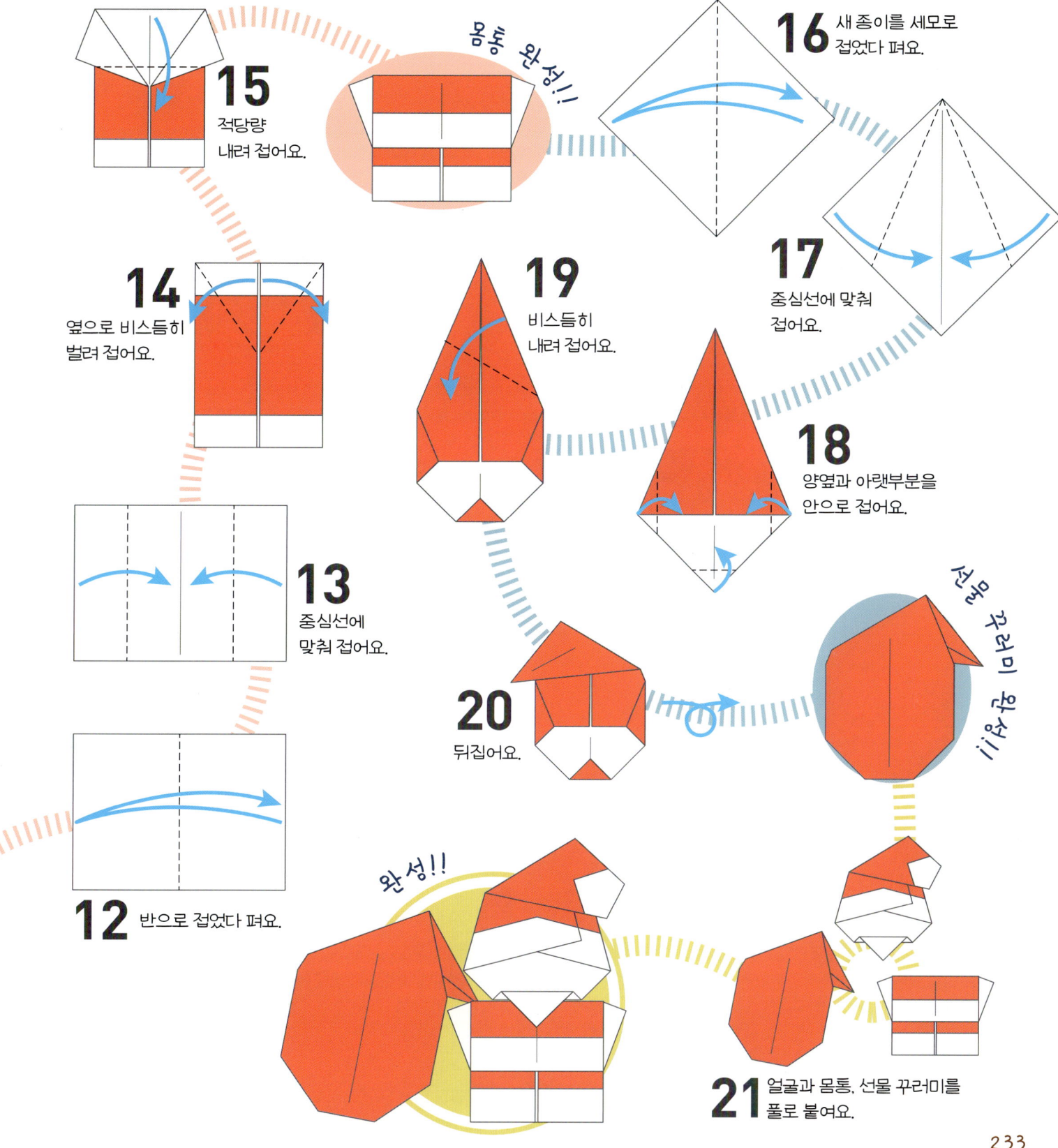

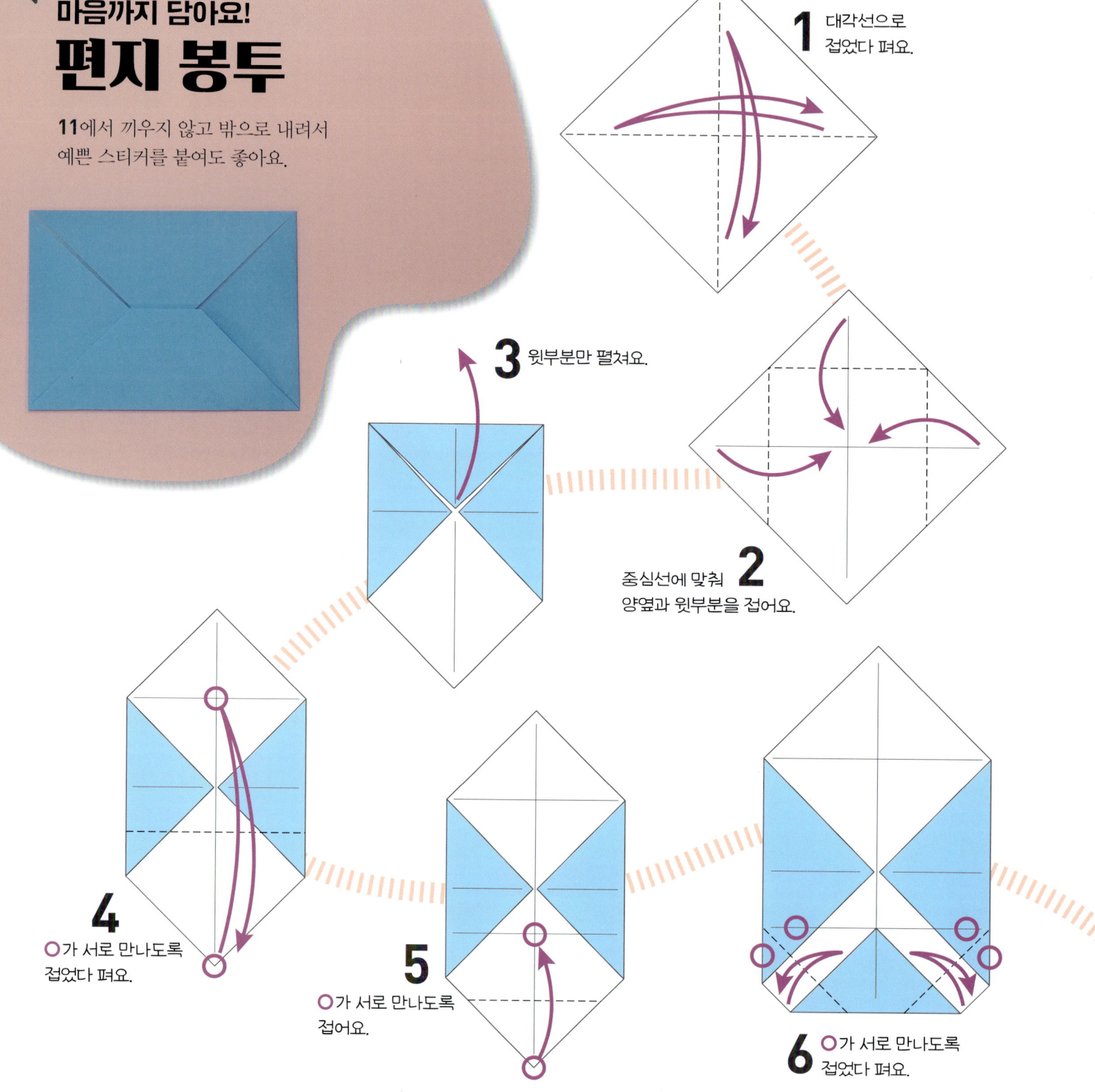

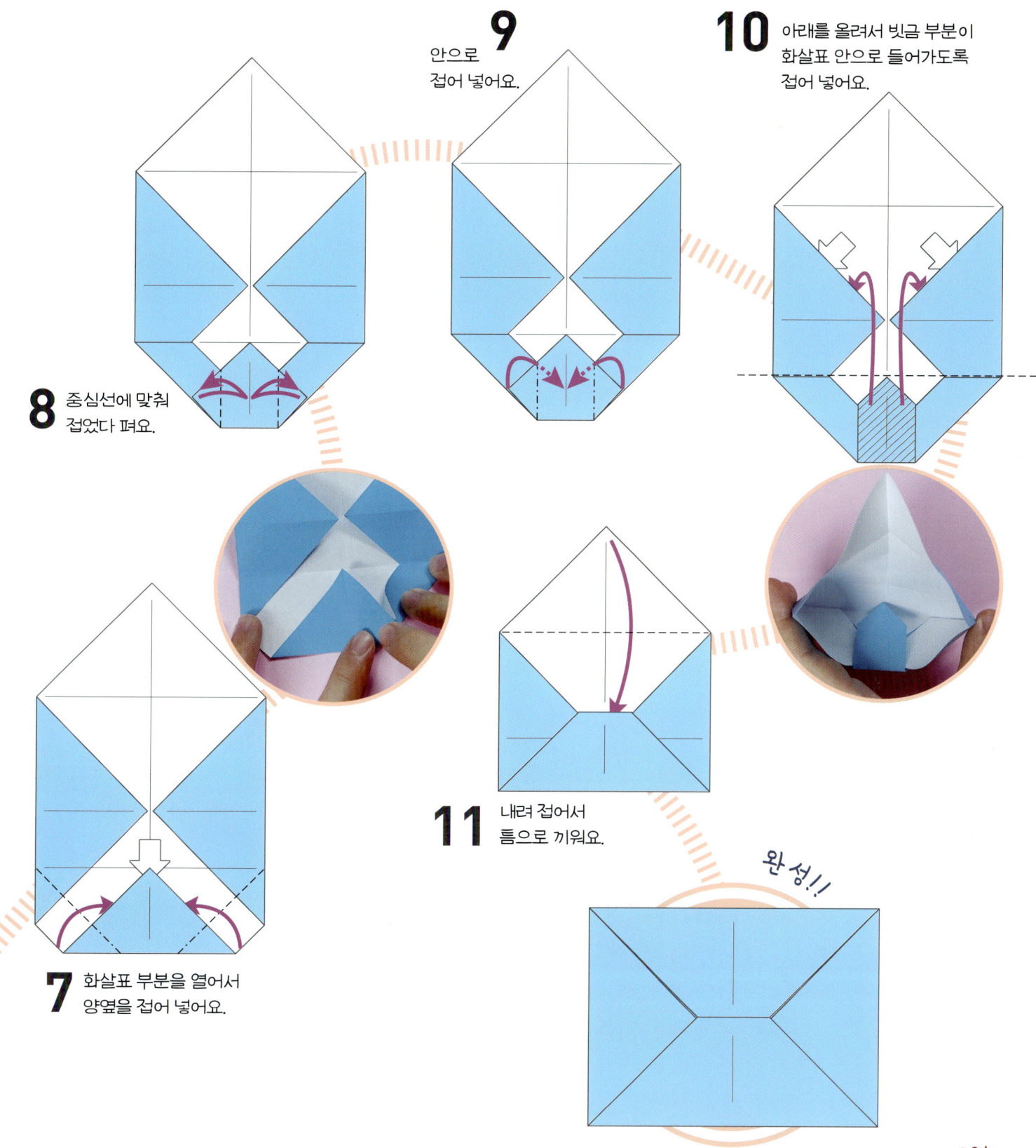

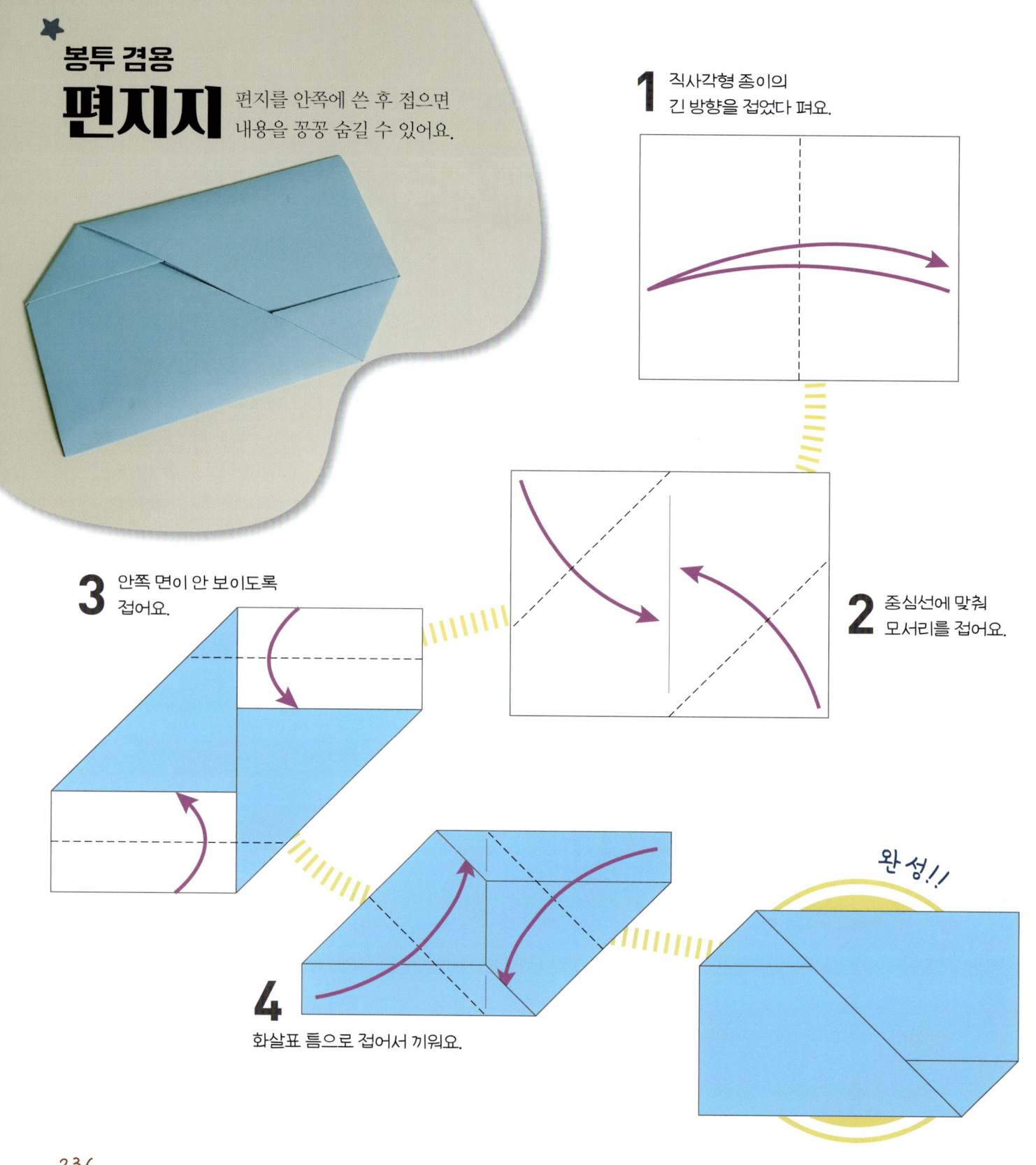

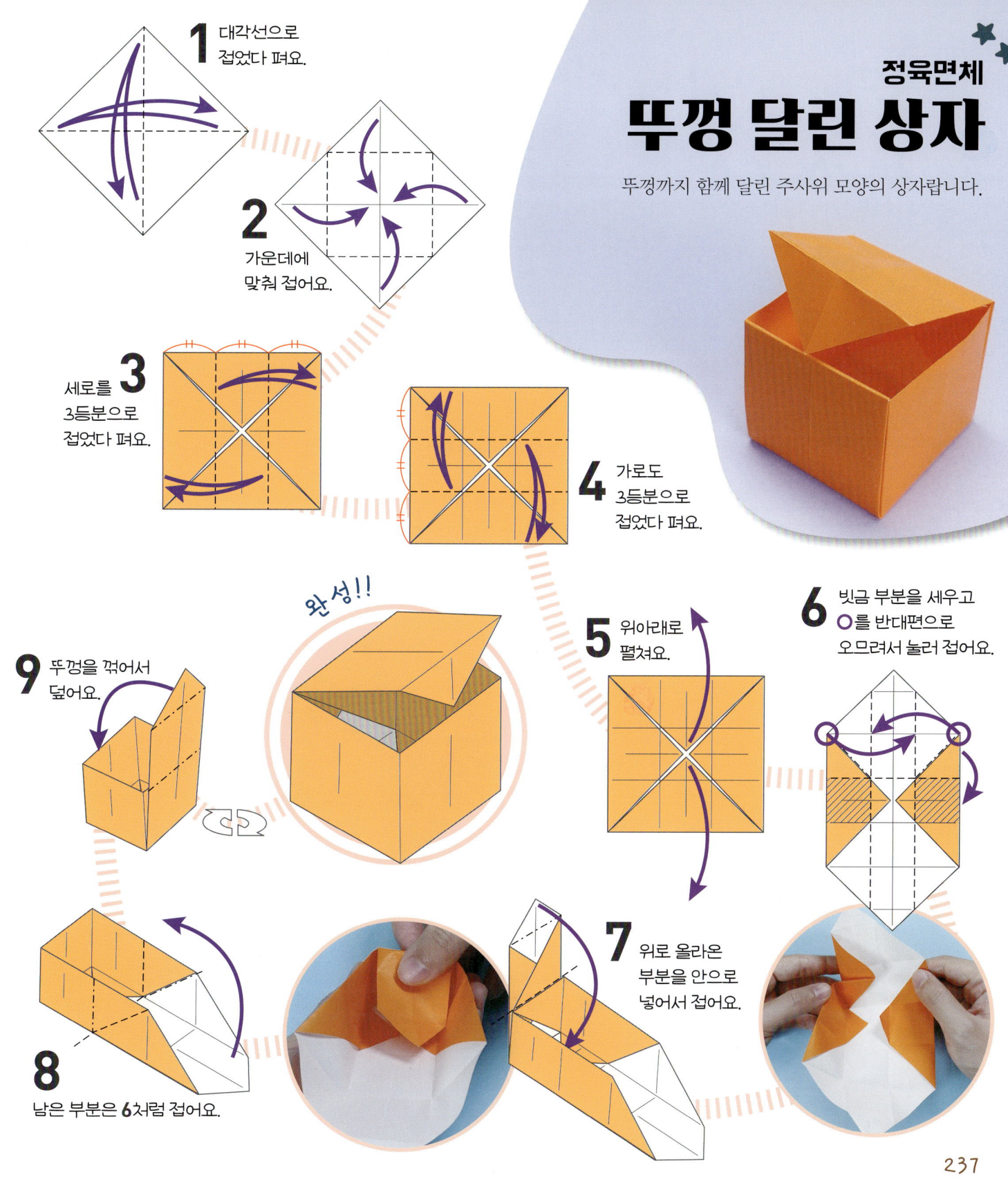

직육면체
뚜껑 따로 상자

같은 크기의 색종이로도
잘 덮이는 뚜껑을 만들 수 있어요.

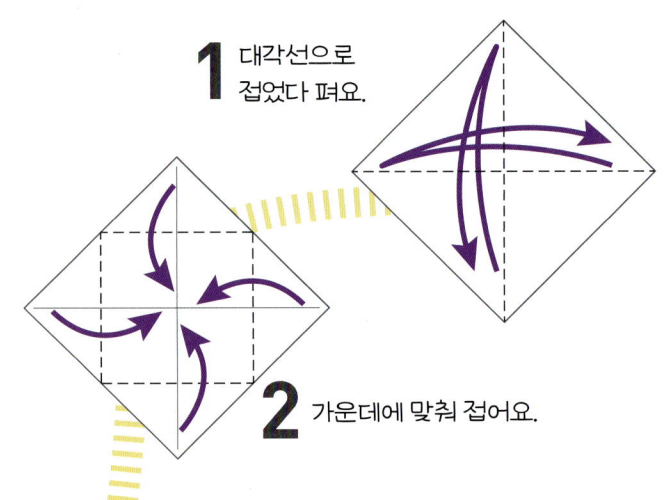

1 대각선으로 접었다 펴요.

2 가운데에 맞춰 접어요.

3 중심선에 맞춰 접었다 펴요.

4 한 번 더 중심선에 맞춰 접었다 펴요.

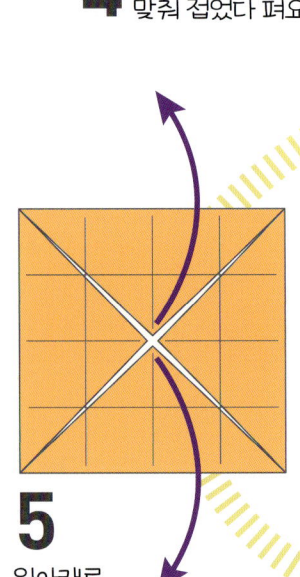

5 위아래로 펼쳐요.

6 중심선에 맞춰 양옆을 접어요.

7 양옆을 벌리면서 빗금 부분을 수직으로 세워서 눌러 접어요.

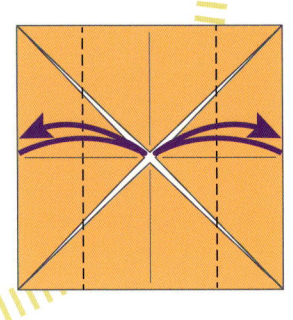

8 위로 올라온 부분을 안으로 넣어서 접어요.

9 반대편도 7~8 과정대로 접어요.

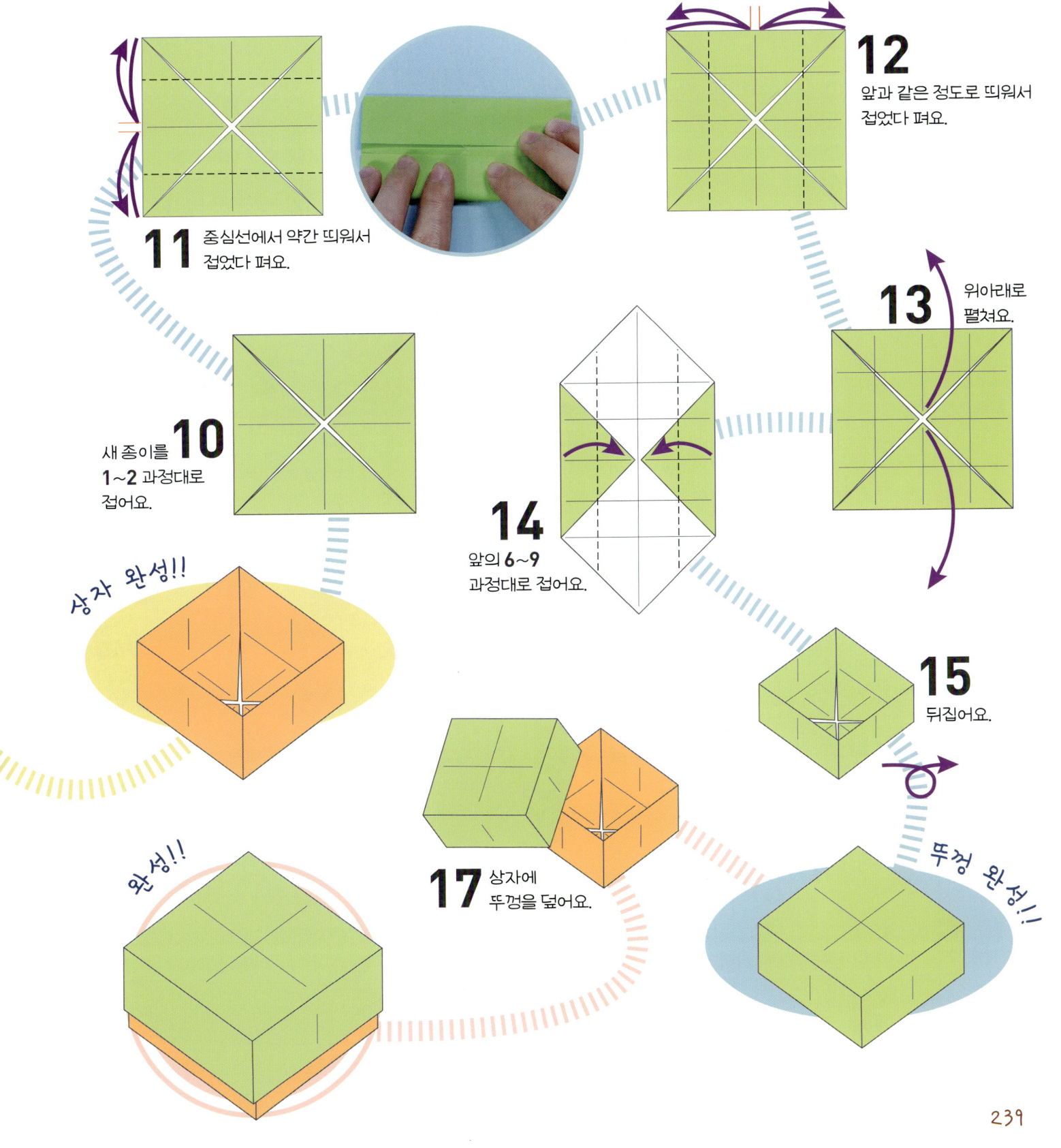

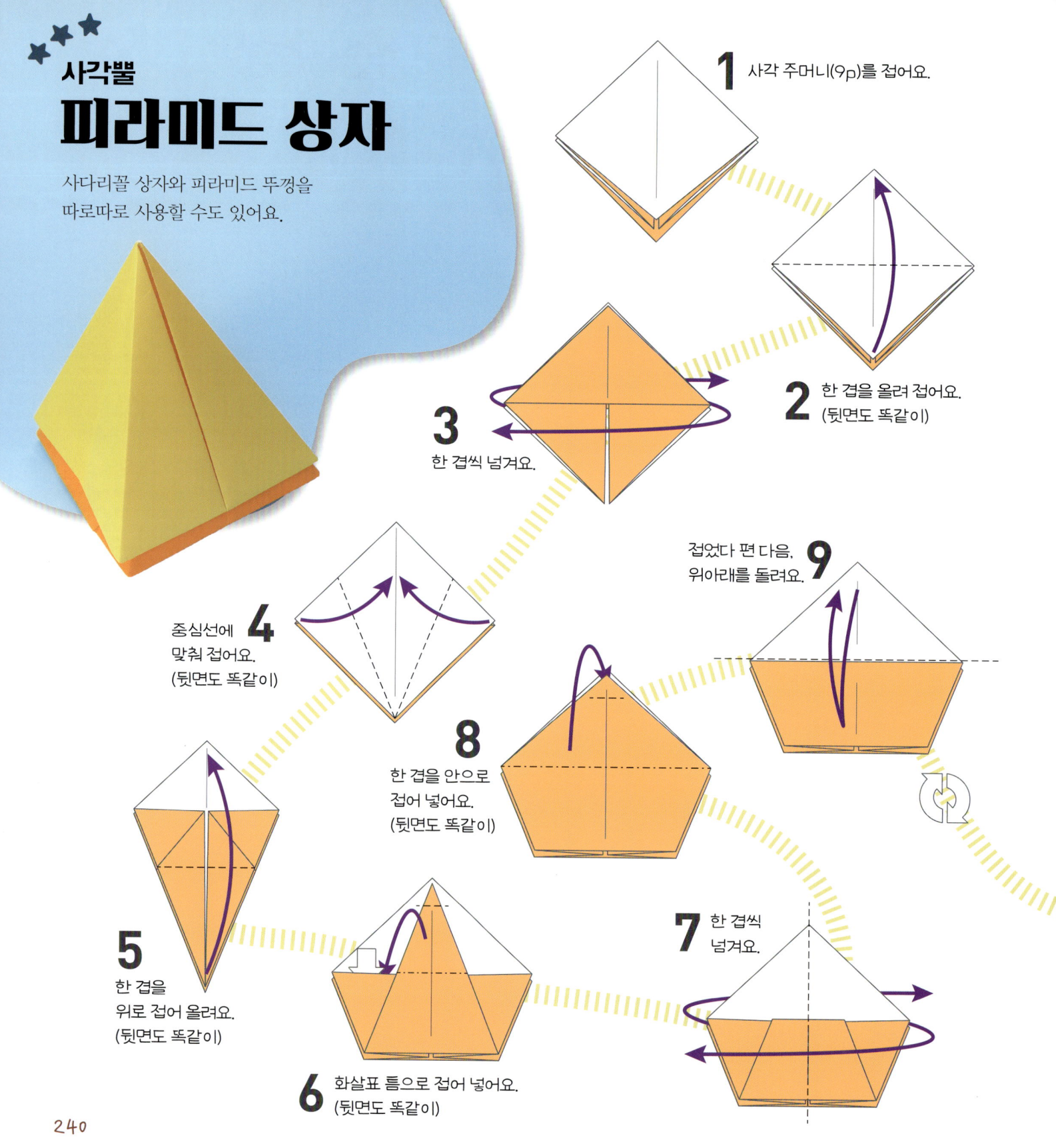

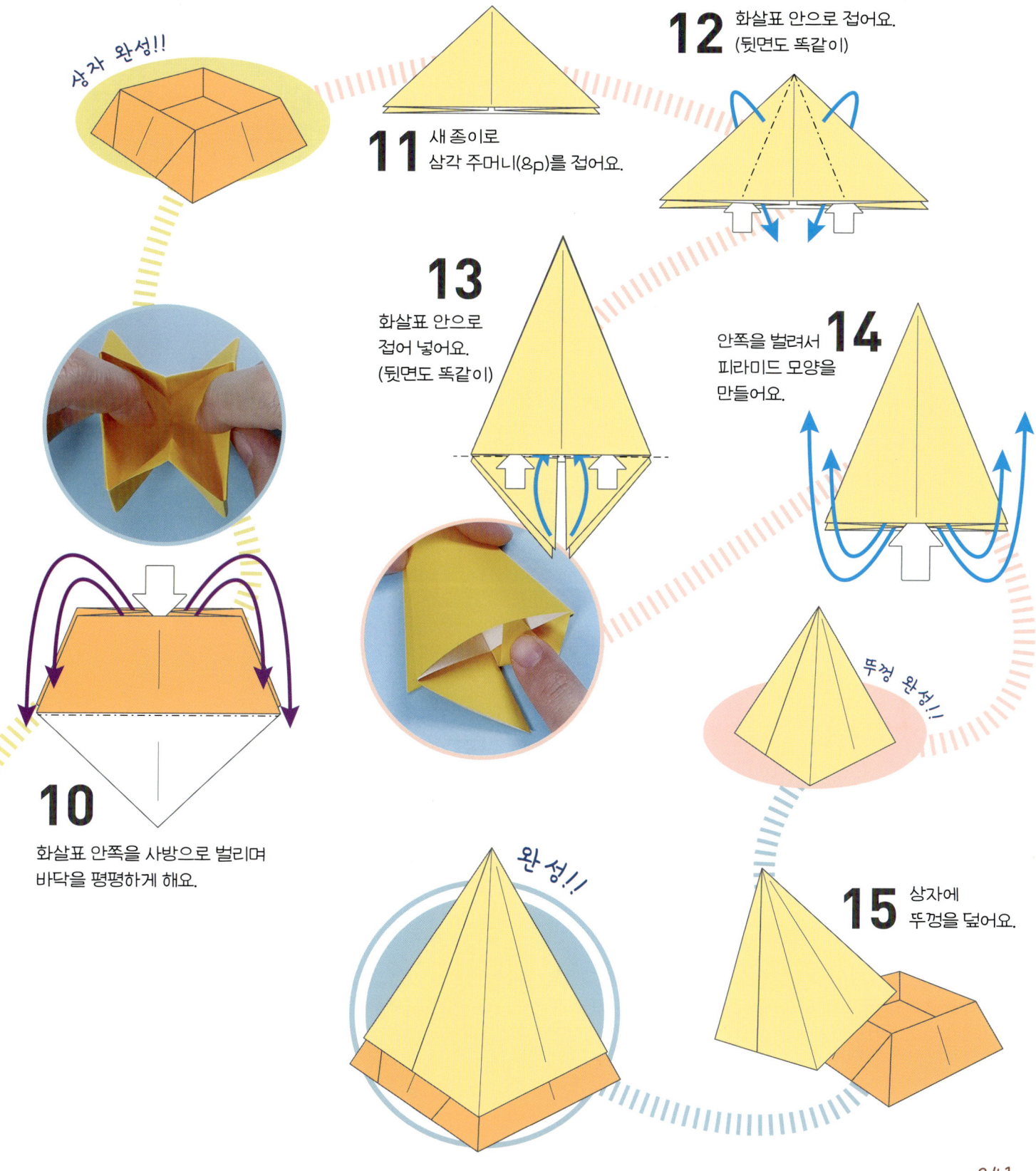

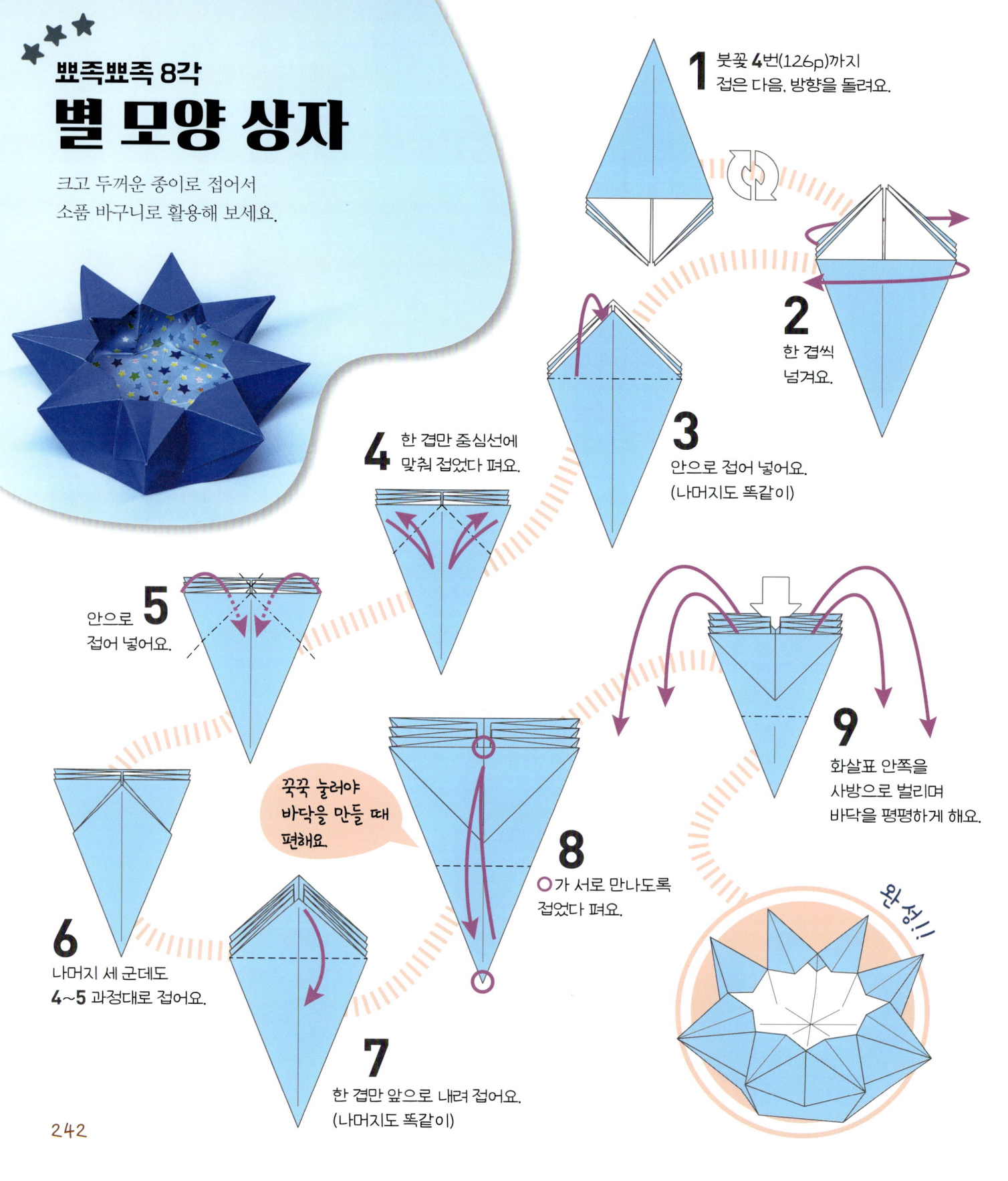

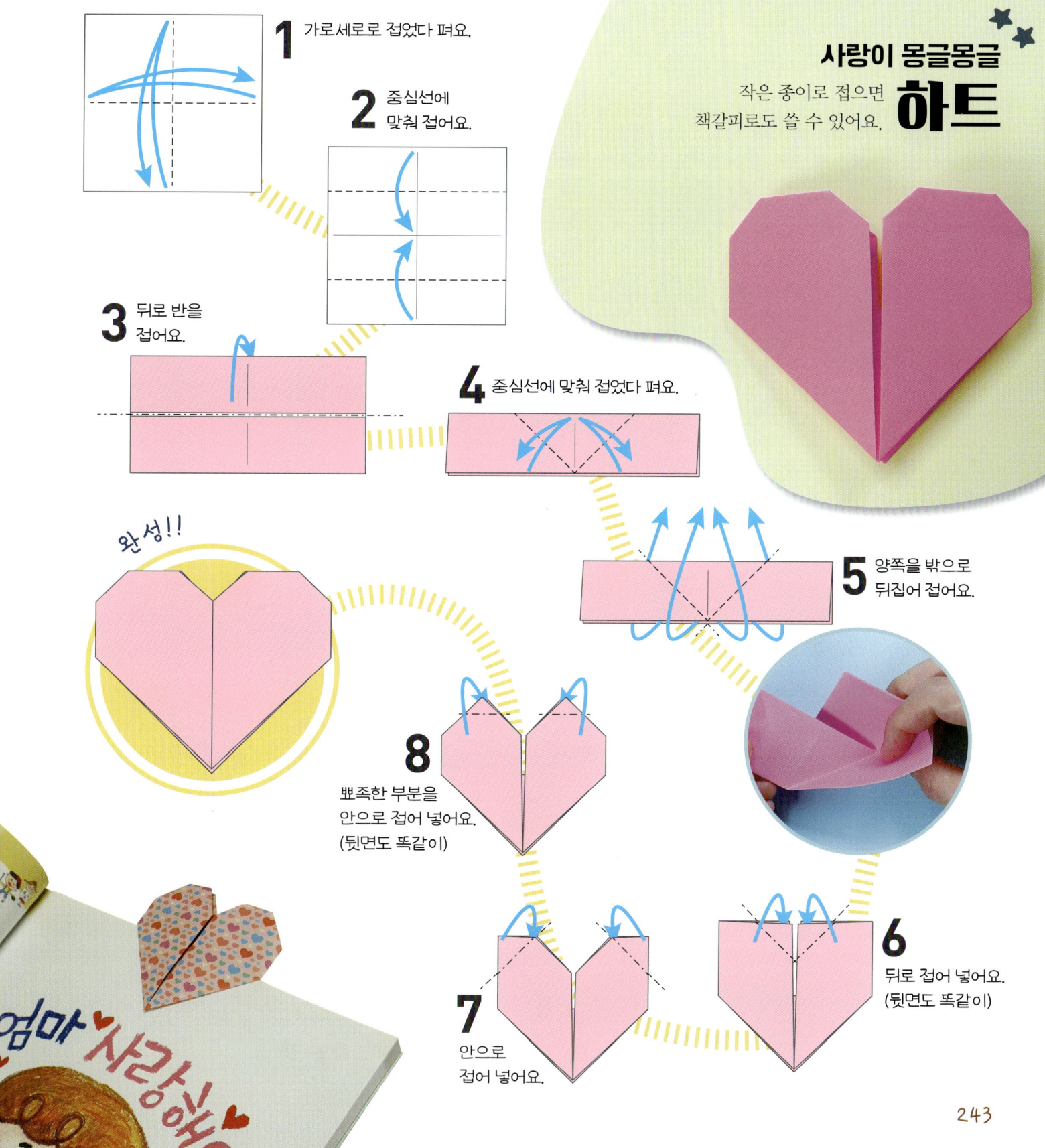

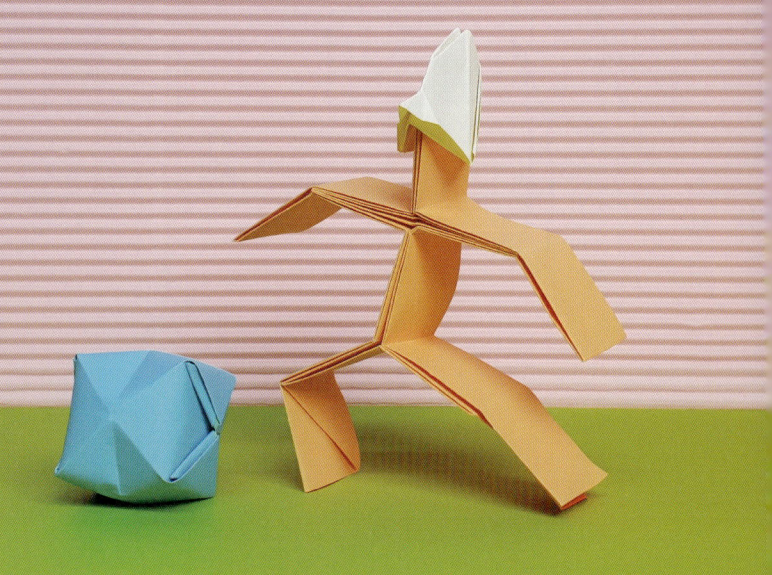

관절까지 표현된 **사람**

5cm 색종이로 캡모자(173p)를 접어 씌워 보세요.

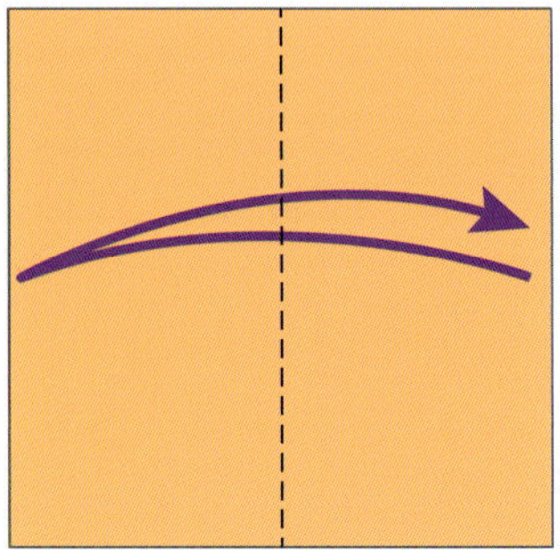

1 반으로 접었다 펴요.

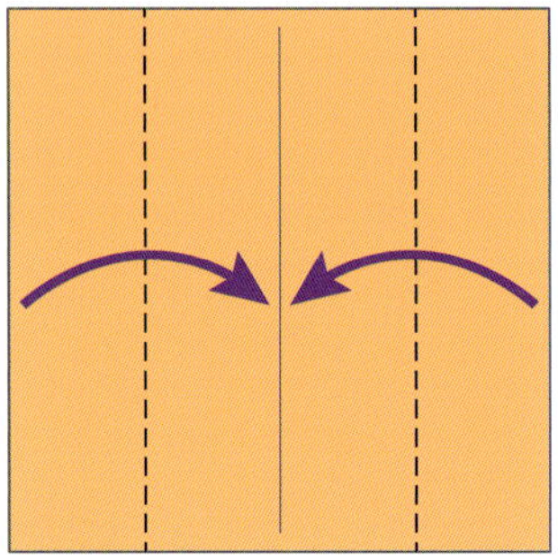

2 중심선에 맞춰 접어요.

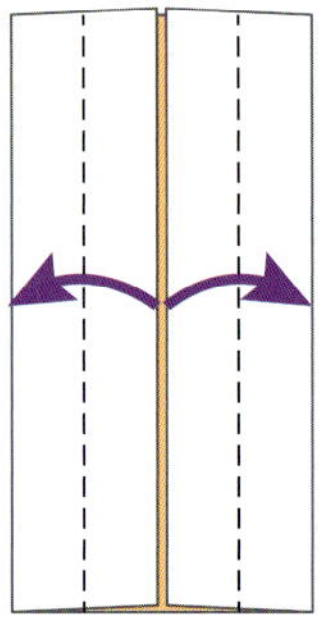

3 바깥 모서리에 맞춰 접어요.

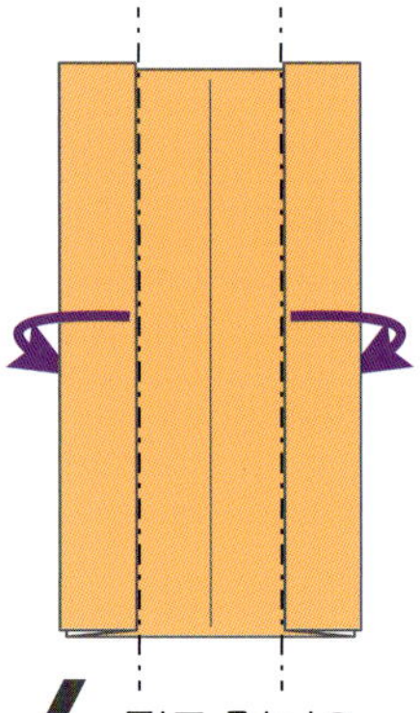

4 뒤로 접어요.

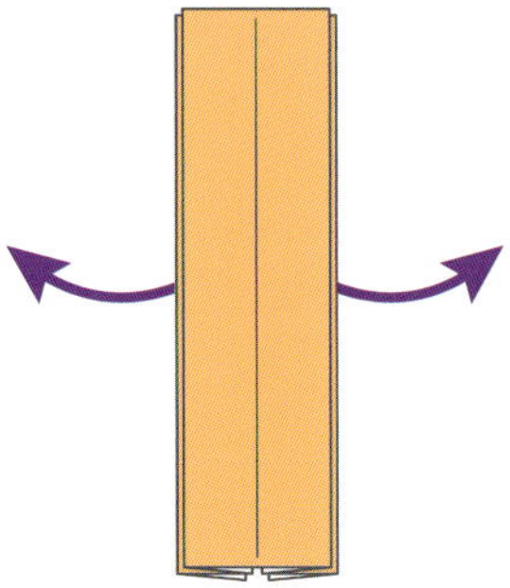

5 전부 펼쳐요.

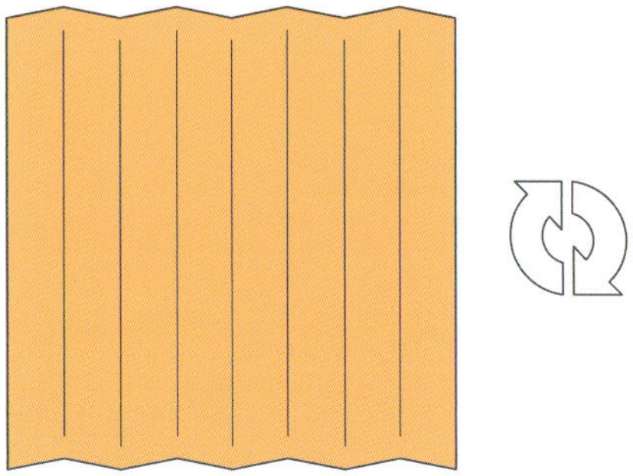

6 방향을 돌려요.

7 1~5 과정대로 접어요.

가로세로 8등분 선을 만드는 과정이에요.

○를 같은 색끼리 맞추고 접으면 편해요. 다음 과정들도 마찬가지!

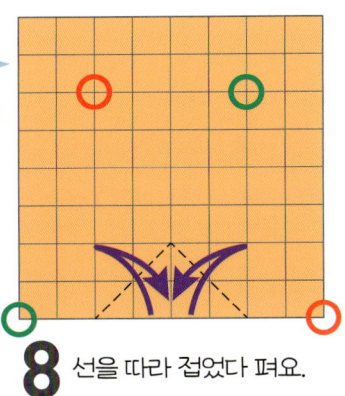

8 선을 따라 접었다 펴요.

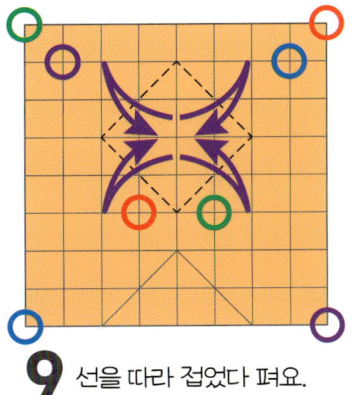

9 선을 따라 접었다 펴요.

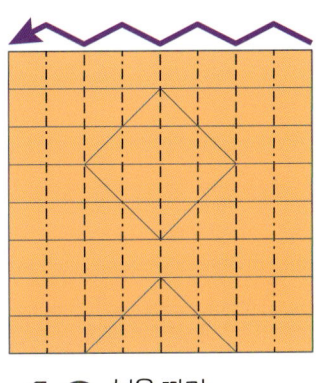

10 선을 따라 계단 접기를 해요.

사람 11~18번

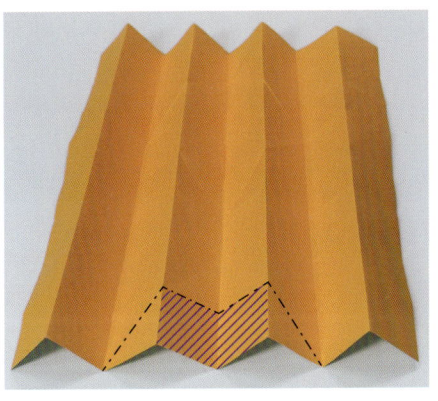

11 빗금의 네모 부분이 수직으로 세워지도록 접어요.

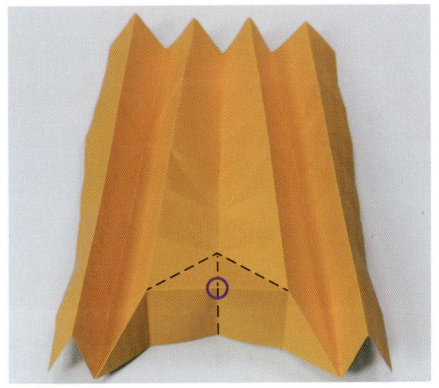

12 ○를 위로 밀면서 양옆을 오므려 접어요.

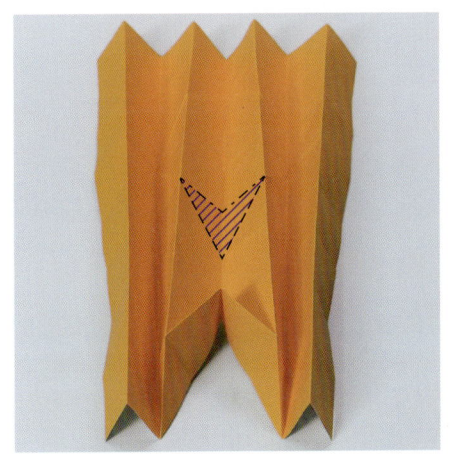

13 빗금의 세모 부분이 수직으로 세워지도록 접어요.

14 방향을 돌려요.

15 빗금의 사다리꼴 부분이 수직으로 세워지도록 접어요.

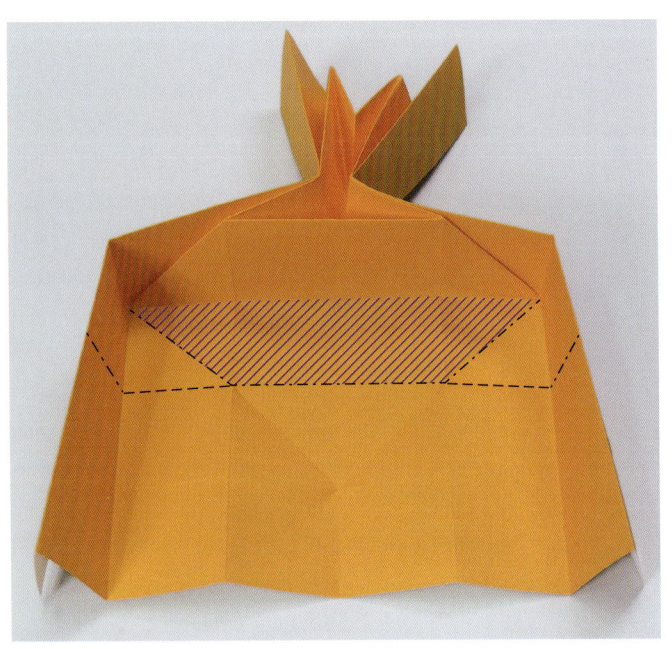

16 빗금의 사다리꼴 부분이 위 사다리꼴과 맞닿도록 양옆을 오므리며 세워요.

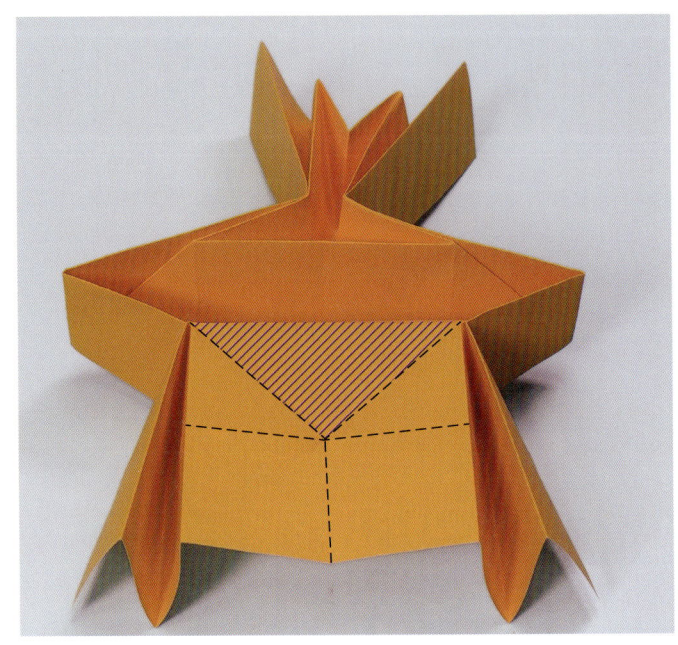

17 빗금의 세모 부분이 수직으로 세워지도록 접어요.

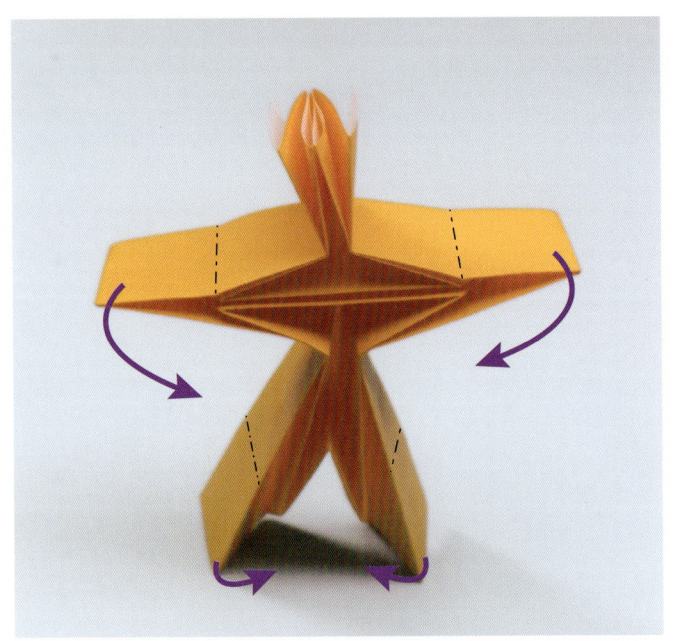

18 돌려서 바닥에 세운 다음, 화살표 방향으로 관절을 꺾어서 마무리해요.

완성!!

246

색인

ㄱ

가리비	58
가오리	48
가오리 비행기	205
감	139
강아지	60, 74, 82
개나리	125
개복치	47
거북	49, 50
고니	34
고래	54
고양이	62, 73
곡괭이	156
공	191
공룡	91~102
공작	36
구름	219
금붕어	52
까마귀	42
까치	40

ㄴ

나무	120, 121
나뭇잎	122
나비	110
나팔꽃	124
날갯짓하는 새	195
네오에이스 비행기	208

ㄷ

달	220
달팽이	116
닭	22, 23
당근	141
대검	186
델타 비행기	211
도끼	153
도마뱀	88
도토리	143

동물 몸통	70, 201
동백	132
돛단배	165
돼지	81
드래곤	103
딱지	190
딸기	140
뚜껑 달린 상자	237
뚜껑 따로 상자	238

ㄹ

로켓	166
리본	178

ㅁ

말	78
말하는 새	194
매미	111
매미 비행기	213
메뚜기	108
모자	173, 228
무궁화	134
무당벌레	117

물범	56
미니카	168

ㅂ

바구니	181
바나나	136
바지	176
반딧불이	112
반지	179
밤	144
방패	188
배	163~165
배꼽 비행기	206, 207
백조	34
뱀	90
벌새	26
벨로키랍토르	101
별	221
별 모양 상자	242
병아리	24
복조리	224
복주머니	226
부엌칼	162
붓꽃	126
브라키오사우루스	94

블라우스	175	슈퍼글라이더	212
비둘기	27, 28	스퀘어 비행기	210
비행기	204~215	스피노사우루스	96
		스피어 제트기	214
		식탁	150
		신발	184, 229
		실내화	184
		쌍둥이배	164

ㅅ

사과	138
사람	244
사람 얼굴	172
사슴벌레	113
산비둘기	28
산타	232
산타 모자	228
산타 부츠	229
산타 카드	230
삽	158
상어	53
상자	237~242
새	20~43
생쥐	71
세 가지 표정	199
소	65
수국	124
수탉	22
숟가락	159
슈나우저	82

ㅇ

아이스크림	222
악어	86
암탉	23
애벌레	109
앵무새	30
양	75
양갈래 머리	172
엔젤피시	46
여우	64, 72
연꽃	128
열대어	46
오리	32
올빼미	43
왕관 비행기	204
움직이는 동물	194~198

원숭이	67
유니콘	80
유람선	163
의자	152

ㅈ

자동차	167, 168
잠자리	115
장미	133
장수풍뎅이	114
저고리	182
점핑 개구리	196
점핑 개구리2	198
제비 비행기	209
조개	58
종	227
주름 스커트	177
쥐	71
지갑	180
집	146~148
집게벌레	113
집비둘기	27

ㅊ

참새	21
책상	151
챙모자	173
초가집	146
치마	177
침대	154

ㅋ

카네이션	130
칼	162, 186
칼라 티셔츠	174
커트 머리	172
컵	155
코끼리	66

ㅌ

토끼	63, 76
투구벌레	114
투석기	192
튤립	123
트리케라톱스	98

티라노사우루스	92
티셔츠	174

ㅍ

파라사우롤로푸스	100
팽이	202
펭귄	37
편지 봉투	234
편지지	236
포크	160
표창	189
풀	137
풍뎅이	112
풍선	192
프테라노돈	102
플레시오사우루스	91
피라미드 상자	240
피아노	147

ㅎ

하트	243
하트 반지	179
하프물범	56
학	38, 39
한복	182, 183
해	218
해마	57
핸드백	181
호랑이	68
호박	142
황소	65

색종이 한 장이면 장난감 뚝딱!
세상에서 제일 재밌는 종이접기
ⓒ네모아저씨 이원표 2018

초판 1쇄 발행 2018년 8월 24일
초판79쇄 발행 2025년 12월 29일

지은이   네모아저씨 이원표

펴낸이   김재룡
펴낸곳   도서출판 슬로래빗

출판등록   2014년 7월 15일 제25100-2014-000043호
주소   (04790) 서울시 성동구 성수일로 99 서울숲AK밸리 1501호
전화   02-6224-6779
팩스   02-6442-0859
e-mail   slowrabbitco@naver.com
인스타그램   instagram.com/slowrabbitco

기획   강보경   편집   김가인   디자인   변영은 miyo_b@naver.com

값 14,000원
ISBN 979-11-86494-43-1 13630

「이 도서의 국립중앙도서관 출판시도서목록(CIP)은 서지정보유통지원시스템 홈페이지(http://seoji.nl.go.kr)와 국가자료공동목록시스템(http://www.nl.go.kr/kolisnet)에서 이용하실 수 있습니다. (CIP제어번호: CIP2018024393)」

- 잘못된 책은 구입하신 곳에서 바꾸어 드립니다.
- 저자와 출판사의 허락 없이 내용의 일부를 인용, 발췌하는 것을 금합니다.
- 슬로래빗은 독자 여러분의 다양하고 참신한 원고를 항상 기다리고 있습니다. 보내실 곳 slowrabbitco@naver.com